国家社科基金
GUOJIA SHEKE JIJIN HOUQI ZIZHU XIANGMU
后期资助项目

基于社会偏好演进视角的
农产品供应链
双边质量提升机制研究

Bilateral Quality Improvement Mechanism of
Agricultural Products Supply Chain from
Social Preference Evolution

覃燕红　著

中国财经出版传媒集团
经济科学出版社
Economic Science Press

图书在版编目（CIP）数据

基于社会偏好演进视角的农产品供应链双边质量提升
机制研究/覃燕红著. —北京：经济科学出版社，2022.4
国家社科基金后期资助项目
ISBN 978 - 7 - 5218 - 3520 - 5

Ⅰ.①基⋯ Ⅱ.①覃⋯ Ⅲ.①农产品 - 供应链管理 -
质量管理 - 研究 - 中国 Ⅳ.①F724.72

中国版本图书馆 CIP 数据核字（2022）第 049470 号

责任编辑：刘　丽
责任校对：王京宁
责任印制：范　艳

基于社会偏好演进视角的农产品供应链双边质量提升机制研究

覃燕红　著

经济科学出版社出版、发行　新华书店经销
社址：北京市海淀区阜成路甲 28 号　邮编：100142
总编部电话：010 - 88191217　发行部电话：010 - 88191522
网址：www. esp. com. cn
电子邮箱：esp@ esp. com. cn
天猫网店：经济科学出版社旗舰店
网址：http://jjkxcbs. tmall. com
北京季蜂印刷有限公司印装
710 × 1000　16 开　18. 25 印张　310000 字
2022 年 4 月第 1 版　2022 年 4 月第 1 次印刷
ISBN 978 - 7 - 5218 - 3520 - 5　定价：96. 00 元
（图书出现印装问题，本社负责调换。电话：010 - 88191510）
（版权所有　侵权必究　打击盗版　举报热线：010 - 88191661
QQ: 2242791300　营销中心电话：010 - 88191537
电子邮箱：dbts@ esp. com. cn）

国家社科基金后期资助项目
出版说明

  后期资助项目是国家社科基金设立的一类重要项目，旨在鼓励广大社科研究者潜心治学，支持基础研究多出优秀成果。它是经过严格评审，从接近完成的科研成果中遴选立项的。为扩大后期资助项目的影响，更好地推动学术发展，促进成果转化，全国哲学社会科学工作办公室按照"统一设计、统一标识、统一版式、形成系列"的总体要求，组织出版国家社科基金后期资助项目成果。

全国哲学社会科学工作办公室

前　言

　　农产品质量安全一直是关系国计民生的头等大事，且随着经济社会快速发展和生活水平不断提高，消费者对农产品的需求已经由可得性、多样性转向安全性和质量性。而近年来出现的转基因食用油、三聚氰胺奶粉、过期肉制品、硫黄生姜、苏丹红鸭蛋等质量安全事件引发人们对农产品质量安全问题的担忧，法制不健全、监管不到位、信息不对称固然是重要诱因，但问题根源还在于农产品供应链。因此，从农产品供应链角度控制、提升农产品质量是彻底解决农产品质量安全问题的根本举措。2020 年 4 月，中共中央政治局会议强调，除了加大"六稳"工作力度，还增加了"六保"，即保居民就业、保基本民生、保市场主体、保粮食能源安全、保产业链供应链稳定、保基层运转。"六保"的提出凸显了构建新时代农产品供应链体系、提升农产品供给质量的紧迫性和重要性。2020 年 10 月，中国共产党第十九届中央委员会第五次会议提出《中共中央关于制定国民经济和社会发展第十四个五年规划和二〇三五年远景目标的建议》强调"保障粮、棉、油、糖、肉等重要农产品供给安全"，对提升农产品质量提出了新的更高要求。

　　越来越多的学者从农产品供应链角度进行研究从而提出有效控制和提高农产品质量的策略和建议。首先，现有研究主要考虑农产品供应链中某个成员单边努力对农产品质量控制的影响，而忽略供应链各方如农产品生产加工商、农产品超市的共同努力，对农产品质量提升改进有限；其次，现有研究忽略了社会偏好对供应链效率和公平度的影响，农产品质量问题的一个重要原因是供应链中某个成员或某些成员认为农产品供应链渠道利润分配不公平而作出有损质量的决策，从而降低了农产品质量和供应链效率；最后，现有研究还忽略了农产品供应链和社会偏好的动态演进特征。因此，有必要基于社会偏好演进视角研究农产品供应链双边质量提升机制，从更符合实际决策心理的情况展开研究，力争为提升农产品质量、保障高质量农产品长期稳定供给、优化农产品供应链运作提供新的分析视角和微观动因的理论基础。

本书将社会偏好中的公平关切、利他互惠同时引入农产品供应链主要运作模式"农产品生产加工商＋超市"中对双边质量努力决策进行博弈分析，通过考虑社会偏好及其认知动态演进对农产品供应链双边质量努力决策、农产品供应链效率和公平度的影响，从而基于社会偏好演进视角研究农产品供应链双边质量提升的短期、动态、长期机制。首先，将社会偏好下农产品供应链最优均衡策略与传统情形比较，分析社会偏好对农产品供应链双边质量努力决策、农产品供应链效率和公平度的短期影响机制；其次，考虑社会偏好及其认知动态演进，通过刻画农产品供应链社会偏好信息结构来分析社会偏好及其认知动态演进对农产品供应链双边质量努力决策、农产品供应链效率和公平度的动态影响机制；再次，采用演化博弈理论刻画农产品供应链和社会偏好双重动态演进，通过单方演化博弈分析、交互演化博弈分析社会偏好对农产品供应链双边质量努力决策、农产品供应链效率和公平度的长期影响机制；最后，通过对农产品生产加工商和超市组建的农产品供应链进行实证研究，有机结合理论研究和实证分析为同时优化农产品供应链渠道收益分配公平度和供应链效率、确保高质量农产品的稳定供给提出切合实际的管理建议。

本书的特色和创新之处体现在以下四个方面。

1. 基于社会偏好视角研究农产品供应链双边质量提升机制

现有农产品供应链质量控制研究基本只研究了单边质量控制且都没考虑社会偏好的影响。一方面，农产品质量受农产品供应商和销售终端超市双边质量努力的共同影响；另一方面，农产品质量问题的一个重要原因是供应链中某个成员或某些成员认为农产品供应链渠道利润分配不公平而作出有损质量的决策。虽然有部分文献引入社会偏好中的公平关切或利他互惠对农产品供应链协调性进行研究，不具有全面性且没有涉及农产品质量提升。有必要同时引入公平关切和利他互惠研究农产品双边质量提升机制，从更符合实际决策心理的情况展开研究，进一步提升农产品质量。

2. 采取主观和客观两个维度评价农产品供应链效率与公平度

在农产品供应链中引入社会偏好是为了改进农产品供应链渠道收益分配公平度从而改进供应链效率和收益，最终确保高质量农产品的稳定供给。虽然有部分文献研究了公平关切或利他互惠对农产品质量控制的影响，但是没有文献计算、评价供应链效率和公平度，更没有具体解释公平关切或利他互惠是如何影响农产品供应链效率和公平度的。有必要考虑公平关切和利他互惠定量计算供应链效率与公平度，为提升农产品质量、改进农产品供应链运作提供一种新的分析思路和理论依据。

3. 采取双重动态演进的视角研究农产品供应链双边质量提升策略

一方面，农产品供应链结构具有交叉性、动态重组性从而农产品供应链合作成员、质量决策会随着时间动态变化；另一方面，农产品供应链成员的社会偏好也会因参考对象的变化、不同市场竞争环境而不断变化。于是，农产品供应链的动态变化和社会偏好的动态演进相互交织影响，有必要基于社会偏好演进视角建立单方演化、交互演化博弈模型研究农产品供应链双边质量努力决策短期、长期机制，结合短期和长期博弈分析，能够为农产品质量提升提供更科学的建议，促进高质量农产品的稳定供给和供应链的稳定运作。

4. 采取数理模型和实证研究有机结合的研究方法

现有研究基本都是采取数理模型研究农产品供应链质量控制，缺少实践调研。数理模型是对现实的抽象和简化，有必要深入实践对典型农产品生产加工商和超市组建的农产品供应链进行问卷调查和实例分析，在更真实的条件下进一步研究基于社会偏好视角的供应链双边质量提升机制，综合理论研究和实证研究两个方面提出提升农产品质量、改进实际农产品供应链良好运作的管理策略。

因此，可以得到基于社会偏好演进视角的农产品供应链双边质量提升短期、动态、长期机制，进一步丰富、充实农产品供应链质量控制与优化研究。同时，本书的研究结论能够为识别农产品供应链社会偏好类型、优化农产品供应链渠道关系、保证高质量农产品稳定供给提供新的分析视角和科学的理论依据。

目　录

第1章 绪　　论

1.1　研究背景与问题提出

1.1.1　研究背景

农产品作为人们日常生活消费的必需品，其质量安全是关系国计民生的头等大事。随着经济社会的快速发展和生活水平的不断提高，消费者对食品的需求已经由关注可得性和多样性转向安全性和质量性。近年来我国农产品质量安全事故时有发生，反映了农产品质量安全问题亟待解决。从频发的农产品质量安全问题来看，法制不健全、监管不到位、信息不对称固然是重要诱因，但问题根源在于农产品供应链（丁宁，2015）。因此，从供应链角度来控制农产品质量安全风险才是彻底解决农产品质量安全问题的根本举措。

近年来农产品供应链领域的研究越来越多，尤其作为农产品生产经营的主要模式"农产品生产加工商＋超市"两级供应链。一方面，该模式下超市凭借自身资金规模和接近消费者市场的优势，与农产品生产加工商合作谈判中表现出强势地位，使得农产品生产加工商的利益无法得到保障，从而导致供应链双边利益分配不公平，进而影响供应链收益分配公平度。另一方面，农产品生产加工商在生产加工过程中，意识到企业监控的不完全性，产生"搭便车"行为，主要体现在提供质量不达标的农产品，造成超市利益受损，进而降低农产品供应链效率。这是因为农产品生产加工商和超市双边都以实现自身利益最大化为目标进行质量努力决策，而忽视了供应链效率和公平度。为保障该模式下农产品质量，众多学者从农产品生产加工商角度提出解决方案，不可否认农产品生产加工商的行为直接决定农产品质量，但鉴于农产品易变质、易腐烂、流通损耗大等特性，超市对农产品质量安全的把控也必不可少，且能体现企业的社会责任与担当。因此，从农产品供应链中双边主体的质量努力决策行为出发研究是保证农产品质量、提高供应链效率和公平度并实现供应链协调与优化的有效途径。

传统经济学认为企业是"理性经济人"，可以作出利益最大化的决策。然而，现实经济中出现了越来越多传统经济学理论无法解释的现象。随着行为经济学领域的不断发展，一系列行为实验表明决策者在进行决策时具有社会偏好，即决策者不仅关心自身收益，还关心他人收益。社会偏好是公平关切、利他互惠、嫉妒、同情等各种心理偏好的总称，其中公平关切和利他互惠是两种重要的社会偏好（Loch & Wu，2008；陈叶烽，2010）。巴甫洛夫和卡托克（Pavlov & Katok，2009）采用行为实验证明供应链成员的公平关切导致回购契约协调供应链失败。卡托克和巴甫洛夫（2013）也证明社会偏好信息不对称会扭曲供应链决策和均衡。卡托克和奥尔森（Katok & Olsen，2014）以批发价契约的简单情形为例研究发现，由于对社会偏好的有限认知，供应链运作效率会降低，供应链契约可能会协调失败。

一方面，忽略供应链中的公平关切不利于供应链稳定运作。例如，山东六和集团因侵占了农产品供应链中绝大部分利润（在该供应链中农户每养殖一只鸡竟然只赚 1 元钱），而六和集团在提供技术指导和进行产品检验检疫等环节"走过场"对产品质量进行投机，该供应链利润分配严重不公平所引发的产品质量问题严重危害消费者身体健康（郑燕峰和张文平，2012）。农户为了争取有限的利润生存，对下游企业的报复行为表现在他们不断给肉鸡喂食各种抗生素、生产激素等违禁药物，从而尽量降低成本的同时增加自身利润，双方的这些行为共同作用就导致了"速生鸡"事件（毕功兵等，2013；石平等，2016），对农产品食品安全和农产品供应链运作非常不利。再如，2015 年山东省奶农对牛奶市场需求预测失准导致市场中牛奶供大于求，同时奶产业链中完全掌握议价权的乳品企业为维持自身利润不断降低牛奶收购价格的行为导致奶产业链利益分配严重失衡（乳品企业利润占奶产业链利润 90% 以上），牛奶滞销和不公平待遇的双重打击最终导致了奶农"倒奶"事件（林远等，2015）。其他工业品供应链中由于供销双方不公平导致的问题同样有较多的例子（Cui et al.，2007；张庆和张旭，2016；李绩才等，2017）。

另一方面,现实生活中的供应链企业为了获得长期稳定的合作伙伴,在决策时又普遍存在利他互惠。例如,供应商除了进行原材料生产外,还积极参与制造商产品设计、工艺及生产过程,同时制造商可以在生产成品的同时帮助供应商更新生产和配送设备并开展技术改造,提高配送质量等方面提供协助。如大型连锁超市沃尔玛的上游供应商会受到沃尔玛主动给予的生产和技术支持,体现了利他互惠的存在;我国推出基于互联网平台的"给养式"供应链,提倡在利人中获得自身价值,阿里、华为等大型企业在寻求自身利益的同时兼顾利他思维;山东天保企业,其企业文化中的"利他哲学"不仅致力于降低自身物流成本,提高物流效率,还在于最大程度上节省合作企业的资金来实现共赢。2015 年努比亚和京东合作的手机销售案例,京东作为网上平台和手机销售商,通过预先支付努比亚手机生产 1 亿元固定成本承诺费,然后以接近手机生产成本的价格向努比亚定制手机并在网上实施薄利多销,改进了双方的收益(覃燕红和魏光兴,2015)。

因此,有必要基于社会偏好视角研究农产品供应链双边质量提升策略,从更符合实际决策心理的情况展开研究,进一步提升农产品质量。

1.1.2 问题提出

越来越多的学者从农产品供应链角度进行研究,提出有效控制和提高农产品质量的策略和建议。首先现有研究主要考虑农产品供应链中某个成员单边努力对农产品质量控制的影响,而忽略供应链各方如农产品生产加工商、农产品超市的共同努力,对农产品质量提升改进有限;其次现有研究忽略了社会偏好对供应链效率和公平度的影响,农产品质量问题的一个重要原因是供应链中某个成员或某些成员认为农产品供应链渠道利润分配不公平而作出有损质量的决策,从而降低了农产品质量和供应链效率;最后,现有研究忽略了农产品供应链和社会偏好的动态演进特征。因此,有必要研究基于社会偏好演化视角的农产品供应链双边质量提升,引入社会偏好分析农产品供应链双边质量提升的短期、动态、长期机制,为进一步提升农产品质量提供新的分析视角和理论依据。

本书以农产品供应链主要运作模式"农产品生产加工商 + 超市"为研究对象,基于社会偏好演进视角研究农产品供应链双边质量提升机制。首先,将社会偏好下农产品供应链最优均衡策略与传统情形比较,分析社会偏好对农产品供应链双边质量努力决策、农产品供应链效率和公平度的短期影响机制；其次，考虑社会偏好及其认知动态演进，通过刻画农产品供应链社会偏好信息结构来分析社会偏好及其认知动态演进对农产品供应链双边质量努力决策、农产品供应链效率和公平度的动态影响机制；再次，采用演化博弈理论刻画农产品供应链和社会偏好双重动态演进，通过单方演化博弈分析、交互演化博弈分析社会偏好对农产品供应链双边质量努力决策、农产品供应链效率和公平度的长期影响机制；最后，通过对典型农产品生产加工商和超市组建的农产品供应链进行实证研究，有机结合数理模型和实证研究为同时优化农产品供应链渠道收益分配公平度和供应链效率、确保高质量农产品的稳定供给提出切合实际的管理建议。

1.2 研究目的与研究意义

1.2.1 研究目的

本书通过引入社会偏好构建农产品供应链双边质量努力决策动态博弈模型，基于社会偏好视角研究农产品供应链双边质量提升的短期机制；通过刻画供应链社会偏好信息结构，基于社会偏好演进视角研究农产品供应链双边质量提升的动态机制；通过刻画供应链和社会偏好双重动态演化博弈模型，基于社会偏好演进视角研究农产品供应链双边质量提升的长期机制。得到社会偏好信息对称、社会偏好信息非对称下农产品供应链双边质量努力水平以及对应的供应链效率和公平度。通过以上研究，为识别农产品供应链社会偏好类型、优化农产品供应链渠道关系、保证高质量农产品稳定供给提供新的分析视角和科学的理论依据。

1.2.2 研究意义

1. 理论上充实农产品供应链质量控制与优化研究

把社会偏好引入农产品供应链质量控制研究中，拓展了农产品供应链的研究范围，丰富了农产品供应链管理的基础理论。通过构建和求解公平关切、利他互惠下的农产品供应链双边质量努力决策模型；从主观和客观两个维度定量计算供应链效率和公平度，通过主观与客观的差异比较得到有效优化农产品供应链效率和公平度、确保高质量农产品稳定供给的管理建议。

2. 实践上为提高农产品质量和农产品供应链利润合理分配提供微观动因的理论基础

农产品质量安全是一个广受关注的现实问题，而农产品供应链中决策者在实际决策活动中会受到公平关切、利他互惠等社会偏好因素的影响。现有文献基本采用数理模型分析方法研究公平关切或利他互惠对农产品供应链决策的影响，缺乏实践研究。本书有机结合理论模型推导、数值分析和农产品供应链实证研究，从更符合实际决策心理的出发点开展研究。通过实证研究进一步检验、印证理论研究结论，并为实践农产品供应链运作提出管理策略从而有效提升农产品质量水平、促使农产品供应链形成长期稳定的合作关系，进一步保障高质量农产品的稳定供给。

1.3　主要研究内容和研究思路

1.3.1　主要研究内容

本书以大型超市为主导者和农产品生产加工商为跟随者的二级农产品供应链为研究对象，率先将社会偏好中的公平关切、利他互惠同时引入农产品供应链中对双边质量决策进行博弈分析，考虑社会偏好并从主观和客观两个维度评价农产品供应链效率和公平度，基于社会偏好演进视角研究农产品供应链双边质量努力提升的短期、动态、长期机制，从更符合实际决策心理的角度为提高农产品质量和供应链运作提供一种新的分析视角和理论基础。

本书共分 11 章，各章主要包括以下研究内容。

第 1 章，绪论。主要介绍本书的研究背景，引出研究问题；明确研究目的与意义；提出研究的思路和分析框架；阐述本书研究的特色和创新之处。

第 2 章，相关基础理论和文献综述。为了更好地对研究理论、研究问题进行理解，本章对紧密相关的基础理论，如社会偏好概念与理论模型、农产品供应链、供应链效率和公平度进行阐述。然后，通过对农产品供应链质量控制相关研究、考虑社会偏好视角的供应链相关研究和考虑社会偏好视角的农产品供应链相关研究进行文献梳理，论证基于社会偏好演进视角研究农产品供应链双边质量提升的紧迫性和重要性。

第3章，不考虑社会偏好的农产品供应链双边质量提升。为了分析社会偏好对农产品供应链双边质量提升和供应链运作的影响，作为比较基准，本章建立不考虑社会偏好的农产品供应链双边质量努力决策博弈模型。计算、比较分散决策和集中决策下的最优双边质量努力水平、农产品收购价格和供应链利润，并评价不考虑社会偏好时农产品供应链的效率和公平度。

第4章，基于公平关切视角的农产品供应链双边质量提升短期机制。本章将农产品生产加工商公平关切引入农产品供应链中，基于农产品生产加工商公平关切视角计算农产品供应链双边质量努力决策、农产品供应链效率和公平度。与第3章不考虑社会偏好情形进行比较，通过数理模型推理证明农产品生产加工商公平关切起到"供应链利润分配机制"的作用，且不影响农产品供应链双边质量努力、供应链总利润、供应链客观效率但能同时改进供应链主观和客观公平度。

第5章，基于利他互惠视角的农产品供应链双边质量提升短期机制。本章将超市利他互惠引入农产品供应链中，基于超市利他互惠视角计算农产品供应链双边质量努力决策、农产品供应链效率和公平度。与第3章不考虑社会偏好情形进行比较，通过数理模型推理证明超市利他互惠不仅起到"供应链利润分配机制"的作用，还能优化农产品生产加工商质量努力、改进供应链总利润，超市较弱的利他互惠强度能较好地兼顾优化供应链效率和公平度。

第6章，基于公平关切演进视角的农产品供应链双边质量提升动态机制。本章考虑农产品生产加工商公平关切及其认知动态演进特征，将农产品供应链中的公平关切信息结构分为农产品生产加工商公平中性且信息对称、农产品生产加工商公平关切且信息不对称、农产品生产加工商公平关切且信息对称、农产品生产加工商公平中性且信息不对称四个演进过程。通过数理模型和数值分析来研究农产品生产加工商公平关切及其认知动态演进对双边质量努力决策、各方利润、供应链效率和公平度的动态影响机制，基于公平关切演进视角研究农产品供应链双边质量提升动态机制。本章研究证明：当农产品生产加工商有效传递公平关切信号给超市能有效提高农产品质量和主客观效率，同时获得较高的农产品供应链收益分配公平度。

第7章，基于利他互惠演进视角的农产品供应链双边质量提升动态机制。本章考虑超市利他互惠及其认知动态演进特征，将农产品供应链中的利他互惠信息结构分为超市利他中性且信息对称、超市利他互惠且信息不对称、超市利他互惠且信息对称、超市利他中性且信息不对称四个演进过程。通过数理模型和数值分析来研究超市利他互惠及其认知动态演进对双边质量努力决策、各方利润、供应链效率和公平度的动态影响机制，基于利他互惠演进视角研究农产品供应链双边质量提升动态机制。本章研究证明：虽然超市有效传递利他互惠信号有利于提高农产品供应链双边质量努力水平，但是超市利他互惠的信息非对称导致供应链不能兼顾效率和公平的同时优化。

第 8 章，基于公平关切演进视角的农产品供应链双边质量提升长期机制。本章通过刻画农产品供应链和公平关切双重动态演化博弈模型，对农产品生产加工商、超市进行单方演化博弈分析和交互演化博弈分析，从而研究农产品供应链公平关切动态演进对农产品供应链双边质量努力均衡策略的影响。采用数理模型推导和数值分析证明：长期内，农产品生产加工商总是选择"关切公平"策略、超市总是选择"激励"策略，双方策略有利益提升农产品质量。

第 9 章，基于利他互惠演进视角的农产品供应链双边质量提升长期机制。本章通过刻画农产品供应链和利他互惠双重动态演化博弈模型，对农产品生产加工商、超市进行单方演化博弈分析和交互演化博弈分析，从而研究农产品供应链利他互惠动态演进对农产品供应链双边质量努力均衡策略的影响。采用数理模型推导和数值分析证明：长期内，超市会采取"偏好利他"策略，农产品生产加工商会采取"激励"策略，双方策略有利益提升农产品质量。

第 10 章，实证研究与提升策略。为了更好地提升农产品供应链双边质量努力水平，保证高质量农产品的稳定供给和农产品供应链稳定运作，本章采用问卷调查、统计软件对社会偏好和农产品质量努力之间的相关性进行检验，并对农产品供应链质量管理实例进行分析。有机结合理论研究和实证分析，分别从农产品生产加工商、超市和政府角度提出有效提升农产品质量的管理策略。

第 11 章，结论与展望。对本书研究进行总结，并对未来研究进行展望。

1.3.2 主要研究思路

本书的研究思路框架如图 1.1 所示。

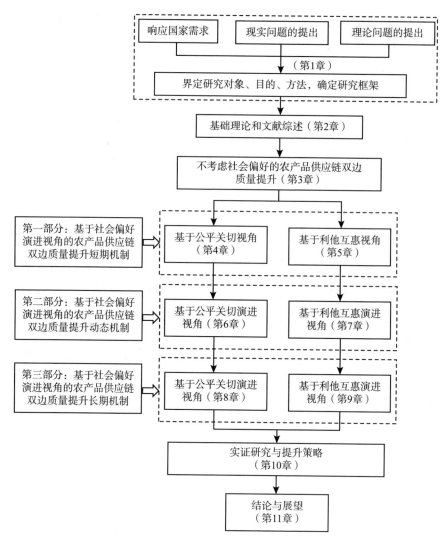

图 1.1   本书的研究思路框架

本书第 1 章结合现实问题和理论分析、响应国家需求提出了基于社会偏好视角研究农产品供应链双边质量提升理论的重要性和紧迫性。

第 2 章围绕研究主题对相关的基础理论进行阐述，并对研究主题紧密相关的国内外研究文献进行评述进一步论证研究主题的必要性和合理性。

第 3 章作为本书的比较基准，研究传统不考虑社会偏好的农产品供应链双边质量努力决策模型。

在第 3 章基础上，第 4 章和第 5 章并列，分别基于公平关切和利他互惠视角研究农产品供应链双边质量提升的短期机制。

第 6 章和第 7 章并列，分别基于公平关切和利他互惠动态演进视角研究农产品供应链双边质量提升的动态机制。

第 8 章和第 9 章并列，考虑并刻画农产品供应链和社会偏好的双重动态演进模型，分别基于公平关切和利他互惠视角研究农产品供应链双边质量提升的长期机制。

第 10 章，采用问卷调查对社会偏好和农产品质量努力之间的相关性进行检验，并对农产品供应链质量管理实例进行分析。

第 11 章，对本书研究进行总结，并对未来研究进行展望。

1.4　主要研究方法

1. 动态博弈和演化博弈

首先，通过构建农产品生产加工商和超市之间的两阶段动态博弈模型，基于社会偏好视角研究农产品供应链双边质量提升的短期机制。其次，考虑农产品供应链和社会偏好的双重动态演进特征，采用演化博弈理论建立农产品生产加工商和超市之间的单方演化博弈和交互演化博弈模型，刻画农产品供应链双边质量努力决策的演变路径，从而基于社会偏好演进视角研究农产品供应链双边质量提升的长期机制。

2. 比较研究与敏感性分析

首先，通过比较考虑社会偏好和不考虑社会偏好下农产品供应链双边质量努力决策来分析社会偏好对农产品质量努力水平、农产品检验努力水平和收购价等决策均衡解的短期影响机制。其次，农产品供应链中农产品加工生产企业的质量努力成本、超市检测成本等因素对农产品供应链双边质量努力决策、农产品回收价格、农产品销售收益的影响是通过在相应表达式中对因变量求偏导数来实现。最后，供应链主客观效率和公平度的差异是通过比较研究得到，"差异"表示为不同标准相应表达式之差。

3. 问卷调查和实例研究

对农产品生产加工商和超市组建的农产品供应链进行问卷调查、数据搜集、整理和分析，同时对典型农产品供应链实例进行研究。有机结合理论研究和实证分析，分别从农产品生产加工商、超市和政府角度提出有效提升农产品质量的管理策略。

第 2 章　基础理论和文献综述

本书通过考虑社会偏好及其认知动态演进对农产品供应链双边质量努力决策、农产品供应链效率和公平度的影响，从而基于社会偏好演进视角研究农产品供应链双边质量提升的短期、动态、长期机制，力争为提升农产品质量、保障高质量农产品稳定供给、优化农产品供应链运作提供新的分析视角。因此，研究主题主要分为两个部分对相关基础理论和文献综述进行阐述。第一部分为相关基础理论：（1）社会偏好概念与理论模型，主要为公平关切和利他互惠的概念与理论模型；（2）农产品供应链概述；（3）供应链效率和公平度。第二部分为文献综述：（1）农产品供应链质量控制相关研究；（2）考虑社会偏好的供应链相关研究，主要为考虑公平关切和利他互惠的供应链相关研究；（3）考虑社会偏好的农产品供应链相关研究；（4）文献评述。

2.1　基础理论

许多博弈实验诸如单方指定博弈、公共品博弈、最后通牒博弈和礼物交换博弈等都证明了决策者具有公平关切、利他互惠、同情、嫉妒、自豪等社会偏好（Loch & Wu，2008）。也就是说，决策者是有限理性的，他们不仅仅考虑自身收益最大化进行决策，还会关注其他人的收益（Ho & Su，2009）。社会偏好是公平关切、利他互惠、同情、嫉妒、自豪等各种心理偏好的总称，其中公平关切和利他互惠是两种重要的社会偏好（陈叶烽，2010）。本书主要以公平关切和利他互惠为代表研究基于社会偏好视角的农产品供应链双边质量提升机制，于是重点阐述公平关切、利他互惠的概念与理论模型。

2.1.1　公平关切概念与理论模型

截至目前，实验经济学中对有关传统以来都假设决策者为纯粹自利偏好的前提条件提出争议。因为越来越多的博弈实验和实证研究也都令人信服地得出：个人或者商业企业除了纯粹自利偏好之外还可能存在公平关切，也就是说个人或商业企业在决策时会因受到公平关切的影响从而不仅追求自身收益的最大化，还会去关注、对比自身与参考对象的直接收益之间的分配是否合理或通过收益比较来判断对方的行为动机是否公平。于是，跟自利偏好一样，公平关切也同样会显著影响个人、供应链企业的决策和策略，并且往往很多时候完全自利和公平关切对供应链决策的影响并不总是相同的，甚至很多时候是相反、矛盾的，例如，有些决策主体可能宁愿牺牲自身的部分或者全部收益去追求在他看来可能更加公平的群体收益分配结果，甚至有时会以牺牲自身部分或者全部收益去感谢、感激或者报答其他参考对象的善意行动，或者表现出一些拆台行为去打击、报复对方的一些敌意动机或行为。尤其是当他们采取报复、报答行为所付出的成本和代价越低，那么这些具有公平关切的决策者将报复或报答付诸实施的可能性就越大。因而，很多行为经济博弈实验和实证研究表明，引入公平关切对传统研究进行重新分析和检验能够提高对实际经济现象的解释力、预测力和经济行为指导力，从而能更有效地解释很多传统纯粹自利偏好假设条件下所不能够解释的经济问题、现象和经济行为。可见，公平关切理论在商业实践或者供应链运作中具有很重要的影响、经济价值和管理参考意义。于是，很有必要建立能够有效描述决策主体公平关切，同时能合理解释目前许多行为经济博弈实验结果和实际经济问题的公平关切效用决策模型。

目前，考虑公平关切、描述公平关切的效用函数所采用的行为经济决策模型主要可以归纳为以下三类。

1. 收益分配公平关切模型

收益分配公平关切模型主要以基于费尔和施密特（Fehr & Schmidt，1999）最先提出的直接以对方收益为公平参考点的公平关切理论模型（以下简称 FS 模型）、博尔顿和赫尔姆特（Bolton & Ockenfels，2000）提出的以全体平均收益为公平参考点的公平关切理论模型（以下简称 BO 模型）为代表。

厌恶不平等心理是收益分配公平关切模型的主要理论依据。FS 模型中，费尔和施密特（1999）将公平关切定义为将自身收益与参考群体内其他每一个对象相比较收益，如果自身收益高于他人将产生有利不公平心理负效用，而如果自身收益低于对方则产生不利不公平心理负效用，并将自身与每一个参考个体的公平负效用进行累加得到的总负效用作为对自身对收益分配公平的感知和度量。而 BO 模型的公平参考点是以参考群体的平均收益来衡量公平感知，只要自身收益不等于群体平均收益就会产生公平负效用。

（1）FS 模型。根据收益分配公平关切理论中对 FS 模型的论述，费尔和施密特（1999）认为当决策主体自身收益低于他人时就会遭受嫉妒心理负效用（即不利不公平负效用），而当决策主体自身收益高于他人时则会产生同情心理负效用（即有利不公平负效用），并且 FS 模型认为收益同等幅度低于他人而遭受的嫉妒心理负效用必定大于收益同等幅度高于他人时遭受的同情负效用。也就是说在 FS 模型中，决策主体往往会将自身的物质收益与参考群体内决策主体所关注的其他个体物质收益进行一一比较，从而判断自身在群体内的收益分配是否公平。这样，就可以计算出决策主体的总效用就包含直接的自身物质收益、遭受的嫉妒心理负效用和同情心理负效用之和。于是，具有公平关切的决策主体总效用函数表达为

$$u_i(x) = x_i - \frac{\alpha_i}{n-1} \sum_{j \neq i} \max(x_j - x_i, \ 0) - \frac{\beta_i}{n-1} \sum_{j \neq i} \max(x_i - x_j, \ 0)$$

$$(2.1)$$

其中，第一项 x_i 为决策主体自身的直接物质收益产生的效用。第二项 $-\frac{\alpha_i}{n-1} \sum_{j \neq i} \max(x_j - x_i, \ 0)$ 表示当决策主体所关注其他参考者收益高于自身收益时而遭受的嫉妒心理负效用。相反，第三项 $-\frac{\beta_i}{n-1} \sum_{j \neq i} \max(x_i - x_j, \ 0)$ 则表示决策主体自身物质收益高于所关注参考对象时而产生的同情心理负效用。系数 α_i 表示嫉妒心理强度系数，β_i 则表示同情心理强度系数，它们一般满足 $\alpha_i > \beta_i$ 和 $0 \leq \beta_i < 1$。$0 \leq \beta_i < 1$ 则表示虽然当决策主体自身收益高于他人时遭受同情心理负效用（$\beta_i \geq 0$），但决策主体总是偏好于自己得到相对其他成员更多的物质收益（$\beta_i < 1$）。每个不同的决策主体所具有的嫉妒心理强度系数 α 和同情心理强度系数 β 是不相同的。有的决策主体因具有较强的嫉妒心理强度，对应 α 的取值就会比较大；而有的决策主体因富有同情心而使自身的同情心理强度系数 β 的具体取值就会比较大。特别地，当 $\alpha = \beta = 0$，表示纯粹自利偏好即传统的理性人假设，即决策主体只

关心自身的物质利益。$\alpha > 0$、$\beta = 0$ 表示决策主体为完全嫉妒偏好者，只会因所关注主体收益高于自身物质收益而产生嫉妒心理负效用，而不会因对方物质收益低于自身而产生任何心理负效用。$\alpha = 0$、$\beta > 0$ 则表示完全同情偏好者，只会因对方收益低于自身而产生同情心理负效用，不会因对方收益高于自身而产生任何心理效用变化。

根据魏光兴（2007），FS 模型几乎能够解释所有重要且典型的行为博弈实验，如最后通牒实验、礼物交换实验、信任博弈实验、独裁博弈实验等。例如，独裁博弈实验中规定首先由提议者分配给响应者比较多份额从而自己收益就减少，但是由于该分配结果使得两者之间的物质收益差减少，从而就提高了二者的相对收益分配公平程度，这样做可以使提议者降低因收益分配不公平而导致的同情心理负效用。只要同情心理负效用减少量大于提议者自身收益的减少量，那么提议者就会增加分配给响应者的份额，直到两者的收益相等，心理负效用为 0。因此，在独裁者博弈实验结果中，提议者总会提出这样的分配结果：分配给响应者明显大于 0 但又不会太多的份额。原因就在于，一方面如果提议者分配给响应者的份额占总体太少，那么提议者会遭受较大的同情心理负效用；但是另一方面如果提议者分配了太多份额给响应者，那么他就会因损失自身太多物质收益而导致物质收益的直接减少，从而遭受物质收益减少而带来的总效用降低。另外，FS 模型因自身的函数结构形式简单、明了，从而被理论和实践所广泛应用。

（2）BO 模型。博尔顿和赫尔姆特（2000）认为传统很多博弈实验中的各个参与者都表现出的自私自利行为其实可以看作一种对收益分配不公平的规避或者厌恶行为。也就是说，他们认为博弈参与个体不仅在乎、关注自身所得到的货币绝对数量，同时也关注其他博弈实验参与者的货币收入。于是，他们将博弈实验中所发现的相对收入作为一个假设条件和附加因素考虑进入博弈参与者的总效用函数中，从而构建了两个博弈实验参与者的总效用函数。然后，基于对博弈实验数据收集、分析，他们就整理并提出了 BO 模型。

BO 模型表示了博弈参与者会把自身收入与博弈参考群体收入的平均值进行比较，从而刻画了参与者物质收益、效用、互惠和竞争的公平关切效用函数，即 $u_i = u_i(\pi_i, \sigma_i)$，其中，$\sigma_i = \dfrac{\pi_i}{\sum \pi_i}$ 表示参与者 i 的物质收入占参照群体总收入的百分比或比例。从 BO 模型的效用函数结构可以发现：对于某个给定的具体 σ_i，u_i 是参与者自身直接物质收入 π_i 的严格凹函数、且关于 π_i 严格递增。也就是说，从参与者自身的自利偏好角度看，物质收入越多越好。同时，对于某个给定的物质收入 π_i，容易推测，u_i 必定是 $\sigma_i = \dfrac{\pi_i}{\sum \pi_i}$ 的严格凹函数，且当满足 $\sigma_i = \dfrac{1}{n}$（决策主体所得到的份额刚好等于参考群体的平均份额）时，决策主体获得最大的总效用。

根据 BO 模型的原理，当有多个主体参与分配的情形下，参与者 i 的总效用函数就可以表示为

$$u_i = u_i(\pi_i,\ \sigma_i) = u_i(c\sigma_i,\ \sigma_i) = a_i c\sigma_i - \frac{1}{2}b_i\left(\sigma_i - \frac{1}{2}\right)^2 \qquad (2.2)$$

博弈实验发现，参与者的公平关切会影响博弈实验的均衡结果，也就是说 $\dfrac{a_i}{b_i}$ 的值大小会影响博弈均衡结果。当只有两个参与者进行博弈实验时，即群体只有两个人，那么局中人 i 纳入公平关切的总效用函数可以表示为

$$u_i = a_i\pi_i - b_i\left(\pi_i - \frac{\pi}{2}\right) \qquad (2.3)$$

其中，a_i、b_i 分别表示博弈参与者 i 对自身物质收益和对群体公平分配的关注程度，$\dfrac{\pi}{2}$ 为群体的平均收益。第一项 $a_i\pi_i$ 表示决策主体对自身直接的物质收益关注，第二项 $-b_i\left(\pi_i - \dfrac{\pi}{2}\right)$ 则表示参与者 i 对只要偏离群体的平均收益就产生的公平关切负效用。$a_i \geq 0$，且 $a_i = 0$ 表示参与者 i 是完全的公平关切者，即只关注群体收益分配是否公平，而不在乎自身的直接物质收益；$a_i > 0$ 表示参与者 i 只关注自身的物质收益，具有完全自利偏好。$b_i \geq 0$，且 $b_i = 0$ 表示参与者 i 是完全自利偏好的，只关注自身的直接物质收益，而不关注群体的收益分配是否公平；$b_i > 0$ 表示参与者 i 是具有公平关切的，在乎自身的物质收益是否偏离了群体平均收益，由于本书考虑参与者 i 的公平关切，于是仅仅考虑 $b_i > 0$ 的情形。$\dfrac{a_i}{b_i}$ 可以表示参与者 i 的公平关切度。$\dfrac{a_i}{b_i}$ 的值越大就表示参与者 i 越自利，即越关注自身物质收益的同时越不关注公平，公平关切强度越低；相反，$\dfrac{a_i}{b_i}$ 的值越小则表示参与者 i 越关注收益分配公平，公平关切强度越高。

当博弈群体只有两个参与者时，BO 模型具体化为 $u_i = a_i \pi_i - b_i \left(\pi_i - \dfrac{\pi}{2} \right)$，

其中 $\pi = \pi_i + \pi_j$，即 $u_i = \left(a_i - \dfrac{b_i}{2} \right) \pi_i + \dfrac{b_i}{2} \pi_j$，此时具有公平关切参与者 i

一方面关注自身收益，且单位收益带来效用增量为 $a_i - \dfrac{b_i}{2}$；另一方面关注

对方收益，且因对方收益提高而获得正效用，对方单位收益增加带来的效

用增量为 $\dfrac{b_i}{2}$。这说明，BO 模型只考虑了 FS 模型中的"有利不公平"，即

对方收益低于自身的情况，因而它就不能解释一部分传统行为博弈实验，
比如礼物交换实验、独裁者博弈实验、信任博弈实验等。而 FS 模型却能
够解释几乎所有博弈实验结果。另外，BO 模型并不能解释在公共品博弈
实验中为什么被惩罚的总是投资较少者。按照 BO 模型的理论和原理，
每个决策主体只会与群体平均物质收益进行比较，那么只要参与者的物
质收益与群体平均收益不相等，那么惩罚投资较多者和惩罚投资较少者
的效果其实就是一样的，因为这两类人都降低了群体的平均效用，且程
度一样。

2. 行为动机公平关切模型

行为动机公平关切模型以雷宾（Rabin，1993）为代表提出的行为动
机公平关切模型，其注重的是行为的原因，即动机。行为人在个人收益大
小和行为动机的对等性之间权衡，简称为 Rabin 模型。

公平关切 FS 模型和 BO 模型都是基于收益分配结果、注重的是行为
的结果比较和分析，也就是说决策者在个人直接物质收益和与参考者之间
收益分配公平度进行权衡。而基于行为动机的公平关切模型注重行为的原
因和过程，即行为动机，此时决策者会在个人直接物质收益和参考者所实
施行为动机之间的对等性进行权衡。于是，行为动机公平模型是以心理博
弈论为分析工具并认为决策者具有互换动机，即不惜牺牲自身收益去报答
他人的善意行为、报复他们的敌意行为。以雷宾（1993）为代表提出的行
为动机公平模型，根据基础物质收益博弈来衍生出公平关切心理博弈从而
构造了公平关切模型；同时通过采用心理纳什均衡来准确定义了动机公平
行为。

雷宾（1993）最早将动机公平引入博弈模型，并定义了善意函数
$f_i(a_i, b_j)$ 来表示行动是善意的还是恶意的，它测度了参与人 i 对于参与
人 j 的友善程度。参与人 i 对于参与人 j 的善意函数为

$$f_i(a_i, b_j) = \frac{\phi_j(b_j, a_i) - \phi_j^e(b_j)}{\phi_j^h(b_j) - \phi_j^{\min}(b_j)} \tag{2.4}$$

如果 $\phi_j^h(b_j) - \phi_j^{\min}(b_j) = 0$，则 $f_i(a_i, b_j) = 0$。

其中，a_i 是参与人 i 所选择的行动，b_j 为 i 推测 j 所选择的行动，$\phi_j(b_j, a_i)$ 为参与人 j 选择行动 b_j 而 i 选择 a_i 时 j 所获得的收益。$\phi_j^h(b_j)$ 为参与人 j 在 $\prod(b_j)$ 中的最高收入，$\phi_j^l(b_j)$ 是参与人 j 在 $\prod(b_j)$ 中的帕累托前沿上的最低收入。$\phi_j^e(b_j)$ 是"公平收益"，并且满足约束 $\phi_j^e(b_j) = \frac{\phi_j^h(b_j) + \phi_j^l(b_j)}{2}$，$\phi_j^{\min}(b_j)$ 则表示参与人 j 在集合 $\prod(b_j)$ 中得到可能的最糟糕收入。如果 $f_i(a_i, b_j) < 0$，说明参与人 i 具有恶意的行为动机（损人损己，牺牲自身的物质收益去减少他人的收益）；但如果 $f_i(a_i, b_j) > 0$，说明参与人 i 具有善意的行为动机（损己利人，牺牲自己的收益从而去增加他人的收益）；当 $f_i(a_i, b_j) = 0$，说明参与人 i 的行为动机是中性的。

另外，雷宾（1993）用函数 $f_i(b_j, c_i)$ 来表示参与人 i 关于参与人 j 对待他自己善恶推断的信念。

$$f_i(b_j, c_i) = \frac{\phi_i(c_i, b_j) - \phi_i^e(c_i)}{\phi_i^h(c_i) - \phi_i^{\min}(c_i)} \tag{2.5}$$

如果 $\phi_i^h(c_i) - \phi_i^{\min}(c_i) = 0$，则 $f_i(b_j, c_i) = 0$。

其中，c_i 为 i 推测 j 认为 i 所选择的行动。因为善意函数是正归化的，$f_i(\cdot) = 0$ 和 $f_j(\cdot) = 0$ 的值就必定位于区间 $\left[-1, \frac{1}{2}\right]$ 中。如果 $f_i(b_j, c_i) > 0$，则意味着 i 认为 j 对他是友善的；反之，当 $f_i(b_j, c_i) < 0$，i 认为 j 对他是恶意的；如果 $f_i(b_j, c_i) = 0$，i 认为 j 对他的动机是中性的。

这样的善意函数就能用于刻画参与人的行为动机。每个参与人 i 选择 a_i 最大化自身期望效用 $U_i(a_i, b_j, c_i)$，包括物质收益效用和动机公平效用，即

$$U_i(a_i, b_j, c_i) = \phi_i(a_i, b_j) + f_i(b_j, c_i)[1 + f_i(a_i, b_j)] \tag{2.6}$$

虽然雷宾（1993）最早将行为动机这一公平关切心理纳入决策者进行博弈分析，属于开创性研究，但在研究内容和应用上存在一些缺陷，如行为动机公平模型只能局限于两方静态博弈而却不能用于多方博弈及动态博弈，且以行为动机公平模型构建的效用函数不能较好描述决策者物质收益和行为动机公平关切之间的权衡关系，尤其是可能存在多重纳什均衡甚至有时会同时出现"善意"和"恶意"这两种相矛盾的均衡结果，于是该行为动机公平模型不具有较好的可操作性。

3. 混合公平关切模型

混合公平关切模型以法尔克和费尔（Falk & Fehr，2001）、杜文伯和克什施泰格（Dufwenber & Kirchsteiger，2004）以及法尔克和费施巴赫（Falk & Fischbacher，2006）提出的混合公平关切理论模型，即该模型同时将收益分配结果公平、行为动机过程公平都纳入考虑所建立的综合公平关切模型（以下简称 FF 模型）。

前述收益分配公平关切模型（以 FS 模型和 BO 模型为代表）强调收益分配结果的公平程度，即决策者会牺牲自身的部分收益去追求更加公平的收益分配结果；行为动机公平关切模型强调决策者会牺牲自身的部分收益去报答他人的善意行动或者报复他人的敌意行动。而在实际生活中，更常见的是，决策者的经济行为既受行为过程（动机）也受行为结果（收益分配）的影响。于是，不断有经济学家创造性地建立能够同时融合收益分配公平和行为动机公平的综合公平关切模型，如法尔克和费尔（2001）通过对行为动机公平关切模型的双人博弈假设扩展到多人博弈中，提出了互惠均衡，该均衡就是一个非常完备、有效的均衡，该均衡同时在均衡路径和非均衡路径上定义、给出了博弈参与人关于其他人行为动机善意、恶意的信念推断。例如，FF 公平关切模型认为行为导致的收益分配结果可以表示行为动机（过程）的善恶程度，具体为：当 j 的行动使 i 的收益小于 j，于是 i 就会推断 j 的行动是敌意的；当 j 的行动使 i 的收益等于 j，于是 i 就会推断 j 的行动是中性的；进一步，当 j 的行动使 i 的收益大于 j，于是 i 就会推断 j 的行动是善意的。因此，博弈参与人关于他人行为动机的善恶推断信念同时取决于博弈中的自身预期收益及对方收益的比较，随着博弈过程的不断进行，该推断和信念是不断更新和变化的。因此，求解该均衡的过程和表达式都非常复杂，即使仅仅对于最简单的多人动态分析，计算过程和均衡结果表达式也非常复杂和烦琐，数值取值自由度很大，甚至有时可能出现多重均衡的结果，因此不具有可操作性和实践性。

随后，杜文伯和克什施泰格（2004）则通过提出互惠理论进而实行了适用于序贯决策的系列博弈实验，其中他们通过构造战略格局下的决策序列结构提出了序贯互惠均衡博弈。然后，法尔克和费施巴赫（2006）则通过同时纳入收益分配和行为动机公平构建公平关切效用函数，从而明确提出了基于收益分配和行为动机公平的抽象概括性公平关切模型，该模型能解释、协调因为双边互动行为而产生的看似矛盾的收益分配结果。

4. 模型小结

典型公平关切模型优缺点汇总见表 2 - 1。

表 2 - 1　　　　　　　　　　　典型公平关切模型比较

代表模型	公平参考依据	优点	缺点
FS	收益分配结果	能解释所有博弈实验；结构简单、操作性强；唯一博弈均衡结果	没有考虑行为动机；需要和群体每一个参与人收益一一进行比较
BO	收益分配结果	结构简单、操作性强	只考虑 FS 模型中的有利不公平；不能解释所有博弈实验
Rabin	行为动机过程	反映行为过程公平	不能解释所有博弈实验；存在多重均衡；复杂、烦琐，可操作性差
FF	行为动机过程；收益分配结果	同时反映行为过程公平和行为结果公平	不能解释所有博弈实验；均衡求解过程和结果太复杂；存在多重均衡，可操作性差

虽然 FS 模型没有考虑基于过程的行为动机公平因素，但是 FS 模型结构简单、可操作性强，往往只存在唯一的均衡结果，且由于它能够解释所有的行为博弈实验结果。因而，FS 模型成为实践和理论中应为最多、最广泛的公平关切模型，在引入公平关切模型的供应链契约协调中也不例外。当然，在应用 FS 模型构建具体的决策者效用函数时，研究者根据具体的研究问题和主题，对 FS 模型的基本结构进行一些改变，使得模型一方面更具可操作性，另一方面分析结果能够带来更丰富、直观的管理启示。比如将公平关切引入供应链契约协调研究中，通常将 FS 模型的多个博弈参与者简化为两个，例如供应商和零售商。供应商和零售商包含物质收益和公平关切负效用在内的总效用函数分别表示为

$$U_s = \pi_s - \alpha_s \max(\pi_r - \pi_s,\ 0) - \beta_s \max(\pi_s - \pi_r,\ 0) \tag{2.7}$$

$$U_r = \pi_r - \alpha_r \max(\pi_s - \pi_r,\ 0) - \beta_r \max(\pi_r - \pi_s,\ 0) \tag{2.8}$$

其中，U_s、U_r 分别表示供应商、零售商效用，π_s、π_r 示供应商、零售商利润，α_s、α_r 分别表示供应商、零售商嫉妒偏好（不利不公平）系数，β_s、β_r 分别表示供应商、零售商同情偏好（有利不公平）系数。

一方面，由于 FS 模型中嫉妒心理强度系数大于同情心理强度，即 $\alpha_i > \beta_i$，收益同等幅度低于他人而遭受的嫉妒心理负效用必定大于收益同等幅

度高于他人时遭受的同情心理负效用；另一方面，决策者在进行决策时往往也更多地关注自身收益低于对方时的反应。在供应商主导型供应链中，供应商因在博弈中具有先行行动优势，零售商利润总是低于供应商，于是在供应商主导型供应链中仅考虑零售商的嫉妒偏好负效用来构建零售商的决策效用函数。因此，供应商主导型供应链中，供应商和零售商的效用函数分别简化为

$$U_s = \pi_s \qquad\qquad (2.9)$$

$$U_r = \pi_r - \alpha_r(\pi_s - \pi_r) \qquad\qquad (2.10)$$

事实上，供应商和零售商确实会关注自己的收益和对方相比是否公平，若自己的收益少于对方，则会产生额外的负效用，进而影响决策。

因此，有必要将公平关切引入农产品供应链，研究公平关切对农产品供应链成员质量努力决策的影响。为了研究基于公平关切视角的农产品供应链双边质量提升机制，得到直观的研究结论和管理策略，在模型适用性、可操作性之间权衡，本书选择 FS 模型来构造农产品供应链公平关切效用函数。

2.1.2　利他互惠概念与理论模型

利他互惠是指决策者在行动选择时不仅会考虑行动对自己利益的影响，还会考虑行动对其他人所产生的后果，具有利他互惠的决策者更愿意帮助他人来促进社会福利的优化（杨春学，2001；魏光兴，2007；Bell，2008）。利他互惠这一概念最早在 19 世纪关于哲学与社会科学的相关研究中出现，之后才开始被广泛应用到心理学、行为经济学、决策科学等领域（Andreoni & Miller，2002）。20 世纪 40 年代起，很多著名经济学家如亚历山大（Alexander，2001）曾经指出，人们会关心他人的经济利益及利益分配是否公平。也就是说，行为人在经济活动中不可能仅只表现为"自利"，为了更好地合作和发展，行为人会考虑自身及他人的利益，从而产生诸如"利他""公平"的社会偏好，这些有限理性行为会影响他们的判断与决策。同公平关切类似，利他互惠属于另一种社会偏好，它是指决策者在行动选择时不仅考虑自身收益最大化，往往愿意帮助他人来促进社会福利的最大化且帮助成本越低，决策者实施帮助的意愿越强烈。

行为经济学家史密斯（Smith）和卡尼曼（Kahneman）在对行为经济学的论述中论证了利他互惠是人的内心自发形成的一种情感偏好，这种心理偏好可以促使与其他人的协作，具体协作方式包括：亲缘利他、强制利

他和互惠利他。利他互惠在社会上并不占主导地位，因为人总是以考虑自己利益为主导地位，且利他互惠行为很可能会以牺牲自我利益为前提，所以几乎大部分人都不乐意产生利他行为甚至实施显示利他互惠的行动，即使有时内心有利他互惠的想法和动机。企业的决策归根到底也是人的决策，而且企业的决策更体现利己性，即以企业收益最大化为决策目标，不太可能牺牲自身利益为代价去增加其他企业收益。但是如果企业发现利他行为能同时改进自身和其他企业的收益，那么企业就有动力和积极性去增加整体收益。

但近二十年来，大量行为学家、经济学家研究了世界各地不同文化及区域行为，论证了利他互惠存在于人类的行为中，并进一步探索了利他互惠的影响因子（Rapoport，1995；Andreoni & Miller，2002；Bowles，2006）。近段时间，经济学家对利他主义及其经济意义的研究复兴并快速增强，特别地，《美国经济评论》《整治经济学杂志》等国际顶级期刊在近 20 年大量刊登了有关利他互惠的论文，直接推动了利他互惠的研究和发展。在实践中，20 世纪 80 年代之后，英美等国都同时出现了贫困差距加大的趋势，这种贫困差距带来的不平等并没有促进社会财富的创造和国家的强大。于是，经济学家又再次将研究的重点转向利他主义，因为自利模型虽然可以解释大部分社会再分配活动，但却不能解释所有活动。

同时，国内学者杨春学（2001）认为虽然主流经济学一直将"经济人"作为经济分析的一个基本假设，但人类决策的利他主义并未消失在经济学文献中，且利他互惠或利他主义的存在是一个不可否认的事实，同时他认为利他互惠最常用的分析思路是把利他互惠模型化为与个人收益相互依存的效用函数。王玉珍（2004）认为有意识的利他互惠行为能够更好地解释合作中"道德人"现象。叶航和汪丁丁（2005）采用演化博弈分析方法解释了利他互惠行为的进化优势和稳定性。贝尔（Bell，2008）将利他互惠定义为忽略自身收益或者牺牲自身收益从而达到增加他人收益的行为。库拉科夫斯基和加朗斯基（Kulakowski & Gawronski，2009）构建了基于利他互惠和个人声誉的合作博弈模型，并通过数理模型证明利他互惠能够有效促进合作行为发生。雇主可以设计有关激励机制来促进员工之间的互动并激励员工之间的利他互惠，从而更好地提高工作效率（Dur & Sol，2010）。利他互惠不仅是决策者效用函数的重要组成部分，也是触动决策者内在情感并影响决策者实际行为的重要因素（Urda & Loch，2014）。

与纳入考虑公平关切的效用函数构建类似，即决策者考虑公平关切的效用函数是将仅仅考虑收益最大化的传统目标函数扩展为包括物质收益和公平负效用在的总效用最大化。于是，根据杨春学（2001），利他互惠效用函数是将利他互惠纳入个人决策的效用函数中，从而扩充个人的"自利偏好"实现使其他人效用成为个人效用满足的一个新增部分。因此，纳入利他互惠的效用函数并没有抛弃标准的效用最大化分析框架，只需要假设利他互惠者最大化的不仅是他们自身的个人收益，还包括他们所关心的某些其他人的福利，且会因改进他人收益而增大自身效用。具体数学模型如下所述。

假设参与人 i 是利他互惠者，参与人 j 是参与人 i 关心的另一个人，u_i 和 u_j 分别表示参与人 i 和参与人 j 的收益，以 δ 表示参与人 i 的利他互惠系数时，参与人 i 决策的效用函数为 $U_i = u_i + \delta u_j$。其中，$0 \leqslant \delta \leqslant 1$。当 $\delta = 0$ 时，说明参与人 i 回到完全自利情形，即仅从自身收益最大化进行决策；当 $\delta = 1$ 时，说明参与人 i 为完全的利他互惠者，此时他认为增大自身利润和对方利润同样重要，他们合作程度非常高。当 $0 < \delta < 1$ 时，参与人 i 虽然以帮助对方提高收益会增加自身效用，但是参与人 i 更在乎提高自身直接物质收益 u_i。

当进一步对效用函数进行更具体的形式化处理，即参与人 i 给自己的直接效用权重为 α_j，而给予对方的直接效用权重为 α_i，那么考虑利他互惠的参与人 i 效用函数为

$$U_i = \alpha_j u_i + \alpha_i u_j \tag{2.11}$$

其中，$\alpha_i \geqslant 0$ 以排除受虐狂和嫉妒这两种情形。当 $\alpha_i = 0$ 时，说明参与人 i 是完全理性者；当 $\alpha_i + \alpha_j \leqslant 1$ 时，可以排除"过分的利他互惠"；当 $\alpha_i + \alpha_j = 1$ 时，对应"完美"利他情形，此时两个行为人的利益是完全和谐的。特别地，当 $\alpha_i = \alpha_j = \alpha$ 时，表示"对称"利他互惠，进一步，当 $\alpha_i = \alpha_j = \dfrac{1}{2}$ 时，意味着"对称且完美"的利他互惠。

利他互惠模型化蕴含着：①利他互惠属于决策者的一种主观心理偏好，它既可能来自行为人的本能、性格、冲动或情感，也可能来自某些生物或者文化上的遗传特性，因此属于外生变量，只需要假定"利他互惠是稳定"的即可。②决策者决策效用最大化是合理、理性的假设，既适用于完全理性者（如上述模型中假定 $\delta = 0$），也适用于利他互惠者（如上述模型中假定 $\delta > 0$）。③利他互惠效用函数仅仅只是基于提高"利他互惠者"整体偏好的满足程度（包含自身收益和对方收益改进的总效用函数）的一种方式和手段。

　　现实生活中的供应链企业为了获得长期稳定的合作伙伴，在决策时普遍存在利他互惠行为，例如供应商除了进行原材料生产外，往往选择积极、更多地参与制造商产品设计、工艺及生产过程，从而更好地了解下游制造商生产计划和各类具体零部件需求，更好地满足客户需求，增强制造商对自身的依赖度，实现双方长期稳定收益。同时制造商往往会在生产成品的同时帮助供应商更新生产和配送设备并开展技术改造，提高配送质量等方面提供协助，从而促进供应商提供更好地满足自身生产的原材料、零部件，更好地参与市场竞争。实际商业活动证明，随着市场竞争日益激烈，越来越多的合作型企业拔地而起，一方面，企业迫切地需要形成自己独立的企业文化以及运营模式来追求更高程度的利益；另一方面，他们都秉承着"互利共赢"的合作理念展开各种形式的合作，从而更好地应对越来越激烈的全球化市场竞争（程茜等，2018）。

　　"京东到家"投入巨资建立了自动化仓库和配送系统以实现自身物流规模化，同时也帮助传统实体零售商快速实现电商化，而且与京东合作的零售商无须投入高昂的固定成本，就可以享受到"京东到家"便利的仓储配送系统进而带来低廉可变成本，京东"利他行为"为合作企业节约了大量成本、提高了双方合作的效率；再比如苏宁的"利他式整合"可以让不同的市场主体互利共赢，激发各市场主体的潜力，把全社会的物流资源利用最大化（覃燕红等，2019）。

　　因此，利他互惠会显著影响供应链决策、改进供应链收益，根据葛泽辉和胡启英（Zehui Ge & Qiying Hu，2012）采用加权求和形式将利他互惠引入供应链中，提出供应链中具有利他互惠的成员的效用函数形式为

$$U_s = \pi_s + \theta_s \pi_r \tag{2.12}$$

$$U_r = \pi_r + \theta_r \pi_s \tag{2.13}$$

其中，π_s、π_r 分别表示供应商和零售商的利润，θ_s、θ_r 分别表示供应商和零售商的利他互惠系数，且 $0 \leq \theta_s$，$\theta_r \leq 1$。当 $\theta_s = 0$ 时，供应商是完全自利的决策者，只考虑自身利润能否达到最大化；当 $0 < \theta_s < 1$ 时，供应商为利他互惠的决策者，并且 θ_s 的值越大，供应商利他互惠程度越高；当 $\theta_s = 1$ 时，供应商对改进自身和改进零售商同等收益的效用相同。具有利他互惠的供应商不仅考虑自身的利润，还考虑零售商的利润，其决策目标是实现自身效用的最大化。零售商的情形与之类似，即具有利他互惠的零售商（$0 < \theta_r < 1$）不仅考虑自身的利润，还考虑供应商的利润，其决策目标为实现自身效用最大化。

为了研究利他互惠对农产品供应链双边质量提升的影响，同时决策者更多地考虑自身收益的改进，于是假设利他互惠效用函数中 $0 < \theta_s$, $\theta_r < 1$。例如，在供应商主导的供应链中，供应商先行行动，能根据零售商的最优决策进行调整，于是供应商获得了供应链中相对较多的利润。因此，我们仅考虑供应商的利他互惠，此时 $0 < \theta_s < 1$ 且 $\theta_r = 0$。

2.1.3　农产品供应链理论

1. 农产品供应链概念及其特点

结合国内较有代表性的马士华和林勇（2016）对供应链定义的观点，以及丁丽芳（2013）对农产品供应链定义，本书认为农产品供应链是指围绕核心企业，以信息流通网络为依托，应用系统的方法来管理从农产品的生产一直转移到消费者手中的过程，使得从农产品生产者、加工者、运输者、销售者直到消费者的信息流、物流、资金流等在整个供应链上畅通无阻，最大程度地满足消费者的需求。一般而言，农产品供应链由五个环节组成：农产品生产资料的供应环节、生产环节、加工环节、配送环节和销售环节，每个环节又涉及各自的相关子环节和不同的组织载体。同时，相邻节点企业间表现出一种需求和供应的关系，并把所有相邻企业依次连接起来，由此形成了一个具有整体功能的网络。

我国农产品供应链的研究主要涉及：食品供应链、生鲜农产品供应链、蔬菜供应链，以及畜产品供应链（如乳品、猪肉等）等领域。虽然农产品供应链研究不同主体具备的特性不尽相同，但是往往都具备以下共同特点。

（1）农产品供应链长且复杂。从养殖和种植一直到形成最终消费，食品以其供应链长为首要特征，要覆盖种植养殖、屠宰、加工、生产、运输、销售及最终到达消费者等多个环节，各个环节上都有众多参与者，并由此带来复杂性。从价值流的角度考虑，价值创造过程中因为环节过多导致成本增加，直接影响了供应链总体利润。同时，多环节参与也直接影响了成员组织的灵活性、适应性和复杂性，从而影响农产品到达消费者的最终时效。以美国生产和销售软饮料为例，其供应链与香料的萃取加工链、玉米甜料加工链、甜菜和甘蔗加工链、二氧化碳气体加工、水果栽培加工、净化水生产、铝听和钢罐加工、纸箱加工、饮料生产、运输、储存和分销、市场研究、营销与促销、零售等有关。随着农产品供应链不断延长，不确定性因素逐渐增多，其负面影响在农产品供应链上不断被放大，导致供应链协调和监控难度急剧上升。

（2）农产品供应链主体的多元化和分散化。农产品供应链中的相关利益主体的多元化和分散化是农产品供应链的另一个特点，多元化和分散化导致农产品供应链规模经济效益差、交易成本高，不利于农业资源的集约化利用和整合、不利于形成规模的农产品供应链合作联盟。在农产品生产源头，我国有两亿多分散经营的家庭农户；在农产品加工和生产环节，全国获得生产许可证的生产加工企业就有 17 万多家，还不包括几十万家农产品生产小作坊；在餐饮环节，大量中小餐饮企业并存，仅北京就有 6 万多家拿到餐饮服务许可证的单位，还不包括小的食品摊贩。大量小农户、小作坊由于资金、成本、技术、理念的限制，不愿意进行提高农产品生产加工努力的行为。在追求短期利润和投机心理的驱动下，容易生产不符合国家农产品安全标准的农产品。同时，面对数量如此庞大的监管环节和对象，国家相关监管机构承受沉重的监管负荷和难度。

（3）农产品供应链的信息严重不对称。虽然信息不对称是供应链中普遍存在的问题，但是农产品供应链中的信息不对称问题尤其突出。农产品作为"信任品"，消费者一般都不了解农产品生产过程和加工工艺，很难凭外观、色泽、说明、广告信息或者遗忘的购买经验来完全了解农产品是否存在质量和安全隐患，甚至在使用完之后也很难发现质量问题。一般需要借助特殊检测设备和专业农产品质量知识才能识别农产品质量安全信息。信息严重不对称造成了农产品交易中的买方不相信卖方的产品是高质量的，卖方倾向于出低价来购买农产品。例如，乳制品企业不相信奶农的牛奶质量，不断压低奶源采购价格，并购买到低价低质的产品，导致高质量农产品卖家被挤出市场而低质量农产品却充斥整个市场。

（4）农产品供应链中的成员关系不稳定。由于农产品供应链上大量存在着小规模经营主体，使很多交易都成为"一锤子买卖"、一次博弈，因此，农产品供应链中"机会主义行为"普遍，且供应链成员关系非常不稳定。以农产品生产为例，每一个农户都是市场中无数供给者之一，需求方对单个农户的身份识别度极低，每一次交易都可视为非重复博弈，农户行为对其长期收益和关联收益的影响较小，声誉机制对农户的约束力较弱。消费者无法通过声誉激励机制对生产低质量农产品的农户进行惩罚，每一次交易都看作非重复的一次博弈。于是，农户的短期最优决策就是以低成本生产低质量农产品并设法通过高价出售从而赚取最大利润。不稳定的农产品供应链成员间的协作关系将严重影响和制约食品供应链质量管理与质量投资激励。

（5）农产品供应链的风险聚集性。农产品供应链涉及的节点多，每个节点特性、规模都很大不同，而农产品又是后验产品，在某个节点农产品的质量问题未必能发现，但是每个节点的质量问题随着农产品供应链会传递到下一个节点，然后再和下一个节点的质量问题叠加，使得农产品质量问题不断积累、严重放大。随着居民消费水平的不断提高，食品安全日益受到人们重视。农产品的农药残留是否超标、是否乱用生长激素等问题已经成为决定消费者购买与否的重要因素。因此，这一问题需要作为供应链源头的农产品生产加工商作出有效努力，同时需要销售终端把握好最后一关，确保对农产品进行质量检验，从而阻止变质产品流入消费者市场。一方面，农产品需求受销售价格的影响，如猪肉价格大涨时，消费者会选择鸡肉或牛肉等替代品；另一方面，超市销售符合消费者对绿色健康追求的高质量农产品时会提高需求量。于是，需求还受到天气、节日等随机因素的影响。因此，研究农产品供应链时需求函数要尽可能考虑诸多影响因素。

（6）农产品供应链对物流要求高。农产品具有非标准化、易腐性、易损耗等特征，对保鲜性有着更高的要求，同时很多农产品都是跨区域流通，更需要冷链物流来保障农产品的新鲜度。因此，农产品运输、流通和销售过程对温度控制有更高的要求。在存储方面，生鲜农产品的存储可以分为五个温控区：常温、恒温（15℃～18℃）、8℃～15℃、0℃～8℃、零下18℃，不同类型的生鲜农产品对存储温度有不同的要求。为保证农产品品质，在物流过程中应采取全程冷链的方式，针对不同农产品的特性进行精准温控及合适包装，同时采用专业的冷链物流设施设备，导致物流成本急剧上升。另外，由于农产品具有鲜活性的特点和较高的质量要求，所以物流特别要求绿色物流，要求在整个运输、仓储过程中，做到不变质、不污染、不破损。农产品若包装合格和运输储存条件适宜可大大延长农产品的安全保质期。但是生鲜农产品是一种鲜活易腐品，采摘后与空气长期接触容易腐烂变质，在运输途中若受剧烈颠簸也容易导致品相遭到损伤，难以获得消费者的青睐，从而滞销，造成资源浪费；或者真空包装农产品出现胀包等现象也会导致食物变质不可食用。这些要求在一定程度上需要通过精包装、建设专业设备等方式来实现。然而，由于农产品价格较低、体积较大，因此在物流成本的投入上受到极大限制。

2. 农产品供应链运作模式

现有农产品供应链的运作表明，在其构建的过程中，总有一个企业或一类企业（生产商、批发商、销售商或中介组织）是供应链运行的主导力量，它们对供应链的各环节影响力最大。薛丽柯等（2014）研究将我国农产品供应链模式划分为传统农产品流通链、以专业批发市场为主导的农产品供应链和以超市为主导的农产品供应链三类主要模式。

（1）传统农产品流通链。传统以农户经营方式为主的市场格局，在很大程度上制约了农产品供应链作用的发挥，由于信息不畅通，农产品流通效率低下，使得消费者的需求得不到满足，可能引发产销不对路、高数量低质量、农产品增产不增收等问题，见图2.1。

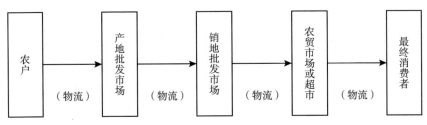

图 2.1　传统农产品流通链

（2）以专业批发市场为主导的农产品供应链。专业批发市场能有效密切联系农户和市场，向加工企业传递生产、销售等信息，帮助整个农产品供应链作出合理的决策。该模式依托一定规模的农产品批发市场，将农产品集中起来，再通过零售商销售，扩大了农产品物流半径。但这种供应链总体成本较高，且大多数批发市场还没有建立完整的物流信息系统，农产品的包装、加工、配送等增值活动也不普遍，还需要不断完善，见图2.2。

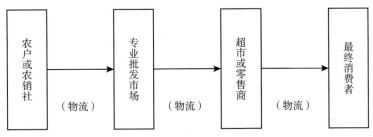

图 2.2　以专业批发市场为主导的农产品供应链

（3）以超市为主导的农产品供应链。以超市为代表的农产品流通渠道终端的发展推动了我国农产品流通模式的变革。以超市主导的农产品供应链从农产品生产基地、农民合作组织、批发商或者经销商等渠道大批量采购农产品并在超市进行销售。农产品生产者直接向大型合作超市供应农产品的流通方式，可以减少农产品供应链中间环节，降低农产品流通成本，同时有利于农产品的溯源管理。因此，超市在农产品流通中占有不可取代的地位。以超市为主导的农产品供应链最大优势之一是能够准确快速地捕捉到消费者的需求变化，也使得加工、包装、配送等一系列增值服务有较大的发展空间。尤其是以大型超市为主导的农产品供应链具有完善的信息管理系统，能够通过对市场信息的分析，加强上下游的沟通、缩短流通渠道，有利于建立供应链内部长期稳定的合作关系，见图 2.3。

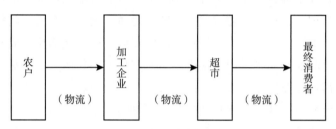

图 2.3 以超市为主导的农产品供应链

以大型超市为主导的农产品供应链模式主要具有以下三大优势。

①品牌信誉优势。大型超市直接从农产品生产加工商直接进货，缩短流通环节，从而可以降低经营成本，同时为农产品质量问题追本溯源提供保障，进而对消费者更具吸引力。此时农产品供应链能够进入良性循环，有利于形成大型超市的品牌效应从而增强企业的获利能力。

②供应链内部稳定合作优势。大型超市通过与农产品生产加工商达成合作伙伴关系，确保了农产品在生产与销售环节的稳定。同时，超市利用接近消费者的优势能更好地指导农产品生产来迎合消费者的需求偏好，进而加强了上下游的衔接沟通，提供适应市场需求的农产品，有利于建立供应链内部稳定长期的合作关系。

③农产品质量安全优势。大型超市都建立在现代化的经营管理理念之上，拥有先进的物流、检测、检验、销售技术和设备的大型零售企业。同其他个体经营商店、农贸产品市场和分散小商贩相比，大型超市对所销售的农产品质量安全性和品质更加敏感重视。大型超市往往愿意投入资金建立安全可靠的标识系统，更好地掌握每一件销售产品的流向和意见反馈，做到对农产品整个生产、流通过程的信息查询、跟踪，有利于实现农产品

的溯源管理，保障农产品质量安全。因此，经营理念和外部竞争压力使得大型超市所经营、销售的农产品更具有质量安全性。

故以大型超市为主导的农产品供应链为研究对象，详细介绍该模式的供应链结构。根据供应链理论，一般由供应商、制造商、批发商、零售商组成一个完整的供应链。若不考虑农产品生产资料供应商，则农产品供应链中供应商为农户；制造商为农产品加工企业；批发商则是各个农产品批发市场的农产品产地批发商和销地批发商；零售商则是指农产品零售终端，包括路边商贩、农贸市场、大型超市等，见图2.4。而结合大型超市主导的农产品供应链结构，超市若与广大分散农户合作，协调成本、采购成本、谈判成本等将会无限攀升，同时根据市场需求农产品一般需要进行适当加工处理、根据各类需求进行包装。此时，较好提升效率的解决方法是将生产、加工链接在一起，故农产品生产加工商应运而生。农产品生产加工商提供的农产品是可以直接供应给大型超市销售的产品，故不需要产地批发商而仅需要销地批发商。以大型超市主导的农产品供应链的终端是消费者，但是由于从零售终端到消费者餐桌将是更加细微的问题，于是研究仅到零售终端。因此，本书研究以大型超市主导的农产品二级供应链结构模式，见图2.5。

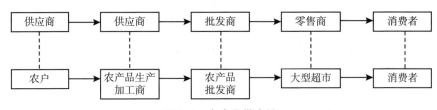

图 2.4　农产品供应链

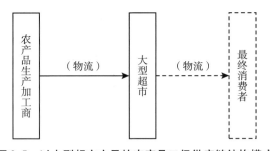

图 2.5　以大型超市主导的农产品二级供应链结构模式

2.1.4 供应链效率和公平度

1. 供应链效率

各个成员组成供应链并以供应链参与市场竞争,通过合作增强供应链整体竞争力。一方面,供应链成员不再是单个个体,他们之间通过合作、增强供应链竞争力和稳定运作;另一方面,供应链成员决策如何追求自身收益最大化,甚至会为了自身收益而损害其他成员收益。供应链成员会同时考虑自身收益和其他成员收益。供应链中的成员既会为了供应链稳定运行而作出一定让步,同时也会为自己获取尽可能多的收益而损害其他成员的利益,即供应链企业之间既是合作又是竞争的关系。因而供应链运作并不必然会达到协调状态。根据牛志勇等(2013)、覃燕红和魏光兴(2019),本书用供应链效率这一指标来度量供应链达到协调的程度。

供应链效率以"分散决策时供应链系统值与集中决策时供应链系统值之比"来刻画,分为客观效率 ESC^O 和主观效率 ESC^S。供应链客观效率为供应链分散决策下最优利润与集中决策下最优利润比值;供应链主观效率即供应链分散决策下最优效用与集中决策下最优效用比值。因此,供应链客观效率是不考虑社会偏好效用仅考虑利润来评价供应链协调程度,供应链主观效率是考虑社会偏好效用来评价供应链协调程度。供应链效率越高,说明分散决策下供应链运作越接近集中决策下的最优状态。

供应链客观效率(ESC^O)和主观效率(ESC^S)计算公式分别为

$$ESC^O = \frac{E\pi_{sc}^*}{E\pi_{sc}^I} \tag{2.14}$$

$$ESC^S = \frac{Eu_{sc}^*}{Eu_{sc}^I} \tag{2.15}$$

其中,$E\pi_{sc}^*$、Eu_{sc}^* 分别表示供应链分散决策达到均衡时供应链期望利润和效用,$E\pi_{sc}^I$、Eu_{sc}^I 分别表示供应链集中决策下最优期望利润和效用,且由于集中决策下各个成员组成一个整体、以供应链收益最大进行决策,于是集中决策不考虑各个成员的社会偏好,因此 $E\pi_{sc}^I = Eu_{sc}^I$。

由式(2.14),供应链客观效率越高,从外部第三方角度看,即不考虑供应链中任何成员社会偏好时供应链协调程度越高。尤其是当 $ESC^O = 1$ 时,从外部评价供应链实现协调。

由式(2.15),供应链主观效率越高,说明具有社会偏好的供应链成员认为供应链协调程度越高。尤其是当 $ESC^s = 1$ 时，具有社会偏好的成员认为供应链实现协调。

2. 供应链公平度

供应链收益分配公平有利于形成长期稳定的供应链合作伙伴关系。供应链具有一定的稳定性对供应链目标的实现是非常重要的。如果供应链没有一定的稳定性，供应链成员就不会把其优势资源投入到供应链中，因为在这种状况下，企业只会更多地考虑短期机会主义行为。例如，农产品质量的提高依赖于农户长期对先进专用性农业设施设备的投资水平，当供应链收益分配不公平时，投资方就面临被对方"敲竹杠"或攫取"占用性准租金"的风险，那么在以后的生产中农户就会减少投资水平，从而降低农产品供给质量。于是，较高的供应链公平度有利于激励农户提高专用性投资水平、保证高质量农产品的生产过程。因此，供应链的相对公平性对供应链持续高效、稳定运作必不可少。供应链运作的本质是通过各成员的资源组合使用以增强整体功能优势，这必然会带来超额利润并将产生供应链利润分配问题，分配不当就会影响到供应链的稳定性。因此，供应链各成员的资源投入与收益分配应当公平。

根据肖玉明（2009），供应链公平度用"公平熵 HSC"来度量，分为客观公平度 HSC^o 和主观公平度 HSC^s。供应链客观公平度即以供应链各成员利润和供应链总利润为基础计算公平熵；供应链主观公平度即以供应链各成员效用和供应链总效用为基础计算公平熵。熵值越大，表示以收益或者效用度量时供应链公平度越高。具体而言，当 $HSC^o = 1$ 时，从第三方角度看，即不考虑供应链中任何成员社会偏好行为时供应链收益分配所实现的最大公平度；当 $HSC^s = 1$ 时，具有社会偏好的成员认为供应链收益分配达到理想的公平状态。

供应商在加入供应链前、后利润分别为 π_s^0 和 π_s，记 $\Delta\pi_s = \pi_s - \pi_s^0$，则供应商超额利润为 $e_s = \Delta\pi_s$。同理，零售商超额利润为 $e_r = \Delta\pi_r$。若对超额利润的分配是绝对公平的，则各成员资源投入后的超额利润应相等。因此，e_s 和 e_r 之间差异的大小就反映了分配不公平的程度，差异越小、分配越公平。本书以 e_s 和 e_r 之间的差异作为衡量分配是否公平的指标，该指标的值用以下的公平熵来确定。先将 e_s 和 e_r 归一化处理，得 $\gamma_s = \dfrac{e_s}{e_s + e_r}$，

$\gamma_r = \dfrac{e_r}{e_s + e_r}$。

因此，供应链客观公平度（HSC^o）和主观公平度（HSC^s）分别为

$$HSC^o = -\frac{\gamma_s \ln\gamma_s + \gamma_r \ln\gamma_r}{\ln 2} \tag{2.16}$$

$$HSC^s = -\frac{\kappa_s \ln\kappa_s + \kappa_r \ln\kappa_r}{\ln 2} \tag{2.17}$$

其中，$\gamma_s = \dfrac{E\pi_s}{E\pi_s + E\pi_r}$、$\gamma_r = \dfrac{E\pi_r}{E\pi_s + E\pi_r}$，且 $\gamma_s + \gamma_r = 1$。

$\kappa_s = \dfrac{Eu_s}{Eu_s + Eu_r}$、$\kappa_r = \dfrac{Eu_r}{Eu_s + Eu_r}$，且 $\kappa_s + \kappa_r = 1$。

2.2　文　献　综　述

农产品质量安全一直是备受关注的现实问题，也是学术研究热点问题。近年来农产品供应链领域的研究越来越多，孙剑等（2008）指出农产品供应链经历了从追求低成本的效率阶段到追求高品质的质量阶段，农产品供应链质量控制面对的挑战不断加大。尽管农产品供应链研究是当下研究热点，但是为了研究基于社会偏好演进视角的农产品供应链双边质量提升机制，本章拟从农产品供应链质量控制研究、考虑社会偏好的供应链研究、考虑社会偏好的农产品供应链研究进行文献评述。

2.2.1　农产品供应链质量控制相关研究

首先，部分学者关注农产品供应商对农产品质量的控制研究。如亨森等（Henson et al.，2005）指出加强对农产品生产加工源头环节的控制是保证质量的关键点。蔡和陈（Cai & Chen，2010）设计激励机制提高农业企业的保鲜努力水平以期实现农产品供应链协调。彭建仿（2012）认为确保农产品质量安全应从供应链的源头着手，并构建了一种企业和农户互惠共生的农产品质量安全机制。蔡和陈（2015）对考虑保鲜努力的鲜活产品供应链的优化与协调问题进行研究，指出供应链成员对于收益分配是否公平的观点将直接影响供应链成员的协作机制和利润分配机制。贝尔特和胡菲（Baert & Huffel，2015）证明农产品供应商的质量安全控制意愿受媒体感知的显著影响。媒体恰当的监督对农产品供应商的质量安全控制行为具有积极影响（Seo et al.，2017）。杨怀珍和刘瑞环（2018）证明基于努力成本分担的收益共享契约能有效激励农产品生产商努力从而协调供应链。

于和任（Yu & Ren，2018）在考虑农产品质量评价条件下研究了农产品加工厂在农产品供应链中的价格决策和协调机制。胡等（Hu et al.，2019）建立了四级农产品供应链，证明收益共享契约会影响农业生产者的农产品质量。谭雅蓉等（2020）针对后疫情时代农产品需求的特点，从供应链上游加工商角度建立保障农产品质量安全的长效机制。曾梦玲（2021）从农产品加工商角度提出质量预防机制、检验机制、成本分担和控制机制从而防止有质量缺陷的农产品流入市场，降低消费者福利。

其次，部分学者则关注农产品销售商对农产品质量的控制研究。有学者基于零售商通过保鲜技术投入降低生鲜农产品变质，对最优保鲜技术投入和零售商补货策略进行研究（Hsu et al.，2010；Lee et al.，2012）。浦徐进等（2014）、丁宁（2015）认为供应链零售环节对农产品的质量检测和控制能有效提升农产品质量安全。钟真和穆娜娜（2016）通过对农超对接模式下的供应链质量进行分析，得出超市对农产品的质量检测努力水平对农产品质量安全控制效果具有积极影响。闻卉等（2017）在考虑农产品超市对农产品质量控制的基础上设计了一种设有保留收益的收入共享契约，以此提升农产品质量水平并保障高质量农产品的稳定供给。史亮等（2019）对互联网环境下的生鲜农产品质量安全进行研究，并提出提高农产品销售商单边质量努力的策略和建议。刘华等（2019）认为应该加强从农产品销售环节来解决农产品质量问题，并提出由超市制定农产品质量标准化检测并负责农产品冷链配送从而高效保证农产品供给质量。杨松等（2019）研究了农产品销售商质量安全投入，提出当政府惩罚力度达到某一阈值可以促使销售商选择最优的质量安全投入。陈军（2020）构建了农产品质量分级博弈模型，证明零售商进行质量分级能够实现供应链系统利润最大。

最后，仅少量文献涉及农产品供应链双边质量控制。如柳和郑（Yoo & Cheong，2018）研究了零售商驱动的农产品供应链中协同产品质量改进的几种激励机制及农产品供应商和零售商双边质量努力对农产品供应链绩效的影响，提出零售商督促农产品供应商的质量改进机制。霍红和王作铁（2019）建立了基于"公司＋农户"的农产品供应链双边质量决策和协调模型，并证明当公司和农户双方共同承担农产品质量损失时，可以实现农产品供应链协调和农产品高质量供给。

综上所述，虽然国内外已有不少学者对农产品供应链质量控制进行了相关研究，从供应链管理的角度分析了农产品质量的影响因素，也相应提出了提高农产品质量、优化农产品供应链的策略，但是还存在以下问题。

（1）少有研究涉及农产品供应链双边质量控制，只有柳和郑（2018）、霍红和王作铁（2019）。大部分农产品供应链质量控制研究都是从农产品供应商或者零售商角度研究农产品供应链单边质量控制，忽略了农产品供应链各方的共同努力，对农产品质量改进有限。虽然生鲜农产品的质量水平主要是受供应商行为决定的，但生鲜农产品具有易变质、易腐烂、流通损耗大等特点，因此销售终端超市的质量检验努力对农产品质量安全水平的监督作用也不容忽视，有必要基于双边质量控制研究农产品供应链优化与协调。

（2）以上研究没有考虑社会偏好对农产品供应链质量控制的影响。现有研究基本都是基于农产品供应链成员完全理性假设条件下进行，农产品质量问题的一个重要原因是供应链中某个成员或某些成员认为农产品供应链渠道利润分配不公平而作出有损质量的决策。同时，农产品供应链成员的利他互惠有利于改进对方的质量投入水平。因此，有必要同时研究公平关切和利他互惠对农产品双边质量控制的影响，从更符合实际的情况展开研究，进一步提升农产品质量。

（3）现有研究基本都是采用数理模型推导和数值分析的方法研究农产品供应链质量控制，从理论研究结论提出农产品质量改进策略。理论模型毕竟是对现实的抽象和简化，有必要深入实践对典型农产品供应链进行实证研究，在更真实的条件下进一步研究供应链双边质量提升机制，验证理论研究结论并为实践农产品供应链运作提出有效的质量改进策略。

2.2.2 考虑社会偏好的供应链相关研究

1. 考虑公平关切的供应链相关研究

近年来，越来越多学者将公平关切引入供应链中进行了大量研究。崔等（Cui et al.，2007）率先将公平关切引入二级供应链中并证明传统不能协调的批发价格契约在公平关切下能够实现供应链协调、提高供应链效率。德米尔坎和成（Demirkan & Cheng，2008）证实具有公平关切的决策者会改变期望效用函数从而降低供应链效率。卡利斯坎等（Caliskan et al.，2010）将崔等（2007）研究的线性需求改为非线性需求，研究表明非线性需求下批发价格契约更利于实现供应链协调。浦徐进等（2014）在三级供应链引入不同公平参考点来研究公平关切对供应链运作效率的影响。杜等（Du et al.，2014）分别基于互惠和 Nash 讨价还价公平关切模型并证明公平关切能影响均衡结果且批发价格契约能改进供应链效率并达到供应链协调。胡和苏（Ho & Su，2014）证明纵向公平关切能够提高供应链效率而横向公平关切会降低供应链效率。王开弘和丁川（2015）研究表明零售商公平关切不仅能够提升自身努力水平和制造商激励程度，而且能够提高供应链效率。刘志和李帮义（2016）研究了制造商关注和不关注再制造商公平关切的闭环供应链的生产决策，并采用再制造收益共享契约对考虑再制造商公平关切的供应链进行协调。张和马（Zhang & Ma，2016）研究表明公平关切会影响双渠道供应链定价策略和不同渠道市场占有率。崔力和保罗（Choi & Paul，2016）通过实验表明公平关切对竞争型供应链效率产生影响。李绩才等（2017）考虑供应商与制造商均具有公平关切，分析了公平关切和供应链博弈结构对产品质量与零售定价优化决策的影响。柳等（Niu et al.，2017）认为供应链成员的公平关切行为会影响供应链合作企业构成。王垒等（2018）考虑横向公平的双渠道销售闭环供应链定价策略与协调研究。张和王（Zhang & Wang，2018）证明横向公平关切和纵向公平关切对供应链均衡策略的影响是不同的。王红旗等（2019）研究发现零售商或双方具有公平关切时会使得合作效率会在某些区间内降低。范冬雪等（2020）研究零售商公平关切对代销直供供应链决策和销售量的影响。以上研究在假设公平关切信息对称下研究了公平关切对供应链相关决策和均衡策略的影响。

　　由于公平关切属于社会偏好行为，是一种主观心理特征，具有主观性、私有性，对供应链各方是不对称的。学界开始注意到社会偏好的信息不对称特点，尝试探索社会偏好有限认知对供应链契约优化与协调的影响。如卡托克等（Katok et al.，2014）以批发价格契约为研究对象，通过公平关切信息对称和非对称下的定价决策研究证明公平关切信息非对称显著降低供应链运作效率，证明公平关切信息非对称是供应链合作和决策中非常重要、不可忽视的重要因素。覃燕红和魏光兴（2015）通过根据零售商公平关切信息非对称性将供应链信息结构分为 4 个阶段，并证明零售商能够假装或者夸大自身的公平关切或者发送公平关切信号来获得更多的供应链利润分配比例和更强大的供应链地位。覃燕红和徐丹丹（2017）基于公平关切信息非对称的视角研究了需求依赖努力的批发价格契约协调。魏光兴等（2018）证明零售商公平关切信息非对称对自身的最优努力水平有抑制作用且对供应链成员收益也有显著影响。覃和邵（Qin & Shao，2019）建立公平关切信号传递博弈模型研究了公平关切信息非对称对供应链运作的影响。

2. 考虑利他互惠的供应链相关研究

与此同时，近年来也有越来越多学者将利他互惠引入供应链中进行了大量研究。洛奇和吴（Loch & Wu，2008）采用实验研究了利他互惠对供应链运作的影响，并构造了简单的效用函数来描述决策者的利他互惠心理，证明利他互惠能改进供应商、零售商的收益和供应链效率。葛等（2011）、葛和胡（2012）运用演化博弈分析了供应商利他互惠对供应链成员决策的影响，研究表明供应商利他互惠能够帕累托改进供应链成员和整体的收益。石岿然等（2013）证明供应链中合作伙伴投资成本对供应链成员合作具有正向影响作用，且通过模型证明零售商的利他互惠能够实现供应链成员的帕累托最优。覃燕红等（2015）同时考虑供应商和零售商的利他互惠并证明只有处于主导地位的供应商的利他互惠能够减缓供应链中的双重边际效应，帕累托改进供应链成员收益。石和马（Shi & Ma，2016）研究表明利他互惠能够缓解双渠道间供应链中渠道间的冲突，对于加强渠道间合作具有重要意义。王建华等（2016）在低碳供应链背景下研究零售商利他互惠对供应链决策和绩效，研究表明零售商利他互惠对改进供应链的收益是有限的。浦徐进等（2016）纳入供应链成员的利他互惠构建决策效用函数，研究了供应商和零售商的利他互惠对双方努力程度和供应链运作效率的影响。董（Dong et al.，2017）在信息共享下引入利他互惠来分析制造商和零售商的经营模式，研究发现当供应链需求量很大时零售商更愿意与利他互惠制造商合作。吴正祥和李宝库（2017）在渠道竞争和品牌竞争共存的供应链模型中，零售商利他互惠对渠道成员决策和利润的影响取决于零售商利他互惠强度和制造商对零售商利他互惠的重视程度。古和郭（Gu & Guo，2018）建立了以委托人为协调主体的双边逆向选择模型，研究了利他互惠对供应链协调和利润公平分配的影响。许和王（Xu & Wang，2018）基于线上线下零售渠道之间的关系问题，建立了基于利他互惠的竞争合作战略模型，能够提高供应链的渠道效率。刘等（Liu et al.，2018）研究发现当物流服务集成商和功能性物流服务商都具有利他互惠时，就无法实现供应链协调。林强和邓正华（2018）引入利他互惠并证明供应链成员的利他互惠都能促进合作成员的收益增加，且处于主导地位的一方利他互惠更能改进供应链整体绩效。姜宝等（2018）将利他互惠引入绿色供应链并通过数理模型证明当下游零售商营销努力程度增加时，制造商的利他互惠能够帕累托改进自身和零售商利润从而改进绿色供应链运营效率。

林（Lin，2019）研究发现在一定条件下利他互惠可以提升供应链成员利润。

综上所述，以上文献研究了公平关切和利他互惠对供应链相关决策的影响，但是存在以下几个问题。

（1）以上研究基本都假设供应链成员的社会偏好是固定不变的。如普遍采用的典型效用函数 $u_r = \pi_r + \lambda_r(\pi_r - \pi_m)$ 中（其中 π 表示利润、u 表示效用、λ_r 表示公平关切强度，下标"r"和"m"分别表示零售商和制造商）关于零售商公平关切强度参数 λ_r 是已知且固定不变的。公平关切作为决策者的主观心理偏好信息，这一假设是不合理的，社会偏好其实是动态演进的。主要有以下三方面的原因。

首先，由于供应链成员对合作伙伴的公平关切心理信息和认识是不断深入，也许往往刚开始合作不清楚，但是随着供应链合作和竞争关系的发展、供应链成员之间的接触和相互之间信息掌握越来越多，于是关于对方的各种信息会不断被披露出来，供应链成员有关对方公平关切信息的认知会不断进行更新。随着时间的推移和不断交往、博弈而变得逐渐清楚，进一步有关合作伙伴的公平关切类型和强度的信息也会不断变化、完善和清楚。另一方面即使对于同一个决策者，他的公平关切本身也会随着市场、竞争、合作对象等不断变化，例如随着市场环境不断改变、供应链关系改变、供应链结构重组，供应链成员的公平关切特征会随着合作伙伴变化、渠道力量变化、供应链贡献而动态变化和演进。

其次，当供应链决策主体退出一条供应链而加入另一条新的供应链，那么他会因供应链参考主体的变化而带来公平关切类型和强度的变化。然后，当供应链终端产品生命周期发生变化而导致供应链中各个参与主体贡献（如营销努力、市场影响力）、在供应链中发生改变，也会导致公平关切强度的变化。

最后，供应链决策主体会因为自身和对手的外部行动而改变公平关切强度系数。任何会影响供应链成员企业对渠道贡献（无论是来自终端市场、渠道中间主体还是原材料供方），都会改变决策主体的公平关切强度，如零售商因规模生产或者技术进步而带来边际成本降低、努力成本降低或者零售商因帮助制造商优化生产计划、改进生产工艺从而帮助制造商降低边际成本，那么零售商非常自信地认为自身对供应链的贡献增加且应超过制造商。于是，零售商就认为自身应该得到更多的供应链利润分配比例，他的公平关切强度系数就会随之增强。

因此，供应链决策主体的公平关切强度信息是一个动态演进的过程。

覃等（Qin et al.，2017）通过对大量关于供应链研究的文献进行分析，发现公平关切下的供应链契约研究正由简化的理想情形转向更符合实践的一般情形，如由信息对称转向信息非对称、由静态转向动态、由短期转向长期等。现实中，零售企业"国美电器"和供应商"格力空调"也经历了短期定价博弈过程、合作中断以及长时间思考之后的再次合作。

（2）以上研究基本都假设对社会偏好的认知是完全准确的。现有引入公平关切的供应链契约研究的一个重要前提是假设供应链决策主体的公平关切信息是对称的，即具有公平关切的成员清楚自身的公平关切强度，其他成员也知道该公平关切强度。表现为在引入公平关切的典型效用函数 $u_r = \pi_r + \lambda_r(\pi_r - \pi_m)$ 中零售商公平关切强度系数 λ_r 为常数且为共同知识，认为制造商和零售商等都知道对方的公平关切特征。但这是不合理的，因为公平关切是决策主体的主观心理偏好，属于决策者自身的内在信息或者私有信息，一般不表现出来且一般不会被其他决策者了解，而且还可能存在故意隐瞒和伪装的问题，例如，一个公平关切很强的人可能不愿意让别人认为他公平关切非常强而伪装成利他互惠者。

因此，研究引入公平关切的供应链研究的一个重要前提，就是先要识别判断供应链决策主体的公平关切类型强度（无、弱、中等、较强、强等）。因此，假设公平关切信息对称是不合理的。要澄清的是，现有供应链契约研究中的信息不对称，主要是指关于市场需求、制造加工成本等的信息不对称，而这里指的是关于公平关切的信息不对称。

（3）现有研究基本都是考虑短期内公平关切对供应链决策的影响。现有涉及公平关切下的供应链契约协调基本上都仅仅是在短期内考虑供应链成员的公平关切对供应链各方决策、供应链协调性以及均衡策略的影响，且其中绝大部分学者和研究都是以假定供应链成员的公平关切信息是对称的；少部分基于公平关切信息非对称条件，如可塔克等（2014）、覃燕红和魏光兴（2015）、曹二保和侯利梅（2016）等。这些研究基本都得出零售商公平关切可以作为一种策略以获得更多利润，供应商应该考虑零售商公平关切而降低批发价格，但却没有考虑随着时间的推移，供应商是否真的会作出批发价格让步，即这些研究都仅仅考虑考虑短期内公平关切对供应链决策影响，忽略了供应链的动态演变特征；这些研究基本都假设零售商公平关切强度是一成不变的，这在一定程度上是不合理的，因为公平关切强度会因参考对象、竞争环境、供应链结构的变化而变化，比如供应链刚开始构建时，供应链成员因对其他成员信息掌握少、从而不会太多关注对方的收益，仅更多以自身在利润最大化为决策目标，于是供应链构建之初他们都仅表现出完全自利偏好；随着供应链的发展和稳定、供应链成员之间多次博弈和互动，成员之间不可避免会相互关注对方收益，自然也会基于自身对供应链的贡献关注并评价供应链中利润分配是否公平，从而表现出对合作伙伴收益的公平关切。

因此，有必要考虑长期内供应链动态演进、策略互动性和策略依存性从而更好地反映作为主观的公平关切信息动态演进下公平关切对供应链成员长期均衡策略的影响，能够为供应链长期决策提供更科学的依据和理论支持。

（4）现有文献几乎没有涉及公平关切下的供应链效率和公平度问题。在供应链中引入公平关切是为了改进供应链渠道收益分配公平度从而改进供应链效率和收益，促进供应链稳定运作。以上文献研究了公平关切信息对称和非对称对供应链相关决策的影响，但是却没有具体给出公平关切信息如何影响供应链效率和公平度的，而供应链效率和公平度问题是研究公平关切供应链的出发点和目标。供应链效率和公平度在很大程度上是主观感知的结果，同一个供应链分配结果，也许从第三方的角度看来不公平，但可能当事人觉得很公平，因为其具有不一样的判断标准。比如，供应链成员企业同个人一样具有"不患寡而患不均"，较低的公平度感知会降低供应链运作效率、较高的公平度感知会改进供应链运作效率。零售商公平关切引起自身销售努力变化、继而带来供应商定价和销售数量的变化，然而供应链效率和公平度如何变化是不确定的。同时，公平关切的私有性、主观性和信息完备程度不同，零售商公平关切对自身努力水平、供应商定价决策的影响也不同，这些因素都会对供应链效率和公平度产生影响。

因此，有必要从零售商公平关切信息非对称性和动态演进的角度研究零供决策行为的变化，采用博弈论来对比不同演进阶段中供应链成员的决策从而研究不同演进阶段零售商公平关切对供应链效率和公平度动态演进的影响，并提出策略建议，为供应链良好运作提供一种新的分析思路。

2.2.3　考虑社会偏好的农产品供应链相关研究

首先，考虑公平关切的农产品供应链研究。曹武军（2014）基于收益共享契约建立农产品双渠道供应链模型，通过数理模型推导证明农产品供应商具有公平关切时，收益共享契约能有效协调双渠道农产品供应链。王雅婷（2015）考虑农产品供应商公平关切建立了农产品供应链模型，证明公平关切下批发价格契约能够协调农产品供应链且农产品供应链利润分配不公平的原因在于公平关切信息不对称。张庆和张旭（2016）研究了不同公平关切下的生鲜农产品供应链定价策略。孙玉玲等（2015）将公平关切引入鲜活农产品供应链并证明农产品批发商较高的公平关切强度会造成供应链整体竞争力明显下降。张旭和张庆（2017）建立供应商主导的二级生鲜农产品供应链模型，证明零售商公平偏好越强、供应商让渡收益越多，这导致农产品供应链面临无法协调的情形，进一步影响成员的质量决策。刘佩佩和代建生（2019）建立三级农产品供应链模型，并证明零售商的公平关切对收益共享契约协调性有显著影响。刘磊和李万明（2019）公平关切视角下研究"企业 + 农户"两级认证农产品供应链双边决策行为，研究发现随着企业公平关切程度的增强，农户的质量努力水平降低、效用增加，供应链利润分配更加公平，打破了"企业 + 农户"的合作困境。喻冬冬等（2020）通过研究双渠道农产品供应链中的横向、纵向公平偏好，指出零售商的横向、纵向公平偏好对农业合作社效用和超市利润并不总是起到积极作用。晏等（Yan et al.，2020）证明制造商和零售商双方公平关切导致新鲜农产品供应链整体有效性降低，提出收益共享契约改善双方利润并激励制造商实施保鲜工作。

其次，考虑利他互惠的农产品供应链研究。洪美娜等（2015）通过理论分析发现考虑合作企业利他互惠下批发价格契约能够协调农产品供应链。孙玉玲等（2017）研究了供应链成员利他互惠对农产品供应链决策和供应链效率的影响，并证明供应链双方利他互惠只有在一定条件下才能提高供应链运作效率。覃燕红等（2017）考虑利他互惠建立了农户和超市之间的农超对接博弈模型，研究了利他互惠对农产品供应链协调性的影响。李保勇等（2019）研究了利他互惠对农产品供应链中质量努力决策和动态策略的影响机制。曹武（2021）研究电商平台（如淘宝、京东、拼多多）的利他互惠行为有助于提高农产品供应链整体运行效率，如开展公益性的电商培训，通过减少中间环节拉近农户与消费者的距离，让消费者能够购买到质量更高的农产品。也就是说，利他互惠能够影响农产品供应链质量投入、最优决策以及供应链效率。

以上研究虽然引入公平关切或利他互惠研究社会偏好对农产品供应链协调的影响，但是还存在以下四个问题。

（1）未涉及农产品质量提升。在农产品供应链中引入社会偏好是为了提高农产品供应链渠道收益分配公平度，从而改进供应链效率和收益，最终确保高质量农产品的稳定供给。

（2）没有考虑社会偏好和农产品供应链动态演进。一方面，农产品供应链结构具有交叉性、动态重组性从而农产品供应链质量努力决策、合作成员也会随着时间动态变化；另一方面，农产品供应链成员的社会偏好也会因参考对象的变化、不同市场竞争环境而不断变化。

（3）未涉及农产品供应链效率和公平度评价问题。在农产品供应链中引入社会偏好是为了优化农产品供应链渠道收益分配公平度从而改进供应链效率和收益，最终确保高质量农产品的稳定供给。虽然有部分文献研究了公平关切或利他互惠对农产品质量控制的影响，但是没有文献计算、评价供应链效率和公平度，更没有具体解释公平关切或利他互惠是如何影响农产品供应链效率和公平度的。有必要考虑公平关切和利他互惠定量计算供应链效率和公平度，并提出策略建议，为提升农产品质量、改进农产品供应链运作提供一种新的分析思路。

（4）缺乏对农产品供应链实证研究。现有研究基本都是以参数假设和数理模型研究社会偏好对供应链决策和契约协调的影响，缺乏对实证研究如问卷调查、案例研究等，从而也缺乏有效的供应链运作建议。社会中出现很多因供应链渠道利润分配不公平而造成的现象，如近年出现的转基因食物油、三聚氰胺奶粉、过期肉制品等问题产品引发了人们对农产品安全问题的担忧，其中一个原因就是农产品生产者认为农产品供应链利润分配不公平，这在一定程度上正是社会偏好心理所致。因此，有必要对实践农产品供应链、农产品质量安全问题进行问卷调查和实例研究，从实践供应链的角度来控制农产品质量安全风险、提高农产品质量水平，并为农产品供应链质量管理提供管理策略。

2.2.4　总结及发展动态评析

通过对农产品供应链质量控制研究、考虑社会偏好的供应链研究和考虑社会偏好的农产品供应链研究相关文献进行综述，并发现了各部分存在的问题，见表 2 - 2。

农产品供应链属于一种特殊类型的供应链，考虑社会偏好的供应链决策研究可以为农产品供应链相关决策、质量提升提供理论基础和新的分析视角。通过现有农产品供应链质量控制研究、考虑社会偏好的供应链和农产品供应链研究的综述与分析，为了进一步完善现有研究、提升农产品质量和农产品供应链效率，结合表 2 - 2，未来研究可以从以下五个方面展开，见表 2 - 3。

表 2 - 2 各部分研究存在的问题

农产品供应链质量控制	考虑社会偏好的供应链	考虑社会偏好的农产品供应链
①少有研究涉及农产品供应链双边质量控制； ②没有考虑社会偏好对农产品供应链质量控制的影响。 ③研究基本都是采用数理模型	①基本都假设供应链成员的社会偏好固定不变； ②基本都假设对社会偏好的认知是完全准确的； ③仅考虑短期内公平关切对供应链决策的影响； ④未涉及供应链效率和公平度	①未涉及农产品质量提升； ②没有考虑社会偏好和农产品供应链动态演进； ③未涉及农产品供应链效率和公平度评价问题； ④缺乏对农产品供应链实证研究

表 2 - 3 未来研究

未来研究方向	完善、弥补现有研究
基于社会偏好视角研究农产品供应链双边质量提升短期机制	农产品供应链质量控制：①、② 考虑社会偏好的供应链：①、② 考虑社会偏好的农产品供应链：①
定量计算农产品供应链效率和公平度	考虑社会偏好的供应链：④ 考虑社会偏好的农产品供应链：③
基于社会偏好演进视角研究农产品供应链双边质量提升动态机制	考虑社会偏好的供应链：①、②、③ 考虑社会偏好的农产品供应链：①、②、③
基于社会偏好演进视角研究农产品供应链双边质量提升长期机制	考虑社会偏好的供应链：①、②、③ 考虑社会偏好的农产品供应链：①、②、③
采取数理模型和实证研究有机结合的研究方法	农产品供应链质量控制：①、②、③ 考虑社会偏好的农产品供应链：①、③、④

1. 基于社会偏好视角研究农产品供应链双边质量提升短期机制

现有农产品供应链质量控制研究基本只考虑单边质量努力决策且都没考虑社会偏好的影响。一方面，农产品质量受农产品供应商和销售终端超市双边质量努力的共同影响；另一方面，农产品质量问题的一个重要原因是供应链中某个成员或某些成员认为农产品供应链渠道利润分配不公平而作出有损质量的决策。

另外，虽然有部分文献引入公平关切或者利他互惠对农产品供应链决策和协调性进行研究，但是却没有涉及农产品质量提升。有必要同时研究公平关切和利他互惠对农产品双边质量提升的影响，从更符合实际决策心理的情况展开研究，进一步提升农产品质量。

2. 定量计算农产品供应链效率和公平度

在农产品供应链中引入社会偏好是为了优化农产品供应链渠道收益分配公平度从而改进供应链效率和收益，最终确保高质量农产品的稳定供给。虽然有部分文献研究了公平关切或利他互惠对农产品供应链协调性的影响，但是没有计算、评价供应链效率和公平度，更没有具体解释公平关切或利他互惠是如何影响农产品供应链效率和公平度的。有必要考虑公平关切和利他互惠定量计算供应链效率与公平度，并基于社会偏好视角提出农产品质量提升策略建议，为提升农产品质量、改进农产品供应链运作提供一种新的分析思路。

从主观和客观两个维度定量计算农产品供应链效率与公平度。以"分散决策时的供应链系统值与集中决策时的供应链系统值之比"来刻画供应链效率、以"公平熵"来度量供应链公平度，如果用"利润"来计算，就是客观分析，得到"客观公平度"和"客观效率"；如果用"效用"来计算，就是主观分析，得到"主观公平度"和"主观效率"。当主观与客观一致时，改进农产品质量的对策建议一定是可行的，因为各主体的行为倾向（由主观标准决定）与第三方（比如政府、市场等）的行为倾向（由客观标准决定）是一致的。当主观与客观相矛盾时，从农产品供应链系统角度给出的对策建议可能会落空，因为各主体的行为倾向与农产品供应链整体的要求不一致，而对策建议只有通过农产品供应链中各主体的行为实施才能发挥作用。

3. 基于社会偏好演进视角研究农产品供应链双边质量提升动态机制

现有研究基本假设供应链社会偏好强度固定不变且社会偏好信息对称。一方面，社会偏好属于决策者的内在私人信息，一般不表现出来且一般不会被其他决策者了解，而且还可能存在故意隐瞒和伪装的问题，例如一个公平关切很强的人可能不愿意让别人认为他公平关切非常强而伪装成利他互惠者。因此，研究引入公平关切的供应链研究的一个重要前提，就是先要识别判断供应链决策主体的社会偏好类型和强度（弱、中等、较强、强等）。另一方面，因为社会偏好强度会因参考对象、竞争环境、供应链结构的变化而变化，比如供应链刚开始构建时，供应链成员因对其他成员信息掌握少、从而不会太多关注对方的收益，仅更多以自身利润最大化为决策目标，于是供应链构建之初他们都仅表现出完全自利偏好；随着供应链的发展和稳定、供应链成员之间多次博弈和互动，成员之间不可避免会相互关注对方收益，自然也会基于自身对供应链的贡献关注并评价供应链中利润分配是否公平，从而表现出关注合作伙伴收益的公平偏好。

因此，供应链决策主体的社会偏好强度信息是一个动态演进的过程。有必要刻画农产品供应链社会偏好动态演进，并采用博弈论来对比不同社会偏好动态演进过程中农产品供应链成员的质量努力决策，从而研究供应链社会偏好及其认知对农产品供应链双边质量提升、农产品供应链效率和公平度动态演进的影响，并基于社会偏好演进视角提出农产品质量提升管理策略，为农产品供应链良好运作提供一种新的分析思路。

4. 基于社会偏好演进视角研究农产品供应链双边质量提升长期机制

现有研究考虑考虑短期内社会偏好对农产品供应链决策影响，忽略了农产品供应链的动态演变特征；这些研究基本都假设农产品供应链中的社会偏好是一成不变的，这在一定程度上是不合理的。一方面，农产品供应链结构具有交叉性、动态重组性，从而农产品供应链质量努力决策、合作成员也会随着时间动态变化；另一方面，农产品供应链成员的社会偏好也会因参考对象的变化、不同市场竞争环境而不断变化。于是，农产品供应链的动态演进和社会偏好的动态变化相互交织影响。为了保证高质量农产品的长期稳定供给和农产品供应链的长期稳定运作，有必要采用演化博弈理论刻画农产品供应链和社会偏好双重动态演进过程，基于社会偏好研究视角研究农产品供应链双边质量提升的长期机制，能够为农产品供应链长期决策提供更科学的依据和理论支持。

5. 采取数理模型和实证研究有机结合的研究方法

现有研究基本都是采用数理模型研究农产品供应链质量控制，缺少对典型农产品供应链的实证分析。数理模型是对现实的抽象和简化，有必要深入实践对典型农产品生产加工商和超市组建的农产品供应链进行问卷调查和实证研究，在更真实的条件下进一步研究公平关切、利他互惠在实践中对供应链双边质量提升的影响机理，验证理论研究结论并为实践农产品供应链运作提出有效的质量提升策略。

2.3　本 章 小 结

围绕研究主题"基于社会偏好演进视角的农产品供应链双边质量提升

机制"，首先，对涉及的基础理论，如社会偏好中公平关切和利他互惠基本理论和模型、农产品供应链理论、供应链效率和公平度进行阐述。其次，通过现有农产品供应链质量控制研究、考虑社会偏好的供应链和农产品供应链研究综述和分析，为了进一步完善现有研究、提升农产品质量和农产品供应链效率，本章提出未来值得研究的几个方向：基于社会偏好视角研究农产品供应链双边质量提升短期机制、定量计算农产品供应链效率和公平度、基于社会偏好演进视角研究农产品供应链双边质量提升动态机制、基于社会偏好演进视角研究农产品供应链双边质量提升长期机制、采取数理模型和实证研究有机结合的研究方法。

第 3 章　不考虑社会偏好的农产品
供应链双边质量提升

为了研究社会偏好对农产品供应链双边质量提升的影响，作为比较基准，本章不考虑社会偏好（即农产品供应链各个成员都是完全理性的，仅仅以自身收益最大化进行决策）时农产品供应链双边质量努力决策。首先，分别求解集中决策和分散决策下农产品生产加工商最优质量努力水平、超市最优检验水平；其次，计算农产品供应链的效率和公平度；最后，比较分析集中决策和分散决策下农产品生产加工商质量努力水平、超市检验努力水平和供应链利润的变化情况。

3.1　问题描述与基本假设

本章考虑由农产品生产加工商和超市组成的二级农产品供应链系统且双方完全理性。此时，农产品生产加工商和超市之间进行 Stackelberg 博弈，且超市为领导者、农产品生产加工商为跟随者。决策顺序为：首先，超市决策农产品检验努力水平 θ_r 和农产品收购价格 w 使自身利润实现最优化；其次，农产品生产加工商决策农产品质量努力水平 θ_s 使自身利润实现最大化（见图 3.1）。

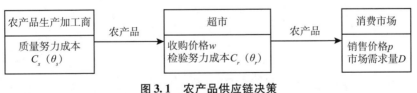

图 3.1　农产品供应链决策

本章模型所使用以下符号并遵循以下假设。

假设 3.1   农产品生产加工商决定产品质量努力水平 θ_s，其相应的产品质量努力成本表示为 $C_s(\theta_s) = k_s\theta_s$，$k_s$ 为质量努力成本系数（$k_s > 0$）。$k_s > 0$ 表示农产品质量努力成本与质量努力水平正相关，即当农产品生产加工商追求较高质量努力水平时，会因购买优质种子肥料和更多人力培育加工等而相应付出更高质量努力成本。

假设 3.2   超市决定收购农产品检验努力水平 θ_r，其相应的检查努力成本表示为 $C_r(\theta_r) = k_r\theta_r$，$k_r$ 为检验成本系数（$k_r > 0$）。$k_r > 0$ 表示农产品检验努力成本与检验努力水平正相关，即当超市追求较高检验努力水平时，会因使用设备、人工、维持农产品新鲜和处理劣质农产品等而相应产生更高检验努力成本。

假设 3.3   市场需求 $D = \eta p^{-a}\theta_s^b\theta_r^c\varepsilon$，其中 η 为市场需求基数（$\eta > 0$），a 为需求价格弹性系数、b 为需求质量弹性系数、c 为需求检验弹性系数（$0 < a < 1$、$0 < b < 1$、$0 < c < 1$）、p 为销售价格（$p > w > 0$），ε 表示随机需求因子且服从 $[0, 1]$ 的均匀分布。这是因为农产品市场需求为随机的，一方面，农产品需求与销售价格负相关，与农产品质量努力水平和检验努力水平正相关；另一方面，农产品需求还受到天气、节日等随机因素的影响。

假设 3.4   超市订货量等于期望市场需求量，即不考虑缺货成本和余货处理成本。

假设 3.5   用下标"s""r"和"sc"分别代表农产品生产加工商、超市和供应链整体；上标"I"和"R"分别代表集中决策、分散决策；上标"$*$"代表均衡解；"$E\pi$"和"Eu"代表期望利润和期望效用。

此时，可以得到农产品生产加工商的期望利润函数为将农产品销售给超市获得的销售收入与自身为质量努力水平付出的成本相减，即

$$E\pi_s = (w - k_s\theta_s)\int_0^1 \eta p^{-a}\theta_s^b\theta_r^c\varepsilon f(\varepsilon)\,\mathrm{d}\varepsilon = \frac{(w - k_s\theta_s)\eta p^{-a}\theta_s^b\theta_r^c}{2} \qquad (3.1)$$

超市的期望利润函数为将农产品销售给消费者获得的销售收入减去农产品采购成本和检验努力成本，即

$$E\pi_r = (p - w - k_r\theta_r)\int_0^1 \eta p^{-a}\theta_s^b\theta_r^c\varepsilon f(\varepsilon)\,\mathrm{d}\varepsilon = \frac{(p - w - k_r\theta_r)\eta p^{-a}\theta_s^b\theta_r^c}{2}$$

$$(3.2)$$

于是，农产品供应链的期望利润函数为

$$E\pi_{sc} = (p - k_s\theta_s - k_r\theta_r)\int_0^1 \eta p^{-a}\theta_s^b\theta_r^c\varepsilon f(\varepsilon)\,\mathrm{d}\varepsilon = \frac{(p - k_s\theta_s - k_r\theta_r)\eta p^{-a}\theta_s^b\theta_r^c}{2}$$

$$(3.3)$$

很显然，农产品生产加工商、超市和农产品供应链的期望利润大于零是进行交易的前提条件，即 $E\pi_s > 0$、$E\pi_r > 0$ 和 $E\pi_{sc} > 0$。也就是说，参数之间必须满足条件 $w - k_s\theta_s > 0$，$p - w - k_r\theta_r > 0$，$p - k_s\theta_s - k_r\theta_r > 0$。

3.2　集中决策

集中决策下，农产品生产加工商与超市合作作为一个整体决策双方的质量努力水平从而实现农产品供应链期望利润最大化。于是，农产品供应链的决策问题为

$$\max_{\theta_s, \theta_r} E\pi_{sc}^I = \frac{(p - k_s\theta_s - k_r\theta_r)\eta p^{-a}\theta_s^b\theta_r^c}{2}$$

通过求导可得 $E\pi_{sc}$ 的 Hessian 矩阵为 $\boldsymbol{H}^I(\theta_s, \theta_r) = \begin{bmatrix} \dfrac{\partial^2 E\pi_{sc}}{\partial\theta_s^2} & \dfrac{\partial^2 E\pi_{sc}}{\partial\theta_s\partial\theta_r} \\ \dfrac{\partial^2 E\pi_{sc}}{\partial\theta_r\partial\theta_s} & \dfrac{\partial^2 E\pi_{sc}}{\partial\theta_r^2} \end{bmatrix}$,

其中，

$$\frac{\partial^2 E\pi_{sc}}{\partial\theta_s^2} = -\frac{\left[(1-b)(p - k_r\theta_r) + (1+b)k_s\theta_s\right]b\eta p^{-a}\theta_s^b\theta_r^c}{2\theta_s^2}$$

$$\frac{\partial^2 E\pi_{sc}}{\partial\theta_s\partial\theta_r} = \frac{\left[bcp - (1+c)bk_r\theta_r - (1+b)ck_s\theta_s\right]\eta p^{-a}\theta_s^b\theta_r^c}{2\theta_s\theta_r}$$

$$\frac{\partial^2 E\pi_{sc}}{\partial\theta_r\partial\theta_s} = \frac{\left[bcp - (1+c)bk_r\theta_r - (1+b)ck_s\theta_s\right]\eta p^{-a}\theta_s^b\theta_r^c}{2\theta_s\theta_r}$$

$$\frac{\partial^2 E\pi_{sc}}{\partial\theta_r^2} = -\frac{\left[(1-c)(p - k_s\theta_s) + (1+c)k_r\theta_r\right]c\eta p^{-a}\theta_s^b\theta_r^c}{2\theta_r^2}$$

由此得 $\left|\boldsymbol{H}_1^I(\theta_s, \theta_r)\right| = -\dfrac{\left[(1-b)(p - k_r\theta_r) + (1+b)k_s\theta_s\right]b\eta p^{-a}\theta_s^b\theta_r^c}{2\theta_s^2} < 0$，$\left|\boldsymbol{H}_2^I(\theta_s, \theta_r)\right| = \dfrac{(\eta p^{-a}\theta_s^b\theta_r^c)^2}{4\theta_s^2\theta_r^2} \cdot \{[p^2 - \theta_s^2k_s^2 - k_r^2\theta_r^2 + (p - k_r\theta_r - k_s\theta_s)^2c]cb - c^2k_s^2\theta_s^2 + [(p - k_r\theta_r - k_s\theta_s)^2c - k_r^2\theta_r^2]b^2\} > 0$，于是 Hessian 矩阵 $\boldsymbol{H}^I(\theta_s, \theta_r)$ 为负定，故 $E\pi_{sc}$ 存在唯一最优解 θ_s^{I*} 和 θ_r^{I*}。

通过对 $E\pi_{sc}$ 求关于质量努力水平 θ_s 和检验努力水平 θ_r 的一阶偏导数，即令 $\dfrac{\partial E\pi_{sc}}{\partial\theta_s} = 0$、$\dfrac{\partial E\pi_{sc}}{\partial\theta_r} = 0$ 并联立，得

$$
\begin{cases}
\dfrac{\partial E\pi_{sc}}{\partial \theta_s} = \dfrac{\left[bp - (1+b) k_s \theta_s - b k_r \theta_r \right] \eta p^{-a} \theta_s^b \theta_r^c}{2\theta_s} = 0 \\[4mm]
\dfrac{\partial E\pi_{sc}}{\partial \theta_r} = \dfrac{\left[cp - c k_s \theta_s - (1+c) k_r \theta_r \right] \eta p^{-a} \theta_s^b \theta_r^c}{2\theta_r} = 0
\end{cases}
$$

解之得集中决策下最优质量努力水平 $\theta_s^{I^*}$ 和最优检验努力水平 $\theta_r^{I^*}$ 分别为

$$
\theta_s^{I^*} = \frac{bp}{k_s(1+b+c)} \tag{3.4}
$$

$$
\theta_r^{I^*} = \frac{cp}{k_r(1+b+c)} \tag{3.5}
$$

将最优质量努力水平 $\theta_s^{I^*}$ 和最优检验努力水平 $\theta_r^{I^*}$ 代入供应链期望利润函数 $E\pi_{sc}$ 可得农产品供应链最优利润为

$$
E\pi_{sc}^{I^*} = \frac{\eta p^{1-a}}{2(1+b+c)} \left(\frac{bp}{k_s(1+b+c)} \right)^b \left(\frac{cp}{k_r(1+b+c)} \right)^c \tag{3.6}
$$

推论 3.1 集中决策下，农产品加工商、超市最优努力水平受农产品质量努力收益与成本比、农产品零售价格正向影响。

由 $\theta_s^{I^*} = \dfrac{bp}{k_s(1+b+c)}$ 和 $\theta_r^{I^*} = \dfrac{cp}{k_r(1+b+c)}$，由符号说明可知 $\dfrac{b}{k_s}$ 表示农产品生产加工商质量对市场的影响系数与成本系数之比，即表示农产品生产加工商质量努力的收益与成本比。类似地，$\dfrac{c}{k_r}$ 表示超市质量检验努力的收益与成本比。当 $\dfrac{b}{k_s} = \dfrac{c}{k_r}$ 时，农产品生产加工商质量努力与超市检验努力水平相同；当 $\dfrac{b}{k_s} > \dfrac{c}{k_r}$ 时，农产品生产加工商通过对农产品质量投入增加的收入大于超市，于是农产品生产加工商更加积极提高农产品质量投入、质量努力高于超市；当 $\dfrac{b}{k_s} < \dfrac{c}{k_r}$ 时，超市通过检验努力获得的收入大于农产品生产加工商，超市不断提高对农产品的检验努力从而检验努力水平高于农产品生产加工商。

此外，由质量努力水平表达式可知，农产品市场价格越高，无论是农产品加工商还是超市都会提高质量努力水平。因此，良好的定价机制有利于激励农产品供应链成员提高质量努力水平，从而提高农产品质量，保障优质农产品稳定供给。

3.3　分　散　决　策

当农产品生产加工商和超市都完全理性时，双方的决策都仅以自身利润函数最大化为目标。由于超市处于主导地位，于是农产品加工商和超市的博弈问题表示为

$$\max_{\theta_r, w} E\pi_r^R = \frac{(p - w - k_r\theta_r)\eta p^{-a}\theta_s^b\theta_r^c}{2}$$

$$\text{s. t. } \theta_s^R \in \operatorname{argmax} E\pi_s$$

采用逆向归纳法求解。首先，考虑博弈第二阶段农产品生产加工商的决策。给定超市为策略 $(\theta_r,\ w)$，对农产品生产加工商利润函数 $E\pi_s$ 求质量努力水平 θ_s 二阶导数，得

$$\frac{\mathrm{d}^2 E\pi_s}{\mathrm{d}\theta_s^2} = -\frac{\left[(1-b)w + (1+b)k_s\theta_s\right]b\eta p^{-a}\theta_s^b\theta_r^c}{2\theta_s^2} < 0$$

于是，农产品生产加工商存在唯一的最优质量努力水平 $\theta_s^R(\theta_r,\ w)$ 使自身期望利润 $E\pi_s$ 最大化。令农产品生产加工商利润函数 $E\pi_s$ 关于质量努力水平 θ_s 一阶导数等于零，得

$$\frac{\mathrm{d}E\pi_r}{\mathrm{d}\theta_s} = \frac{\left[bw - (b+1)k_s\theta_s\right]\eta p^{-a}\theta_s^b\theta_r^c}{2\theta_s} = 0$$

求得农产品生产加工商关于超市的最优反应函数为

$$\theta_s^R(\theta_r,\ w)\ = \frac{bw}{k_s(1+b)} \tag{3.7}$$

由式（3.7），农产品加工商质量努力不受超市检验努力的影响，仅仅受超市采购价格的影响，超市采购价格越高，农产品加工商投入的质量努力越高。

然后，考虑博弈第一阶段超市的决策。将式（3.7）代入超市期望利润函数式（3.1）后，通过求导可得 $E\pi_r$ 的 Hessian 矩阵为 $\boldsymbol{H}^R(\theta_r,\ w) =$

$$\begin{bmatrix} \dfrac{\partial^2 E\pi_r}{\partial\theta_r^2} & \dfrac{\partial^2 E\pi_r}{\partial\theta_r\partial w} \\ \dfrac{\partial^2 E\pi_r}{\partial w\partial\theta_r} & \dfrac{\partial^2 E\pi_r}{\partial w^2} \end{bmatrix}，\text{其中，}$$

$$\frac{\partial^2 E\pi_r}{\partial\theta_r^2} = -\frac{\left[(1+c)k_r\theta_r + (1-c)(p-w)\right]c\eta p^{-a}\theta_r^c}{2\theta_r^2}\left(\frac{bw}{k_s(1+b)}\right)^b$$

$$\frac{\partial^2 E\pi_r}{\partial \theta_r \partial w} = -\frac{\left[c(1+b)w + b(1+c)k_r\theta_r - bcp \right]\eta p^{-a}\theta_r^c}{2w\theta_r}\left(\frac{bw}{k_s(1+b)} \right)^b$$

$$\frac{\partial^2 E\pi_r}{\partial w \partial \theta_r} = -\frac{\left[c(1+b)w + b(1+c)k_r\theta_r - bcp \right]\eta p^{-a}\theta_r^c}{2w\theta_r}\left(\frac{bw}{k_s(1+b)} \right)^b$$

$$\frac{\partial^2 E\pi_r}{\partial w^2} = -\frac{\left[(1-b)p + (1+b)w - (1-b)k_r\theta_r \right]b\eta p^{-a}\theta_r^c}{2w^2}\left(\frac{bw}{k_s(1+b)} \right)^b$$

由此得

$$\left| H_1^R(\theta_r, w) \right| = -\frac{\left[(1+c)k_r\theta_r + (1-c)(p-w) \right]c\eta p^{-a}\theta_r^c}{2\theta_r^2}\left(\frac{bw}{k_s(1+b)} \right)^b < 0,$$

$$\left| H_2^R(\theta_r, w) \right| = \left[\frac{\eta p^{-a}\theta_r^c}{2w\theta_r}\left(\frac{bw}{k_s(1+b)} \right)^b \right]^2 \cdot \left[b(b+c)(2cp - 2cw - ck_r\theta_r \right.$$

$$\left. - k_r\theta_r)k_r\theta_r + c(b+c) \cdot (2bp - bw - w)w + bc(1-b-c)p^2 \right] > 0$$

于是，Hessian 矩阵 $H^R(\theta_r, w)$ 为负定，故 $E\pi_r$ 存在唯一最优解 θ_r^{R*} 和 w^{R*}。

通过对 $E\pi_r$ 求关于检验努力水平 θ_r 和收购价格 w 的一阶导数，即令 $\frac{\partial E\pi_r}{\partial \theta_r} = 0$、$\frac{\partial E\pi_r}{\partial w} = 0$ 并联立，得

$$\begin{cases} \dfrac{\partial E\pi_r}{\partial \theta_r} = \dfrac{\left[c(p-w) - (1+c)k_r\theta_r \right]\eta p^{-a}\theta_r^c}{2\theta_r}\left(\dfrac{bw}{k_s(1+b)} \right)^b = 0 \\[4mm] \dfrac{\partial E\pi_r}{\partial w} = \dfrac{\left[b(p-k_r\theta_r) - (1+b)w \right]\eta p^{-a}\theta_r^c}{2w}\left(\dfrac{bw}{k_s(1+b)} \right)^b = 0 \end{cases}$$

解之得超市最优检验努力水平 θ_r^{R*} 和最优收购价格 w^{R*} 分别为

$$\theta_r^{R*} = \frac{cp}{k_r(1+b+c)} \tag{3.8}$$

$$w^{R*} = \frac{bp}{1+b+c} \tag{3.9}$$

把式（3.8）和式（3.9）代入式（3.7），得农产品生产加工商最优质量努力水平 θ_s^{R*} 为

$$\theta_s^{R*} = \frac{b^2 p}{k_s(1+b+c)(1+b)} \tag{3.10}$$

将式（3.8）~式（3.10）代入式（3.1）和式（3.2），可得农产品生产加工商、超市和供应链最大期望利润分别为

$$E\pi_s^{R*} = \frac{b\eta p^{1-a}}{2(1+b)(1+b+c)}\left(\frac{b^2 p}{k_s(1+b)(1+b+c)} \right)^b \left(\frac{cp}{k_r(1+b+c)} \right)^c$$

$$\tag{3.11}$$

$$E\pi_r^{R*} = \frac{\eta p^{1-a}}{2(1+b+c)}\left(\frac{b^2 p}{k_s(1+b)(1+b+c)}\right)^b\left(\frac{cp}{k_r(1+b+c)}\right)^c \qquad (3.12)$$

$$E\pi_{sc}^{R*} = \frac{(1+2b)\eta p^{1-a}}{2(1+b)(1+b+c)}\left(\frac{b^2 p}{k_s(1+b)(1+b+c)}\right)^b\left(\frac{cp}{k_r(1+b+c)}\right)^c$$

$$(3.13)$$

3.4　供应链效率计算

供应链客观效率即分散决策下的供应链最大期望利润与集中决策下的供应链最大期望利润的比值，即 $ESC_R^O = \dfrac{E\pi_{sc}^{R*}}{E\pi_{sc}^{I*}}$；供应链主观效率即分散决策下的供应链最大期望效用与集中决策下的供应链最大期望效用的比值，即 $ESC_R^S = \dfrac{Eu_{sc}^{R*}}{Eu_{sc}^{I*}}$。由于不考虑社会偏好，双方完全理性下供应链最大期望效用等于供应链最大期望利润，即 $E\pi_{sc}^{R*} = Eu_{sc}^{R*}$、$E\pi_{sc}^{I*} = Eu_{sc}^{I*}$。

因此，可以计算双方完全理性下供应链客观效率 ESC_R^O 和主观效率 ESC_R^S，即

$$ESC_R^O = \frac{E\pi_{sc}^{R*}}{E\pi_{sc}^{I*}} = \frac{\dfrac{(1+2b)\eta p^{1-a}}{2(1+b)(1+b+c)}\left(\dfrac{b^2 p}{k_s(1+b)(1+b+c)}\right)^b\left(\dfrac{cp}{k_r(1+b+c)}\right)^c}{\dfrac{\eta p^{1-a}}{2(1+b+c)}\left(\dfrac{bp}{k_s(1+b+c)}\right)^b\left(\dfrac{cp}{k_r(1+b+c)}\right)^c}$$

$$= \frac{1+2b}{1+b}\left(\frac{b}{1+b}\right)^b \qquad (3.14)$$

$$ESC_R^S = \frac{Eu_{sc}^{R*}}{Eu_{sc}^{I*}} = \frac{E\pi_{sc}^{R*}}{E\pi_{sc}^{I*}} = \frac{1+2b}{1+b}\left(\frac{b}{1+b}\right)^b \qquad (3.15)$$

此时，供应链客观效率与主观效率相等，故 $\Delta ESC_R = ESC_R^O - ESC_R^S = 0$。

3.5　供应链公平度计算

根据肖玉明（2009）的研究，供应链公平度用"公平熵"来度量，分为客观公平度和主观公平度。双方完全理性下供应链客观公平度以农产品生产加工商最大期望利润、超市最大期望利润和供应链最大期望利润为基础计

算公平熵，即 $HSC_R^O = -\dfrac{\gamma_{sR}\ln\gamma_{sR}+\gamma_{rR}\ln\gamma_{rR}}{\ln2}$，$\gamma_{sR}$ 和 γ_{rR} 分别是农产品生产加工商最大期望利润和超市最大期望利润在供应链最大期望利润中所占比例且 $\gamma_{sR}+\gamma_{rR}=1$；双方完全理性下供应链主观公平度以农产品生产加工商最大期望效用、超市最大期望效用和供应链最大期望效用为基础计算公平熵，即 $HSC_R^S = -\dfrac{\kappa_{sR}\ln\kappa_{sR}+\kappa_{rR}\ln\kappa_{rR}}{\ln2}$，$\kappa_{sR}$ 和 κ_{rR} 分别是农产品生产加工商最大期望效用和超市最大期望效用在供应链最大期望效用中所占比例，且 $\kappa_{sR}+\kappa_{rR}=1$。

由于 $\gamma_{sR}=\dfrac{E\pi_s^{R*}}{E\pi_{sc}^{R*}}=\dfrac{b}{1+2b}$，$\gamma_{rR}=1-\gamma_{sR}=\dfrac{1+b}{1+2b}$，$\kappa_{sR}=\dfrac{Eu_s^{R*}}{Eu_{sc}^{R*}}=\dfrac{b}{1+2b}$，$\kappa_{rR}=\dfrac{1+b}{1+2b}$，于是可以计算双方完全理性下供应客观公平度 HSC_R^O 和主观公平度 HSC_R^S，即

$$HSC_R^O = \frac{1+b}{(1+2b)\ln2}\ln\left(\frac{1+2b}{1+b}\right)+\frac{b}{(1+2b)\ln2}\ln\left(\frac{1+2b}{b}\right) \qquad (3.16)$$

$$HSC_R^S = \frac{1+b}{(1+2b)\ln2}\ln\left(\frac{1+2b}{1+b}\right)+\frac{b}{(1+2b)\ln2}\ln\left(\frac{1+2b}{b}\right) \qquad (3.17)$$

此时供应链客观公平度与主观公平度相等，故 $\Delta HSC_R = HSC_R^O - HSC_R^S = 0$。

由农产品供应链效率和公平度的表达式可以发现，农产品供应链的效率和公平都仅仅受质量努力系数 b 的影响。容易证明 $\dfrac{\mathrm{d}ESC_R^O}{\mathrm{d}b}=\dfrac{\mathrm{d}ESC_R^S}{\mathrm{d}b}>0$、$\dfrac{\mathrm{d}HSC_R^O}{\mathrm{d}b}=\dfrac{\mathrm{d}HSC_R^S}{\mathrm{d}b}>0$，$b$ 越大，供应链效率和公平度越高。这说明，消费者越认可农产品加工商的质量努力、越注重农产品加工过程的质量，结合 $\theta_s^{R*}=\dfrac{b^2p}{k_s(1+b+c)(1+b)}$，越有利于激励农产品生产加工商提高质量努力水平。

3.6　集中与分散决策均衡策略比较

命题 3.1　$\theta_s^{I*}>\theta_s^{R*}$，$\theta_r^{I*}=\theta_r^{R*}$

证明：因为 $\theta_s^{I*}-\theta_s^{R*}=\dfrac{bp}{k_s(1+b)(1+b+c)}>0$，所以 $\theta_s^{I*}>\theta_s^{R*}$；

因为 $\theta_r^{I*}=\theta_r^{R*}=\dfrac{cp}{k_r(1+b+c)}$，所以 $\theta_r^{I*}=\theta_r^{R*}$。

证毕。

由命题 3.1 可知，农产品生产加工商质量努力水平在供应链集中决策时高于分散决策时；超市检验努力水平在供应链集中决策时和分散决策时相等。这是因为分散决策时农产品生产加工商会以自身利润最大化作为决策目标，给定超市决策的农产品收购价格，通过选择降低质量努力水平来降低自身生产成本，从而尽可能增加单位利润，因此农产品生产加工商质量努力水平在分散决策时低于集中决策。由于超市居于农产品供应链主导地位且直接负责农产品销售，深知一旦面临产品质量问题不仅影响农产品销售，还会影响超市声誉和形象，对自己造成不可估量的损失。因此，作为对自身企业形象有追求和社会责任感的企业，始终稳抓质量、保持高标准的质量检验努力水平，不管是供应链集中决策时还是分散决策时超市对农产品质量的检验努力水平保持不变，即超市始终选择农产品供应链系统所要求的最优检验努力水平。

命题 3.2　$E\pi_s^{R*} < E\pi_r^{R*}$

证明：因为 $\dfrac{E\pi_s^{R*}}{E\pi_r^{R*}} = \dfrac{b}{1+b} < 1$，所以 $E\pi_s^{R*} < E\pi_r^{R*}$。

证毕。

由命题 3.2 可知，当分散决策时，农产品生产加工商最大期望利润始终低于超市。这是符合市场经济现状的，在以超市为主导的供应链中农产品生产加工商居于不利地位，如：农产品生产加工商因远离终端市场，谈判和议价能力弱，较多的收益归占供应链主导地位的超市，从而造成供应链收益的分配不均。根据大量社会偏好方面的研究，该供应链往往表现为：获得较低利润的农产品生产加工商具有公平关切心理，而获得较多利润的超市具有利他互惠心理。

命题 3.3　$E\pi_{sc}^{I*} > E\pi_{sc}^{R*}$

证明：$\dfrac{E\pi_{sc}^{I*}}{E\pi_{sc}^{R*}} = \dfrac{1+b}{1+2b}\left(\dfrac{1+b}{b}\right)^b$，令 $G_{31}(b) = \dfrac{1+b}{1+2b}\left(\dfrac{1+b}{b}\right)^b$，则 $\dfrac{\partial G_{31}(b)}{\partial b} =$

$\dfrac{\left[(1+2b)\ln\left(\dfrac{1+b}{b}\right) - 2\right](1+b)}{(1+2b)^2}\left(\dfrac{1+b}{b}\right)^b > 0$，所以 $G_{31}(b)$ 随 b 单调递增，

即 $G_{31}(b) \geqslant \lim_{b\to 0} G_{31}(0) = 1$。于是，$\dfrac{E\pi_{sc}^{I*}}{E\pi_{sc}^{R*}} > 1$，即 $E\pi_{sc}^{I*} > E\pi_{sc}^{R*}$。

证毕。

由命题 3.3 可知，供应链最大期望利润在供应链集中决策时高于分散决策时。这是因为分散决策时，居于供应链跟随者地位的农产品生产

加工商会选择降低质量努力水平来减少自身成本，以期达到自身利润的最大化。结合命题 3.1 可知分散决策时超市努力水平不变，农产品生产加工商质量努力水平下降，则必然导致农产品整体质量下降、从而市场需求量下降。在农产品价格外生的情况下，农产品需求减少直接导致农产品供应链整体利润下降。因此，供应链最大期望利润在分散决策时低于集中决策情形。

3.7　本章小结

为了研究社会偏好对农产品供应链双边质量努力提升的影响，作为比较基准，本章在不考虑社会偏好的情况下建立了农产品生产加工商和超市组成的二级农产品供应链集中决策和分散决策模型，并计算、比较集中决策和分散决策下的双边质量努力水平和各方利润，得到以下研究结论：（1）农产品生产加工商质量努力水平在供应链集中决策时高于分散决策时，超市检验努力水平在供应链集中决策时和分散决策时始终不变，即超市始终选择农产品供应链系统所要求的最优检验努力水平。（2）分散决策下农产品生产加工商最大期望利润始终低于超市。（3）供应链最大期望利润在供应链集中决策时高于分散决策时。农产品生产加工商主要决定农产品质量，而农产品生产加工商利润始终低于超市利润可能造成农产品加工商认为收益分配不公平，进一步影响双方的质量努力决策。而超市作为农产品供应链主导者，希望采取一些利他互惠措施激励、帮助农产品生产加工商提高质量努力水平。

第4章 基于公平关切视角的农产品供应链双边质量提升短期机制

在农产品供应链中引入社会偏好是为了优化农产品供应链渠道收益分配公平度从而改进供应链效率和收益，最终确保高质量农产品的稳定供给。基于此，本章将农产品生产加工商公平关切引入农产品供应链双边质量努力决策，研究农产品加工商公平关切对供应链双边质量努力水平、供应链效率和公平度的影响；与不考虑社会偏好下的农产品供应链进行比较，基于公平关切视角研究农产品供应链双边质量提升短期机制。

4.1 问题描述与模型构建

由于农产品生产加工商和超市双方完全理性时，农产品生产加工商的利润始终低于超市。同时，卡托克等（2014）研究表明决策者往往不关注同情公平关切，而对嫉妒公平关切更关注更敏感。因此，本章仅考虑生产加工商公平关切，超市仍为完全理性，即农产品生产加工商期望效用函数为

$$Eu_s = E\pi_s - \alpha_s(E\pi_r - E\pi_s)$$

其中，α_s为农产品生产加工商的公平关切系数，且$0 \leq \alpha_s \leq 1$。α_s越大表示农产品生产加工商因单位利润差产生的公平负效用越大。特别地，当$\alpha_s = 0$时，农产品加工商不会因利润差产生任何负效用；当$\alpha_s = 1$时，农产品生产加工商对于提升自身直接利润和关注利润差同样关注，此时农产品加工商公平关切强度非常大。

由于超市完全理性、依然仅关注自身利润最大化，超市的期望效用函数为

$$Eu_r = E\pi_r$$

为了论述的方便，考虑社会偏好下的农产品供应链决策中各个成员都以效用最大化进行决策。

假设 4.1 ~ 假设 4.4，同第 3 章假设 3.1 ~ 假设 3.4。

假设 4.5   上标"F"表示农产品生产加工商公平关切下的决策。

由第 3 章可知，农产品生产加工商、超市和农产品供应链利润分别为

$$E\pi_s = (w - k_s\theta_s)\int_0^1 \eta p^{-a}\theta_s^b\theta_r^c \varepsilon f(\varepsilon)\mathrm{d}\varepsilon = \frac{(w - k_s\theta_s)\eta p^{-a}\theta_s^b\theta_r^c}{2}$$

$$E\pi_r = (p - w - k_r\theta_r)\int_0^1 \eta p^{-a}\theta_s^b\theta_r^c \varepsilon f(\varepsilon)\mathrm{d}\varepsilon = \frac{(p - w - k_r\theta_r)\eta p^{-a}\theta_s^b\theta_r^c}{2}$$

$$E\pi_{sc} = (p - k_s\theta_s - k_r\theta_r)\int_0^1 \eta p^{-a}\theta_s^b\theta_r^c \varepsilon f(\varepsilon)\mathrm{d}\varepsilon = \frac{(p - k_s\theta_s - k_r\theta_r)\eta p^{-a}\theta_s^b\theta_r^c}{2}$$

结合 $Eu_s = E\pi_s - \alpha_s(E\pi_r - E\pi_s)$，将公平关切纳入农产品生产加工商的期望效用函数，可以得

$$Eu_s^F = \frac{(w - k_s\theta_s)\eta p^{-a}\theta_s^b\theta_r^c}{2} - \alpha_s\left(\frac{(p - w - k_r\theta_r)\eta p^{-a}\theta_s^b\theta_r^c}{2} - \frac{(w - k_s\theta_s)\eta p^{-a}\theta_s^b\theta_r^c}{2}\right)$$

$$(4.1)$$

超市期望效用函数为

$$Eu_r^F = \frac{(p - w - k_r\theta_r)\eta p^{-a}\theta_s^b\theta_r^c}{2} \tag{4.2}$$

供应链期望效用函数为

$$Eu_{sc}^F = Eu_s^F + Eu_r^F \tag{4.3}$$

4.2   基于公平关切视角的农产品供应链决策

当公平关切引入农产品供应链决策时，农产品生产加工商和超市的决策时序不变，即超市先行动并以自身效用最大化决策（θ_r^F，w^F）、农产品生产加工商后行动并以自身效用最大化决策 θ_s^F。于是农产品生产加工商和超市之间的博弈决策问题表示为

$$\max_{\theta_r, w} Eu_r^F = \frac{(p - w - k_r\theta_r)\eta p^{-a}\theta_s^b\theta_r^c}{2}$$

$$\mathrm{s.\,t.}\quad \theta_s^F \in \mathrm{argmax} Eu_s^F$$

采用逆向归纳法求解。首先，考虑博弈第二阶段农产品生产加工商的决策。给定超市的策略（θ_r^F，w^F），对农产品生产加工商效用函数 Eu_s^F 求

关于质量努力水平 θ_s 二阶导数，得

$$\frac{\mathrm{d}^2 u_s^F}{\mathrm{d}\theta_s^2} = -\frac{\left[\left(\left(k_r\theta_r - k_s\theta_s - p + 2w\right)\alpha_s + w - k_s\theta_s\right)\left(1-b\right) + 2\left(\alpha_s + 1\right)k_s\theta_s\right]b\eta p^{-a}\theta_s^b\theta_r^c}{2\theta_s^2} < 0$$

所以 Eu_s^F 存在唯一的最优质量努力水平 $\theta_s^{F*}\left(\theta_r^F,\ w^F\right)$，则令农产品生产加工商效用函数 Eu_s^F 关于质量努力水平 θ_s 一阶导数等于 0，得

$$\frac{\mathrm{d}Eu_s^F}{\mathrm{d}\theta_s} = \frac{\left[\left(2\alpha_s + 1\right)bw - \alpha_s bp - \left(\alpha_s + 1\right)\left(b+1\right)k_s\theta_s + \alpha_s bk_r\theta_r\right]\eta p^{-a}\theta_s^b\theta_r^c}{2\theta_s} = 0$$

解之得

$$\theta_s^{F*}\left(\theta_r^F,\ w\right) = \frac{\left[\left(k_r\theta_r - p + 2w\right)\alpha_s + w\right]b}{k_s\left(1+\alpha_s\right)\left(1+b\right)} \tag{4.4}$$

然后，考虑博弈第一阶段超市的决策。将式（4.4）代入超市期望效用函数式（4.1）后，通过求导可得 Eu_r^F 的 Hessian 矩阵为 $\boldsymbol{H}^F\left(\theta_r,\ w\right) =$
$\begin{bmatrix} \dfrac{\partial^2 Eu_r^F}{\partial\theta_r^2} & \dfrac{\partial^2 Eu_r^F}{\partial\theta_r\partial w} \\ \dfrac{\partial^2 Eu_r^F}{\partial w\partial\theta_r} & \dfrac{\partial^2 Eu_r^F}{\partial w^2} \end{bmatrix}$，其中，

$$\frac{\partial^2 Eu_r^F}{\partial\theta_r^2} = -\frac{\eta p^{-a}\theta_r^c X_{41}}{2\theta_r^2\left[\left(k_r\theta_r - p + 2w\right)\alpha_s + w\right]^2}\left(\frac{\left(\left(k_r\theta_r - p + 2w\right)\alpha_s + w\right)b}{k_s\left(1+\alpha_s\right)\left(1+b\right)}\right)^b$$

$$\frac{\partial^2 Eu_r^F}{\partial\theta_r\partial w} = -\frac{\eta p^{-a}\theta_r^c X_{42}}{2\theta_r\left[\left(k_r\theta_r - p + 2w\right)\alpha_s + w\right]^2}\left(\frac{\left(\left(k_r\theta_r - p + 2w\right)\alpha_s + w\right)b}{k_s\left(1+\alpha_s\right)\left(1+b\right)}\right)^b$$

$$\frac{\partial^2 Eu_r^F}{\partial w\partial\theta_r} = -\frac{\eta p^{-a}\theta_r^c X_{42}}{2\theta_r\left[\left(k_r\theta_r - p + 2w\right)\alpha_s + w\right]^2}\left(\frac{\left(\left(k_r\theta_r - p + 2w\right)\alpha_s + w\right)b}{k_s\left(1+\alpha_s\right)\left(1+b\right)}\right)^b$$

$$\frac{\partial^2 Eu_r^F}{\partial w^2} = -\frac{\left(2\alpha_s + 1\right)b\eta p^{-a}\theta_r^c X_{43}}{2\left[\left(k_r\theta_r - p + 2w\right)\alpha_s + w\right]^2}\left(\frac{\left(\left(k_r\theta_r - p + 2w\right)\alpha_s + w\right)b}{k_s\left(1+\alpha_s\right)\left(1+b\right)}\right)^b$$

其中，

$$\begin{aligned} X_{41} = &\alpha_s^2 k_r^3\left(1+b+c\right)\left(b+c\right)\theta_r^3 + \alpha_s k_r^2\left(\left(2+3\alpha_s + \alpha_s b + \left(5\alpha_s + 2\right)c\right)w\right. \\ &\left. - \alpha_s p\left(1+b+3c\right)\right)\left(b+c\right)\theta_r^2 + \left(\alpha_s p - \left(1+2\alpha_s\right)w\right)\left(\left(1-2\alpha_s b\right.\right. \\ &\left.\left. - \left(1+4\alpha_s\right)c\right)w - \alpha_s p\left(1-2b-3c\right)\right)ck_r\theta_r - \left(\left(2\alpha_s + 1\right)w - \alpha_s p\right)^2 \\ &\left(p-w\right)c\left(1-c\right) \end{aligned}$$

$$\begin{aligned} X_{42} = &\left[2bc\left(p - k_r\theta_r - w\right)\left(p - k_r\theta_r - 2w\right) - 2k_r\theta_r\left(p - k_r\theta_r - w\right)b^2\right. \\ &\left. - k_r\theta_r\left(p - k_r\theta_r - 4w\right) + c\left(p - k_r\theta_r - 2w\right)^2\right]\alpha_s^2 + \left[\left(p - k_r\theta_r\right.\right. \\ &\left. - 4w\right)\left(p - k_r\theta_r - w\right)bc - k_r\theta_r\left(p - k_r\theta_r - w\right)b^2 + 4bwk_r\theta_r \\ &\left. - 2cw\left(p - k_r\theta_r - 2w\right)\right]\alpha_s - \left[\left(p - k_r\theta_r - w\right)c - k_r\theta_r\right]bw + cw^2 \end{aligned}$$

$$X_{43} = \left[(k_r\theta_r - p + w)b + w \right] (1 + 2\alpha_s) + p - k_r\theta_r$$

由此得 $|H_1^F(\theta_r, w)| = \dfrac{\partial^2 Eu_r^F}{\partial \theta_r^2} < 0$，$|H_2^F(\theta_r, w)| = \dfrac{X_{44}}{4\theta_r^2 \left[(k_r\theta_r - p + 2w)\alpha_s + w \right]^2}$

$\left[\eta p^{-a} \theta_r^c \left(\dfrac{((k_r\theta_r - p + 2w)\alpha_s + w)b}{k_s(1 + \alpha_s)(1 + b)} \right)^b \right]^2 > 0$，则 Hessian 矩阵 $H^F(\theta_r, w)$ 负定，故 Eu_r^F 存在唯一最优解 θ_r^{F*} 和 w^{F*}。

那么，通过对 Eu_r^F 求关于检验努力水平 θ_r 和收购价格 w 的一阶导数，即令 $\dfrac{\partial Eu_r^F}{\partial \theta_r} = 0$、$\dfrac{\partial Eu_r^F}{\partial w} = 0$ 并联立，得

$$
\begin{cases}
\dfrac{\partial Eu_r^F}{\partial \theta_r} = -\dfrac{\eta p^{-a}\theta_r^c X_{45}}{2\theta_r \left[(k_r\theta_r - p + 2w)\alpha_s + w \right]} \left(\dfrac{((k_r\theta_r - p + 2w)\alpha_s + w)b}{k_s(1 + \alpha_s)(b + 1)} \right)^b = 0 \\[3mm]
\dfrac{\partial Eu_r^F}{\partial w} = \dfrac{\{ (p - k_r\theta_r - w)\left[(2b + 1)\alpha_s + b \right] - w \} \eta p^{-a}\theta_r^c}{2\left[(k_r\theta_r - p + 2w)\alpha_s + w \right]} \\[3mm]
\qquad\qquad \left(\dfrac{((k_r\theta_r - p + 2w)\alpha_s + w)b}{k_s(1 + \alpha_s)(b + 1)} \right)^b = 0
\end{cases}
$$

其中，

$$
\begin{aligned}
X_{44} = &-(1 + 2\alpha_s)^2 (p - k_r\theta_r - w)^2 bc^2 - \left[(p - k_r\theta_r - 2w)\alpha_s - w \right]^2 c^2 \\
&- \theta_r^2 k_r^2 b^2 (1 + \alpha_s)^2 - \{ (1 + 2\alpha_s)^2 (p - k_r\theta_r - w)^2 b + \alpha_s^2 [4w^2 \\
&+ 4(k_r\theta_r - p)w - 2k_r\theta_r(p - k_r\theta_r)] + (4w^2 + 2(k_r\theta_r - p)w \\
&+ 2\theta_r^2 k_r^2 - 2p^2)\alpha_s - p^2 + w^2 + \theta_r^2 k_r^2 \} bc
\end{aligned}
$$

$$
\begin{aligned}
X_{45} = &\{ (1 + b + c)k_r^2\theta_r^2 + \left[(2 + b + 3c)w - p(1 + b + 2c) \right]k_r\theta_r \\
&+ c(p - w)(p - 2w) \} \alpha_s + w\left[(1 + c)k_r\theta_r - c(p - w) \right]
\end{aligned}
$$

于是，最优检验努力水平 θ_r^{F*} 和最优收购价格 w^{F*} 分别为

$$\theta_r^{F*} = \frac{cp}{k_r(1 + b + c)} \tag{4.5}$$

$$w^{F*} = \frac{p(2b\alpha_s + b + \alpha_s)}{(1 + 2\alpha_s)(1 + b + c)} \tag{4.6}$$

把式（4.5）和式（4.6）代入式（4.4），得农产品生产加工商的最优质量努力水平 θ_s^{F*} 为

$$\theta_s^{F*} = \frac{b^2 p}{k_s(1 + b)(1 + b + c)} \tag{4.7}$$

将式（4.5）~式（4.7）代入式（4.1）~式（4.3），可得农产品生产加工商、超市和供应链最大期望利润及最大期望效用分别为

$$E\pi_s^{F*} = \frac{(\alpha_s + 3\alpha_s b + b)\eta p^{1-a}}{2(1+2\alpha_s)(1+b)(1+b+c)}\left(\frac{b^2 p}{k_s(1+b)(1+b+c)}\right)^b\left(\frac{cp}{k_r(1+b+c)}\right)^c$$

$$(4.8)$$

$$E\pi_r^{F*} = \frac{(1+\alpha_s)\eta p^{1-a}}{2(1+2\alpha_s)(1+b+c)}\left(\frac{b^2 p}{k_s(1+b)(1+b+c)}\right)^b\left(\frac{cp}{k_r(1+b+c)}\right)^c$$

$$(4.9)$$

$$E\pi_{sc}^{F*} = \frac{(1+2b)\eta p^{1-a}}{2(1+b)(1+b+c)}\left(\frac{b^2 p}{k_s(1+b)(1+b+c)}\right)^b\left(\frac{cp}{k_r(1+b+c)}\right)^c$$

$$(4.10)$$

$$Eu_s^{F*} = \frac{(1+\alpha_s)b\eta p^{1-a}}{2(1+b)(1+b+c)}\left(\frac{b^2 p}{k_s(1+b)(1+b+c)}\right)^b\left(\frac{cp}{k_r(1+b+c)}\right)^c$$

$$(4.11)$$

$$Eu_r^{F*} = \frac{(1+\alpha_s)\eta p^{1-a}}{2(1+2\alpha_s)(1+b+c)}\left(\frac{b^2 p}{k_s(1+b)(1+b+c)}\right)^b\left(\frac{cp}{k_r(1+b+c)}\right)^c$$

$$(4.12)$$

$$Eu_{sc}^{F*} = \frac{[1+2b(1+\alpha_s)](1+\alpha_s)\eta p^{1-a}}{2(1+2\alpha_s)(1+b)(1+b+c)}\left(\frac{b^2 p}{k_s(1+b)(1+b+c)}\right)^b\left(\frac{cp}{k_r(1+b+c)}\right)^c$$

$$(4.13)$$

性质 4.1　①对于质量努力水平：$\dfrac{\partial\theta_s^{F*}}{\partial\alpha_s} = 0$；②对于检验努力水平：

$\dfrac{\partial\theta_r^{F*}}{\partial\alpha_s} = 0$；③对于收购价格：$\dfrac{\partial w^{F*}}{\partial\alpha_s} > 0$。

证明：① $\dfrac{\partial\theta_s^{F*}}{\partial\alpha_s} = \dfrac{\partial \dfrac{bp}{k_s(1+b+c)}}{\partial\alpha_s} = 0$；

② $\dfrac{\partial\theta_r^{F*}}{\partial\alpha_s} = \dfrac{\partial \dfrac{b^2 p}{k_s(1+b)(1+b+c)}}{\partial\alpha_s} = 0$；

③ $\dfrac{\partial w^{F*}}{\partial\alpha_s} = \dfrac{p}{(1+b+c)(1+2\alpha_s)^2} > 0$。

证毕。

由性质 4.1 可知，农产品生产加工商质量努力水平和超市检验努力水平不受农产品生产加工商公平关切影响；超市收购价格随农产品生产加工商公平关切增强而提高。结合命题 3.2 可知，农产品生产加工商利润始终低于超市利润，因此当超市知道农产品生产加工商具有公平关切后，超市会担心农产品生产加工商降低农产品质量努力，如乱用生长激素、增色剂、过量保鲜剂等行为来报复超市。因此，超市一方面要维护自身企业形象不会选择降低农产品检验努力水平，不然一旦存在质量问题农产品流入消费者手中对超市而言损失更大；另一方面超市会通过提高农产品收购价格来缓解农产品生产加工商的公平负效用，避免农产品质量降低。此时，当居于跟随者地位的农产品生产加工商通过比较完全理性和公平关切下的收购价格，$w^{F*} > w^{R*}$，知道主导者超市已经采取了提高收购价格的决定。农产品生产加工商为了供应链长远发展和自身销路的稳定，肯定不会采取降低质量努力水平的短期投机行为。

性质 4.2 对于农产品生产加工商最大期望利润和效用：① $\dfrac{\partial E\pi_s^{F*}}{\partial \alpha_s} > 0$；② $\dfrac{\partial Eu_s^{F*}}{\partial \alpha_s} > 0$。

证明：① $\dfrac{\partial E\pi_s^{F*}}{\partial \alpha_s} = \dfrac{\eta p^{1-a}}{2(1+b+c)(1+2\alpha_s)^2}\left(\dfrac{b^2 p}{k_s(1+b)(1+b+c)}\right)^b$ $\left(\dfrac{cp}{k_r(1+b+c)}\right)^c > 0$；② $\dfrac{\partial Eu_s^{F*}}{\partial \alpha_s} = \dfrac{b\eta p^{1-a}}{2(1+b)(1+b+c)}\left(\dfrac{b^2 p}{k_s(1+b)(1+b+c)}\right)^b$ $\left(\dfrac{cp}{k_r(1+b+c)}\right)^c > 0$。

证毕。

由性质 4.2 可知，当农产品生产加工商公平关切增强时，农产品生产加工商最大期望利润和最大期望效用都增大。结合性质 4.1，农产品生产加工商质量努力水平不变和超市收购价格提高，即农产品生产加工商生产成本不变且销售收入增大，故农产品生产加工商最大期望利润增大。与此同时超市检验成本不变，但是采购成本增大，故超市最大期望利润减小。因此，一方面农产品生产加工商最大期望利润提升，另一方面超市最大期望利润降低，则农产品生产加工商公平负效用减少，故农产品生产加工商最大期望效用增大。

性质 4.3 对于超市的最大期望利润和效用：① $\dfrac{\partial E\pi_r^{F*}}{\partial \alpha_s} < 0$；② $\dfrac{\partial Eu_r^{F*}}{\partial \alpha_s} < 0$。

证明：$\dfrac{\partial E\pi_r^{F*}}{\partial \alpha_s} = -\dfrac{\eta p^{1-a}}{2(1+b+c)(1+2\alpha_s)^2}\left(\dfrac{b^2 p}{k_s(1+b)(1+b+c)}\right)^b$ $\left(\dfrac{cp}{k_r(1+b+c)}\right)^c < 0$；

因为 $Eu_r^{F*} = E\pi_r^{F*}$，所以 $\dfrac{\partial Eu_r^{F*}}{\partial\alpha_s} = \dfrac{\partial E\pi_r^{F*}}{\partial\alpha_s} < 0$。

证毕。

由性质 4.3 可知，当农产品生产加工商公平关切增强时，超市最大期望利润和最大期望效用降低。当超市知道农产品生产加工商具有公平关切时，结合性质 4.1 可知超市检验努力水平不变和收购价格提高，即超市检验成本不变但采购成本增大，于是超市的最大期望利润减少。由于本章仅考虑农产品生产加工商公平关切、超市完全理性，故超市最大期望效用与最大期望利润一致，都随着农产品生产加工商公平关切增强而减少。

性质 4.4　对于供应链最大期望利润和效用：① $\dfrac{\partial E\pi_{sc}^{F*}}{\partial\alpha_s} = 0$；② 当 $0 <$

$\alpha_s < \dfrac{\sqrt{b^2+b}-b}{2b}$ 时，$\dfrac{\partial Eu_{sc}^{F*}}{\partial\alpha_s} < 0$；当 $\dfrac{\sqrt{b^2+b}-b}{2b} \leqslant \alpha_s < 1$ 时，$\dfrac{\partial Eu_{sc}^{F*}}{\partial\alpha_s} > 0$。

证明：$\dfrac{\partial E\pi_{sc}^{F*}}{\partial\alpha_s} = 0$；$\dfrac{\partial Eu_{sc}^{F*}}{\partial\alpha_s} = \dfrac{\left[4(\alpha_s^2+\alpha_s)b-1\right]\eta p^{1-a}}{2(1+b)(1+b+c)(1+2\alpha_s)^2}$

$\left(\dfrac{b^2 p}{k_s(1+b)(1+b+c)}\right)^b \left(\dfrac{cp}{k_r(1+b+c)}\right)^c$，所以当 $0 < \alpha_s < \dfrac{-b+\sqrt{b^2+b}}{2b}$ 时，

$\dfrac{\partial Eu_{sc}^{F*}}{\partial\alpha_s} < 0$；当 $\dfrac{-b+\sqrt{b^2+b}}{2b} \leqslant \alpha_s < 1$ 时，$\dfrac{\partial Eu_{sc}^{F*}}{\partial\alpha_s} > 0$。

证毕。

由性质 4.4 可知，供应链最大期望利润不依赖于农产品生产加工商公平关切变化。这是因为农产品质量努力水平和检验努力水平都不受农产品生产加工商公平关切影响，农产品质量不变，从而农产品市场需求和销售情况也不受农产品生产加工商公平关切影响。因此从供应链整体的角度出发，供应链整体最大期望利润自然也不受农产品生产加工商公平关切影响。

当农产品生产加工商公平关切较弱时，供应链最大期望效用随农产品生产加工商公平关切增强而减小；当农产品生加工商公平关切较强时，供应链最大期望效用随农产品生产加工商公平关切增强而增大。当考虑农产品生产加工商的公平关切，超市为了克服农产品生产加工商公平负效用而提高农产品收购价格。当农产品生产加工商公平关切较弱时，超市因采购成本增大而导致自身最大期望效用降低、同时由性质 4.1 较弱的公平关切改进农产品生产加工商利润有限，于是超市期望利润下降大于农产品生产加工商效用增加，故供应链最大期望效用减小。当农产品生加工商公平关

切较强时，农产品生产加工商因自身单位收益增加（单位收购价格提高，且较强的公平关切会带来较高的收购价格）、双方利润差减小而带来公平负效用降低，于是农产品生产加工商效用得到大幅度提升，超过超市期望利润的减少量，因此农产品供应链期望效用增加。

4.3 供应链效率和公平度评价

4.3.1 供应链效率评价

农产品生产加工商公平关切下供应链客观效率指供应链最大期望利润与集中决策下的供应链最大期望利润的比值，即 $ESC_F^O = \dfrac{E\pi_{sc}^{F*}}{E\pi_{sc}^I}$；农产品生产加工商公平关切下供应链主观效率指供应链最大期望效用与集中决策下的供应链最大期望效用的比值，即 $ESC_F^S = \dfrac{Eu_{sc}^{F*}}{Eu_{sc}^I}$。

因此，可以计算农产品生产加工商公平关切下供应链客观效率 ESC_F^O 和主观效率 ESC_F^S，即

$$ESC_F^O = \frac{E\pi_{sc}^{F*}}{E\pi_{sc}^I} = \frac{1+2b}{1+b}\left(\frac{b}{1+b}\right)^b \tag{4.14}$$

$$ESC_F^S = \frac{Eu_{sc}^{F*}}{Eu_{sc}^I} = \frac{(1+2b\alpha_s+2b)(1+\alpha_s)}{(1+2\alpha_s)(1+b)}\left(\frac{b}{1+b}\right)^b \tag{4.15}$$

记 $\Delta ESC_F = ESC_F^O - ESC_F^S$，于是得到命题 4.1。

命题 4.1 当 $0 < \alpha_s < \dfrac{1}{2b}$ 时，$\Delta ESC_F > 0$；当 $\dfrac{1}{2b} \leqslant \alpha_s < 1$ 时，$\Delta ESC_F < 0$。

证明：$\Delta ESC_F = \dfrac{\alpha_s(1-2\alpha_s b)}{(1+2\alpha_s)(1+b)}\left(\dfrac{b}{1+b}\right)^b$，所以当 $0 < \alpha_s < \dfrac{1}{2b}$ 时，

$\Delta ESC_F > 0$；当 $\dfrac{1}{2b} \leqslant \alpha_s < 1$ 时，$\Delta ESC_F < 0$。

证毕。

由命题 4.1 可知，当农产品生产加工商公平关切较弱时，供应链客观、主观效率差为正，即供应链客观效率高于主观效率；当农产品生加工商公平关切较强时，供应链客观、主观效率差为负，即供应链客观效率低于供应链主观效率。这是因为当农产品生产加工商公平关切较弱时，超市

为避免农产品生产加工商因具有公平关切而采取降低农产品质量的报复措施，超市采取提高收购价格的手段去刺激农产品生产加工商不降低质量努力水平，故从第三方角度看供应链效率高于从农产品生产加工商角度。当农产品生产加工商公平关切较强时，结合性质 4.1 农产品收购价格随公平关切递增，于是农产品生产加工商获得了更高的销售收入。因此，从农产品生产加工商角度看供应链效率高于从第三方角度。

性质 4.5 对于供应链客观效率和主观效率：① $\dfrac{\partial ESC_F^O}{\partial \alpha_s} = 0$；② 当 $0 <$

$\alpha_s < \dfrac{\sqrt{b^2 + b} - b}{2b}$ 时，$\dfrac{\partial ESC_F^S}{\partial \alpha_s} < 0$；当 $\dfrac{\sqrt{b^2 + b} - b}{2b} \leq \alpha_s < 1$ 时，$\dfrac{\partial ESC_F^S}{\partial \alpha_s} > 0$。

证明：① $\dfrac{\partial ESC_F^O}{\partial \alpha_s} = 0$；② $\dfrac{\partial ESC_F^S}{\partial \alpha_s} = \dfrac{(4b\alpha_s^2 + 4b\alpha_s - 1)}{(1 + 2\alpha_s)^2 (1 + b)} \left(\dfrac{b}{1 + b}\right)^b$，当 $0 < \alpha_s <$

$\dfrac{-b + \sqrt{b^2 + b}}{2b}$ 时，$\dfrac{\partial ESC_F^S}{\partial \alpha_s} < 0$；当 $\dfrac{-b + \sqrt{b^2 + b}}{2b} \leq \alpha_s < 1$ 时，$\dfrac{\partial ESC_F^S}{\partial \alpha_s} > 0$。

证毕。

由性质 4.5 可知，供应链客观效率不受农产品生产加工商公平关切影响。当农产品生产加工商公平关切较弱时，供应链主观效率随农产品生产加工商公平关切增强而降低；当农产品生产加工商公平关切较强时，供应链主观效率随农产品生产加工商公平关切增强而增大。这是因为当农产品生产加工商具有公平关切时，超市作出了不降低检验努力水平和提高收购价格的决策，由于收购价格的提高使得农产品生产加工商选择保持质量努力水平不变，即农产品质量没有变化。因此，从第三方角度看供应链效率保持不变。从农产品生产加工商角度看供应链运作效率随着自身公平关切增强先降低后提高，是由于超市因农产品生产加工商公平关切的存在而作出提高收购价格的决策，这使得农产品生产加工商先因超市收购价格涨幅较少而认为供应链运作效率降低，随着农产品生产加工商公平关切不断增强导致的收购价格不断上涨，从而认为供应链运作效率提升。

4.3.2 供应链公平度评价

农产品生产加工商公平关切下供应链客观公平度以农产品生产加工商最大期望利润、超市最大期望利润和供应链最大期望利润为基础计算公平熵，即 $HSC_F^O = -\dfrac{\gamma_{sF} \ln \gamma_{sF} + \gamma_{rF} \ln \gamma_{rF}}{\ln 2}$，$\gamma_{sF}$ 和 γ_{rF} 分别是农产品生产加工商最大期望利润和超市最大期望利润在供应链最大期望利润中的所占比例，且 $\gamma_{sF} + \gamma_{rF} = 1$；农产品生产加工商公平关切下供应链主观公平度以农产品生产加工商最大期望效用、超市最大期望效用和供应链最大期望效用为基础计算公平熵，即 $HSC_F^S = -\dfrac{\kappa_{sF}\ln\kappa_{sF} + \kappa_{rF}\ln\kappa_{rF}}{\ln2}$，$\kappa_{sF}$ 和 κ_{rF} 分别是农产品生产加工商最大期望效用和超市最大期望效用在供应链最大期望效用中的所占比例，且 $\kappa_{sF} + \kappa_{rF} = 1$。

由供应链主客观公平度定义，各个比例系数计算为

$$\gamma_{sF} = \frac{\alpha_s + 3\alpha_s b + b}{(1+2\alpha_s)(1+2b)}, \quad \gamma_{rF} = \frac{(1+\alpha_s)(1+b)}{(1+2\alpha_s)(1+2b)},$$

$$\kappa_{sF} = \frac{b(1+2\alpha_s)}{1+2\alpha_s b+2b}, \quad \kappa_{rF} = \frac{1+b}{1+2\alpha_s b+2b}$$

于是，可以计算产品生产加工商公平关切下供应链客观公平度 HSC_F^O 和主观公平度 HSC_F^S，即

$$HSC_F^O = \frac{(1+3b)\alpha_s + b}{(1+2\alpha_s)(1+2b)\ln2}\ln\left(\frac{(1+2\alpha_s)(1+2b)}{(1+3\alpha_s)b+\alpha_s}\right)$$

$$+ \frac{(1+\alpha_s)(1+b)}{(1+2\alpha_s)(1+2b)\ln2}\ln\left(\frac{(1+2\alpha_s)(1+2b)}{(1+\alpha_s)(1+b)}\right) \quad (4.16)$$

$$HSC_F^S = \frac{2\alpha_s b+b}{(1+2\alpha_s b+2b)\ln2}\ln\left(\frac{1+2\alpha_s b+2b}{2\alpha_s b+b}\right) + \frac{1+b}{(1+2\alpha_s b+2b)\ln2}\ln\left(\frac{1+2\alpha_s b+2b}{1+b}\right)$$

$$(4.17)$$

通过对供应链主客观公平度的比较，令 $\Delta HSC_F = HSC_F^O - HSC_F^S$，可以得到以下命题和性质。

命题 4.2 $\Delta HSC_F > 0$。

证明：

$$\Delta HSC_F = \frac{(1+3b)\alpha_s + b}{(1+2\alpha_s)(1+2b)\ln2}\ln\left(\frac{(1+2\alpha_s)(1+2b)}{\alpha_s+(1+3\alpha_s)b}\right)$$

$$+ \frac{(1+\alpha_s)(1+b)}{(1+2\alpha_s)(1+2b)\ln2}\ln\left(\frac{(1+2\alpha_s)(1+2b)}{(1+\alpha_s)(1+b)}\right)$$

$$- \frac{2\alpha_s b+b}{(1+2\alpha_s b+2b)\ln2}\ln\left(\frac{1+2\alpha_s b+2b}{2\alpha_s b+b}\right)$$

$$- \frac{1+b}{(1+2\alpha_s b+2b)\ln2}\ln\left(\frac{1+2\alpha_s b+2b}{1+b}\right)$$

令 $G_{41}(\alpha_s) = \Delta HSC_F$,

$$\frac{\partial G_{41}}{\partial \alpha_s} = -\frac{(1+b)\left((1+2b\alpha_s+2b)^2\ln\left(\frac{(1+3\alpha_s)b+\alpha_s}{(1+\alpha_s)(1+b)}\right) + 2b(1+2\alpha_s)^2(1+2b)\ln\left(\frac{1+b}{b(1+2\alpha_s)}\right)\right)}{(1+2b\alpha_s+2b)^2(1+2\alpha_s)^2(1+2b)\ln2}$$

令 $\frac{\partial G_{41}}{\partial \alpha_s} = 0$,存在两个解,即 α_{s1} 和 $\alpha_{s2} = \frac{1}{2b}$。用 Maple 容易证明 $G_{41}(\alpha_s)$ 在区间 $(0, \alpha_{s1}]$ 上单调递增,在 $(\alpha_{s1}, \alpha_{s2}]$ 上单调递减,在 $(\alpha_{s2}, 1)$ 上单调递增,因此 $G_{41}(\alpha_s)$ 可能在 0 和 α_{s2} 处取得最小值,此时 $\lim\limits_{\alpha_s \to 0} G_{41}(\alpha_s) = 0$,$G_{41}(\alpha_{s2}) = G_{41}\left(\frac{1}{2b}\right) = 0$,所以 $G_{41}(\alpha_s) \geqslant 0$,即 $\Delta HSC_F > 0$。

证毕。

由命题 4.2 可知,当农产品生产加工商具有公平关切时,供应链客观与主观公平度差为正,即供应链客观公平度高于供应链主观公平度。农产品生产加工商因公平关切而获得了较高的农产品收购价格,从而期望利润增加,但是由双方利润式(4.8)和式(4.9)可以计算 $E\pi_r^{F*} > E\pi_s^{F*}$,即农产品生产加工商期望利润仍然低于超市,于是从农产品生产加工商角度评价农产品供应链主观公平度较低。但是当从第三方角度评价农产品供应链公平度时,超市处于销售终端、处于农产品供应链主导地位,超市作为核心企业负责整个农产品质量、肩负农产品供应链的稳定运营,在决策中处于主导优势的超市应该得到较大比例的供应链利润,超市已经考虑弱势地位的农产品生产加工商而提高收购价格,增加了农产品生产加工商期望利润,供应链公平度得到提高,且从第三方角度看供应链利润分配公平度高于从农产品生产加工商角度。

性质 4.6　对于供应链客观公平度和主观公平度:①当 $0 < \alpha_s < \frac{1}{2b}$ 时,$\frac{\partial HSC_F^O}{\partial \alpha_s} > 0$;当 $\frac{1}{2b} \leqslant \alpha_s < 1$ 时,$\frac{\partial HSC_F^O}{\partial \alpha_s} < 0$;②当 $0 < \alpha_s < \frac{1}{2b}$ 时,$\frac{\partial HSC_F^S}{\partial \alpha_s} > 0$;当 $\frac{1}{2b} \leqslant \alpha_s < 1$ 时,$\frac{\partial HSC_F^S}{\partial \alpha_s} < 0$。

证明:

①$\frac{\partial HSC_F^O}{\partial \alpha_s} = \frac{1+b}{(1+2\alpha_s)^2(1+2b)\ln2}\ln\left(\frac{(1+\alpha_s)(1+b)}{(1+3\alpha_s)b+\alpha_s}\right)$,当 $0 < \alpha_s < \frac{1}{2b}$

时，$\dfrac{(1+\alpha_s)(1+b)}{(1+3\alpha_s)b+\alpha_s}>1$，$\ln\left(\dfrac{(1+\alpha_s)(1+b)}{(1+3\alpha_s)b+\alpha_s}\right)>0$，$\dfrac{\partial HSC_F^O}{\partial\alpha_s}>0$；同理，当

$\dfrac{1}{2b}\leqslant\alpha_s<1$ 时，$\dfrac{\partial HSC_F^O}{\partial\alpha_s}<0$。

②$\dfrac{\partial HSC_F^S}{\partial\alpha_s}=\dfrac{2b(1+b)}{(1+2b\alpha_s+2b)^2\ln2}\ln\left(\dfrac{1+b}{b(1+2\alpha_s)}\right)$，当 $0<\alpha_s<\dfrac{1}{2b}$ 时，

$\dfrac{1+b}{b(1+2\alpha_s)}>1$，$\ln\left(\dfrac{1+b}{b(1+2\alpha_s)}\right)>0$，$\dfrac{\partial HSC_F^S}{\partial\alpha_s}>0$；同理，当 $\dfrac{1}{2b}\leqslant\alpha_s<1$ 时，

$\dfrac{\partial HSC_F^S}{\partial\alpha_s}<0$。

证毕。

由性质 4.6 可知，当农产品生产加工商公平关切较弱时，供应链客观公平度和主观公平度都随农产品生产加工商公平关切增强而增大；当农产品生产加工商公平关切较强时，供应链客观公平度和主观公平度都随农产品生产加工商公平关切增强而减小。这是因为当农产品生产加工商公平关切较弱时，超市提高了农产品收购价格，这样使得农产品生产加工商最大期望利润增大，也就是超市让利了部分自身的利润给农产品生产加工商，使得供应链利润分配更合理，故从第三方角度和农产品生产加工商角度看供应链公平度都提高了。但是当农产品生产加工商公平关切较强时，超市由于不断提高采购价格，使得占据主导地位的超市付出过多成本而农产品生产加工商利润过高，故从第三方角度和农产品生产加工商角度看供应链公平度都降低了。

4.4 基于公平关切视角的供应链均衡策略分析

为了研究农产品生产加工商公平关切对农产品供应链双边质量努力水平、农产品收购价格、各方期望利润、农产品供应链效率和公平度的影响，本节将考虑公平关切下的各项指标与第 3 章的计算结果进行比较。

4.4.1 双边质量努力决策比较

1. 质量努力水平

命题 4.3 $\theta_s^{I*}>\theta_s^{R*}=\theta_s^{F*}$，$\theta_r^{I*}=\theta_r^{R*}=\theta_r^{F*}$。

结合命题 3.1 可得，$\theta_s^{I*} > \theta_s^{R*} = \theta_s^{F*} = \dfrac{b^2 p}{k_s(1+b)(1+b+c)}$，$\theta_r^{I*} = \theta_r^{R*} =$

$\theta_r^{F*} = \dfrac{cp}{k_r(1+b+c)}$。

由命题 4.3 可知，对于农产品生产加工商质量努力水平而言，双方完全理性时与农产品生产加工商公平关切时相同，但都低于供应链集中决策时。对于超市质量检验水平而言，供应链集中决策时、双方完全理性时和农产品生产加工商公平关切时保持不变。这是因为由命题 3.1 已知供应链集中决策时农产品质量努力水平高于双方完全理性时；在供应链集中决策和双方完全理性时农产品检验努力水平始终不变。同时，结合性质 4.1 质量努力水平和检验努力水平都不受农产品生产加工商公平关切影响。因此，农产品生产加工商出于能有稳定销售渠道的考虑，超市出于对品牌形象和社会责任感的追求，都会选择使质量努力水平和检验努力水平与双方完全理性时持平。

2. 农产品收购价格

命题 4.4 $w^{R*} < w^{F*}$。

证明：$w^{R*} - w^{F*} = -\dfrac{p\alpha_s}{(1+2\alpha_s)(1+b+c)} < 0$，$w^{R*} < w^{F*}$。

证毕。

由命题 4.4 可知，超市收购价格在农产品生产加工商公平关切时高于双方完全理性时。这是因为由性质 4.1 已知收购价格与农产品生产加工商公平关切正相关，意味着农产品生产加工商一旦出现公平关切，超市会主动提高收购价格，从而使农产品生产加工商利润增大，进而缓解农产品生产加工商的公平关切负效用，避免农产品生产加工商因决策供应链利润分配不公平而故意作出降低农产品质量的投机行为，如使用催长素、增色剂、膨大素等。

如果农产品生产加工商认为利润分配不公平，那么直接反映在降低农产品质量努力上，从而降低对超市的农产品供给质量，超市通过农产品质量判断，出于维护自身利益，超市会提高收购价格缓减农产品生产加工商的公平负效用。一方面，有质量问题的农产品现象会增加超市的检验难度和工作量；另一方面，一旦有质量安全问题的农产品流入市场，网络舆论效应、各种社交平台信息和数据瞬间传播，超市信誉会急剧下降，销售利润下降，甚至倒闭关门。因此，超市肯定会主动提高农产品收购价格，保证农产品生产加工企业不降低质量投入水平、保证高质量农产品的稳定供给。

4.4.2　双边最大期望利润和效用

命题 4.5　① $E\pi_s^{R^*} < E\pi_s^{F^*}$；② $Eu_s^{R^*} < Eu_s^{F^*}$。

证明：① $\dfrac{E\pi_s^{R^*}}{E\pi_s^{F^*}} = \dfrac{(1+2\alpha_s)b}{3b\alpha_s+b+\alpha_s}$，令 $G_{42}(\alpha_s) = \dfrac{(1+2\alpha_s)b}{3b\alpha_s+b+\alpha_s}$，求导可得

$\dfrac{\partial G_{42}(\alpha_s)}{\partial \alpha_s} = -\dfrac{b(1+b)}{(3b\alpha_s+b+\alpha_s)^2} < 0$，故 $G_{42}(\alpha_s) \leqslant G_{42}(0) = 1$，所以 $\dfrac{E\pi_s^{R^*}}{E\pi_s^{F^*}} <$

1，即 $E\pi_s^{R^*} < E\pi_s^{F^*}$；② $\dfrac{Eu_s^{R^*}}{Eu_s^{F^*}} = \dfrac{1}{1+\alpha_s} < 1$，所以 $Eu_s^{R^*} < Eu_s^{F^*}$。

证毕。

由命题 4.5 可知，农产品生产加工商最大期望利润和最大期望效用在农产品生产加工商公平关切时都高于双方完全理性时。这是因为超市面对农产品生产加工商的公平关切会提高收购价格，使得农产品生产加工商的销售收入增加，而此时农产品生产加工商的质量努力水平付出的成本保持不变，因此农产品生产加工商的最大期望利润增加。同时，由于超市的采购成本增加导致利润减少，此时农产品生产加工商的公平关切负效用减小，故农产品生产加工商最大期望效用增大。

命题 4.6　① $E\pi_r^{R^*} > E\pi_r^{F^*}$；② $Eu_r^{R^*} > Eu_r^{F^*}$。

证明：① $\dfrac{E\pi_r^{R^*}}{E\pi_r^{F^*}} = \dfrac{1+2\alpha_s}{1+\alpha_s} > 1$，于是 $E\pi_r^{R^*} > E\pi_r^{F^*}$；② $\dfrac{Eu_r^{R^*}}{Eu_r^{F^*}} = \dfrac{1+2\alpha_s}{1+\alpha_s} >$

1，所以 $Eu_r^{R^*} > Eu_r^{F^*}$。

证毕。

由命题 4.6 可知，超市最大期望利润和最大期望效用在农产品生产加工商公平关切时低于双方完全理性时。这是因为超市采购价格提升，使得超市采购成本增大，而此时超市检验努力水平付出的成本不变，故超市的最大期望利润减少。由于本章超市为完全理性，超市的最大期望效用等于最大期望利润，则超市的最大期望效用也减少。

命题 4.7　① $E\pi_{sc}^{I^*} > E\pi_{sc}^{R^*} = E\pi_{sc}^{F^*}$；②当 $0 < \alpha_s < \dfrac{1}{2b}$ 时，$Eu_{sc}^{I^*} > Eu_{sc}^{R^*} >$

$Eu_{sc}^{F^*}$；当 $\dfrac{1}{2b} \leqslant \alpha_s < 1$ 时，$Eu_{sc}^{I^*} > Eu_{sc}^{F^*} > Eu_{sc}^{R^*}$。

证明：① 因为 $\dfrac{E\pi_{sc}^{R^*}}{E\pi_{sc}^{F^*}} = 1$，由命题 3.3 可知，$E\pi_{sc}^{I^*} > E\pi_{sc}^{R^*}$，所以

$E\pi_{sc}^{I^*} > E\pi_{sc}^{R^*} = E\pi_{sc}^{F^*}$；② $Eu_{sc}^{R^*} - Eu_{sc}^{F^*} = \dfrac{\alpha_s(1-2\alpha_s b)\eta p^{1-a}}{2(1+2\alpha_s)(1+b)(1+b+c)}$

$$\left(\frac{b^2 p}{k_s(1+b)(1+b+c)}\right)^b \left(\frac{cp}{k_r(1+b+c)}\right)^c，当 0 < \alpha_s < \frac{1}{2b} 时，Eu_{sc}^{R*} - Eu_{sc}^{F*} >$$

0，即 $Eu_{sc}^{R*} > Eu_{sc}^{F*}$；当 $\frac{1}{2b} \leq \alpha_s < 1$ 时，$Eu_{sc}^{R*} - Eu_{sc}^{F*} < 0$，即 $Eu_{sc}^{R*} < Eu_{sc}^{F*}$。

证毕。

由命题 4.7 可知，供应链最大期望利润在农产品生产加工商公平关切时与双方完全理性时相同，但都低于供应链集中决策时。当农产品生产加工商公平关切较弱时，供应链最大期望效用最低；当农产品生产加工商公平关切较强时，供应链最大期望效用高于双方完全理性时。供应链最大期望效用始终在供应链集中决策时最高。这是因为农产品生产加工商质量努力水平和超市检验努力水平与双方完全理性下保持不变，因此从供应链整体的角度看最大期望利润是不变的。结合性质 4.4 可知供应链最大期望效用随农产品生产加工商公平关切增强先减小后增大，故农产品生产加工商公平关切较弱时供应链最大期望效用最低，而农产品生产加工商公平关切较强时供应链最大期望效用高于双方完全理性时。

结合命题 4.5 和命题 4.6，农产品生产加工企业公平关切增加了自身期望利润，降低了超市期望利润，但不改变农产品供应链利润，因此农产品生产加工企业的公平关切起到"供应链利润分配机制"的作用。

4.4.3　供应链效率比较

命题 4.8　①$ESC_R^O = ESC_F^O$；②当 $0 < \alpha_s < \frac{1}{2b}$ 时，$ESC_R^S > ESC_F^S$；当 $\frac{1}{2b} \leq$

$\alpha_s < 1$ 时，则 $ESC_R^S < ESC_F^S$。

证明：①$ESC_R^O - ESC_F^O = \frac{1+2b}{1+b}\left(\frac{b}{1+b}\right)^b - \frac{1+2b}{1+b}\left(\frac{b}{1+b}\right)^b = 0$，则 $ESR_R^O =$

ESC_F^O。

②$ESC_R^S - ESC_F^S = \frac{\alpha_s(1-2b\alpha_s)}{(1+2\alpha_s)(1+b)}\left(\frac{b}{1+b}\right)^b$，所以，当 $0 < \alpha_s < \frac{1}{2b}$ 时，

$ESC_R^S - ESC_F^S > 0$，则 $ESC_R^S > ESC_F^S$；当 $\frac{1}{2b} \leq \alpha_s < 1$ 时，则 $ESC_R^S < ESC_F^S$。

证毕。

由命题 4.8 可知，供应链客观效率在农产品生产加工商公平关切时与双方完全理性时相同。当农产品生产加工商公平关切较弱时，供应链主观效率低于双方完全理性时；当农产品生产加工商公平关切较强时，供应链主观效率高于双方完全理性时。这是因为农产品生产加工商质量努力水平

和超市检验努力水平与双方完全理性下保持不变，故从第三方的角度看供应链客观效率不变。而从农产品生产加工商的角度看，农产品生产加工商公平关切越强超市收购价越高，农产品生产加工商销售收入越高，故其认为供应链主观效率高于双边完全理性时供应链效率。

4.4.4　供应链公平度比较

命题 4.9　①$HSC_R^O < HSC_F^O$；②$HSC_R^S < HSC_F^S$。

$$HSC_F^O - HSC_R^O = \frac{\alpha_s(1+3b)+b}{(1+2\alpha_s)(1+2b)\ln2}\ln\left(\frac{(1+2\alpha_s)(1+2b)}{(1+3\alpha_s)b+\alpha_s}\right)$$

$$-\frac{b}{(1+2b)\ln2}\ln\left(\frac{1+2b}{b}\right) + \frac{(1+\alpha_s)(1+b)}{(1+2\alpha_s)(1+2b)\ln2}$$

$$\ln\left(\frac{(1+2\alpha_s)(1+2b)}{(1+\alpha_s)(1+b)}\right) - \frac{1+b}{(1+2b)\ln2}\ln\left(\frac{1+2b}{1+b}\right)$$

令 $G_{43}(\alpha_s) = HSC_F^O - HSC_R^O$，可得 $\dfrac{\partial G_{43}(\alpha_s)}{\partial \alpha_s} = \dfrac{(1+b)}{(1+2\alpha_s)^2(1+2b)\ln2}$

$\ln\left(\dfrac{(1+\alpha_s)(1+b)}{(1+3\alpha_s)b+\alpha_s}\right)$，当 $0 < \alpha_s < \dfrac{1}{2b}$ 时，$\dfrac{(1+\alpha_s)(1+b)}{(1+3\alpha_s)b+\alpha_s} > 1$，则 $\dfrac{\partial G_{43}(\alpha_s)}{\partial \alpha_s} >$

0；当 $\dfrac{1}{2b} \leq \alpha_s < 1$ 时，$0 < \dfrac{(1+\alpha_s)(1+b)}{(1+3\alpha_s)b+\alpha_s} \leq 1$，则 $\dfrac{\partial G_{43}(\alpha_s)}{\partial \alpha_s} \leq 0$。因此 $G_{43}(\alpha_s)$

在 $(0, 1)$ 内先单调递增后单调递减，此时 $\lim\limits_{\alpha_s \to 0} G_{43}(\alpha_s) = 0$，$\lim\limits_{\alpha_s \to 1} G_{43}(\alpha_s) \geq$

0，所以 $G_{43}(\alpha_s) = HSC_F^O - HSC_R^O \geq 0$，即 $HSC_R^O < HSC_F^O$。

$$②HSC_F^S - HSC_R^S = \frac{2b\alpha_s+b}{(1+2b\alpha_s+2b)\ln2}\ln\left(\frac{1+2b\alpha_s+2b}{2b\alpha_s+b}\right) - \frac{b}{(1+2b)\ln2}$$

$$\ln\left(\frac{1+2b}{b}\right) + \frac{1+b}{(1+2b\alpha_s+2b)\ln2}\ln\left(\frac{1+2b\alpha_s+2b}{1+b}\right)$$

$$-\frac{1+b}{(1+2b)\ln2}\ln\left(\frac{1+2b}{1+b}\right)$$

令 $G_{44}(\alpha_s) = HSC_F^S - HSC_R^S$，求导可得 $\dfrac{\partial G_{44}(\alpha_s)}{\partial \alpha_s} = \dfrac{2b(1+b)}{(1+2b\alpha_s+2b)^2\ln2}$

$\ln\left(\dfrac{1+b}{b(1+2\alpha_s)}\right)$，当 $0 < \alpha_s < \dfrac{1}{2b}$ 时，$\dfrac{1+b}{b(1+2\alpha_s)} > 1$，则 $\dfrac{\partial G_{44}(\alpha_s)}{\partial \alpha_s} > 0$；当 $\dfrac{1}{2b} \leq$

$\alpha_s < 1$ 时，$0 < \dfrac{1+b}{b(1+2\alpha_s)} \leq 1$，则 $\dfrac{\partial G_{44}(\alpha_s)}{\partial \alpha_s} \leq 0$。因此，$G_{44}(\alpha_s)$ 在 $(0, 1)$

内先单调递增后单调递减，此时 $\lim\limits_{\alpha_s \to 0} G_{44}(\alpha_s) = 0$，$\lim\limits_{\alpha_s \to 1} G_{44}(\alpha_s) \geq 0$，所以

$G_{44}(\alpha_s) = HSC_F^S - HSC_R^S \geq 0$，即 $HSC_R^S < HSC_F^S$。

证毕。

由命题 4.9 可知，供应链客观公平度和主观公平度在农产品生产加工商公平关切时都高于双方完全理性时。不考虑社会偏好下，超市利用自身的供应链主导地位制定了使自身利润最大化的决策，此时农产品生产加工商较大程度低于超市。考虑农产品生产加工商公平关切下，超市担心农产品加工商出现降低农产品质量的投机行为，超市提高农产品收购价格，从而不论是从第三方角度看还是从农产品生产加工商角度看供应链公平度都高于双方完全理性时。

4.5　数　值　分　析

为了更直观地比较双方完全理性时和农产品生产加工商公平关切时的供应链质量控制策略，且同时反映农产品生产加工商公平关切强弱变化对农产品生产加工商质量努力水平、超市检验努力水平、各方最大期望利润和效用、供应链客观和主观效率及供应链客观和主观公平度的影响情况，本节采用数值仿真法进行研究。相关参数设置为 $a = 0.5$、$b = 0.6$、$c = 0.4$、$p = 10$、$k_s = 2$、$k_r = 2$、$\eta = 1$。

4.5.1　双边质量努力分析

图 4.1 表明随着农产品生产加工商公平关切增强，农产品生产加工商

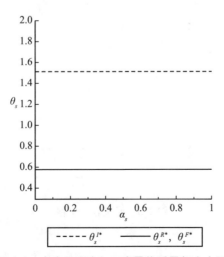

图 4.1　农产品生产加工商最优质量努力水平

质量努力水平不变；同时表明农产品生产商的质量努力水平在农产品生产加工商公平关切下和双方完全理性下保持不变，但都低于集中决策时。图4.2表明随着农产品生产加工商公平关切增强，超市的检验努力水平不变；集中决策、双方完全理性下和农产品生产加工商公平关切下超市检验努力水平始终不变。图4.3表明随着农产品生产加工商公平关切增强，超市收购价格提高；超市收购价格高于双方完全理性时。

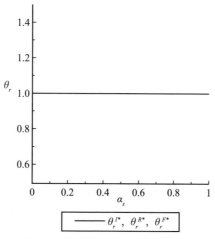

图4.2   超市最优检验努力水平

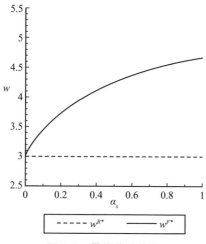

图4.3   最优收购价格

因此，图4.1～图4.3所示农产品生产加工商公平关切对农产品生产加工商质量努力水平、超市检验努力水平和收购价格的影响与性质4.1、命题4.3和命题4.4吻合。

4.5.2 双边利润和效用分析

图4.4（a）和图4.4（b）表明随着农产品生产加工商公平关切增强，农产品生产加工商的最大期望利润和效用增加；农产品生产商的最大期望利润和效用在农产品生产加工商公平关切下高于双方完全理性时。图4.5（a）和图4.5（b）表明随着农产品生产加工商公平关切增强，超市的最大期望利润和效用减小；超市的最大期望利润和效用在农产品生产加工商公平关切下低于双方完全理性时。图4.6（a）和图4.6（b）表明随着农产品生产加工商公平关切增强，供应链的最大期望利润保持不变，而供应链的最大期望效用降低；农产品生产加工商公平关切下供应链最大期望效用最低，集中决策下供应链最大期望利润和效用最高。

因此，图4.4（a）～图4.6（b）所示农产品生产加工商公平关切对农产品生产加工商最大期望利润和效用、超市最大期望利润和效用及供应链最大期望利润和效用的影响与性质4.2、性质4.3、性质4.4、命题4.5、命题4.6和命题4.7吻合。

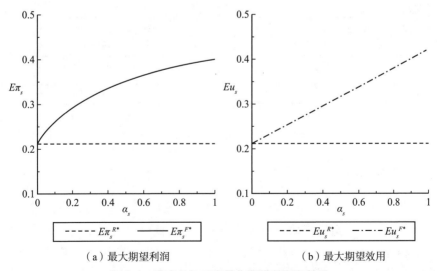

（a）最大期望利润　　　　　　　　（b）最大期望效用

图4.4　农产品加工商最大期望利润和效用

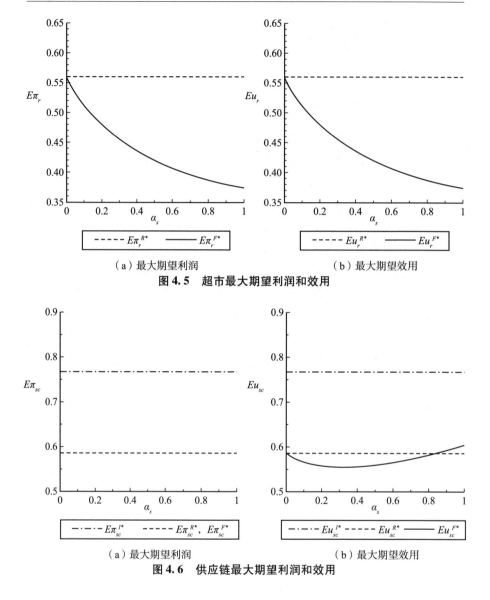

（a）最大期望利润　　　　　　　　（b）最大期望效用

图4.5　超市最大期望利润和效用

（a）最大期望利润　　　　　　　　（b）最大期望效用

图4.6　供应链最大期望利润和效用

4.5.3　供应链效率分析

图4.7（a）表明随着农产品生产加工商公平关切增强，供应链客观效率不变；供应链客观效率在农产品生产加工商公平关切下与双方完全理性下相等。图4.7（b）表明随着农产品生产加工商公平关切增强，供应链主观效率降低；供应链主观效率低于双方完全理性时。图4.7（c）表明，仅当农产品生产加工商公平关切非常强（接近1）供应链客观效率低于主观效率，其他情况下供应链客观效率总是高于主观效率。

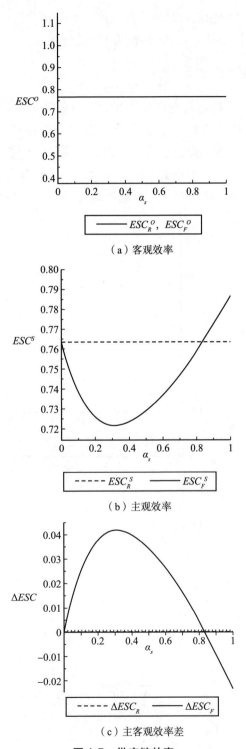

（a）客观效率

（b）主观效率

（c）主客观效率差

图 4.7　供应链效率

因此，图4.7所示农产品生产加工商公平关切对供应链主观效率和客观效率的影响印证了性质4.5、命题4.1和命题4.8。

4.5.4 供应链公平度分析

图4.8（a）表明随着农产品生产加工商公平关切增强，供应链客观公平度增大；供应链客观公平度大于双方完全理性时。图4.8（b）表明随着农产品生产加工商公平关切增强，供应链主观公平度增大；供应链主观公平度大于双方完全理性时。图4.8（c）表明农产品生产加工商公平关切下，供应链客观公平度始终高于供应链主观公平度。

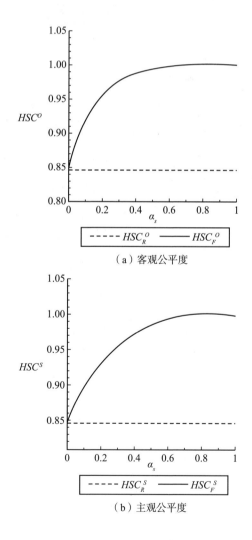

（a）客观公平度

（b）主观公平度

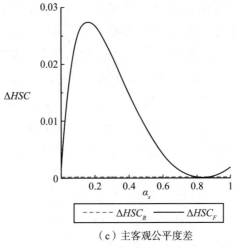

（c）主客观公平度差

图 4.8　供应链公平度

因此，图 4.8 所示农产品生产加工商公平关切对供应链主观效率和客观效率的影响与性质 4.6、命题 4.2 和命题 4.9 吻合。

4.6　农产品供应链双边质量提升短期机制

4.6.1　对于农产品生产加工商

1. 主动传递自身公平关切强度

根据性质 4.1 可知，当农产品生产加工商公平关切增强时，超市会提高收购价格，从而农产品生产加工商利润增加。由命题 4.8 和命题 4.9 可知，较强的公平关切强度有利于提高农产品主观效率、主客观公平度。因此，农产品生产加工商通过传递较强的公平关切信号，有利于获得较高收购价格，增强自身对供应链收益分配的公平感，增强主动提高农产品生产加工努力的内在动力，促进高质量农产品稳定供给和农产品供应链良性运作。

2. 积极披露自身生产加工成本

农产品生产加工商在该供应链中处于弱势地位，可以通过积极披露自身生产加工成本来示弱，如高新技术引进成本高、对市场需求情况预测困难大等。此时，农产品生产加工商应主动联合超市来共同分担成本。一方面，超市通过分担成本可以减少农产品生产加工商的成本、提高利润，从而缓减农产品生产加工商的公平关切负效用；另一方面，农产品生产加工商更有动力增加农产品质量努力投入、积极与超市合作提供质量更高的农产品，不断扩大销售，优化农产品供应链运作。

3. 进行规模化农产品生产加工

农产品生产加工商应扩大规模增加产量，有利于引进高效率先进农产品加工设备、通过规模经济降低单位生产加工成本，同时通过大批量供货给超市来加强渠道谈判能力和收益分配话语权、提高与超市的议价能力。农产品生产加工商积极发展成为农产品供给侧核心主体，通过各种利益联结机制实现农产品生产加工与销售有机结合，从而发挥规模经济效应。

4. 提高产品质量认知并努力提升农产品合格率

农产品生产加工商通过投入更多技术和人力等手段来提高农产品质量，增强自身对农产品超市的重要性，从而使农产品超市加大对农产品生产加工商的重视，进而达成稳定合作并实现自身持续收益。安全优质的农产品有助于农产品生产加工商要求超市提高收购价格，而顾客也愿意以稍微高的价格买到安全放心的农产品，农产品单位利润增加，最终农产品生产加工商、农产品超市、消费者都从农产品供应链中受益，都有动力和积极性进一步提高农产品质量。

4.6.2 对于超市

1. 注重利润分配的公平性

超市由于在该供应链中拥有较强的议价能力，因此获得更多的利润。此时极易导致农产品生产加工商产生公平负效用。为了避免农产品生产加工商的报复行为，超市应注重利润分配的公平性，主动调研农产品生产加工商成本、利润情况，适度提高收购价格。一方面，避免农产品生产加工商利润太少、公平负效用太大而导致合作崩裂、增加搜寻合作对象的成本；另一方面，适当的利润空间激励农产品生产加工商提高质量努力水平，确保农产品生产环节高质量、减少超市检验努力和相关保鲜成本。

2. 投资农业技术研究

当前我国农产品供给侧结构改革中农产品质量提升需要依赖于农业技术创新及应用。超市作为供应链主导者应主动投资技术创新驱动下的优质、健康、安全和高端农产品的开发与推广。这样可以提升我国农产品加工水平，提高农产品保鲜技术，延长农产品的保鲜时间，延伸农产品供应链，提高农产品供应链附加价值，实现农产品质量管理收益提升。

3. 树立供应链整体意识

结合命题 4.3 和命题 3.1 可知，只有当供应链集中决策时才能达到农产品质量努力水平和检验努力水平最大，因此超市作为供应链的主导者应树立供应链整体意识。超市应主动加强与农产品生产加工企业等农产品供应链上下游企业的纵向合作，加强农产品供应链相关主体之间的质量安全信息传递与追溯，优化农产品供应链生产、加工、物流和销售过程，实现农产品供应链质量安全一体化。

4. 合理制定农产品收购契约

一方面，超市应该保障农产品生产加工企业的产品按时、及时收购向市场流通从而减少农产品生产加工企业的生产、经营风险；另一方面，超市制定合理的收购价格从而保障农产品生产加工企业对农产品的加工收益，提高农产品生产加工企业的生产积极性，从而在农产品生产加工企业和农产品超市之间建立起稳定的长期合作关系。

4.7　本 章 小 结

本章基于农产品生产加工商公平关切视角研究农产品供应链双边质量提升短期机制。首先，分析公平关切对农产品生产加工商质量努力水平、超市检验努力水平、收购价格、各方最大期望利润和效用、供应链效率和公平度的影响。其次，将考虑公平关切下的均衡策略与不考虑公平关切（双方完全理性）下的均衡策略进行比较分析。最后，通过数值分析验证结论，并基于公平关切视角提出农产品供应链双边质量提升短期机制。研究表明：（1）农产品生产加工商质量努力水平、超市检验努力水平和供应链最大期望利润与农产品生产加工商公平关切不相关；超市收购价格、农产品生产加工商最大期望利润和最大期望效用与农产品生产加工商公平关切强度正相关，而超市利润随农产品生产加工商公平关切强度负相关；农产品生产加工商的公平关切仅仅起到"供应链利润分配机制"的作用。（2）供应链客观效率不受农产品生产加工商公平关切影响；供应链主观效率随农产品生产加工商公平关切先递减后递增。从主观评价，农产品生产加工商较强的公平关切有利于优化供应链效率。(3)供应链客观公平度不低于主观公平度；供应链主观、客观公平度都随农产品生产加工商公平关切强度递增，且总高于完全理性下的主观、客观公平度。于是，无论从客观还是主观评价，农产品生产加工商的公平关切都能优化供应链公平度。因此，农产品生产加工商较强的公平关切强度能保证供应链客观公平度不变的基础上同时优化供应链主观效率、供应链主客观公平度，较好地兼顾优化供应链效率和公平度。

第 5 章　基于利他互惠视角的农产品供应链双边质量提升短期机制

根据现有文献研究表明供应链中利润较高一方易产生利他互惠（Ge et al.，2011；Ge & Hu，2012）。虽然有少数文献将利他互惠引入农产品供应链，但是未涉及农产品质量提升，也没有分析利他互惠对供应链效率和公平度的影响。鉴于此，本章将农产品供应链中处于主导地位、获取较多利润的超市利他互惠引入农产品供应链中，研究超市利他互惠对供应链双边质量努力水平、供应链效率和公平度的影响；与不考虑社会偏好下的农产品供应链进行比较，基于利他互惠视角研究农产品供应链双边质量提升短期机制。

5.1　问题描述与模型构建

由于农产品生产加工商和超市双方完全理性时，超市的利润始终高于农产品生产加工商，本章仅研究超市具有利他互惠 λ_r、农产品生产加工商为完全理性。为了论述方便，考虑社会偏好下的农产品供应链决策中各个成员都以效用最大化进行决策，进一步，当考虑超市的利他互惠时，农产品生产加工商的效用就等于自身期望利润、超市的效用就等于包含自身期望利润和利他互惠正效用在内的总效用。

农产品生产加工商的效用就等于利润，即农产品生产加工商期望效用函数为

$$Eu_s = E\pi_s$$

超市期望效用函数为

$$Eu_r = E\pi_r + \lambda_r(E\pi_s - E\pi_r)$$

其中，λ_r 为超市的利他互惠系数且 $0 \leqslant \lambda_r < 1$。

假设 5.1～假设 5.4，同第 3 章假设 3.1～假设 3.4。

假设 5.5　上标"A"代表超市利他互惠下的决策。

由第 3 章可知，农产品生产加工商、超市和农产品供应链利润分别为

$$E\pi_s = (w - k_s\theta_s)\int_0^1 \eta p^{-a}\theta_s^b\theta_r^c\varepsilon f(\varepsilon)\mathrm{d}\varepsilon = \frac{(w - k_s\theta_s)\eta p^{-a}\theta_s^b\theta_r^c}{2}$$

$$E\pi_r = (p - w - k_r\theta_r)\int_0^1 \eta p^{-a}\theta_s^b\theta_r^c\varepsilon f(\varepsilon)\mathrm{d}\varepsilon = \frac{(p - w - k_r\theta_r)\eta p^{-a}\theta_s^b\theta_r^c}{2}$$

$$E\pi_{sc} = (p - k_s\theta_s - k_r\theta_r)\int_0^1 \eta p^{-a}\theta_s^b\theta_r^c\varepsilon f(\varepsilon)\mathrm{d}\varepsilon = \frac{(p - k_s\theta_s - k_r\theta_r)\eta p^{-a}\theta_s^b\theta_r^c}{2}$$

于是，可以得到农产品生产加工商期望效用函数为

$$Eu_s^A = \frac{(w - k_s\theta_s)\eta p^{-a}\theta_s^b\theta_r^c}{2} \tag{5.1}$$

超市期望效用函数为

$$Eu_r^A = \frac{(p - w - k_r\theta_r)\eta p^{-a}\theta_s^b\theta_r^c}{2} + \lambda_r\left(\frac{(w - k_s\theta_s)\eta p^{-a}\theta_s^b\theta_r^c}{2} - \frac{(p - w - k_r\theta_r)\eta p^{-a}\theta_s^b\theta_r^c}{2}\right) \tag{5.2}$$

供应链期望效用函数为

$$Eu_{sc}^A = Eu_s^A + Eu_r^A \tag{5.3}$$

5.2　基于利他互惠视角的农产品供应链决策

当利他互惠引入农产品供应链决策时，农产品生产加工商和超市的决策时序不变，即超市先行动并以自身效用最大化决策（θ_r^A，w^A）、农产品生产加工商后行动并以自身效用最大化决策 θ_s^A，采用逆向归纳法求解。于是，农产品生产加工商和超市之间的博弈决策问题表示为

$$\max_{\theta_r,w}Eu_r^A = \frac{1}{2}\left[(1 - \lambda_r)p + (2\lambda_r - 1)w - \lambda_r k_s\theta_s - (1 - \lambda_r)k_r\theta_r\right]\eta p^{-a}\theta_s^b\theta_r^c$$

$$\text{s. t.}\quad \theta_s^A \in \mathrm{argmax}Eu_s^A = \frac{(w - k_s\theta_s)\ \eta p^{-a}\theta_s^b\theta_r^c}{2}$$

采用逆向归纳法求解。首先，考虑博弈第二阶段的农产品生产加工商的决策。给定超市的策略（θ_r^A，w^A），对农产品生产加工商效用函数 Eu_s^A 求关于质量努力水平 θ_s 二阶导数，得

$$\frac{\mathrm{d}^2u_s^A}{\mathrm{d}\theta_s^2} = -\frac{\left[(1 + b)k_s\theta_s + w(1 - b)\right]b\eta p^{-a}\theta_s^b\theta_r^c}{2\theta_s^2} < 0$$

所以农产品生产加工商效用函数 Eu_s^A 存在唯一的最优质量努力水平 $\theta_s^{A*}(\theta_r^A, w)$，则令农产品生产加工商效用函数 Eu_s^A 关于质量努力水平 θ_s 一阶导数等于零，得

$$\frac{\mathrm{d}Eu_s^A}{\mathrm{d}\theta_s} = \frac{[bw - (b+1)k_s\theta_s]\eta p^{-a}\theta_r^c\theta_s^b}{2\theta_s} = 0$$

解之得

$$\theta_s^{A*}(w, \theta_r^A) = \frac{bw}{k_s(1+b)} \tag{5.4}$$

其次，考虑博弈第一阶段的农产品生产加工商。将式（5.4）代入超市期望效用函数式（5.1）后，通过求导可得超市期望效用函数 Eu_r^A 的 Hessian 矩阵为 $\boldsymbol{H}^A(\theta_r, w) = \begin{bmatrix} \dfrac{\partial^2 Eu_r^A}{\partial\theta_r^2} & \dfrac{\partial^2 Eu_r^A}{\partial\theta_r\partial w} \\ \dfrac{\partial^2 Eu_r^A}{\partial w\partial\theta_r} & \dfrac{\partial^2 Eu_r^A}{\partial w^2} \end{bmatrix}$，其中，

$$\frac{\partial^2 Eu_r^A}{\partial\theta_r^2} = -\frac{c\eta p^{-a}\theta_r^c[(1+c)(1+b)(1-\lambda_r)k_r\theta_r + (1-\lambda_r)(1+b)(1-c)(p-w) + (1-c)w\lambda_r]}{2(1+b)\theta_r^2}\left(\frac{bw}{k_s(1+b)}\right)^b$$

$$\frac{\partial^2 Eu_r^A}{\partial\theta_r\partial w} = \frac{\{[(p-k_r\theta_r-w)c-k_r\theta_r](1-\lambda_r)b - (1-2\lambda_r)cw\}\eta p^{-a}\theta_r^c}{2w\theta_r}\left(\frac{bw}{k_s(1+b)}\right)^b$$

$$\frac{\partial^2 Eu_r^A}{\partial w\partial\theta_r} = \frac{\{[(p-k_r\theta_r-w)c-k_r\theta_r](1-\lambda_r)b - (1-2\lambda_r)cw\}\eta p^{-a}\theta_r^c}{2w\theta_r}\left(\frac{bw}{k_s(1+b)}\right)^b$$

$$\frac{\partial^2 Eu_r^A}{\partial w^2} = \frac{b\eta p^{-a}\theta_r^c[(1-\lambda_r)(p-k_r\theta_r-w)b + (1-2\lambda_r)w - (1-\lambda_r)(p-k_r\theta_r)]}{2w^2}\left(\frac{bw}{k_s(1+b)}\right)^b$$

由此得

$$|H_1^A(\theta_r, w)| = -\frac{c\eta p^{-a}\theta_r^c[(c+1)(b+1)(1-\lambda_r)k_r\theta_r + (1-\lambda_r)(1+b)(1-c)(p-w) + (1-c)w\lambda_r]}{2(1+b)\theta_r^2}$$

$\left(\dfrac{bw}{k_s(1+b)}\right)^b < 0$，$|H_2^A(\theta_r, w)| = \dfrac{X_{51}}{4(1+b)\theta_r^2 w^2}\left[\eta p^{-a}\theta_r^c\left(\dfrac{bw}{k_s(1+b)}\right)^b\right]^2 > 0$，

其中，$X_{51} = 2cbw^2(1-\lambda_r)(b+c)[(b+2)\lambda_r - b - 1](k_r\theta_r - p)w - c(b+c)$ $[(b+2)\lambda_r - b - 1]^2 + b(b+1)(\lambda_r - 1)^2[2c(b+c)pk_r\theta_r + c(1-b-c)p^2 - (c+1)(b+c)k_r^2\theta_r^2]$，则 Hessian 矩阵 $\boldsymbol{H}^A(\theta_r, w)$ 负定，故 Eu_r^A 存在唯一

最优解 θ_r^{A*} 和 w^{A*}。

那么，通过对 Eu_r^A 求关于检验努力水平 θ_r 和收购价格 w 的一阶导数，即令 $\dfrac{\partial Eu_r^A}{\partial \theta_r} = 0$、$\dfrac{\partial Eu_r^A}{\partial w} = 0$ 并联立，得

$$\begin{cases} \dfrac{\partial Eu_r^A}{\partial \theta_r} = \dfrac{\{(1-\lambda_r)[(p-w-k_r\theta_r)c-k_r\theta_r](b+1)+c\lambda_r w\}\eta p^{-a}\theta_r^c}{2(b+1)\theta_r}\left(\dfrac{bw}{k_s(b+1)}\right)^b = 0 \\[4mm] \dfrac{\partial Eu_r^A}{\partial w} = \dfrac{[(\lambda_r-1)(k_r\theta_r-p+w)b+w(2\lambda_r-1)]\eta p^{-a}\theta_r^c}{2w}\left(\dfrac{bw}{k_s(b+1)}\right)^b = 0 \end{cases}$$

解之得此时最优检验努力水平 θ_r^{A*} 和最优收购价格 w^{A*} 分别为

$$\theta_r^{A*} = \frac{cp}{k_r(1+b+c)} \tag{5.5}$$

$$w^{A*} = \frac{(1-\lambda_r)(1+b)bp}{(1+b-b\lambda_r-2\lambda_r)(1+b+c)} \tag{5.6}$$

把式（5.5）和式（5.6）代入式（5.4），得最优质量努力水平 θ_s^{A*} 为

$$\theta_s^{A*} = \frac{(1-\lambda_r)b^2p}{k_s(1+b-b\lambda_r-2\lambda_r)(1+b+c)} \tag{5.7}$$

将式（5.5）～式（5.7）代入各方期望利润及式（5.1）～式（5.3），可得农产品生产加工商、超市和供应链最大期望利润及最大期望效用分别为

$$E\pi_s^{A*} = \frac{(1-\lambda_r)b\eta p^{1-a}}{2(1+b+c)(1+b-b\lambda_r-2\lambda_r)}\left(\frac{(1-\lambda_r)b^2p}{k_s(1+b-b\lambda_r-2\lambda_r)(1+b+c)}\right)^b$$
$$\left(\frac{cp}{k_r(1+b+c)}\right)^c \tag{5.8}$$

$$E\pi_r^{A*} = \frac{(1+b)(1-2\lambda_r)\eta p^{1-a}}{2(1+b+c)(1+b-b\lambda_r-2\lambda_r)}\left(\frac{(1-\lambda_r)b^2p}{k_s(1+b-b\lambda_r-2\lambda_r)(1+b+c)}\right)^b$$
$$\left(\frac{cp}{k_r(1+b+c)}\right)^c \tag{5.9}$$

$$E\pi_{sc}^{A*} = \frac{(1+2b-3b\lambda_r-2\lambda_r)\eta p^{1-a}}{2(1+b+c)(1+b-b\lambda_r-2\lambda_r)}\left(\frac{(1-\lambda_r)b^2p}{k_s(1+b-b\lambda_r-2\lambda_r)(1+b+c)}\right)^b$$
$$\left(\frac{cp}{k_r(1+b+c)}\right)^c \tag{5.10}$$

$$Eu_s^{A*} = \frac{(1-\lambda_r)b\eta p^{1-a}}{2(1+b-b\lambda_r-2\lambda_r)(1+b+c)}\left(\frac{(1-\lambda_r)b^2p}{k_s(1+b-b\lambda_r-2\lambda_r)(1+b+c)}\right)^b$$
$$\left(\frac{cp}{k_r(1+b+c)}\right)^c \tag{5.11}$$

$$Eu_r^{A*} = \frac{(1-\lambda_r)\eta p^{1-a}}{2(1+b+c)} \left(\frac{(1-\lambda_r)b^2 p}{k_s(1+b-b\lambda_r-2\lambda_r)(1+b+c)} \right)^b$$

$$\left(\frac{cp}{k_r(1+b+c)} \right)^c \tag{5.12}$$

$$Eu_{sc}^{A*} = \frac{(1-\lambda_r)(1+2b-b\lambda_r-2\lambda_r)\eta p^{1-a}}{2(1+b-b\lambda_r-2\lambda_r)(1+b+c)} \left(\frac{(1-\lambda_r)b^2 p}{k_s(1+b-b\lambda_r-2\lambda_r)(1+b+c)} \right)^b$$

$$\left(\frac{cp}{k_r(1+b+c)} \right)^c \tag{5.13}$$

很显然，农产品生产加工商、超市和供应链的期望利润大于零是进行交易的前提条件，即 $E\pi_s > 0$、$E\pi_r > 0$ 和 $E\pi_{sc} > 0$。结合本章，也就是说超市利他互惠系数必须满足条件 $0 \leqslant \lambda_r \leqslant \frac{1}{2}$。

性质 5.1　①对于质量努力水平：$\dfrac{\partial \theta_s^{A*}}{\partial \lambda_r} > 0$；②对于检验努力水平：$\dfrac{\partial \theta_r^{A*}}{\partial \lambda_r} = 0$；③对于收购价格：$\dfrac{\partial w^{A*}}{\partial \lambda_r} > 0$。

证明：①$\dfrac{\partial \theta_s^{A*}}{\partial \lambda_r} = \dfrac{b^2 p}{k_s(1+b+c)(1+b-b\lambda_r-2\lambda_r)^2} > 0$；②$\dfrac{\partial \theta_r^{A*}}{\partial \lambda_r} = 0$；

③$\dfrac{\partial w^{A*}}{\partial \lambda_r} = \dfrac{(1+b)bp}{(1+b-b\lambda_r-2\lambda_r)^2(1+b+c)} > 0$。

证毕。

由性质 5.1 可知，农产品生产加工商质量努力水平和收购价格随超市利他互惠增强而提高；超市检验努力水平不受超市利他互惠影响。这是因为当超市具有利他互惠时，超市会采取提高收购价格并给予生产技术等方式帮助农产品生产加工商提高销售收入和降低生产成本。面对超市的利他互惠行为，农产品生产加工商会主动采取提高质量努力水平的方式回报超市。这说明，当超市利他互惠增强，超市提高收购价格，同时农产品生产加工商会提高质量努力水平。因此，超市的利他互惠有利于促使农产品生产加工商自发提高农产品质量努力水平，结合超市检验努力水平不变，于是，超市的利他互惠有利于提高整体农产品质量、扩大市场需求、提高供应链整体的收益。

性质 5.2　对于农产品生产加工商最大期望利润和效用：①$\dfrac{\partial E\pi_s^{A*}}{\partial \lambda_r} > 0$；②$\dfrac{\partial Eu_s^{A*}}{\partial \lambda_r} > 0$。

证明：① $\dfrac{\partial E\pi_s^{A*}}{\partial \lambda_r} = \dfrac{(1+b)b\eta p^{1-a}}{2(1+b+c)} \left(\dfrac{(1-\lambda_r)b^2 p}{k_s(1+b-b\lambda_r-2\lambda_r)(1+b+c)} \right)^b$
$(1+b-b\lambda_r-2\lambda_r)^2$

$\left(\dfrac{cp}{k_r(1+b+c)} \right)^c > 0$；

②因为 $Eu_s^{A*} = E\pi_s^{A*}$，所以 $\dfrac{\partial Eu_s^{A*}}{\partial \lambda_r} = \dfrac{\partial E\pi_s^{A*}}{\partial \lambda_r} > 0$。

证毕。

由性质 5.2 可知，当超市利他互惠增强时，农产品生产加工商最大期望利润和最大期望效用都增大。这是因为超市具有利他互惠时，结合性质 5.1 可知农产品生产加工商因超市提高收购价格而提高质量努力水平，进而使得需求量增大。因此农产品生产加工商销售收入增大，从而提高自身最大期望利润。由于本章仅研究了超市利他互惠，农产品生产加工商为完全理性，故农产品生产加工商最大期望效用与最大期望利润一致，都随着超市利他互惠增强而增大。

性质5.3 对于超市最大期望利润和效用：① $\dfrac{\partial E\pi_r^{A*}}{\partial \lambda_r} < 0$；②当 $0 < \lambda_r <$

$\dfrac{1}{2+b}$ 时，$\dfrac{\partial Eu_r^{A*}}{\partial \lambda_r} < 0$；当 $\dfrac{1}{2+b} < \lambda_r < \dfrac{1}{2}$，$\dfrac{\partial Eu_r^{A*}}{\partial \lambda_r} > 0$。

证明：

① $\dfrac{\partial E\pi_r^{A*}}{\partial \lambda_r} = -\dfrac{b(1+b)\lambda_r \eta p^{1-a}}{2(1-\lambda_r)(1+b-} \left(\dfrac{(1-\lambda_r)b^2 p}{k_s(1+b-b\lambda_r-2\lambda_r)(1+b+c)} \right)^b$
$b\lambda_r-2\lambda_r)^2(1+b+c)$

$\left(\dfrac{cp}{k_r(1+b+c)} \right)^c < 0$；

② $\dfrac{\partial Eu_r^{A*}}{\partial \lambda_r} = \dfrac{(b\lambda_r + 2\lambda_r - 1)\eta p^{1-a}}{2(1+b-b\lambda_r-2\lambda_r)} \left(\dfrac{b^2(1-\lambda_r)p}{k_s(1+b-b\lambda_r-2\lambda_r)(1+b+c)} \right)^b$
$(1+b+c)$

$\left(\dfrac{cp}{k_r(1+b+c)} \right)^c$

所以，当 $0 < \lambda_r < \dfrac{1}{2+b}$ 时，$\dfrac{\partial Eu_r^{A*}}{\partial \lambda_r} < 0$；当 $\dfrac{1}{2+b} < \lambda_r < \dfrac{1}{2}$，$\dfrac{\partial Eu_r^{A*}}{\partial \lambda_r} > 0$。

证毕。

由性质 5.3 可知，当超市利他互惠增强时，超市最大期望利润降低。当超市利他互惠较弱时，超市最大期望效用随超市利他互惠增强而减小；

当超市利他互惠较强时，超市最大期望效用随超市利他互惠增强而增大。这是因为当超市利他互惠增强时，超市会主动不断提高收购价格来帮助农产品生产加工商而导致自身采购成本上升，结合性质 5.1 可知超市检验成本不变，因此超市最大期望利润降低。当超市利他互惠较强时，超市因帮助农产品生产加工商提高利润而增大自身利他正效用，且超市正效用增加量大于利润减少量，故超市最大期望效用增大。

性质 5.4　对于供应链最大期望利润和效用：① $\dfrac{\partial E\pi_{sc}^{A*}}{\partial \lambda_r} > 0$；② 当 $0 <$

$\lambda_r \leqslant \dfrac{1}{2} - \dfrac{\sqrt{(4+5b)\,b}}{2(2+b)}$ 时，$\dfrac{\partial Eu_{sc}^{A*}}{\partial \lambda_r} < 0$；当 $\dfrac{1}{2} - \dfrac{\sqrt{(4+5b)\,b}}{2(2+b)} < \lambda_r < \dfrac{1}{2}$ 时，

$\dfrac{\partial Eu_{sc}^{A*}}{\partial \lambda_r} > 0$。

证明：

① $\dfrac{\partial E\pi_{sc}^{A*}}{\partial \lambda_r} = \dfrac{(1-2\lambda_r)\,b(1+b)\,\eta p^{1-a}}{2(1-\lambda_r)(1+b-b\lambda_r-2\lambda_r)^2(1+b+c)}\left(\dfrac{(1-\lambda_r)\,b^2 p}{k_s(1+b-b\lambda_r-2\lambda_r)(1+b+c)}\right)^b$

$\left(\dfrac{cp}{k_r(1+b+c)}\right)^c$，所以 $\dfrac{\partial E\pi_{sc}^{A*}}{\partial \lambda_r} > 0$。

② $\dfrac{\partial Eu_{sc}^{A*}}{\partial \lambda_r} = -\dfrac{\left[1+(b+2)^2\lambda_r^2-(b+2)^2\lambda_r-b^2\right]\eta p^{1-a}}{2\left[(b+2)\lambda_r-b-1\right]^2(1+b+c)}\left(\dfrac{(1-\lambda_r)\,b^2 p}{k_s(1+b-b\lambda_r-2\lambda_r)(1+b+c)}\right)^b$

$\left(\dfrac{cp}{k_r(1+b+c)}\right)^c$，令 $\dfrac{\partial Eu_{sc}^{A*}}{\partial \lambda_r} = 0$，得 $\lambda_r = \dfrac{1}{2} - \dfrac{\sqrt{(4+5b)\,b}}{2(2+b)}$。所以当 $0 < \lambda_r \leqslant$

$\dfrac{1}{2} - \dfrac{\sqrt{(4+5b)\,b}}{2(2+b)}$ 时，$\dfrac{\partial Eu_{sc}^{A*}}{\partial \lambda_r} < 0$；当 $\dfrac{1}{2} - \dfrac{\sqrt{(4+5b)\,b}}{2(2+b)} < \lambda_r < \dfrac{1}{2}$ 时，$\dfrac{\partial Eu_{sc}^{A*}}{\partial \lambda_r} > 0$。

证毕。

由性质 5.4 可知，供应链最大期望利润随超市利他互惠增强而增大。由性质 5.2 可知，农产品生产加工商期望利润随超市利他互惠强度递增、超市期望利润随自身利他互惠强度递减、供应链总体期望利润随超市利他互惠递增。于是，超市利他互惠通过提高农产品生产加工商的农产品质量努力来提高农产品整体质量、扩大市场需求，在农产品供应链成本不变的条件下增加了供应链总体利润。与公平关切的影响相比较，超市利他互惠不仅起到了"供应链利润分配机制"的作用，还改进了农产品供应链的整体期望利润。

当超市利他互惠较弱时，供应链最大期望效用随超市利他互惠增强而减小；当超市利他互惠较强时，供应链最大期望效用随超市利他互惠增强而增大。当超市利他互惠较弱时，农产品收购价格提高幅度较小，不足以激励农产品生产加工商显著提高农产品质量努力水平，超市利润减小量大于自身效用增量从而供应链效用减少，于是供应链最大期望效用随超市利他互惠增强而减小。而当超市利他互惠强度增大时，结合性质 5.1 可知农产品生产加工商因获得了较高的农产品收购价格，积极提高质量努力水平，从而增加市场需求量，故供应链最大期望效用增大。供应链最大期望效用由农产品生产加工商和超市最大期望效用组成，由性质 5.2 和性质 5.3 可知，其中超市最大期望效用随超市利他互惠增强先减小后增大，因此供应链最大期望效用随超市利他互惠增强先减小后增大。

5.3 供应链效率和公平度评价

5.3.1 供应链效率评价

超市利他互惠下供应链客观效率为供应链最大期望利润与集中决策下的供应链最大期望利润的比值，即 $ESC_A^O = \dfrac{E\pi_{sc}^{A*}}{E\pi_{sc}^{I*}}$；超市利他互惠下供应链主观效率为供应链最大期望效用与集中决策下供应链最大期望效用的比值，即 $ESC_A^S = \dfrac{Eu_{sc}^{A*}}{Eu_{sc}^{I*}}$。

因此，可以计算超市利他互惠下供应链客观效率 ESC_A^O 和主观效率 ESC_A^S，即

$$ESC_A^O = \frac{E\pi_{sc}^{A*}}{E\pi_{sc}^{I*}} = \frac{1 + 2b - 3b\lambda_r - 2\lambda_r}{1 + b - b\lambda_r - 2\lambda_r}\left(\frac{(1-\lambda_r)b}{1 + b - b\lambda_r - 2\lambda_r}\right)^b \quad (5.14)$$

$$ESC_A^S = \frac{Eu_{sc}^{A*}}{Eu_{sc}^{I*}} = \frac{(1-\lambda_r)(1 + 2b - b\lambda_r - 2\lambda_r)}{1 + b - b\lambda_r - 2\lambda_r}\left(\frac{(1-\lambda_r)b}{1 + b - b\lambda_r - 2\lambda_r}\right)^b$$

$$(5.15)$$

令 $\Delta ESC_A = ESC_A^O - ESC_A^S$，可以得到命题 5.1。

命题 5.1 当 $0 < \lambda_r < \dfrac{1}{2+b}$ 时，$\Delta ESC_A > 0$；当 $\dfrac{1}{2+b} \leqslant \lambda_r < \dfrac{1}{2}$ 时，$\Delta ESC_A < 0$。

由 $\Delta ESC_A = \dfrac{\lambda_r(1-b\lambda_r-2\lambda_r)}{1+b-b\lambda_r-2\lambda_r}\left(\dfrac{(1-\lambda_r)b}{1+b-b\lambda_r-2\lambda_r}\right)^b$，当 $0<\lambda_r<\dfrac{1}{2+b}$ 时，$\Delta ESC_A > 0$；当 $\dfrac{1}{2+b}\leqslant\lambda_r<\dfrac{1}{2}$ 时，$\Delta ESC_A<0$。

由命题 5.1 可知，当超市利他互惠较弱时，供应链客观、主观效率差为正，即供应链客观效率高于供应链主观效率；当超市利他互惠较强时，供应链客观、主观效率差为负，即供应链客观效率低于供应链主观效率。这是因为当超市利他互惠较弱时，超市主动帮助农产品生产加工商并提高收购价格，此时农产品生产加工商以提高质量努力水平作为回报，从而提高了进入市场的农产品质量，故从第三方角度看供应链效率高于从超市角度；当超市利他互惠较强时，超市会付出更多的采购成本来帮助农产品生产加工商获得更多利润，故从超市角度看供应链效率高于从第三方角度。

性质 5.5　对于供应链客观效率和主观效率：① $\dfrac{\partial ESC_A^O}{\partial\lambda_r}>0$；②当 $0<\lambda_r\leqslant\dfrac{1}{2}-\dfrac{\sqrt{(4+5b)b}}{2(2+b)}$ 时，$\dfrac{\partial ESC_A^S}{\partial\lambda_r}<0$；当 $\dfrac{1}{2}-\dfrac{\sqrt{(4+5b)b}}{2(2+b)}<\lambda_r<\dfrac{1}{2}$ 时，$\dfrac{\partial ESC_A^S}{\partial\lambda_r}>0$。

证明：① $\dfrac{\partial ESC_A^O}{\partial\lambda_r}=\dfrac{b(1+b)(1-2\lambda_r)}{(1-\lambda_r)(1+b-b\lambda_r-2\lambda_r)^2}\left(\dfrac{(1-\lambda_r)b}{1+b-b\lambda_r-2\lambda_r}\right)^b$，所以 $\dfrac{\partial ESC_A^O}{\partial\lambda_r}>0$。

② $\dfrac{\partial ESC_A^S}{\partial\lambda_r}=-\dfrac{1+(b+2)^2\lambda_r^2-(b+2)^2\lambda_r-b^2}{(1+b-b\lambda_r-2\lambda_r)^2}\left(\dfrac{(1-\lambda_r)b}{1+b-b\lambda_r-2\lambda_r}\right)^b$，令 $\dfrac{\partial ESC_A^S}{\partial\lambda_r}=0$，得 $\lambda_r=\dfrac{1}{2}-\dfrac{\sqrt{(4+5b)b}}{2(2+b)}$。所以当 $0<\lambda_r\leqslant\dfrac{1}{2}-\dfrac{\sqrt{(4+5b)b}}{2(2+b)}$ 时，$\dfrac{\partial ESC_A^S}{\partial\lambda_r}<0$；当 $\dfrac{1}{2}-\dfrac{\sqrt{(4+5b)b}}{2(2+b)}<\lambda_r<\dfrac{1}{2}$ 时，$\dfrac{\partial ESC_A^S}{\partial\lambda_r}>0$。

证毕。

由性质 5.5 可知，供应链客观效率随超市利他互惠增强而提高。当超市利他互惠较弱时，供应链主观效率随超市利他互惠增强而降低；当超市利他互惠较强时，供应链主观效率随超市利他互惠增强而提高。这是因为超市利他互惠增强时，结合性质 5.1 可知超市提高收购价格的同时农产品生产加工商会提升质量努力水平，因此进入市场的农产品质量提高，则从第三方角度看供应链效率会提高。由于超市利他互惠不断激励农产品生产加工商提升质量努力水平，故从超市角度看供应链效率会提高。

5.3.2　供应链公平度评价

超市利他互惠下供应链客观公平度以农产品生产加工商最大期望利润、超市最大期望利润和供应链最大期望利润为基础计算公平熵，即 $HSC_A^O = -\dfrac{\gamma_{sA}\ln\gamma_{sA} + \gamma_{rA}\ln\gamma_{rA}}{\ln 2}$，$\gamma_{sA}$ 和 γ_{rA} 分别是农产品生产加工商最大期望利润和超市最大期望利润在供应链最大期望利润中的所占比例，且 $\gamma_{sA} + \gamma_{rA} = 1$；超市利他互惠下供应链主观公平度以农产品生产加工商最大期望效用、超市最大期望效用和供应链最大期望效用为基础计算公平熵，即 $HSC_A^S = -\dfrac{\kappa_{sA}\ln\kappa_{sA} + \kappa_{rA}\ln\kappa_{rA}}{\ln 2}$，$\kappa_{sA}$ 和 κ_{rA} 分别是农产品生产加工商最大期望效用和超市最大期望效用在供应链最大期望效用中的所占比例，且 $\kappa_{sA} + \kappa_{rA} = 1$。

由供应链主客观公平度定义，各个比例系数计算为

$$\gamma_{sA} = \frac{(1-\lambda_r)b}{1 + 2b - 2\lambda_r - 3b\lambda_r}, \quad \gamma_{rA} = \frac{(1+b)(1-2\lambda_r)}{1 + 2b - 2\lambda_r - 3b\lambda_r},$$

$$\kappa_{sA} = \frac{b}{1 + 2b - 2\lambda_r - b\lambda_r}, \quad \kappa_{rA} = \frac{1 + b - 2\lambda_r - b\lambda_r}{1 + 2b - 2\lambda_r - b\lambda_r}$$

因此，可以计算超市利他互惠下供应链客观公平度 HSC_A^O 和主观公平度 HSC_A^S，即

$$HSC_A^O = \frac{(1 + b - 2\lambda_r - 2b\lambda_r)}{(1 + 2b - 2\lambda_r - 3b\lambda_r)\ln 2}\ln\left(\frac{1 + 2b - 2\lambda_r - 3b\lambda_r}{(1+b)(1-2\lambda_r)}\right)$$
$$+ \frac{b(1-\lambda_r)}{(1 + 2b - 2\lambda_r - 3b\lambda_r)\ln 2}\ln\left(\frac{1 + 2b - 2\lambda_r - 3b\lambda_r}{(1-\lambda_r)b}\right)$$

$$HSC_A^S = \frac{(1 + b - 2\lambda_r - b\lambda_r)}{(1 + 2b - 2\lambda_r - 2b\lambda_r)\ln 2}\ln\left(\frac{1 + 2b - 2\lambda_r - 2b\lambda_r}{1 + b - 2\lambda_r - b\lambda_r}\right)$$
$$+ \frac{b}{(1 + 2b - 2\lambda_r - 2b\lambda_r)\ln 2}\ln\left(\frac{1 + 2b - 2\lambda_r - 2b\lambda_r}{b}\right)$$

通过对供应链主客观公平度的比较，令 $\Delta HSC_A = HSC_A^O - HSC_A^S$，可以得到以下命题和性质。

命题 5.2　$\Delta HSC_A < 0$。

证明：

$$\Delta HSC_A = \frac{(1 + b - 2\lambda_r - 2b\lambda_r)}{(1 + 2b - 2\lambda_r - 3b\lambda_r)\ln 2}\ln\left(\frac{1 + 2b - 2\lambda_r - 3b\lambda_r}{(1+b)(1-2\lambda_r)}\right)$$

$$+ \frac{b(1 - \lambda_r)}{(1 + 2b - 2\lambda_r - 3b\lambda_r)\ln 2} \ln\left(\frac{1 + 2b - 2\lambda_r - 3b\lambda_r}{(1 - \lambda_r)b} \right)$$

$$- \frac{(1 + b - 2\lambda_r - b\lambda_r)}{(1 + 2b - 2\lambda_r - 2b\lambda_r)\ln 2} \ln\left(\frac{1 + 2b - 2\lambda_r - 2b\lambda_r}{1 + b - 2\lambda_r - b\lambda_r} \right)$$

$$- \frac{b}{(1 + 2b - 2\lambda_r - 2b\lambda_r)\ln 2} \ln\left(\frac{1 + 2b - 2\lambda_r - 2b\lambda_r}{b} \right)$$

令 $G_{51}(\lambda_r) = \Delta HSC_A$，

$$\frac{\partial G_{51}}{\partial \lambda_r} = \frac{b(b + 2)}{(b\lambda_r - 2b + 2\lambda_r - 1)^2 \ln 2} \ln\left(\frac{b}{1 + b - b\lambda_r - 2\lambda_r} \right) + \frac{b(1 + b)}{(3b\lambda_r - 2b + 2\lambda_r - 1)^2 \ln 2}$$

$\ln\left(\frac{(1 + b)(1 - 2\lambda_r)}{(1 - \lambda_r)b} \right)$，令 $\frac{\partial G_{51}}{\partial \lambda_r} = 0$，此时存在两个解为 λ_{r1}（表达式复杂，

此处没有列出）和 $\lambda_{r2} = \dfrac{1}{b + 2}$，根据 5.5 节数值分析图 5.8（c）可知，在区

间 $(0, \lambda_{r1}]$ 上单调递减，在 $(\lambda_{r1}, \lambda_{r2}]$ 上单调递增，在 $(\lambda_{r2}, 1)$ 上单

调递减，因此 $G_{51}(\lambda_r)$ 可能在 0 和 λ_{r2} 处取得最大值，此时 $\lim\limits_{\lambda_s \to 0} G_{51}(\lambda_s) = 0$，

$G_{51}(\lambda_{r2}) = G_{51}\left(\dfrac{1}{b + 2} \right) = 0$，所以 $G_{51}(\lambda_r) \leqslant 0$，即 $\Delta HSC_A < 0$。

证毕。

由命题 5.2 可知，当超市具有利他互惠时，供应链主客观公平度差为
负，即供应链客观公平度低于供应链主观公平度。一方面，超市具有利他
互惠而提高农产品收购价格增加农产品生产加工商的期望利润，于是超市
与农产品加工商之间利润差减小，从外部看供应链公平度提高；另一方
面，超市因提高了处于弱势地位农产品生产加工商利润而获得效用的增
加，于是从超市角度评价的供应链公平度高于从外部角度评价，即供应链
主观公平度高于客观公平度。

性质 5.6　对于供应链客观公平度和主观公平度：①当 $0 < \lambda_r < \dfrac{1}{2 + b}$

时，$\dfrac{\partial HSC_A^O}{\partial \lambda_r} > 0$；当 $\dfrac{1}{2 + b} < \lambda_r < \dfrac{1}{2}$ 时，$\dfrac{\partial HSC_A^O}{\partial \lambda_r} < 0$。②当 $0 < \lambda_r < \dfrac{1}{2 + b}$ 时，

$\dfrac{\partial HSC_A^S}{\partial \lambda_r} > 0$；当 $\dfrac{1}{2 + b} < \lambda_r < \dfrac{1}{2}$ 时，$\dfrac{\partial HSC_A^S}{\partial \lambda_r} < 0$。

证明：①因为 $\dfrac{\partial HSC_A^O}{\partial \lambda_r} = \dfrac{b(1 + b)}{(1 + 2b - 2\lambda_r - 3b\lambda_r)^2 \ln 2} \ln\left(\dfrac{1 + b - 2\lambda_r - 2b\lambda_r}{b - b\lambda_r} \right)$，

所以当 $0 < \lambda_r < \dfrac{1}{2+b}$ 时，$\dfrac{1+b-2\lambda_r-2b\lambda_r}{b-b\lambda_r} > 1$，即 $\ln\left(\dfrac{1+b-2\lambda_r-2b\lambda_r}{b-b\lambda_r}\right) > 0$，则 $\dfrac{\partial HSC_A^O}{\partial \lambda_r} > 0$；当 $\dfrac{1}{2+b} < \lambda_r < \dfrac{1}{2}$ 时，$0 < \dfrac{1+b-2\lambda_r-2b\lambda_r}{b-b\lambda_r} < 1$，即 $\ln\left(\dfrac{1+b-2\lambda_r-2b\lambda_r}{b-b\lambda_r}\right) < 0$，则 $\dfrac{\partial HSC_A^O}{\partial \lambda_r} < 0$。

②因为 $\dfrac{\partial HSC_A^S}{\partial \lambda_r} = \dfrac{b(2+b)}{(1+2b-2\lambda_r-b\lambda_r)^2\ln 2}\ln\left(\dfrac{1+b-2\lambda_r-b\lambda_r}{b}\right)$，所以当 $0 < \lambda_r < \dfrac{1}{2+b}$ 时，$\dfrac{1+b-2\lambda_r-b\lambda_r}{b} > 1$，即 $\ln\left(\dfrac{1+b-2\lambda_r-b\lambda_r}{b}\right) > 0$，则 $\dfrac{\partial HSC_A^S}{\partial \lambda_r} > 0$；当 $\dfrac{1}{2+b} < \lambda_r < \dfrac{1}{2}$ 时，$0 < \dfrac{1+b-2\lambda_r-b\lambda_r}{b} < 1$，即 $\ln\left(\dfrac{1+b-2\lambda_r-b\lambda_r}{b}\right) < 0$，则 $\dfrac{\partial HSC_A^S}{\partial \lambda_r} < 0$。

证毕。

由性质 5.6 可知，当超市利他互惠较弱时，供应链客观公平度和主观公平度都随超市利他互惠增强而增大；当超市利他互惠较强时，供应链客观公平度和主观公平度都随超市利他互惠增强而减小。这是因为当超市利他互惠较弱时，随着超市收购价格提高，农产品生产加工商最大期望利润增大，因此从第三方角度和超市角度看供应链利润分配公平度提升。当超市利他互惠较强时，由于超市过度帮助农产品生产加工商使自身付出的采购成本越来越高，导致农产品生产加工商最大期望利润过高而处于主导地位的超市最大期望利润过低，因此不管从第三方角度还是超市角度供应链利润分配公平度都在下降。

5.4 基于利他互惠视角的供应链均衡策略分析

5.4.1 双边质量努力决策比较

命题 5.3 ① $\theta_s^{R*} < \theta_s^{A*} < \theta_s^{I*}$；② $\theta_r^{I*} = \theta_r^{R*} = \theta_r^{A*}$。

证明：①由命题 3.1，已知 $\theta_s^{R*} < \theta_s^{I*}$。$\theta_s^{R*} - \theta_s^{A*} = -\dfrac{b^2 p\lambda_r}{k_s(1+b)(1+b+c)}$ $(1+b-b\lambda_r-2\lambda_r) <$

0，所以 $\theta_s^{R*} < \theta_s^{A*}$；$\theta_s^{I*} - \theta_s^{A*} = \dfrac{bp(1-2\lambda_r)}{k_s(1+b+c)(1+b-b\lambda_r-2\lambda_r)}$，所以 $\theta_s^{I*} - \theta_s^{A*} > 0$，因此 $\theta_s^{R*} < \theta_s^{A*} < \theta_s^{I*}$；

②$\theta_r^{I*} = \theta_r^{R*} = \theta_r^{A*} = \dfrac{cp}{k_r(1+b+c)}$。

证毕。

由命题 5.3 可知，对于农产品生产加工商质量努力水平而言，超市利他互惠时高于双方完全理性时，但始终低于供应链集中决策时的努力水平。对于超市质量检验水平而言，供应链集中决策时、双方完全理性时和超市利他互惠时保持不变。结合命题 3.1 可知，当领导者超市因为具有利他互惠而上调了收购价格时，跟随者农产品生产加工商决策时会提高质量努力水平来提升农产品质量、扩大市场需求量，从而获得更多利润，故农产品生产加工商质量努力水平在超市利他互惠时高于双方完全理性时。由于超市是供应链主导者连接消费者市场，为了防止质量问题农产品流入市场影响自身品牌形象，故超市检验努力水平在超市利他互惠时、双方完全理性时和供应链集中决策时都始终保持不变。

命题 5.4 $w^{R*} < w^{A*}$。

证明：$w^{R*} - w^{A*} = -\dfrac{bp\lambda_r}{(1+b-b\lambda_r-2\lambda_r)(1+b+c)} < 0$，所以 $w^{R*} < w^{A*}$。

证毕。

由命题 5.4 可知，超市收购价格在超市利他互惠时高于双方完全理性时。结合性质 4.1 可知，这是因为当超市具有利他互惠时，为了积极主动帮助农产品生产加工商，超市会提高收购价格从而增加农产品生产加工商销售收入，故超市收购价格在超市利他互惠时高于双方完全理性时。

5.4.2 双边最大期望利润和效用

命题 5.5 ①$E\pi_s^{R*} < E\pi_s^{A*}$；②$Eu_s^{R*} < Eu_s^{A*}$。

证明：①$\dfrac{E\pi_s^{R*}}{E\pi_s^{A*}} = \left(\dfrac{1+b-b\lambda_r-2\lambda_r}{1+b-b\lambda_r-\lambda_r}\right)^{b+1} < 1$，所以 $E\pi_s^{R*} < E\pi_s^{A*}$；

②$\dfrac{Eu_s^{R*}}{Eu_s^{A*}} = \left(\dfrac{1+b-b\lambda_r-2\lambda_r}{1+b-b\lambda_r-\lambda_r}\right)^{b+1} < 1$，所以 $Eu_s^{R*} < Eu_s^{A*}$。

证毕。

由命题 5.5 可知，农产品生产加工商最大期望利润和最大期望效用在超市利他互惠时都高于双方完全理性时。这是由于超市因自身具有利他互惠而主动提高收购价格，农产品生产加工商提高质量努力水平，从而使得市场需求量加大，即农产品生产加工商销售价格和销售数量增大，故农产品生产加工商最大期望利润和效用提高。

命题 5.6 ① $E\pi_r^{R*} > E\pi_r^{A*}$；② $Eu_r^{R*} \geqslant Eu_r^{A*}$。

证明：① $\dfrac{E\pi_r^{R*}}{E\pi_r^{A*}} = \dfrac{1-\lambda_r}{1-2\lambda_r} \left(\dfrac{1+b-b\lambda_r-2\lambda_r}{1+b-b\lambda_r-\lambda_r}\right)^{b+1}$，令 $G_{52}(\lambda_r) = \dfrac{1-\lambda_r}{1-2\lambda_r}$

$\left(\dfrac{1+b-b\lambda_r-2\lambda_r}{1+b-b\lambda_r-\lambda_r}\right)^{b+1}$，$\dfrac{\mathrm{d}G_{52}(\lambda_r)}{\mathrm{d}\lambda_r} = \dfrac{b\lambda_r}{(2\lambda_r-1)^2(1+b-b\lambda_r-2\lambda_r)}\left(\dfrac{1+b-b\lambda_r-2\lambda_r}{1+b-b\lambda_r-\lambda_r}\right)^{b+1}$

则 $\dfrac{\mathrm{d}G_{52}(\lambda_r)}{\mathrm{d}\lambda_r} > 0$。又因为 $G_{52}(0) = 1$，$\lim\limits_{\lambda_r \to \frac{1}{2}} G_{52}(\lambda_r) = +\infty$，所以

$G_{52}(\lambda_r) \geqslant G_{52}(0) = 1$，即 $E\pi_r^{R*} > E\pi_r^{A*}$。

② $\dfrac{Eu_r^{R*}}{Eu_r^{A*}} = \dfrac{1+b}{1+b-b\lambda_r-2\lambda_r}\left(\dfrac{1+b-b\lambda_r-2\lambda_r}{1+b-b\lambda_r-\lambda_r}\right)^{b+1}$，令 $G_{53}(\lambda_r) =$

$\dfrac{1+b}{1+b-b\lambda_r-2\lambda_r}\left(\dfrac{1+b-b\lambda_r-2\lambda_r}{1+b-b\lambda_r-\lambda_r}\right)^{b+1}$，$\dfrac{\mathrm{d}G_{53}(\lambda_r)}{\mathrm{d}\lambda_r} = \dfrac{(1-b\lambda_r-2\lambda_r)(b+1)}{(1-\lambda_r)(1+b-b\lambda_r-2\lambda_r)^2}$

$\left(\dfrac{1+b-b\lambda_r-2\lambda_r}{1+b-b\lambda_r-\lambda_r}\right)^{b+1}$

当 $0 \leqslant \lambda_s \leqslant \dfrac{1}{2+b}$ 时，$\dfrac{\mathrm{d}G_{53}(\lambda_r)}{\mathrm{d}\lambda_r} > 0$；当 $\dfrac{1}{2+b} < \lambda_s \leqslant \dfrac{1}{2}$ 时，$\dfrac{\mathrm{d}G_{53}(\lambda_r)}{\mathrm{d}\lambda_r} < 0$。又

因为 $G_{53}(0) = 1$，$G_{53}\left(\dfrac{1}{2}\right) = 2\left(\dfrac{b}{1+b}\right)^b \geqslant 1$，其中，令 $L(b) = 2\left(\dfrac{b}{1+b}\right)^b$，

$\dfrac{\mathrm{d}L(b)}{\mathrm{d}b} = 2\left(\dfrac{b}{1+b}\right)^b \ln\left(\dfrac{b}{1+b}e^{\frac{1}{1+b}}\right) \leqslant 0$，得到 $L(b) \geqslant L(1) = 1$，$G_{53}(\lambda_r) \geqslant 1$，即

$Eu_r^{R*} \geqslant Eu_r^{A*}$。

证毕。

由命题 5.6 可知，超市最大期望利润和最大期望效用在超市利他互惠时低于双方完全理性时。这是由于超市因自身具有利他互惠而主动提高收购价格，从而使得超市采购成本不断增大，故超市最大期望利润和效用在超市利他互惠时低于双方完全理性时。

命题 5.7 ① $E\pi_{sc}^{R*} \leqslant E\pi_{sc}^{A*}$；②当 $0 < \lambda_r < \tilde{\lambda}_{r1}$ 时，$Eu_{sc}^{R*} > Eu_{sc}^{A*}$；当

$\tilde{\lambda}_{r1} \leqslant \lambda_r < \dfrac{1}{2}$ 时，$Eu_{sc}^{R*} < Eu_{sc}^{A*}$。其中，$\tilde{\lambda}_{r1} \in \left(\dfrac{1}{2} - \dfrac{\sqrt{5b^2+4b}}{2(2+b)}, \dfrac{1}{2}\right)$。

证明：① $\dfrac{E\pi_{sc}^{R*}}{E\pi_{sc}^{A*}} = \dfrac{(1+2b)(1+b-b\lambda_r-2\lambda_r)}{(1+b)(1+2b-3b\lambda_r-2\lambda_r)}\left(\dfrac{1+b-b\lambda_r-2\lambda_r}{1+b-b\lambda_r-\lambda_r}\right)^b$，令

$G_{54}(\lambda_r) = \dfrac{E\pi_{sc}^{R*}}{E\pi_{sc}^{A*}}$，$\dfrac{\mathrm{d}G_{54}(\lambda_r)}{\mathrm{d}\lambda_r} = \dfrac{(2\lambda_r-1)(2b+1)b}{(1-\lambda_r)(1+2b-3b\lambda_r-2\lambda_r)^2}\left(\dfrac{1+b-b\lambda_r-2\lambda_r}{1+b-b\lambda_r-\lambda_r}\right)^b$，

则 $\dfrac{\mathrm{d}G_{54}(\lambda_r)}{\mathrm{d}\lambda_r} \leqslant 0$。又因为 $G_{54}(0)=1$，所以 $G_{54}(\lambda_r)\leqslant G_{54}(0)=1$，即

$E\pi_{sc}^{R*}\leqslant E\pi_{sc}^{A*}$。

② $Eu_{sc}^{R*}-Eu_{sc}^{A*} = \dfrac{\eta p^{1-a}}{2(1+b)(1+b+c)}\left(\dfrac{cp}{k_r(1+b+c)}\right)^c\Bigg[(1+2b)$

$\left(\dfrac{b^2 p}{k_s(1+b+c)(1+b)}\right)^b + (1+b)(\lambda_r-1)$

$\left(\dfrac{(1-\lambda_r)b^2 p}{k_s(1+b-b\lambda_r-2\lambda_r)(1+b+c)}\right)^b\Bigg]$

令 $G_{55}(\lambda_r) = Eu_{sc}^{R*}-Eu_{sc}^{A*}$，

$\dfrac{\mathrm{d}G_{55}(\lambda_r)}{\mathrm{d}\lambda_r} = \dfrac{\left[1+(2+b)^2\lambda_r^2-(2+b)^2\lambda_r-b^2\right]\eta p^{1-a}}{2(1+b-b\lambda_r-2\lambda_r)^2(1+b+c)}$

$\left(\dfrac{(1-\lambda_r)b^2 p}{k_s(1+b-b\lambda_r-2\lambda_r)(1+b+c)}\right)^b\left(\dfrac{cp}{k_r(1+b+c)}\right)^c$

当 $1+(b+2)^2\lambda_r^2-(b+2)^2\lambda_r-b^2 <0$ 时，有 $\dfrac{1}{2}-\dfrac{\sqrt{5b^2+4b}}{2(2+b)}\leqslant\lambda_r\leqslant\dfrac{1}{2}+$

$\dfrac{\sqrt{5b^2+4b}}{2(2+b)}$，结合 $0\leqslant\lambda_r\leqslant\dfrac{1}{2}$ 可得，当 $0<\lambda_r<\dfrac{1}{2}-\dfrac{\sqrt{5b^2+4b}}{2(2+b)}$ 时，$\dfrac{\mathrm{d}G_{55}(\lambda_r)}{\mathrm{d}\lambda_r}\geqslant$

0；当 $\dfrac{1}{2}-\dfrac{\sqrt{5b^2+4b}}{2(2+b)}\leqslant\lambda_r<\dfrac{1}{2}$ 时，$\dfrac{\mathrm{d}G_{55}(\lambda_r)}{\mathrm{d}\lambda_r}<0$，因此 $G_{55}(\lambda_r)$ 在区间

$\left(0,\dfrac{1}{2}-\dfrac{\sqrt{5b^2+4b}}{2(2+b)}\right)$ 上单调递增，$\left(\dfrac{1}{2}-\dfrac{\sqrt{5b^2+4b}}{2(2+b)},\dfrac{1}{2}\right)$ 上单调递减，已知

$\lim\limits_{\lambda_r\to 0}G_{55}(\lambda_r)=0$，$\lim\limits_{\lambda_r\to\frac{1}{2}}G_{55}(\lambda_r)<0$，同时令 $G_{55}(\lambda_r)=0$，有两个可能的解为 0

和 $\tilde{\lambda}_{r1}$，其中，$\tilde{\lambda}_{r1}\in\left(\dfrac{1}{2}-\dfrac{\sqrt{5b^2+4b}}{2(2+b)},\dfrac{1}{2}\right)$。所以，当 $0<\lambda_r<\tilde{\lambda}_{r1}$ 时，$G_{55}(\lambda_r)>$

0，即 $Eu_{sc}^{R*}>Eu_{sc}^{A*}$；当 $\tilde{\lambda}_{r1}\leqslant\lambda_r<\dfrac{1}{2}$ 时，$G_{55}(\lambda_r)<0$，即 $Eu_{sc}^{R*}<Eu_{sc}^{A*}$。

证毕。

由命题 5.7 可知，供应链最大期望利润在超市利他互惠时高于双方完全理性时，但都低于供应链集中决策时。当超市利他互惠较弱时，供应链

最大期望效用最低；当超市利他互惠较强时，供应链最大期望效用高于双方完全理性时。供应链最大期望效用始终在供应链集中决策时最高。这是因为供应链最大期望利润和效用由农产品生产加工商、超市最大期望利润和效用组成，而超市具有利他互惠时农产品生产加工商最大期望利润增大，故使得供应链最大期望利润在超市利他互惠时高于双方完全理性时。结合命题 5.5 和命题 5.6 可知，供应链最大期望效用随着超市利他互惠增强先减小后增大。故供应链最大期望效用在超市利他互惠较弱时低于双方完全理性时，而超市利他互惠较强时高于双方完全理性时。

5.4.3　供应链效率比较

命题 5.8　① $ESC_R^O < ESC_A^O$；②当 $0 < \lambda_r < \tilde{\lambda}_{r2}$ 时，$ESC_R^S > ESC_A^S$；当

$\tilde{\lambda}_{r2} \leq \lambda_r < \dfrac{1}{2}$ 时，$ESC_R^S < ESC_A^S$，其中 $\tilde{\lambda}_{r2} \in \left(\dfrac{1}{2} - \dfrac{\sqrt{5b^2 + 4b}}{2(2+b)}, \dfrac{1}{2} \right)$。

证明：① $\dfrac{ESC_R^O}{ESC_A^O} = \dfrac{(1+2b)(1+b-b\lambda_r-2\lambda_r)}{(1+b)(1+2b-3b\lambda_r-2\lambda_r)} \left(\dfrac{1+b-b\lambda_r-2\lambda_r}{1+b-b\lambda_r-\lambda_r} \right)^b$，令

$G_{56}(\lambda_r) = \dfrac{ESC_R^O}{ESC_A^O}$，

$\dfrac{\mathrm{d}G_{56}(\lambda_r)}{\mathrm{d}\lambda_r} = \dfrac{b(1+2b)(2\lambda_r-1)}{(1+b-3b\lambda_r-2\lambda_r)^2(1-\lambda_r)} \left(\dfrac{1+b-b\lambda_r-2\lambda_r}{1+b-b\lambda_r-\lambda_r} \right)^b$，所以当

$0 \leq \lambda_r \leq \dfrac{1}{2}$ 时，$\dfrac{\mathrm{d}G_{56}(\lambda_r)}{\mathrm{d}\lambda_r} \leq 0$。又因为 $G_{56}(0) = 1$，所以 $G_{56}(\lambda_r) \leq G_{56}(0) =$

1，即 $ESC_R^O < ESC_A^O$。

② $ESC_R^S - ESC_A^S = \dfrac{1+2b}{1+b} \left(\dfrac{b}{1+b} \right)^b - \dfrac{(1-\lambda_r)(1+2b-b\lambda_r-2\lambda_r)}{1+b-b\lambda_r-2\lambda_r}$

$\left(\dfrac{(1-\lambda_r)b}{1+b-b\lambda_r-2\lambda_r} \right)^b$

令 $G_{57}(\lambda_r) = ESC_R^S - ESC_A^S$，

$\dfrac{\mathrm{d}G_{57}(\lambda_r)}{\mathrm{d}\lambda_r} = \dfrac{\left[1 + (2+b)^2\lambda_r^2 - (2+b)^2\lambda_r - b^2 \right]}{(1+b-b\lambda_r-2\lambda_r)^2} \left(\dfrac{(1-\lambda_r)b}{1+b-b\lambda_r-2\lambda_r} \right)^b$

当 $1 + (b+2)^2\lambda_r^2 - (b+2)^2\lambda_r - b^2 \leq 0$ 时，有 $\dfrac{1}{2} - \dfrac{\sqrt{5b^2+4b}}{2(2+b)} \leq \lambda_r \leq \dfrac{1}{2} +$

$\dfrac{\sqrt{5b^2+4b}}{2(2+b)}$，结合 $0 \leq \lambda_r \leq \dfrac{1}{2}$ 可得，当 $0 \leq \lambda_r \leq \dfrac{1}{2} - \dfrac{\sqrt{5b^2+4b}}{2(2+b)}$ 时，$\dfrac{\mathrm{d}G_{57}(\lambda_r)}{\mathrm{d}\lambda_r} \geq$

0；当 $\dfrac{1}{2}-\dfrac{\sqrt{5b^2+4b}}{2(2+b)}<\lambda_r\leqslant\dfrac{1}{2}$ 时，$\dfrac{\mathrm{d}G_{57}(\lambda_r)}{\mathrm{d}\lambda_r}<0$。因此 $G_{57}(\lambda_r)$ 在区间

$\left(0,\ \dfrac{1}{2}-\dfrac{\sqrt{5b^2+4b}}{2(2+b)}\right)$ 上单调递增，$\left(\dfrac{1}{2}-\dfrac{\sqrt{5b^2+4b}}{2(2+b)},\ \dfrac{1}{2}\right)$ 上单调递减。

同时令 $G_{57}(\lambda_r)=0$，有两个可能的解为 0 和 $\tilde{\lambda}_{r2}$，其中 $\tilde{\lambda}_{r2}\in\left(\dfrac{1}{2}-\right.$

$\left.\dfrac{\sqrt{5b^2+4b}}{2\ (2+b)},\ \dfrac{1}{2}\right)$。已知 $\lim\limits_{\lambda_r\to0}G_{57}(\lambda_r)=0$，$\lim\limits_{\lambda_r\to\frac{1}{2}}G_{57}(\lambda_r)<0$，所以，当 $0<\lambda_r<$

$\tilde{\lambda}_{r2}$ 时，$G_{57}(\lambda_r)>0$，即 $ESC_R^S>ESC_A^S$；当 $\tilde{\lambda}_{r2}\leqslant\lambda_r<\dfrac{1}{2}$ 时，$G_{57}(\lambda_r)<0$，即

$ESC_R^S<ESC_A^S$。

证毕。

由命题 5.8 可知，供应链客观效率在超市利他互惠时高于双方完全理性时。当超市利他互惠较弱时，供应链主观效率低于双方完全理性时；当超市利他互惠较强时，供应链主观效率高于双方完全理性时。结合命题 5.3 可知，这是因为超市利他互惠时农产品生产加工商质量努力水平提高进而提高了市场需求量，故从第三方角度看供应链效率高于双方完全理性时。当超市利他互惠增强时，超市会因帮助农产品生产加工商提高最大期望利润而提高自身利他互惠正效用，故从超市角度看供应链效率高于双方完全理性时。

5.4.4　供应链公平度比较

命题 5.9　① 当 $0<\lambda_r<\tilde{\lambda}_{r3}$ 时，$HSC_R^O<HSC_A^O$；当 $\tilde{\lambda}_{r3}\leqslant\lambda_r<\dfrac{1}{2}$ 时，

$HSC_R^O>HSC_A^O$，其中 $\tilde{\lambda}_{r3}\in\left(\dfrac{1}{2+b},\ \dfrac{1}{2}\right)$；② $HSC_R^S<HSC_A^S$。

证明：① $HSC_R^O-HSC_A^O=\dfrac{1+b}{(1+2b)\ln2}\ln\left(\dfrac{1+2b}{1+b}\right)-\dfrac{(1+b-2\lambda_r-2b\lambda_r)}{(1+2b-2\lambda_r-3b\lambda_r)\ln2}$

$\ln\left[\dfrac{1+2b-2\lambda_r-3b\lambda_r}{(1-2\lambda_r)(1+b)}\right]+\dfrac{b}{(1+2b)\ln2}$

$\ln\left(\dfrac{1+2b}{b}\right)-\dfrac{b(1-\lambda_r)}{(1+2b-2\lambda_r-3b\lambda_r)\ln2}$

$\ln\left(\dfrac{1+2b-2\lambda_r-3b\lambda_r}{(1-\lambda_r)b}\right)$

令 $G_{58}(\lambda_r) = HSC_R^O - HSC_A^O$，求得 $\dfrac{\partial G_{58}(\lambda_r)}{\partial \lambda_r} = \dfrac{(1+b)b}{(3b\lambda_r - 2b + 2\lambda_r - 1)^2 \ln 2}$

$\ln\left[\dfrac{(1-\lambda_r)b}{(1+b)(1-2\lambda_r)}\right]$，当 $0 < \lambda_r < \dfrac{1}{2+b}$ 时，$0 < \dfrac{(1-\lambda_r)b}{(1+b)(1-2\lambda_r)} < 1$，则

$\dfrac{\partial G_{58}(\lambda_r)}{\partial \lambda_r} < 0$；当 $\dfrac{1}{2+b} \leqslant \lambda_r < \dfrac{1}{2}$ 时，$\dfrac{(1-\lambda_r)b}{(1+b)(1-2\lambda_r)} \geqslant 1$，则 $\dfrac{\partial G_{58}(\lambda_r)}{\partial \lambda_r} > 0$，

所以 $G_{58}(\lambda_r)$ 先单调递减后单调递增。同时，令 $G_{58}(\lambda_r) = 0$，有两个可能的解

为 0 和 $\tilde{\lambda}_{r3}$，其中 $\tilde{\lambda}_{r3} \in \left(\dfrac{1}{2+b}, \dfrac{1}{2}\right)$。已知 $\lim\limits_{\lambda_r \to 0} G_{57}(\lambda_r) = 0$，$\lim\limits_{\lambda_r \to \frac{1}{2}} G_{58}(\lambda_r) > 0$，

所以，当 $0 < \lambda_r < \tilde{\lambda}_{r3}$ 时，$G_{58}(\lambda_r) < 0$，即 $HSC_R^O < HSC_A^O$；当 $\tilde{\lambda}_{r3} \leqslant \lambda_r < \dfrac{1}{2}$ 时，

$G_{58}(\lambda_r) < 0$，即 $HSC_R^O < HSC_A^O$。

②$HSC_R^S - HSC_A^S = \dfrac{1+b}{(1+2b)\ln 2}\ln\left(\dfrac{1+2b}{1+b}\right) - \dfrac{(1+b-2\lambda_r - b\lambda_r)}{(1+2b-2\lambda_r - 2b\lambda_r)\ln 2}$

$$\ln\left(\dfrac{1+2b-2\lambda_r - 2b\lambda_r}{1+b-2\lambda_r - b\lambda_r}\right) + \dfrac{b}{(1+2b)\ln 2}\ln\left(\dfrac{1+2b}{b}\right)$$

$$- \dfrac{b}{(1+2b-2\lambda_r - 2b\lambda_r)\ln 2}\ln\left(\dfrac{1+2b-2\lambda_r - 2b\lambda_r}{b}\right)$$

令 $G_{59}(\lambda_r) = HSC_R^S - HSC_A^S$，求得 $\dfrac{\partial G_{59}(\lambda_r)}{\partial \lambda_r} = \dfrac{(2+b)b}{(1+2b-b\lambda_r - 2\lambda_r)^2 \ln 2}$

$\ln\left(\dfrac{b}{1+b-b\lambda_r - 2\lambda_r}\right)$，当 $0 < \lambda_r < \dfrac{1}{2+b}$ 时，$0 < \dfrac{b}{1+b-b\lambda_r - 2\lambda_r} < 1$，则

$\dfrac{\partial G_{59}(\lambda_r)}{\partial \lambda_r} < 0$；当 $\dfrac{1}{2+b} \leqslant \lambda_r < \dfrac{1}{2}$ 时，$\dfrac{b}{1+b-b\lambda_r - 2\lambda_r} \geqslant 1$，则 $\dfrac{\partial G_{59}(\lambda_r)}{\partial \lambda_r} > 0$，

所以 $\partial G_{59}(\lambda_r)$ 先单调递减后单调递减。已知 $\lim\limits_{\lambda_r \to 0} G_{59}(\lambda_r) = 0$，$\lim\limits_{\lambda_r \to \frac{1}{2}} G_{59}(\lambda_r) < $

0，则 $G_{59}(\lambda_r) \leqslant 0$，即 $HSC_R^S < HSC_A^S$。

证毕。

由命题 5.9 可知，当超市利他互惠较弱时，供应链客观公平度高于双方完全理性时；当超市利他互惠较强时，供应链客观公平度低于双方完全理性时。供应链主观公平度在超市利他互惠时高于双方完全理性时。这是因为当超市利他互惠时，结合命题 5.5 和命题 5.6 可知，农产品生产加工商最大期望利润增大而超市最大期望利润减少。故在合理范围内没有严重损害超市利益时，从第三方角度看供应链利润分配更加公平。超市利他互惠确实帮助农产品生产加工商提高最大期望效用，故从超市角度看供应链主观公平度高于双方完全理性时。

5.5　数 值 分 析

为了更直观地比较双方完全理性时和超市利他互惠时的供应链质量控制策略，且同时反映超市利他互惠强弱变化对农产品生产加工商质量努力水平、超市检验努力水平、各方最大期望利润和效用、供应链客观和主观效率及供应链客观和主观公平度的影响情况，本节采用数值仿真法进行研究。同第 4 章，相关参数设置为 $a = 0.5$、$b = 0.6$、$c = 0.4$、$p = 10$、$k_s = 2$、$k_r = 2$、$\eta = 1$。

5.5.1　双边质量努力分析

图 5.1 表明随着超市利他互惠增强，农产品生产加工商质量努力水平逐渐增大；超市利他互惠下农产品生产加工商质量努力水平始终高于双方完全理性时，但低于集中决策时。图 5.2 表明随着超市利他互惠增强，超市检验努力水平保持不变；集中决策、双方完全理性下和超市利他互惠下超市检验努力水平始终不变。图 5.3 表明随着超市利他互惠增强，超市收购价格增高；超市收购价格始终高于双方完全理性时。

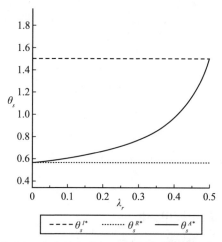

图 5.1　农产品生产加工商最优质量努力水平

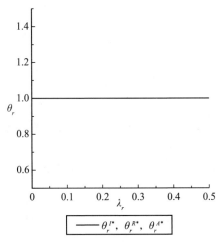

图 5.2 超市最优检验努力水平

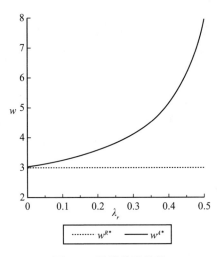

图 5.3 最优收购价格

因此，图 5.1～图 5.3 所示超市利他互惠对农产品生产加工商质量努力水平、超市检验努力水平和收购价格的影响与性质 5.1、命题 5.3 和命题 5.4 相吻合。

5.5.2 双边利润和效用分析

图 5.4 表明随着超市利他互惠增强，农产品生产加工商最大期望利润和效用增加；农产品生产加工商最大期望利润和效用在利他互惠下始终高于双方完全理性时。图 5.5 表明随着超市利他互惠增强，超市最大期望利

润始终减少，但超市最大期望效用先减小后增大；超市最大期望利润和效用在超市利他互惠时始终低于双方完全理性时。图 5.6 表明随着超市利他互惠增强，供应链最大期望利润增大，但供应链最大期望效用先减小后增大；超市利他互惠下供应链最大期望利润始终高于双方完全理性时且低于集中决策时。当超市利他互惠较弱时，供应链最大期望效用低于双方完全理性和集中决策时；当超市利他互惠较强时，供应链最大期望效用高于双方完全理性时和集中决策时。

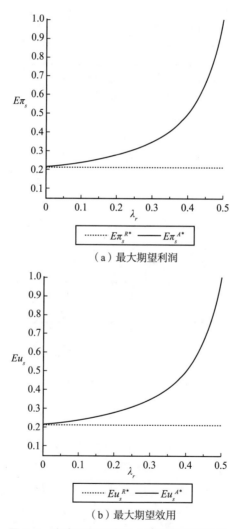

（a）最大期望利润

（b）最大期望效用

图 5.4　农产品加工商最大期望利润和效用

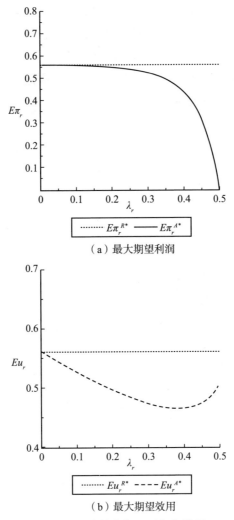

（a）最大期望利润

（b）最大期望效用

图 5.5　超市最大期望利润和效用

因此，图 5.4～图 5.6 所示超市利他互惠对农产品生产加工商最大期望利润和效用、超市最大期望利润和效用及供应链最大期望利润和效用的影响与性质 5.2～性质 5.4，命题 5.5～命题 5.7 相吻合。

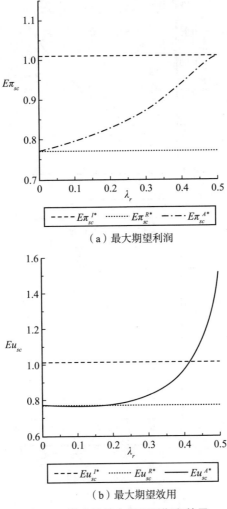

（a）最大期望利润

（b）最大期望效用

图 5.6　供应链最大期望利润和效用

5.5.3　供应链效率分析

图 5.7（a）表明随着超市利他互惠增强，供应链客观效率增大；供应链客观效率在超市利他互惠下高于双方完全理性时。图 5.7（b）表明随着超市利他互惠增强，供应链主观效率先减小后增大；当超市利他互惠较弱时，供应链主观效率低于双方完全理性时；当超市利他互惠较强时，供应链主观效率高于双方完全理性时。图 5.7（c）表明当超市利他互惠较弱时，供应链客观效率大于主观效率；当超市利他互惠较强时，供应链客观效率低于主观效率。

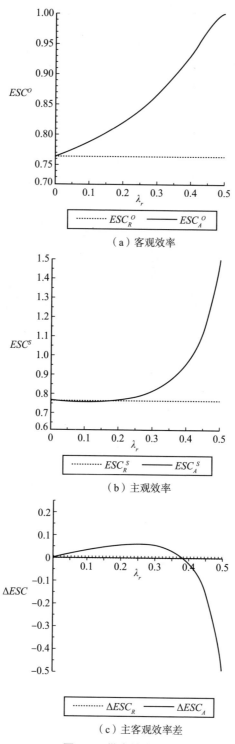

（a）客观效率

（b）主观效率

（c）主客观效率差

图5.7　供应链效率

因此，图 5.7 所示超市利他互惠对供应链客观效率和主观效率的影响与性质 5.5、命题 5.1 和命题 5.8 相吻合。

5.5.4　供应链公平度分析

图 5.8（a）表明随着超市利他互惠增强，供应链客观公平度先增大后减小；当超市利他互惠较弱时供应链客观公平度高于双方完全理性时，而当超市利他互惠较强时供应链客观公平度低于双方完全理性时。图 5.8（b）表明随着超市利他互惠增强，供应链主观公平度先增大后减小；当超市具有利他互惠时，供应链主观公平度始终高于双方完全理性时。图 5.8（c）表明当超市利他互惠时，供应链客观公平度始终低于主观公平度。

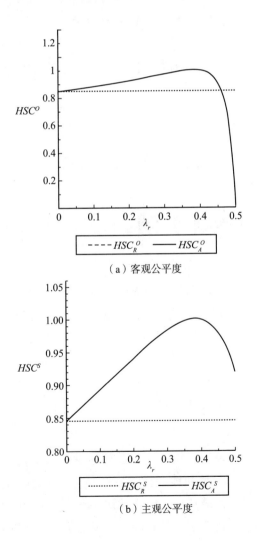

（a）客观公平度

（b）主观公平度

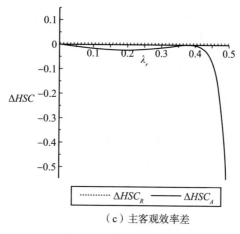

（c）主客观效率差

图 5.8　供应链公平度

因此，图 5.8 所示超市利他互惠对供应链客观效率和主观效率的影响与性质 5.6、命题 5.2 和命题 5.9 相吻合。

5.6　农产品供应链双边质量提升短期机制

5.6.1　对于农产品生产加工商

1. 努力提升农产品质量努力水平

农产品生产加工商应通过提高农产品质量努力水平的方式积极帮助超市，用优质产品助力超市获得更多的收益，从而能够强化超市利他互惠行为。根据性质 5.1 和命题 5.3，超市利他互惠增强时农产品质量努力水平上升，此时超市必然愿意与农产品生产加工商进一步保持合作，从而达成长期稳定合作即实现双赢。再结合命题 5.5 可知，超市利他偏好增强会带来农产品生产加工商最大期望利润和效用提升。

2. 实施农产品品牌战略

农产品生产加工商应加快农产品品牌建设步伐，进行无公害农产品、绿色农产品、有机农产品和地理标志农产品等"三品一标"名优产品认证，积极打造成具有区域特色的农产品知名品牌。实施农产品品牌战略有助于提高农产品附加价值，提升农产品市场竞争力，促进农产品生产加工商增加收入、激发农产品生产加工商提高质量努力水平的热情。

3. 完善企业制度规范

农产品生产加工商应健全农产品生产加工质量安全控制流程，建立农产品生产加工质量安全问责制度，规范农产品生产加工质量安全控制行为。同时，加强农产品生产加工质量安全技术指导和人员培训，如开展质量安全宣传教育、技能培训等活动来提高员工的质量安全意识和服务水平。

5.6.2　对于超市

1. 积极强调自身利他互惠强度

根据性质 5.1 可知，当超市利他互惠时，农产品生产加工商会提高质量努力水平，即农产品质量提升。但是结合命题 5.8 和命题 5.9 可知，仅当超市利他互惠强度维持在较低水平时，才能兼顾供应链效率和公平度同时优化。因此，超市可通过积极强调自身利他互惠强度、适当提升农产品收购价格来激励农产品生产加工商积极提高质量努力水平，但是不能过度利他、过高提高农产品收购价格，这样会造成自身利润损失大于利他效用的增加从而不利于农产品供应链的稳定、持续运作。

2. 完善农产品质量检测体系

超市鼓励农产品加工企业生产合格产品，促使该农产品供应链往良性方向发展，实现长期稳定的合作。这样可以更好地发挥产品价值、品牌效益，从而大大提高农产品供应链整体收益。同时，超市应增加对农产品质量检测技术的投入，从而构建完善且高效的农产品质量检测体系。通过完善农产品质量检测体系，超市能够在内部质量安全检测中发现农产品存在质量缺陷或安全隐患，避免有质量问题农产品流入消费市场，从而树立良好品牌形象。

3. 实施规范的问题农产品召回程序

根据《中华人民共和国农产品质量安全法》和《中华人民共和国食品安全法》中清除混入市场中不合格农产品的召回要求，企业经营者如果不主动召回，行政机关可责令召回，并处以罚款、吊销许可证等行政处罚。其中，召回方式可以是换货、退货、补充或修正消费说明等。因此，企业应主动召回问题农产品，既能够有效地控制问题农产品负面影响，又能保障消费者权益。

5.7　本章小结

本章基于超市利他互惠视角研究农产品供应链质量提升短期机制。首先，分析超市利他互惠对农产品生产加工商质量努力水平、超市检验努力水平、收购价格、各方最大期望利润和效用、供应链效率和公平度的影响。其次，将超市利他互惠时的均衡策略与双方完全理性时的均衡策略进行比较分析。最后，通过数值分析验证结论，并基于利他互惠视角提出农产品供应链双边质量提升短期机制。研究表明：（1）农产品生产加工商质量努力水平、超市收购价格、农产品生产加工商最大期望利润、效用和供应链最大期望利润与超市利他互惠正相关；超市检验努力水平和与超市利他互惠不相关；超市最大期望利润与超市利他互惠负相关；超市最大期望效用和供应链最大期望效用与超市利他互惠先负相关后正相关。（2）供应链客观效率总是随超市利他互惠严格递增；供应链主观效率随超市利他互惠先递减再递增。于是，较强的超市利他互惠有利于优化供应链主观和客观效率。（3）超市利他互惠较弱时，可以改进供应链客观公平度和主观公平度，供应链主观公平度高于客观公平度，且不论从客观评价还是从主观评价，超市利他互惠都能优化供应链公平度。因此，超市较弱的利他互惠强度能较好地兼顾优化供应链效率和公平度。

第6章 基于公平关切演进视角的农产品供应链双边质量提升动态机制

结合覃燕红和魏光兴（2015，2019）研究成果，本章以农产品供应链公平关切信息结构来刻画农产品生产加工商公平关切及其认知动态演进过程。首先，将农产品供应链中的公平关切信息结构分为农产品生产加工商公平中性且信息对称、农产品生产加工商公平关切且信息不对称、农产品生产加工商公平关切且信息对称、农产品生产加工商公平中性且信息不对称四个演进过程。其次，采用逆向归纳法求解各个过程中农产品供应链双边质量努力决策、计算各个过程中农产品供应链主观效率和客观效率、农产品供应链主观公平度和客观公平度。最后，通过数理模型和数值分析来研究农产品生产加工商公平关切及其认知动态演进对双边质量努力决策、各方利润、供应链效率和公平度动态变化的影响，基于公平关切演进视角研究农产品供应链双边质量提升动态机制。

6.1 问题描述与符号说明

6.1.1 问题描述

农产品供应链由一个农产品生产加工商和一个超市构成，且超市处于主导、农产品生产加工商为跟随者进行 Stackelberg 博弈，采用逆向归纳法求解。超市根据自身农产品检验成本 $C_r(\theta_r) = k_r\theta_r$ 和市场需求 $D = \eta p^{-a}\theta_s^b\theta_r^c\varepsilon$ 决策农产品检验努力水平 θ_r 和农产品收购价格 w 使自身利润实现最优化。农产品生产加工商依据自身质量努力成本 $C_s(\theta_s) = k_s\theta_s$ 和 (θ_r, w) 决策农产品质量努力水平 θ_s 使自身利润实现最优化。由第 3 章计算，由于农产品生产加工商和超市双方完全理性时，农产品生产加工商的利润始终低于超市。同时，由于超市在博弈中具有先行行动优势，能够看到农产品生产加工商的反应函数而作出最有利于自身的决策。同第4章，本章不考虑超市的公平关切，仅仅考虑农产品生产加工商公平关切，即农产品生产加工商的目标函数是包括自身利润和公平负效用在内的总效用最大化。在农产品生产加工商和超市博弈的过程中，假设农产品生产加工商自身公平关切强度真实值为 α_s，而在与超市进行博弈和定价时，表现出的公平关切强度为 α_r，即超市认为农产品生产加工商公平关切度为 α_r（为了叙述的简单，将 α_r 称为"公平关切信息强度"）。根据农产品生产加工商是否真实反映自身的公平关切信息，分为信息对称和信息非对称。当信息对称时，包括农产品生产加工商为公平中性 $\alpha_s = \alpha_r = 0$ 和农产品生产加工商为公平关切 $\alpha_s = \alpha_r > 0$；当信息非对称时，包括农产品生产加工商公平中性 $\alpha_s = 0$、$\alpha_r > 0$ 和农产品生产加工商公平关切 $\alpha_s > 0$、$\alpha_r = 0$。α_s 和 α_r 都表示农产品生产加工商公平关切强度，只不过从不同的对象来考虑。为了方便计算、比较信息对称下 $\alpha_s = \alpha_r = \{0, \alpha\}$、信息非对称下 α_s，$\alpha_r = \{0, \alpha\}$ 且 $\alpha_s \neq \alpha_r$，本章通过 α_s 和 α_r 的变化和不同来研究农产品生产加工商公平关切及其认知动态演进对农产品供应链双边质量努力决策、农产品供应链效率和公平度的影响，研究基于公平关切演进视角的农产品供应链双边质量提升动态机制。

6.1.2 符号说明

本章模型所用其他符号说明如表6-1所示。

表6-1 本章模型所用其他符号说明

符号	具体含义
i	公平关切及其认知动态演进中第 i 个过程，也称为第 i 种情况
w_i^*	第 i 种情况下，超市对应的最优收购价格
θ_{ri}^*	第 i 种情况下，超市对应的最优质量检验努力水平
θ_{si}^*	第 i 种情况下，农产品生产加工商对应的最优质量努力水平
α_s	农产品生产加工商真实公平关切度
α_r	超市猜测农产品生产加工商的公平关切度（公平关切信息强度）
π_s，π_r，π_{sc}	农产品生产加工商、超市、农产品供应链的利润
π_{si}^*，π_{ri}^*，π_{sci}^*	第 i 种情况下，农产品生产加工商、超市、农产品供应链的最优利润

续表

符号	具体含义
u_s，u_{sc}	农产品生产加工商、农产品供应链效用
u_{si}^*，u_{sci}^*	第 i 种情况下，农产品生产加工商、供应链的最优利润
ESC_F^S，ESC_F^O	供应链主观效率和客观效率
ESC_{Fi}^S，ESC_{Fi}^O	第 i 种情况下，供应链主观效率和客观效率
HSC_F^S，HSC_F^O	农产品供应链利润分配的主观公平度和客观公平度
HSC_{Fi}^S，HSC_{Fi}^O	第 i 种情况下，供应链利润分配的主观公平度和客观公平度

6.2　基于公平关切演进视角的农产品供应链决策

6.2.1　模型建立

由第 3 章可知，当不考虑农产品供应链成员的社会偏好，各个成员都以自身利润最大化进行决策，各方利润和供应链期望利润分别为：

$$E\pi_s = (w - k_s\theta_s)\int_0^1 \eta p^{-a}\theta_s^b\theta_r^c \varepsilon f(\varepsilon)\mathrm{d}\varepsilon = \frac{(w - k_s\theta_s)\eta p^{-a}\theta_s^b\theta_r^c}{2} \quad (6.1)$$

$$E\pi_r = (p - w - k_r\theta_r)\int_0^1 \eta p^{-a}\theta_s^b\theta_r^c \varepsilon f(\varepsilon)\mathrm{d}\varepsilon = \frac{(p - w - k_r\theta_r)\eta p^{-a}\theta_s^b\theta_r^c}{2}$$

$$(6.2)$$

$$E\pi_{sc} = (p - k_s\theta_s - k_r\theta_r)\int_0^1 \eta p^{-a}\theta_s^b\theta_r^c \varepsilon f(\varepsilon)\mathrm{d}\varepsilon = \frac{(p - k_s\theta_s - k_r\theta_r)\eta p^{-a}\theta_s^b\theta_r^c}{2}$$

$$(6.3)$$

当考虑农产品生产加工商的公平关切时，农产品生产加工商包括自身期望利润和公平负效用在内的期望效用函数为：$Eu_s = E\pi_s - \alpha_s(E\pi_r - E\pi_s)$。其中，$\alpha_s$ 为农产品生产加工商的公平关切系数且 $0 \leqslant \alpha_s < 1$。超市始终完全理性，于是超市期望效用总是等于期望利润，即 $Eu_r = E\pi_r$。

将式（6.1）和式（6.2）代入，可以得到农产品生产加工商公平关切下的期望效用函数为

$$Eu_s^F = \frac{(w - k_s\theta_s)\eta p^{-a}\theta_s^b\theta_r^c}{2} - \alpha_s\left(\frac{(p - w - k_r\theta_r)\eta p^{-a}\theta_s^b\theta_r^c}{2} - \frac{(w - k_s\theta_s)\eta p^{-a}\theta_s^b\theta_r^c}{2}\right)$$

$$(6.4)$$

超市不知道以下两条信息。

（1）农产品生产加工商是否公平关切（$\alpha_r = 0$ 或者 $\alpha_r > 0$）？

（2）如果农产品生产加工商公平关切，那么农产品生产加工商的公平关切强度为多少（即 α_r 的具体取值）。

于是，信息非对称博弈中，超市通过自身所掌握的信息认为农产品生产加工商公平关切 α_r（$\alpha_r \geqslant 0$）前提下农产品生产加工商的目标函数为

$$\max_{\theta_s} Eu_s^F = \frac{(w - k_s\theta_s)\eta p^{-a}\theta_s^b\theta_r^c}{2}$$

$$- \alpha_r \left(\frac{(p - w - k_r\theta_r)\eta p^{-a}\theta_s^b\theta_r^c}{2} - \frac{(w - k_s\theta_s)\eta p^{-a}\theta_s^b\theta_r^c}{2} \right)$$

$$[((k_r\theta_r - k_s\theta_s - p + 2w)\alpha_r + w - k_s\theta_s)$$

由于 $\dfrac{d^2 u_s^F}{d\theta_s^2} = -\dfrac{(1-b) + 2(\alpha_r + 1)k_s\theta_s]b\eta p^{-a}\theta_s^b\theta_r^c}{2\theta_s} < 0$

由逆向归纳法，超市认为农产品生产加工商有唯一最优的质量努力水

平且满足 $\dfrac{dEu_s^F}{d\theta_s} = \dfrac{[(2\alpha_s + 1)bw - \alpha_r bp - (\alpha_r + 1)}{2\theta_s} \dfrac{(b+1)k_s\theta_s + \alpha_r bk_r\theta_r]\eta p^{-a}\theta_s^b\theta_r^c}{} = 0$，可得

$$\theta_s^F[(\theta_r, w) \mid \alpha_r] = \frac{[(k_r\theta_r - p + 2w)\alpha_r + w]b}{k_s(1 + \alpha_r)(1 + b)} \tag{6.5}$$

式（6.5）$\theta_s^F[(w, \theta_r) \mid \alpha_r]$ 表示当超市认为农产品生产加工商公平关切强度为 α_r 时农产品生产加工商唯一最优反应函数。将式（6.5）代入式（6.2）可得超市的目标函数 Eu_r^F 及其 Hessian 矩阵为 $\boldsymbol{H}^F(\theta_r, w) =$

$$\begin{bmatrix} \dfrac{\partial^2 Eu_r^F}{\partial \theta_r^2} & \dfrac{\partial^2 Eu_r^F}{\partial \theta_r \partial w} \\ \dfrac{\partial^2 Eu_r^F}{\partial w \partial \theta_r} & \dfrac{\partial^2 Eu_r^F}{\partial w^2} \end{bmatrix}$$ 为负定，其中，

$$\frac{\partial^2 Eu_s^F}{\partial \theta_s^2} = -\frac{\eta p^{-a}\theta_r^c X_{61}}{2\theta_r^2[(k_r\theta_r - p + 2w)\alpha_r + w]^2} \left(\frac{((k_r\theta_r - p + 2w)\alpha_r + w)b}{k_s(1 + \alpha_r)(1 + b)} \right)^b$$

$$\frac{\partial^2 Eu_s^F}{\partial \theta_s \partial w} = -\frac{\eta p^{-a}\theta_r^c X_{62}}{2\theta_r[(k_r\theta_r - p + 2w)\alpha_r + w]^2} \left(\frac{((k_r\theta_r - p + 2w)\alpha_r + w)b}{k_s(1 + \alpha_r)(1 + b)} \right)^b$$

$$\frac{\partial^2 Eu_s^F}{\partial w \partial \theta_s} = -\frac{\eta p^{-a}\theta_r^c X_{62}}{2\theta_r[(k_r\theta_r - p + 2w)\alpha_r + w]^2} \left(\frac{((k_r\theta_r - p + 2w)\alpha_r + w)b}{k_s(1 + \alpha_r)(1 + b)} \right)^b$$

$$\frac{\partial^2 Eu_s^F}{\partial w^2} = -\frac{(2\alpha_s + 1)b\eta p^{-a}\theta_r^c X_{63}}{2[(k_r\theta_r - p + 2w)\alpha_r + w]^2} \left(\frac{((k_r\theta_r - p + 2w)\alpha_r + w)b}{k_s(1 + \alpha_r)(1 + b)} \right)^b$$

其中，

$$X_{61} = \alpha_r^2 k_r^3 (b+c+1)(b+c)\theta_r^3 + \alpha_r k_r^2 ((b\alpha_r + (5\alpha_r + 2)c + 3\alpha_r + 2)w$$
$$- \alpha_r p(b+3c+1))(b+c)\theta_r^2 + ((-2\alpha_r - 1)w + \alpha_r p)((-2b\alpha_r$$
$$- 1 - (4\alpha_r + 1)c)w + \alpha_r p(2b+3c-1))ck_r\theta_r + ((2\alpha_r + 1)w$$
$$- \alpha_r p)^2 (p-w)c(c-1)$$

$$X_{62} = [2bc(p - k_r\theta_r - w)(p - k_r\theta_r - 2w) - 2k_r\theta_r (p - k_r\theta_r - w)b^2$$
$$- k_r\theta_r (p - k_r\theta_r - 4w) + c(p - k_r\theta_r - 2w)^2]\alpha_r^2 + [(p - k_r\theta_r$$
$$- 4w)(p - k_r\theta_r - w)bc - k_r\theta_r (p - k_r\theta_r - w)b^2 + 4bwk_r\theta_r$$
$$- 2cw(p - k_r\theta_r - 2w)]\alpha_r - [(p - k_r\theta_r - w)c - k_r\theta_r]bw + cw^2$$

$$X_{63} = [(k_r\theta_r - p + w)b + w](1 + 2\alpha_r) + p - k_r\theta_r$$

由上式分析可知，必有 $|\boldsymbol{H}_1^F(\theta_s, w)| = \dfrac{\partial^2 Eu_s^F}{\partial \theta_s^2} < 0$，$|\boldsymbol{H}_2^F(\theta_r, w)| =$

$$\dfrac{X_{64}}{4\theta_r^2 [(k_r\theta_r - p + 2w)\alpha_r + w]^2} \left[\eta p^{-a}\theta_r^c \left(\dfrac{((k_r\theta_r - p + 2w)\alpha_r + w)b}{k_s(\alpha_r + 1)(b+1)} \right)^b \right]^2 > 0,$$

则 Hessian 矩阵 $\boldsymbol{H}^F(\theta_r, w)$ 负定，故 Eu_r^F 存在唯一最优解 θ_r^{F*} 和 w^{F*}。

令 $\dfrac{\partial Eu_r^F}{\partial \theta_r} = 0$、$\dfrac{\partial Eu_r^F}{\partial w} = 0$，并联立求解可以得到超市最优检验努力水平

θ_r^{F*} 和最优批发价格 w^{F*}，具体为

$$\begin{cases} \dfrac{\partial Eu_r^F}{\partial \theta_s} = -\dfrac{\eta p^{-a}\theta_r^c X_{65}}{2\theta_r [(k_r\theta_r - p + 2w)\alpha_r + w]} \left(\dfrac{((k_r\theta_r - p + 2w)\alpha_r + w)b}{k_s(1 + \alpha_r)(1 + b)} \right)^b = 0 \\[4mm] \dfrac{\partial Eu_r^F}{\partial w} = \dfrac{\{(p - k_r\theta_r - w)[(2b+1)\alpha_r + b] - w\}\eta p^{-a}\theta_r^c}{2[(k_r\theta_r - p + 2w)\alpha_r + w]} \\[4mm] \qquad\qquad \left(\dfrac{((k_r\theta_r - p + 2w)\alpha_r + w)b}{k_s(1 + \alpha_r)(1 + b)} \right)^b = 0 \end{cases}$$

其中，

$$X_{64} = -(2\alpha_r + 1)^2 (p - k_r\theta_r - w)^2 bc^2 - [(p - k_r\theta_r - 2w)\alpha_r - w]^2 c^2$$
$$- \theta_r^2 k_r^2 b^2 (\alpha_r + 1)^2 - \{(2\alpha_r + 1)^2 (p - k_r\theta_r - w)^2 b + [4w^2$$
$$+ 4(k_r\theta_r - p)w - 2k_r\theta_r (p - k_r\theta_r)]\alpha_r^2 + (4w^2 + 2(k_r\theta_r - p)w$$
$$+ 2\theta_r^2 k_r^2 - 2p^2)\alpha_r - p^2 + w^2 + \theta_r^2 k_r^2\}bc$$

$$X_{65} = \{(b+c+1)k_r^2\theta_r^2 + [(b+3c+2)w - p(b+2c+1)]k_r\theta_r$$
$$+ c(p-w)(p-2w)\}\alpha_r + w[(c+1)k_r\theta_r - c(p-w)]$$

于是，超市最优检验努力水平 θ_r^{F*} 和最优批发价格 w^{F*} 分别为

$$\theta_r^{F*} = \frac{cp}{k_r(1+b+c)} \tag{6.6}$$

$$w^{F*} = \frac{p(2b\alpha_r + b + \alpha_r)}{(b+c+1)(1+2\alpha_r)} \tag{6.7}$$

而农产品生产加工商公平关切强度实际为 α_s，可以通过将式（6.5）进行修正得到公平关切的农产品生产加工商关于（θ_r，w）的实际最优反应函数为

$$\theta_s^F\big[(\theta_r,\ w)\,|\,\alpha_s\big] = \frac{\big[(k_r\theta_r - p + 2w)\alpha_s + w\big]b}{k_s(1+\alpha_s)(1+b)} \tag{6.8}$$

将式（6.6）和式（6.7）代入式（6.8），可得当农产品生产加工商公平关切信息与超市所获得的关于农产品生产加工商公平关切信息不一致时（信息非对称）的实际质量努力决策为

$$\theta_s^{F*} = \frac{\big[(1+2\alpha_r)(1+\alpha_s)b + \alpha_r - \alpha_s\big]pb}{k_s(1+\alpha_s)(1+2\alpha_r)(1+b)(1+b+c)} \tag{6.9}$$

于是，式（6.6）、式（6.7）和式（6.9）表示的（θ_r^{F*}，w^{F*}，θ_s^{F*}）即为农产品生产加工商和超市在公平关切信息非对称下的不完全信息博弈子博弈精炼纳什均衡。

6.2.2 模型分析

农产品生产加工商公平关切及其认知动态演进表现为 α_s 和 α_r 的不同，以农产品供应链公平关切信息结构来刻画农产品生产加工商公平关切及其认知动态演进过程，见表6-2。于是，根据 α_s 和 α_r 的不同将农产品生产加工商和超市之间博弈分为4种情况进行讨论、分析。

表6-2 农产品供应链公平关切信息结构

阶段	农产品生产加工商类型	信息状况	公平关切强度	各方决策目标函数
I	公平中性	信息对称	$\alpha_s = \alpha_r = 0$	$\max\pi_s$，$\max\pi_r$
II	公平关切	信息不完备	$\alpha_s = \alpha > 0$、$\alpha_r = 0$	$\max u_s$，$\max\pi_r$
III	公平关切	信息对称	$\alpha_s = \alpha_r = \alpha > 0$	$\max u_s$，$\max\pi_r$
IV	公平中性	信息不完备	$\alpha_s = 0$、$\alpha_r = \alpha > 0$	$\max\pi_s$，$\max\pi_r$

第 I 阶段：当农产品生产加工商和超市刚开始交易时，由于双方对对方的许多信息不清楚，比如超市不清楚农产品生产加工商的种植成本和生产规模、农产品生产加工商不清楚超市的检验努力、保鲜努力成本、双方

不清楚对方的市场竞争力和供应链贡献等，一般不会关注对方利润，即农产品生产加工商为公平中性（即完全理性）且信息对称的情形，模型中表示为 $\alpha_s = \alpha_r = 0$。将 $\alpha_s = \alpha_r = 0$ 代入式（6.6）、式（6.7）和式（6.9）可以计算超市和农产品生产加工商的最优决策为

$$\theta_{r1}^{F*} = \frac{cp}{k_r(1+b+c)}, \quad w_1^{F*} = \frac{bp}{1+b+c} \text{和} \theta_{s1}^{F*} = \frac{b^2p}{k_s(1+b)(1+b+c)}$$

$$(6.10)$$

将式（6.10）代入式（6.1）和式（6.2）可得超市、农产品生产加工商、供应链期望利润和效用分别为

$$E\pi_{s1}^{F*} = Eu_{s1}^{F*} = \frac{b\eta p^{1-a}}{2(1+b)(1+b+c)}\left(\frac{b^2p}{k_s(1+b)(1+b+c)}\right)^b\left(\frac{cp}{k_r(1+b+c)}\right)^c$$

$$E\pi_{r1}^{F*} = \frac{\eta p^{1-a}}{2(1+b+c)}\left(\frac{b^2p}{k_s(1+b)(1+b+c)}\right)^b\left(\frac{cp}{k_r(1+b+c)}\right)^c$$

$$E\pi_{sc1}^{F*} = Eu_{sc1}^{F*} = \frac{(1+2b)\eta p^{1-a}}{2(1+b)(1+b+c)}\left(\frac{b^2p}{k_s(1+b)(1+b+c)}\right)^b\left(\frac{cp}{k_r(1+b+c)}\right)^c$$

第 II 阶段：在第 I 阶段，超市利用先动优势制定了较低的农产品收购价格获得农产品供应链中较大份额的利润（由 $0 < b < 1$，$E\pi_{r1}^{F*} > E\pi_{s1}^{F*}$）。此时，农产品生产加工商会因利润低于超市、嫉妒超市而产生公平负效用，但其公平关切强度信息并非博弈双方的共同知识。因此，农产品生产加工商和超市在农产品生产加工商公平关切且信息非对称下进行博弈，模型中表示为 $\alpha_s > 0$、$\alpha_r = 0$，即农产品生产加工商关注公平，而超市以为农产品生产加工商仍然不关注公平。将 $\alpha_s > 0$、$\alpha_r = 0$ 代入式（6.6）、式（6.7）和式（6.9）可以计算超市和农产品生产加工商的最优决策分别为

$$\theta_{r2}^{F*} = \frac{cp}{k_r(1+b+c)}, \quad w_2^{F*} = \frac{bp}{1+b+c}, \quad \theta_{s2}^{F*} = \frac{[b(1+\alpha_s)-\alpha_s]bp}{k_s(1+\alpha_s)(1+b)(1+b+c)}$$

$$E\pi_{s2}^{F*} = \frac{(1+2\alpha_s)b\eta p^{1-a}}{2(1+\alpha_s)(1+b)(1+b+c)}\left(\frac{bp(\alpha_s b+b-\alpha_s)}{k_s(1+\alpha_s)(1+b)(1+b+c)}\right)^b$$
$$\left(\frac{cp}{k_r(1+b+c)}\right)^c$$

$$E\pi_{r2}^{F*} = \frac{\eta p^{1-a}}{2(1+b+c)}\left(\frac{bp(\alpha_s b+b-\alpha_s)}{k_s(1+\alpha_s)(1+b)(1+b+c)}\right)^b\left(\frac{cp}{k_r(1+b+c)}\right)^c$$

$$E\pi_{sc2}^{F*} = \frac{(1+\alpha_s+3\alpha_s b+2b)\eta p^{1-a}}{2(1+\alpha_s)(1+b)(1+b+c)}\left(\frac{bp(\alpha_s b+b-\alpha_s)}{k_s(1+\alpha_s)(1+b)(1+b+c)}\right)^b$$
$$\left(\frac{cp}{k_r(1+b+c)}\right)^c$$

$$Eu_{s2}^{F*} = \frac{\eta p^{1-a}(\alpha_s b + b - \alpha_s)}{2(1+b)(1+b+c)}\left(\frac{bp(\alpha_s b + b - \alpha_s)}{k_s(1+\alpha_s)(1+b)(1+b+c)}\right)^b \left(\frac{cp}{k_r(1+b+c)}\right)^c$$

$$Eu_{sc2}^{F*} = \frac{\eta p^{1-a}(\alpha_s b + 2b - \alpha_s + 1)}{2(1+b)(1+b+c)}\left(\frac{bp(\alpha_s b + b - \alpha_s)}{k_s(1+\alpha_s)(1+b)(1+b+c)}\right)^b$$
$$\left(\frac{cp}{k_r(1+b+c)}\right)^c$$

第Ⅲ阶段：随着交易进行，由 $\dfrac{E\pi_{r2}^{F*}}{E\pi_{r1}^{F*}} = \dfrac{(1+\alpha_s)b - \alpha_s}{(1+\alpha_s)b} < 1$，得出 $E\pi_{r2}^{F*} <$

$E\pi_{r1}^{F*}$。超市发现在与农产品加工商博弈过程中自身期望利润降低，于是超市通过农产品生产加工商提供的农产品质量逐渐识别、获得农产品生产加工商的公平关切信息，超市在制定农产品收购价格和对农产品的质量检验努力水平时就会考虑农产品生产加工商的公平关切行为，避免农产品供给质量降低和自身利润降低。此时，农产品生产加工商的公平关切信息为双方的共同知识，模型中可以表示为 $\alpha_s = \alpha_r = \alpha > 0$。代入式（6.6）、式（6.7）和式（6.9）可以计算超市和农产品生产加工商的最优决策分别为

$$\theta_{r3}^{F*} = \frac{cp}{k_r(1+b+c)}, \quad w_3^{F*} = \frac{p(\alpha + 2\alpha b + b)}{(1+2\alpha)(1+b+c)},$$

$$\theta_{s3}^{F*} = \frac{b^2 p}{k_s(1+b)(1+b+c)}$$

$$E\pi_{s3}^{F*} = \frac{(3b\alpha + b + \alpha)\eta p^{1-a}}{2(1+2\alpha)(1+b)(1+b+c)}\left(\frac{b^2 p}{k_s(1+b)(1+b+c)}\right)^b$$
$$\left(\frac{cp}{k_r(1+b+c)}\right)^c$$

$$E\pi_{r3}^{F*} = \frac{(1+\alpha)\eta p^{1-a}}{2(1+2\alpha)(1+b+c)}\left(\frac{b^2 p}{k_s(1+b)(1+b+c)}\right)^b$$
$$\left(\frac{cp}{k_r(1+b+c)}\right)^c$$

$$E\pi_{sc3}^{F*} = \frac{(1+2b)\eta p^{1-a}}{2(1+b)(1+b+c)}\left(\frac{b^2 p}{k_s(1+b)(1+b+c)}\right)^b$$
$$\left(\frac{cp}{k_r(1+b+c)}\right)^c$$

$$Eu_{s3}^{F*} = \frac{(1+\alpha)\eta bp^{1-a}}{2(1+2\alpha)(1+b)(1+b+c)}\left(\frac{b^2 p}{k_s(1+b)(1+b+c)}\right)^b$$
$$\left(\frac{cp}{k_r(1+b+c)}\right)^c$$

$$Eu_{sc3}^{F*} = \frac{[1+2(1+\alpha)b](1+\alpha)\eta p^{1-a}}{2(1+2\alpha)(1+b)(1+b+c)}\left(\frac{b^2 p}{k_s(1+b)(1+b+c)}\right)^b$$
$$\left(\frac{cp}{k_r(1+b+c)}\right)^c$$

第Ⅳ阶段：公平关切会给农产品生产加工商带来负效用，如果农产品生产加工商不关注公平、不用克服公平负效用，那么农产品生产加工商的总效用会更高，有利于提高农产品供给质量。第Ⅲ阶段博弈中农产品生产加工商获得了较高的农产品收购价格（$w_3^{F*} > w_2^{F*}$），农产品生产加工商的单位利润提高从而引起公平负效用减小、期望利润增加、总效用提高。当博弈进入第Ⅳ阶段，农产品生产加工商有可能继续故意保持公平关切行为而不被超市察觉，这样就可以进一步享受超市考虑农产品生产加工商公平关切而带来的较高收购价格同时增加自身的利润，模型中表示为 $\alpha_s = 0$、$\alpha_r > 0$，即农产品生产加工商不关注公平，而超市以为农产品生产加工商仍然关注公平。将 $\alpha_s = 0$、$\alpha_r > 0$ 代入式（6.6）、式（6.7）和式（6.9）可以计算超市和农产品生产加工商的最优决策为

$$\theta_{r4}^{F*} = \frac{cp}{k_r(1+b+c)}, \quad w_4^{F*} = \frac{p(\alpha_r + 2\alpha_r b + b)}{(1+2\alpha_r)(1+b+c)},$$

$$\theta_{s4}^{F*} = \frac{[\alpha_r + (1+2\alpha_r)b]bp}{k_s(1+2\alpha_r)(1+b)(1+b+c)}$$

$$E\pi_{s4}^{F*} = \frac{(\alpha_r + 2\alpha_r b + b)\eta p^{1-a}}{2(1+2\alpha_r)(1+b)(1+b+c)}\left(\frac{bp(\alpha_r + 2\alpha_r b + b)}{k_s(1+2\alpha_r)(1+b)(1+b+c)}\right)^b$$
$$\left(\frac{cp}{k_r(1+b+c)}\right)^c$$

$$E\pi_{r4}^{F*} = \frac{(1+\alpha_r)\eta p^{1-a}}{2(1+2\alpha_r)(1+b)(1+b+c)}\left(\frac{bp(\alpha_r + 2\alpha_r b + b)}{k_s(1+2\alpha_r)(1+b)(1+b+c)}\right)^b$$
$$\left(\frac{cp}{k_r(1+b+c)}\right)^c$$

$$E\pi_{sc4}^{F*} = \frac{(1+2\alpha_r + 3\alpha_r b + 2b)\eta p^{1-a}}{2(1+2\alpha_r)(1+b)(1+b+c)}\left(\frac{bp(\alpha_r + 2\alpha_r b + b)}{k_s(1+2\alpha_r)(1+b)(1+b+c)}\right)^b$$
$$\left(\frac{cp}{k_r(1+b+c)}\right)^c$$

$$Eu_{s4}^{F*} = \frac{(\alpha_r + 2\alpha_r b + b)\eta p^{1-a}}{2(1+2\alpha_r)(1+b)(1+b+c)}\left(\frac{bp(\alpha_r + 2\alpha_r b + b)}{k_s(1+2\alpha_r)(1+b)(1+b+c)}\right)^b$$
$$\left(\frac{cp}{k_r(1+b+c)}\right)^c$$

$$E\pi_{sc4}^{F*} = \frac{(1+2\alpha_r+3\alpha_r b+2b)\eta p^{1-a}}{2(1+2\alpha_r)(1+b)(1+b+c)}\left(\frac{bp(\alpha_r+2\alpha_r b+b)}{k_s(1+2\alpha_r)(1+b)(1+b+c)}\right)^b$$

$$\left(\frac{cp}{k_r(1+b+c)}\right)^c$$

由公平关切及其认知动态演进各阶段的计算可得命题 6.1 和推论 6.1。

命题 6.1　农产品生产加工商公平关切及其认知动态演进的 4 个过程中：

①对于各方决策：$w_4^{F*} = w_3^{F*} > w_2^{F*} = w_1^{F*}$，$\theta_{r4}^{F*} = \theta_{r3}^{F*} = \theta_{r2}^{F*} = \theta_{r1}^{F*}$，$\theta_{s2}^{F*} < \theta_{s1}^{F*} = \theta_{s3}^{F*} < \theta_{s4}^{F*}$。

②各方利润和供应链利润：$E\pi_{s2}^{F*} < E\pi_{s1}^{F*} < E\pi_{s3}^{F*} < E\pi_{s4}^{F*}$，$E\pi_{r2}^{F*} < E\pi_{r3}^{F*} < E\pi_{r4}^{F*} < E\pi_{r1}^{F*}$，$E\pi_{sc2}^{F*} < E\pi_{sc1}^{F*} = E\pi_{sc3}^{F*} < E\pi_{sc4}^{F*}$。

③农产品生产加工商效用和供应链效用：$Eu_{s2}^{F*} < Eu_{s1}^{F*} < Eu_{s4}^{F*} < Eu_{s3}^{F*}$，$Eu_{sc2}^{F*} < Eu_{sc1}^{F*}$，$Eu_{sc3}^{F*} < Eu_{sc4}^{F*}$（当 $0 < \alpha < \frac{1}{2b}$ 时，$Eu_{sc3}^{F*} < Eu_{sc1}^{F*}$；当 $\frac{1}{2b} < \alpha < 1$ 时，$Eu_{sc3}^{F*} > Eu_{sc1}^{F*}$）。

证明：① $w_3^{F*} - w_2^{F*} = \dfrac{\alpha_s p}{(b+c+1)(2\alpha_s+1)} > 0$，$\theta_{s2}^{F*} - \theta_{s1}^{F*} = -\dfrac{\alpha_r bp}{k_s(1+\alpha_r)(b+1)(b+c+1)} < 0$，$\theta_{s4}^{F*} - \theta_{s2}^{F*} = \dfrac{\alpha(2+3\alpha)bp}{k_s(1+2\alpha)(1+\alpha)(b+1)(b+c+1)} > 0$。

②农产品生产加工商期望利润在博弈各个阶段的对比：$\dfrac{E\pi_{s2}^{F*}}{E\pi_{s1}^{F*}} = \left(\dfrac{1+2\alpha_s}{1+\alpha_s}\right)\left(\dfrac{b(1+\alpha_s)-\alpha_s}{b(1+\alpha_s)}\right)^b$，令 $G_{61}(\alpha_s) = \left(\dfrac{1+2\alpha_s}{1+\alpha_s}\right)\left(\dfrac{b(1+\alpha_s)-\alpha_s}{b(1+\alpha_s)}\right)^b$，于是 $\dfrac{\partial G_{61}(\alpha_s)}{\partial \alpha_s} = -\left(\dfrac{(1+b)\alpha_s}{(1+\alpha_s)^2[b(1+\alpha_s)-\alpha_s]}\right)\left(\dfrac{b(1+\alpha_s)-\alpha_s}{b(1+\alpha_s)}\right)^b < 0$，即 $G_{61}(\alpha_s)$ 关于 α_s 为严格递减函数。由于当 $\alpha_s = 0$ 时 $G_{61}(\alpha_s)|_{\alpha_s=0} = 1$，于是 $G_{61}(\alpha_s)|_{\alpha_s>0} < 1$，这等价于 $\dfrac{E\pi_{s2}^{F*}}{E\pi_{s1}^{F*}} < 1$。因此 $E\pi_{s2}^{F*} < E\pi_{s1}^{F*}$。

$\dfrac{E\pi_{s3}^{R*}}{E\pi_{s1}^{R*}} = \dfrac{\alpha_s+(1+3\alpha_s)b}{(1+2\alpha_s)b} > 1$，即 $E\pi_{s3}^{R*} > E\pi_{s1}^{R*}$。$\dfrac{E\pi_{s3}^{R*}}{E\pi_{s4}^{R*}} = \left(\dfrac{\alpha+b+3\alpha b}{\alpha+b+2\alpha b}\right)\left(\dfrac{(1+2\alpha)b}{\alpha+b+2\alpha b}\right)^b$，令 $G_{62}(\alpha) = \left(\dfrac{\alpha+b+3\alpha b}{\alpha+b+2\alpha b}\right)\left(\dfrac{(1+2\alpha)b}{\alpha+b+2\alpha b}\right)^b$，于是 $\dfrac{\partial G_{62}(\alpha)}{\partial \alpha} = -\dfrac{\alpha(1+b)}{(1+2\alpha)(\alpha+b+2\alpha b)^2}\left(\dfrac{(1+2\alpha)b}{\alpha+b+2\alpha b}\right)^b < 0$，且当 $\alpha_s = 0$ 时 $G_{62}(\alpha)|_{\alpha=0} =$

1，于是 $G_{62}(\alpha)\mid_{\alpha>0}<1$，这等价于 $\dfrac{E\pi_{s3}^{F*}}{E\pi_{s4}^{F*}}<1$，因此 $E\pi_{s3}^{F*}<E\pi_{s4}^{F*}$。

超市期望利润在博弈各个阶段的对比：$\dfrac{E\pi_{r1}^{F*}}{E\pi_{r4}^{F*}}=\left(\dfrac{(1+2\alpha)b}{\alpha+2\alpha b+b}\right)^{1+b}$，

$\dfrac{E\pi_{r1}^{F*}}{E\pi_{r4}^{F*}}>1$，即 $E\pi_{r4}^{F*}<E\pi_{r1}^{F*}$。$\dfrac{E\pi_{r3}^{F*}}{E\pi_{r4}^{F*}}=\dfrac{\alpha+3\alpha b+b}{\alpha+2\alpha b+b}\left(\dfrac{(1+2\alpha)b}{\alpha+2\alpha b+b}\right)^{b}$，令 $G_{63}(\alpha)=$

$-\left(\dfrac{\alpha b(1+b)}{(\alpha+b+2\alpha b)^{2}(1+2\alpha)}\right)\left(\dfrac{(1+2\alpha)b}{\alpha+b+2\alpha b}\right)^{b}<0$，当 $\alpha_{s}=0$ 时 $G_{63}(\alpha)\mid_{\alpha=0}=$

1，于是 $G_{63}(\alpha)\mid_{\alpha>0}<1$，这等价于 $\dfrac{E\pi_{r3}^{F*}}{E\pi_{r4}^{F*}}<1$，因此 $E\pi_{r3}^{R*}<E\pi_{r4}^{R*}$。同理可

以证明 $E\pi_{r2}^{F*}<E\pi_{r3}^{F*}$。综上所述，$E\pi_{r2}^{F*}<E\pi_{r3}^{F*}<E\pi_{r4}^{F*}<E\pi_{r1}^{F*}$。

供应链期望利润在博弈各个阶段的对比：$E\pi_{sc1}^{F*}=E\pi_{sc3}^{F*}$，令 $G_{64}(\alpha)=$

$\dfrac{E\pi_{sc2}^{F*}}{E\pi_{sc1}^{F*}}$，$\dfrac{\partial G_{64}(\alpha)}{\partial\alpha}=-\dfrac{(1+2\alpha)(1+b)b}{[(1+\alpha)b-\alpha](1+2b)(1+\alpha)^{2}}\left(\dfrac{(1+\alpha)b-\alpha}{(1+\alpha)b}\right)^{b}<0$，

且当 $\alpha=0$ 时，$G_{64}(\alpha)\mid_{\alpha=0}=1$，于是 $G_{64}(\alpha)\mid_{\alpha>0}<1$，因此 $\dfrac{E\pi_{sc2}^{F*}}{E\pi_{sc1}^{F*}}<1$，即

$E\pi_{sc2}^{F*}<E\pi_{sc1}^{F*}$。同理可以证明 $E\pi_{sc1}^{F*}<E\pi_{sc4}^{F*}$。综上所述，$E\pi_{sc2}^{F*}<E\pi_{sc1}^{F*}=$

$E\pi_{sc3}^{F*}<E\pi_{sc4}^{F*}$。

③农产品生产加工商期望效用：$\dfrac{Eu_{s1}^{F*}}{Eu_{s2}^{F*}}=\dfrac{b}{\alpha b+b-\alpha}\left(\dfrac{(1+\alpha)b}{\alpha b+b-\alpha}\right)^{b}$，令

$G_{65}(\alpha)=\dfrac{Eu_{s1}^{F*}}{Eu_{s2}^{F*}}$，于是 $\dfrac{\partial G_{65}(\alpha)}{\partial\alpha}=\dfrac{(1+\alpha-\alpha b)}{(1+\alpha)(\alpha b+b-\alpha)^{2}}\left(\dfrac{1+\alpha}{\alpha b+b-\alpha}\right)^{b}>0$，

即 $G_{65}(\alpha)$ 关于 α 为严格递增函数。由于当 $\alpha=0$ 时，$G_{64}(\alpha)\mid_{\alpha=0}=1$，于

是 $G_{65}(\alpha)\mid_{\alpha>0}>1$。因此 $Eu_{s1}^{F*}>Eu_{s2}^{F*}$。同理可以证明 $Eu_{s2}^{F*}<Eu_{s1}^{F*}<$

$Eu_{s4}^{F*}<Eu_{s3}^{F*}$。

农产品供应链期望效用：$\dfrac{Eu_{sc1}^{F*}}{Eu_{sc2}^{F*}}=\dfrac{1+2b}{1+2b-(1-b)\alpha}\left(\dfrac{(1+\alpha)b}{\alpha b+b-\alpha}\right)^{b}>1$，

于是 $Eu_{sc2}^{F*}<Eu_{sc1}^{F*}$。$\dfrac{Eu_{sc1}^{F*}}{Eu_{sc3}^{R*}}=\dfrac{(1+2b)(1+2\alpha)}{(1+2b+2\alpha b)(1+\alpha)}$，当 $0<\alpha<\dfrac{1}{2b}$ 时 $Eu_{sc1}^{F*}>$

Eu_{sc3}^{F*}，当 $\dfrac{1}{2b}<\alpha<1$ 时 $Eu_{sc3}^{F*}>Eu_{sc1}^{F*}$。$\dfrac{Eu_{sc4}^{F*}}{Eu_{sc3}^{F*}}=\dfrac{(1+2b+(2+3b)\alpha)}{(1+\alpha)(1+2b+2\alpha b)}$

$\left(\dfrac{\alpha+(1+2\alpha)b}{(1+2\alpha)b}\right)^{b}>1$，即 $Eu_{sc4}^{R*}>Eu_{sc3}^{R*}$。

综上所述，可以得到农产品生产加工商公平关切及其认知动态演进

过程中供应链效用有以下关系：当 $0 < \alpha < \dfrac{1}{2b}$ 时，$Eu_{sc2}^{F*} < Eu_{sc3}^{F*} < Eu_{sc1}^{F*} < Eu_{sc4}^{F*}$；当 $\dfrac{1}{2b} < \alpha < 1$ 时，$Eu_{sc2}^{F*} < Eu_{sc1}^{F*} < Eu_{sc3}^{F*} < Eu_{sc4}^{F*}$。

证毕。

命题 6.1①中首先，对于农产品收购价格：$w_4^{F*} = w_3^{F*} > w_2^{F*} = w_1^{F*}$，超市决策的农产品收购价格在第Ⅲ和第Ⅳ阶段相等且都高于第Ⅰ、第Ⅱ阶段，这说明只要超市考虑农产品生产加工商公平关切，超市就会主动提高农产品收购价格，从而增加农产品生产加工商的单位利润、缓减农产品生产加工商公平关切负效用，避免农产品生产加工商因觉得利润分配不公平而做出降低农产品质量的行为，最终尽力保障高质量农产品的源头供给质量。其次，对于超市质量检验努力水平：由 $\theta_{r4}^{F*} = \theta_{r3}^{F*} = \theta_{r2}^{F*} = \theta_{r1}^{F*}$，无论农产品生产加工商公平关切信息如何演变，超市在博弈各个演进过程中对农产品的质量检验努力水平始终保持不变，也就是农产品生产加工商公平关切不影响超市质量检验努力水平。结合第 3 章供应链集中决策下最优超市检验努力水平 $\theta_r^{I*} = \dfrac{cp}{k_r(1 + b + c)}$ 和命题 4.3 $\theta_r^{I*} = \theta_r^{R*} = \theta_r^{F*}$，即超市始终保持最优的农产品质量检验努力，对农产品质量检验不放松。一方面，大数据、互联网环境下消费者对农产品的消费要求由可得性、品种多样性转向安全性和质量性，且消费者关于农产品质量的识别能力提高，一旦发现超市销售低质量农产品，网络舆论效应、各种社交平台信息和数据瞬间传播，超市信誉就会急剧下降，销售利润下降，甚至倒闭关门；另一方面，超市处于农产品供应链主导者地位，为了自身和农产品供应链的稳定发展，超市极力保障提供给高质量农产品给市场，从而维护自身长期销售品牌和形象。综合这两个方面，超市始终不降低对农产品质量检验水平，超市决策的质量检验努力水平不受农产品生产加工商质量努力和公平关切的影响。最后，对于农产品生产加工商质量努力：$\theta_{s2}^{F*} < \theta_{s1}^{F*} = \theta_{s3}^{F*} < \theta_{s4}^{F*}$，农产品生产加工商质量努力水平在第Ⅳ阶段最高、第Ⅱ阶段最低，只要信息对称，农产品生产加工商公平关切不影响农产品质量努力，表现为第Ⅰ和第Ⅲ阶段的质量努力水平相等。如果农产品生产加工商认为利润分配不公平，那么直接反映在降低农产品质量努力上，从而降低对超市的农产品供给质量，超市通过农产品质量判断，处于维护自身利益，超市会提高收购价格缓减农产品生产加工商的公平负效用。农产品生产加工商在第Ⅳ阶段努力水平最高，因为在该阶段一方面收购价格较高、农产品生产加工商与超市的

单位利润差直接减少，另一方面农产品生产加工商利润增加且不需要遭受公平负效用的影响，因此总效用极大提高，从而极大地提高农产品质量努力水平。由第 3 章可知，供应链集中决策下的最优农产品生产加工商质量努力为 $\theta_s^{I*} = \dfrac{bp}{k_s(1+b+c)}$，再由 $\theta_s^{I*} - \theta_{s4}^{F*} = \dfrac{(1+\alpha_r)bp}{k_s(1+\alpha_r)(1+b)(1+b+c)} >$ 0 和 $\theta_s^{R*} = \theta_{s1}^{F*} < \theta_{s4}^{F*}$。只要超市适当提高农产品收购价格，农产品生产加工商会提升农产品质量努力水平，但仍然不能达到供应链最优的水平。进一步，$\dfrac{\partial(\theta_s^{I*} - \theta_{s4}^{F*})}{\partial \alpha_r} = -\dfrac{bp}{k_s(1+2\alpha_r)^2(1+b)(1+b+c)} < 0$ 和 $\dfrac{\partial w_4^{F*}}{\partial \alpha_r} = \dfrac{(1+2b)p}{k_s(1+b)(1+b+c)} > 0$ 即公平关切信息强度越大，超市提高农产品收购价格越高，农产品生产加工商质量投入越多、越接近供应链最优。

命题 6.1② 中对于超市期望利润：$E\pi_{r2}^{F*} < E\pi_{r3}^{F*} < E\pi_{r4}^{F*} < E\pi_{r1}^{F*}$，在农产品生产加工商公平关切信息动态演进过程中，超市在第 I 阶段获得最多利润，农产品生产加工商公平关切对超市不利，但只要超市考虑农产品生产加工商的公平关切而适当提高农产品收购价格，就不会处于最糟糕的第 II 阶段。对于农产品生产加工商，只要表现出公平关切行为，都有利于改进自身利润（表现为第 III 和第 IV 阶段），尤其是当农产品生产加工商公平中性但却表现出公平关切能迫使超市提高农产品收购价格，从而增加单位销售收益。但农产品生产加工商公平关切、信息非对称，农产品生产加工商就将处于对自己和超市都非常不利的第 II 阶段。对于农产品生产加工商期望利润：$E\pi_{s2}^{F*} < E\pi_{s1}^{F*} < E\pi_{s3}^{F*} < E\pi_{s4}^{F*}$，农产品生产加工商期望利润在第 IV 阶段最高、第 II 阶段最低，信息对称下，公平关切能带来更多利润 $E\pi_{s1}^{F*} < E\pi_{s3}^{F*}$。对于农产品供应链总体 $E\pi_{sc2}^{F*} < E\pi_{sc1}^{F*} = E\pi_{sc3}^{F*} < E\pi_{sc4}^{F*}$ 而言，农产品供应链利润第 IV 阶段最高、在第 II 阶段最低。只要农产品生产加工商和超市之间关于公平关切的信息对称，农产品生产加工商的公平关切不会影响供应链总利润，表现为第 I 和第 III 阶段农产品供应链利润相等。因此，在农产品生产加工商公平关切及其认知动态演进过程中，一方面，只要农产品生产加工商表现出公平关切信息或者超市考虑农产品生产加工商对收益公平的关注而适当提高收购价格，都能改进双方的利润和供应链整体收益。另一方面，只要公平关切信息与认知信息一致，农产品生产加工商的公平关切不改变供应链总利润，仅起到"供应链利润分配机制"的作用。

③由命题 6.1③，$E\pi_{s2}^{F*} < E\pi_{s1}^{F*} < E\pi_{s3}^{F*} < E\pi_{s4}^{F*}$，农产品生产加工商效

用在第Ⅲ阶段最高、第Ⅳ阶段次高、在第Ⅱ阶段最低，供应链总体效用在第Ⅱ阶段最低、第Ⅳ阶段最高。这说明，只要超市考虑农产品生产加工商公平关切行为、提高农产品收购价格，就能够改进供应链利润和效用。

综上所述，只要超市考虑到农产品生产加工商的公平关切，农产品生产加工商总能从中获利，对双方和供应链都是有利的。但如果超市未能识别农产品生产加工商的公平关切行为，则农产品生产加工商将因公平负效用使农产品生产加工商、超市都处于不利的地位（如第Ⅱ阶段）。于是对于农产品生产加工商而言，如果要想利用公平关切信息来为自己获得更多的利润，一定要想办法将自身真实的公平关切信息传递给超市。

推论 6.1 当农产品生产加工商公平中性且信息对称时，农产品生产加工商利润最大限度地低于超市，而只要农产品生产加工商表现出公平关切，无论公平关切信息是否对称，农产品生产加工商利润与超市利润差异都会减小。

证明：记 $\Delta E\pi_i^{F*} = E\pi_{si}^{F*} - E\pi_{ri}^{F*}$，于是，通过前面四个阶段的计算和分析，可得农产品生产加工商公平关切及其认知动态演进的各个阶段中农产品生产加工商与超市之间利润差分别为

$$\Delta E\pi_1^{F*} = -\frac{\eta p^{1-a}}{2(1+b)(1+b+c)}\left(\frac{b^2 p}{k_s(1+b+c)(1+b)}\right)^b$$
$$\left(\frac{cp}{k_r(1+b+c)}\right)^c < 0$$

$$\Delta E\pi_2^{F*} = -\frac{\eta p^{1-a}}{2(1+b)(1+b+c)}\left(\frac{bp[(1+\alpha)b-\alpha]}{k_s(1+\alpha)(1+b)(1+b+c)}\right)^b$$
$$\left(\frac{cp}{k_r(1+b+c)}\right)^c < 0$$

$$\Delta E\pi_3^{F*} = -\frac{\eta p^{1-a}(1-2\alpha b)}{2(1+\alpha)(1+b)(1+b+c)}\left(\frac{pb^2[(1+\alpha)b-\alpha]}{k_s(1+b)(1+b+c)}\right)^b$$
$$\left(\frac{cp}{k_r(1+b+c)}\right)^c < 0$$

$$\Delta E\pi_4^{F*} = -\frac{(1-\alpha b)\eta p^{1-a}}{2(1+\alpha)(1+b)(1+b+c)}\left(\frac{bp(\alpha+b+\alpha b)}{k_s(1+2\alpha)(1+b)(1+b+c)}\right)^b$$
$$\left(\frac{cp}{k_r(1+b+c)}\right)^c < 0$$

可以计算 $|\Delta E\pi_2^{F*}| < |\Delta E\pi_1^{F*}|$，$|\Delta E\pi_3^{F*}| < |\Delta E\pi_1^{F*}|$ 和 $|\Delta E\pi_4^{F*}| < |\Delta E\pi_1^{F*}|$。

证毕。

推论 6.1 说明，当农产品生产加工商伪装公平关切信息（第Ⅳ阶段）从而获得较高的农产品收购价格，与此同时农产品生产加工商也投入最高的农产品质量努力水平。这是因为在以超市主导的农产品供应链中，一方面农产品生产加工商在博弈中后行动、处于劣势；另一方面因远离消费市场、对市场的驾驭、可触碰性和影响力差，使得农产品生产加工商利润始终低于超市。因此，农产品生产加工商只有通过传递自身的真实公平关切信息（第Ⅲ阶段）甚至伪装或夸大自身公平关切信息（第Ⅳ阶段）来获取更多的利润和更大的供应链谈判能力。

性质 6.1　①农产品生产加工商质量努力都随真实公平关切强度递减、随超市认为的公平关切信息强度递增；超市质量检验努力水平不受农产品生产加工商公平关切信息影响、收购价格随超市认为的公平关切信息强度递增。

②在博弈的各个阶段中，超市利润随公平关切信息递减；农产品生产加工商利润和效用、供应链利润和效用都随真实公平关切程度递减但随超市认为的公平关切信息强度递增。

公平关切对农产品供应链双方决策和绩效的影响如表 6-3 所示。

表 6-3　　　　公平关切对农产品供应链双方决策和绩效的影响

	θ_s^{F*}	θ_r^{F*}	w^{F*}	$E\pi_s^{F*}$	$E\pi_r^{F*}$	Eu_s^{F*}	$E\pi_{sc}^{F*}$	Eu_{sc}^{F*}
α_s	↓	—	—	↓	↓	↓	↓	↓
α_r	↑	—	↑	↑	↓	↑	↑	↑

证明：$\dfrac{\partial \theta_{s2}^{F*}}{\partial \alpha_s} = -\dfrac{pb}{k_s(1+\alpha_s)^2(1+b)(1+b+c)} < 0$，$\dfrac{\partial \theta_{s4}^{F*}}{\partial \alpha_r} =$

$\dfrac{pb}{k_s(1+\alpha_r)^2(1+b)(1+b+c)} > 0$

$\dfrac{\partial w_3^{F*}}{\partial \alpha} = \dfrac{\partial w_3^{F*}}{\partial \alpha_r} = \dfrac{p}{(1+\alpha)^2(1+b+c)} > 0$，

$\dfrac{\partial E\pi_{s3}^{F*}}{\partial \alpha} = -\dfrac{\eta p^{1-a}}{2(1+\alpha)^2(1+b+c)}\left(\dfrac{pb^2}{k_s(1+b)(1+b+c)}\right)^b$

$\left(\dfrac{cp}{k_r(1+b+c)}\right)^c < 0$

$\dfrac{\partial E\pi_{s2}^{F*}}{\partial \alpha_s} = -\dfrac{b\eta p^{1-a}}{2(1+\alpha_s)^2(1+b+\alpha_s b)(1+b+c)}\left(\dfrac{bp(\alpha_s b+b-\alpha_s)}{k_s(1+\alpha_s)(1+b)(1+b+c)}\right)^b$

$\left(\dfrac{cp}{k_r(1+b+c)}\right)^c < 0$

$$\frac{\partial E\pi_{s4}^{F*}}{\partial \alpha_r} = \frac{\partial Eu_{s4}^{F*}}{\partial \alpha_r} = \frac{\eta p^{1-a}}{2(1+\alpha_r)^2(1+b+c)}\left(\frac{pb(\alpha_r+2\alpha_r b+b)}{k_s(1+2\alpha_r)(1+b)(1+b+c)}\right)^b$$

$$\left(\frac{cp}{k_r(1+b+c)}\right)^c > 0$$

$$\frac{\partial E\pi_{r2}^{F*}}{\partial \alpha_s} = -\frac{b\eta p^{1-a}}{2(1+\alpha_s)(b+\alpha_s b-1)(1+b+c)}\left(\frac{bp(\alpha_s b+b-\alpha_s)}{k_s(1+\alpha_s)(1+b)(1+b+c)}\right)^b$$

$$\left(\frac{cp}{k_r(1+b+c)}\right)^c < 0$$

$$\frac{\partial E\pi_{r3}^{F*}}{\partial \alpha} = -\frac{\eta p^{1-a}}{2(1+\alpha)^2(1+b+c)}\left(\frac{pb^2}{k_s(1+b)(1+b+c)}\right)^b$$

$$\left(\frac{cp}{k_r(1+b+c)}\right)^c < 0$$

$$\frac{\partial E\pi_{r4}^{F*}}{\partial \alpha_r} = -\frac{(1+b)\alpha\eta p^{1-a}}{2(1+\alpha_r)^2(\alpha_r+2\alpha_r b+b)(1+b+c)}\left(\frac{pb(\alpha_r+2\alpha_r b+b)}{k_s(1+2\alpha_r)(1+b)(1+b+c)}\right)^b$$

$$\left(\frac{cp}{k_r(1+b+c)}\right)^c < 0$$

$$\frac{\partial E\pi_{sc2}^{F*}}{\partial \alpha_s} = -\frac{(1+2\alpha_s)b\eta p^{1-a}}{2(1+\alpha_s)^2(b+\alpha_s b-1)(1+b+c)}\left(\frac{bp(\alpha_s b+b-\alpha_s)}{k_s(1+\alpha_s)(1+b)(1+b+c)}\right)^b$$

$$\left(\frac{cp}{k_r(1+b+c)}\right)^c < 0$$

$$\frac{\partial E\pi_{sc4}^{F*}}{\partial \alpha_r} = \frac{\partial Eu_{sc4}^{F*}}{\partial \alpha_r} = \frac{(1+\alpha_r)b\eta p^{1-a}}{2(1+\alpha_r)^2(\alpha_r+2\alpha_r b+b)(1+b+c)}$$

$$\left(\frac{pb(\alpha_r+2\alpha_r b+b)}{k_s(1+2\alpha_r)(1+b)(1+b+c)}\right)^b\left(\frac{cp}{k_r(1+b+c)}\right)^c > 0$$

$$\frac{\partial Eu_{s2}^{F*}}{\partial \alpha_s} = -\frac{(1+\alpha_s-\alpha_s b)\eta p^{1-a}}{2(1+\alpha_s)(1+b)(1+b+c)}\left(\frac{bp(\alpha_s b+b-\alpha_s)}{k_s(1+\alpha_s)(1+b)(1+b+c)}\right)^b$$

$$\left(\frac{cp}{k_r(1+b+c)}\right)^c < 0$$

$$\frac{\partial Eu_{s3}^{F*}}{\partial \alpha} = \frac{\eta p^{1-a}}{2(1+b)(1+b+c)}\left(\frac{pb^2}{k_s(1+b)(1+b+c)}\right)^b$$

$$\left(\frac{cp}{k_r(1+b+c)}\right)^c > 0$$

由于 $Eu_{sc2}^{F*} = Eu_{s2}^{F*} + E\pi_{r2}^{F*}$, $\dfrac{\partial E\pi_{s2}^{F*}}{\partial \alpha_s} < 0$ 和 $\dfrac{\partial E\pi_{r2}^{F*}}{\partial \alpha_s} < 0$, 于是 $\dfrac{\partial Eu_{sc2}^{F*}}{\partial \alpha_s} < 0$;

同理 $\dfrac{\partial Eu_{sc3}^{F*}}{\partial \alpha} < 0$。

证毕。

性质 6.1 说明超市会担心农产品生产加工商公平关切而降低农产品质量努力、减少市场需求从而减少自身利润，因此农产品生产加工商公平关切强度越大，超市提供的收购价格就越高。同时，农产品生产加工商决策的农产品质量努力水平随自身公平关切强度递减，这是因为在超市主导型供应链中，超市利润高于农产品生产加工商，农产品生产加工商的公平关切强度越大，那么所遭受的公平（嫉妒）负效用越大，为了减少这种嫉妒负效用，农产品生产加工商就会降低农产品质量努力的方式来直接降低自身生产成本，较低质量的农产品直接导致市场需求缩减。因此，农产品生产加工商减少了自身利润的同时也更多地减少了超市利润（表现为 $E\pi_{s2}^{F*} - E\pi_{s1}^{F*} < E\pi_{r1}^{F*} - E\pi_{r2}^{F*}$），从而减小利润差异带来嫉妒负效用，于是也通过减少超市利润来传递自身对收益分配公平的重视，惩罚了超市。另外，收购价格随超市认为的公平关切强度递减，这是因为超市认为的农产品生产加工商公平关切强度越大，那么就越要减轻农产品生产加工商对自己的报复行为，体现在尽量提高农产品收购价格，这样农产品生产加工商一方面会因为收购价格提高而有动力和积极性去提高农产品质量，维持稳定的农产品供应链下游销售渠道，也会因嫉妒负效用减小而报答超市提供的较高农产品收购价格。

6.3　供应链效率和公平度评价

6.3.1　农产品供应链效率评价

农产品供应链效率 ESC_F 以"分散决策时的农产品供应链系统值与集中决策时的农产品供应链系统值之比"来刻画，分为主观效率 ESC_F^S 和客观效率 ESC_F^O。农产品供应链主观效率即供应链分散决策下的最优效用与集中决策下的最优效用比值，由第 3 章和第 4 章，可以计算公平关切动态演进第 i 种情况下农产品供应链主观效率为 $ESC_{Fi}^S = \dfrac{Eu_{sci}^{F*}}{Eu_{sc}^{I*}}$；农产品供应链客观效率为农产品供应链分散决策下的最优利润与集中决策下的最优利润比值，即 $ESC_{Fi}^O = \dfrac{E\pi_{sci}^{F*}}{E\pi_{sc}^{I*}}$。农产品供应链效率越高，说明分散决策下农产品供应链运作越接近集中决策下的最优状态。特别地，当 $ESC_{Fi}^S = 1$ 时，具有公平关切的成员认为农产品供应链实现协调；当 $ESC_{Fi}^O = 1$ 时，从外部看即不考虑供应链中任何成员的公平关切时农产品供应链实现协调。由 3.2 节可知，集中决策下农产品供应链最优利润和效用为 $Eu_{sc}^{I^*} = E\pi_{sc}^{I^*} = \dfrac{\eta p^{1-a}}{2(1+b+c)}\left(\dfrac{bp}{k_s(1+b+c)}\right)^b\left(\dfrac{cp}{k_r(1+b+c)}\right)^c$，根据 6.2 节各个阶段的双方决策和各项指标，可以计算农产品生产加工商公平关切信息动态演进过程中各个阶段的供应链主观和客观效率，如表 6-4 所示。

表 6-4　　　　　　　　　　供应链效率动态演进

阶段	客观效率 ESC_F^O	主观效率 ESC_F^S	效率比 $RESC_F = \dfrac{ESC_F^O}{ESC_F^S}$
I	$ESC_{F1}^O = \dfrac{1+2b}{1+b}\left(\dfrac{b}{1+b}\right)^b$	$ESC_{F1}^S = \dfrac{1+2b}{1+b}\left(\dfrac{b}{1+b}\right)^b$	$RESC_{F1} = 1$
II	$ESC_{F2}^O = \dfrac{1+2b+\alpha_s+3\alpha_s b}{(1+\alpha_s)(1+b)}$ $\left(\dfrac{b-(1-b)\alpha_s}{(1+\alpha_s)(1+b)}\right)^b$	$ESC_{F2}^S = \dfrac{1+2b-\alpha_s+\alpha_s b}{(1+b)}$ $\left(\dfrac{b-(1-b)\alpha_s}{(1+\alpha_s)(1+b)}\right)^b$	$RESC_{F2} =$ $\dfrac{1+2b+\alpha_s+3\alpha_s b}{(1+\alpha_s)(1+2b-\alpha_s+\alpha_s b)}$
III	$ESC_{F3}^O = \dfrac{1+2b}{1+b}\left(\dfrac{b}{1+b}\right)^b$	$ESC_{F3}^S = \dfrac{(1+\alpha)(1+2b+2b\alpha)}{(1+2\alpha)(1+b)}$ $\left(\dfrac{b}{1+b}\right)^b$	$RESC_{F3} =$ $\dfrac{(1+2\alpha)(1+2b)}{(1+\alpha)(1+2b+2\alpha b)}$
IV	$ESC_{F4}^O = \dfrac{1+\alpha_r+2b+3\alpha_r b}{(1+2\alpha_r)(1+b)}$ $\left(\dfrac{\alpha_r+b+2\alpha_r b}{(1+2\alpha_r)(1+b)}\right)^b$	$ESC_{F4}^S = \dfrac{1+2b+\alpha_r+3\alpha_r b}{(1+2\alpha_r)(1+b)}$ $\left(\dfrac{\alpha_r+b+2\alpha_r b}{(1+2\alpha_r)(1+b)}\right)^b$	$RESC_{F4} = 1$

由表 6-4 可知，各个阶段中农产品供应链效率比较可以得到命题 6.2 和推论 6.2。

命题 6.2　农产品生产加工商公平关切信息动态演进四个过程中农产品供应链效率有以下关系。

①农产品供应链客观效率：$ESC_{F2}^O < ESC_{F1}^O = ESC_{F3}^O < ESC_{F4}^O$。

②农产品供应链主观效率：$ESC_{F2}^S < ESC_{F1}^S$，$ESC_{F3}^S < ESC_{F4}^S$（当 $0 < \alpha < \dfrac{1}{2b}$ 时，$ESC_{F1}^S > ESC_{F3}^S$；当 $\dfrac{1}{2b} < \alpha < 1$ 时，$ESC_{F1}^S < ESC_{F3}^S$）。

证明：通过对表 6-4 任意两个指标相减可以证明，同时结合农产品供应链效率的定义 $ESC_{Fi}^S = \dfrac{E\pi_{sci}^{F^*}}{E\pi_{sc}^{I^*}}$ 和 $ESC_{Fi}^O = \dfrac{Eu_{sci}^{F^*}}{Eu_{sc}^{I^*}}$，由命题 6.1 中农产品供

应链利润和效用的比较也可以直接证明。

由命题 6.2 和命题 6.1 中 $E\pi_{s2}^{F*} < E\pi_{s1}^{F*} < E\pi_{s3}^{F*} < E\pi_{s4}^{F*}$、$E\pi_{r2}^{F*} < E\pi_{r3}^{F*} < E\pi_{r4}^{F*} < E\pi_{r1}^{F*}$、$E\pi_{sc2}^{F*} < E\pi_{sc1}^{F*} = E\pi_{sc3}^{F*} < E\pi_{sc4}^{F*}$，当农产品生产加工商关注公平而超市不予以考虑时（第Ⅱ阶段），农产品供应链所有成员利润从而总利润和效用、农产品供应链客观效率和主观效率都达到最低水平。因此，处于供应链主导地位的农产品超市无论从提高自身利润角度还是提高农产品供应链利润和效率角度都应该考虑农产品生产加工商的公平关切进行定价，提高各方利润、农产品供应链效率（表现为第Ⅲ、Ⅳ阶段农产品客观效率和主观效率都较高）。由 $ESC_{F1}^{O} = ESC_{F3}^{O}$，只要信息对称，农产品供应链客观效率与供应链成员的公平关切无关，即虽然农产品生产加工商的公平关切可以改变超市和自身之间的利润，但是不会改变农产品供应链利润和农产品供应链的客观效率，农产品生产加工商的公平关切起到"供应链利润分配机制"的作用。另外，当农产品生产加工商不关注公平，而超市仍然制定较高的农产品收购价格时，农产品生产加工商仅仅以自身利润最大化进行决策，受到较高收购价格的极大激励、投入了最高的农产品质量努力水平（$\theta_{s2}^{F*} < \theta_{s1}^{F*} = \theta_{s3}^{F*} < \theta_{s4}^{F*}$），优质的农产品不断扩大市场需求，同时改进了自身、超市和供应链整体利润，从而农产品供应链客观效率（第Ⅳ阶段）达到最高。

推论 6.2　农产品生产加工商公平关切信息动态演进四个过程中农产品供应链效率有以下关系。

①当农产品生产加工商公平关切且信息不对称（第Ⅱ阶段），农产品供应链主观效率和客观效率都最低。

②只要超市考虑农产品生产加工商的公平关切行为，供应链主客观效率都可以改进，表现为第Ⅲ、Ⅳ阶段的农产品供应链主客观效率都较高。

③仅当农产品生产加工商公平关切较强 $\left(\dfrac{1}{2b} < \alpha < 1\right)$ 且信息对称下农产品供应链客观效率低于主观效率，其他情况下农产品供应链客观效率总是不低于主观效率。

对于推论 6.2②，由 $ESC_{F2}^{O} < ESC_{F3}^{O}$、$ESC_{F1}^{O} < ESC_{F4}^{O}$ 以及 $ESC_{F2}^{S} < ESC_{F3}^{S}$、$ESC_{F1}^{S} < ESC_{F4}^{S}$ 可证明。

对于推论 6.2③，由 $RESC_{F2} = \dfrac{1 + 2b + \alpha_s + 3\alpha_s b}{(1 + \alpha_s)(1 + 2b - \alpha_s + \alpha_s b)}$，且 $1 + 2b + \alpha_s + 3\alpha_s b - (1 + \alpha_s)(1 + 2b - \alpha_s + \alpha_s b) = \alpha[1 + (1 - b)\alpha] > 0$，即 $RESC_{F2} > 1$，因此 $ESC_{F2}^{O} > ESC_{F2}^{S}$。$RESC_{F3} = \dfrac{(1 + 2\alpha)(1 + 2b)}{(1 + \alpha)(1 + 2b + 2\alpha b)}$，且 $(1 + 2\alpha)(1 + 2b) -$

$(1 + \alpha)(1 + 2b + 2\alpha b) = \alpha(1 - 2\alpha b) > 0$，当农产品生产加工商的公平关切

较弱，即 $\alpha < \dfrac{1}{2b}$，$RESC_{F3} > 1$，因此 $ESC_{F3}^O > ESC_{F3}^S$；否则当农产品生产加

工商公平关切较强，即 $\dfrac{1}{2b} < \alpha < 1$，$RESC_{F3} < 1$，因此 $ESC_{F3}^O < ESC_{F3}^S$。

证毕。

由推论 6.2①和②，当信息不对称时，农产品生产加工商的公平关切虽然使自身在农产品供应链中的收益分配比例提高，但是却降低了供应链的主观效率和客观效率，即公平关切使供应链进一步偏离最优状态。只要信息对称，无论农产品生产加工商是否关注公平，农产品供应链客观效率不变，即当从外部或者供应链角度评价农产品供应链效率时，农产品生产加工商为公平中性时得到较低的农产品收购价格、农产品生产加工商为公平关切时得到较高的农产品收购价格，克服公平负效用的供应链效率是相同的。这说明只要信息对称，农产品生产加工商的公平关切对供应链没有负作用，但信息非对称下农产品生产加工商的公平关切不利于供应链运作。由于当农产品收购价格公平中性且信息非对称下的供应链客观效率最高，且由 $ESC_{F2}^S < ESC_{F3}^S$、$ESC_{F2}^S < ESC_{F4}^S$，说明无论农产品生产加工商是否关注公平，处于主导地位的农产品超市如果能够让利给农产品生产加工商，对改进供应链效率总是有利的。

推论 6.2③说明仅当农产品生产加工商公平关切较强且信息对称，超市考虑农产品生产加工商较强的公平关切度而在信息对称下制定了较高的农产品收购价格，同样的利润差因较强的公平关切而获得较高的收益分配感，农产品生产加工商得到极大的激励，通过提高农产品质量努力水平来显著改进供应链主观效率。其他情况下，供应链客观效率不低于主观效率，一方面说明从供应链角度或者第三方角度看供应链是高效率运作的；另一方面农产品生产加工商在农产品供应链中的地位较弱，即使具有较强的公平关切度没有显示出来或者不被超市重视，于是从农产品生产加工商角度看供应链效率较低，但是从外部看，供应链客观效率较高。尤其是在农产品生产加工商公平中性且信息对称、农产品生产加工商公平中性且信息非对称时供应链客观效率等于主观效率，即 $RESC_{F1} = 1$、$RESC_{F4} = 1$，此时农产品生产加工商和超市都仅仅以利润最大化进行决策，供应链中不存在对收益分配的关注。

结合供应链主观效率和客观效率的定义以及表 6 – 3 中公平关切对农产品供应链双方决策和绩效的影响即可证明。由表 6 – 5 可得性质 6.2。

表 6 - 5　　　　　　　　　　供应链效率与公平关切的关系

公平关切	客观效率 ESC_F^O				主观效率 ESC_F^S			
	ESC_{F1}^O	ESC_{F2}^O	ESC_{F3}^O	ESC_{F4}^O	ESC_{F1}^S	ESC_{F2}^S	ESC_{F3}^S	ESC_{F4}^S
α_s	—	↓	—	—	—	↓	↑	—
α_r	—	—	—	↑	—	—	↑	↑

性质 6.2　①当农产品生产加工商公平关切时，信息非对称下的供应链客观效率和主观效率随农产品生产加工商公平关切度递减；信息对称下客观效率与农产品生产加工商公平关切度无关、主观效率随农产品生产加工商公平关切递增。

②当农产品生产加工商公平中性时，仅在信息非对称下供应链主观效率和客观效率都随供应商认为的农产品生产加工商公平关切度递增，其他情形下供应链主观效率和客观效率都与供应链成员公平关切度无关。

性质 6.2 说明当农产品生产加工商公平中性时，超市主动提高农产品收购价格（此时相当于博弈处于第Ⅳ阶段）有利于提高农产品生产加工商对农产品的质量努力水平、改进双方利润和供应链整体利润，保证高质量农产品稳定供给和农产品供应链关系和谐、持续发展。当农产品生产加工商公平关切时，一定将自身公平关切信息传递给超市（此时相当于博弈处于第Ⅲ阶段），一方面不至于使博弈处于对双方都最糟糕的第Ⅱ阶段，另一方面有利于改进双方利润、避免农产品质量降低。

6.3.2　农产品供应链公平度评价

农产品供应链公平度用"公平熵"来度量，分为客观公平度和主观公平度。供应链客观公平度以农产品生产加工商最大期望利润、超市最大期望利润和供应链最大期望利润为基础计算公平熵。由第 3 章和第 4 章，可以计算公平关切动态演进第 i 种情况下农产品供应链客观公平度为

$$HSC_{Fi}^O = -\frac{\gamma_{si}\ln\gamma_{si} + \gamma_{ri}\ln\gamma_{ri}}{\ln 2}，$$ γ_{si} 和 γ_{ri} 分别是公平关切信息动态演进过程第 i 阶段农产品生产加工商最大期望利润和超市最大期望利润在供应链最大期望利润中的分配比例，且 $\gamma_{si} + \gamma_{ri} = 1$；供应链主观公平度以农产品生产加工商最大期望效用、超市最大期望效用和供应链最大期望效用为基础计算公平熵，即 $HSC_{Fi}^S = -\dfrac{\kappa_{si}\ln\kappa_{si} + \kappa_{ri}\ln\kappa_{ri}}{\ln 2}$，$\kappa_{si}$ 和 κ_{ri} 分别是公平关切信息动态演

进过程第 i 阶段农产品生产加工商最大期望效用和超市最大期望效用在供应链最大期望效用中的分配比例，且 $\kappa_{si} + \kappa_{ri} = 1$。具体而言，当 $HSC_{Fi}^{S} = 1$ 时，农产品生产加工商认为农产品供应链收益分配达到理想的公平状态；当 $HSC_{Fi}^{O} = 1$ 时，从第三方角度看，即不考虑农产品供应链中任何成员的公平关切时供应链收益分配所实现的最大公平度。

通过各个阶段中供应链公平度比较（见表 6 – 6 ~ 表 6 – 8）可以得到命题 6.3 和推论 6.3，由表 6 – 9 可以计算农产品生产加工商公平关切对农产品供应链公平度的影响，见性质 6.3。

表 6 – 6 　　　　　　　　　　农产品供应链客观公平度动态演进

阶段	客观公平度 HSC_F^O
I	$HSC_{F1}^{O} = \dfrac{1+b}{(1+2b)\ln 2}\ln\left(\dfrac{1+2b}{1+b}\right) + \dfrac{b}{(1+2b)\ln 2}\ln\left(\dfrac{1+2b}{b}\right)$
II	$HSC_{F2}^{O} = \dfrac{(1+2\alpha_s)b}{[1+\alpha_s+(2+3\alpha_s)b]\ln 2}\ln\dfrac{1+\alpha_s+(2+3\alpha_s)b}{(1+2\alpha_s)b} + \dfrac{(1+\alpha_s)(1+b)}{[1+\alpha_s+(2+3\alpha_s)b]\ln 2}$ $\ln\dfrac{1+\alpha_s+(2+3\alpha_s)b}{(1+\alpha_s)(1+b)}$
III	$HSC_{F3}^{O} = \dfrac{(3b+1)\alpha+b}{(2\alpha+1)(2b+1)\ln 2}\ln\left(\dfrac{(2\alpha+1)(2b+1)}{(3\alpha+1)b+\alpha}\right) + \dfrac{(\alpha+1)(b+1)}{(2\alpha+1)(2b+1)\ln 2}$ $\ln\left(\dfrac{(2\alpha+1)(2b+1)}{(\alpha+1)(b+1)}\right)$
IV	$HSC_{F4}^{O} = \dfrac{(1+2b)\alpha_r+b}{(1+2\alpha_r+2b+3\alpha_r b)\ln 2}\ln\dfrac{(1+2\alpha_r+2b+3\alpha_r b)}{(1+2b)\alpha_r+b} + \dfrac{(1+\alpha_r)(1+b)}{(1+2\alpha_r+2b+3\alpha_r b)\ln 2}$ $\ln\dfrac{(1+2\alpha_r+2b+3\alpha_r b)}{(1+\alpha_r)(1+b)}$

表 6 – 7 　　　　　　　　　　农产品供应链主观公平度动态演进

阶段	主观公平度 HSC_F^S
I	$HSC_{F1}^{S} = \dfrac{b+1}{(2b+1)\ln 2}\ln\left(\dfrac{2b+1}{b+1}\right) + \dfrac{b}{(2b+1)\ln 2}\ln\left(\dfrac{2b+1}{b}\right)$
II	$HSC_{F2}^{S} = \dfrac{b-(1-b)\alpha_s}{[1+2b-(1-b)\alpha_s]\ln 2}\ln\dfrac{1+2b-(1-b)\alpha_s}{b-(1-b)\alpha_s} + \dfrac{1+b}{[1+2b-(1-b)\alpha_s]\ln 2}$ $\ln\dfrac{1+2b-(1-b)\alpha_s}{1+b}$

续表

阶段	主观公平度 HSC_F^S
III	$HSC_{F3}^S = \dfrac{2b\alpha + b}{(2b\alpha + 2b + 1)\ln2}\ln\left(\dfrac{2b\alpha + 2b + 1}{2b\alpha + b}\right) + \dfrac{b+1}{(2b\alpha + 2b + 1)\ln2}\ln\left(\dfrac{2b\alpha + 2b + 1}{b+1}\right)$
IV	$HSC_{F4}^S = \dfrac{(1+2b)\alpha_r + b}{(1 + 2\alpha_r + 2b + 3\alpha_r b)\ln2}\ln\dfrac{(1 + 2\alpha_r + 2b + 3\alpha_r b)}{(1+2b)\alpha_r + b} + \dfrac{(1+\alpha_r)(1+b)}{(1 + 2\alpha_r + 2b + 3\alpha_r b)\ln2}$ $\ln\dfrac{(1 + 2\alpha_r + 2b + 3\alpha_r b)}{(1+\alpha_r)(1+b)}$

表 6 – 8　　　　　农产品供应链主客观公平度差动态演进

阶段	各阶段的农产品供应链主客观公平比值 $RHSC_F = \dfrac{HSC_F^O}{HSC_F^S}$
I	$RHSC_{F1} = 1$
II	$RHSC_{F2} = \dfrac{(1+\alpha)(1+b)\ln\left(\dfrac{(1+\alpha)(1+b)}{1 + 2b + (1+3b)\alpha}\right) + (1+2\alpha)b \ln\left(\dfrac{(1+2\alpha)b}{1 + \alpha + (2+3\alpha)b}\right)(1 - \alpha + (1+\alpha)b)}{(1 + \alpha + (1+3\alpha)b)\left[(\alpha b + b - \alpha)\ln\left(\dfrac{b + \alpha b - \alpha}{1 + 2b - (1-b)\alpha}\right) + \ln\left(\dfrac{1+b}{1 + (1+\alpha)b - \alpha}\right)(1+b)\right]}$
III	$RHSC_{F3} = \dfrac{\left[1 + 2(1+\alpha)b\right]\left[(\alpha + (1+3\alpha)b)\ln\left(\dfrac{\alpha + (1+3\alpha)b}{(1+2\alpha)(1+2b)}\right) + \ln\left(\dfrac{(1+\alpha)(1+b)}{(1+2\alpha)(1+2b)}\right)(1+\alpha)(1+b)\right]}{(1+2\alpha)(1+2b)\left[2b\ln\left(\dfrac{(1+2\alpha)b}{1 + 2(1+\alpha)b}\right)\alpha + b\ln\left(\dfrac{(1+2\alpha)b}{1 + 2(1+\alpha)b}\right) + \ln\left(\dfrac{1+b}{1 + 2(1+\alpha)b}\right)b + \ln\left(\dfrac{1+b}{1 + 2(1+\alpha)b}\right)\right]}$
IV	$RHSC_{F4} = 1$

表 6 – 9　　　　　供应链公平度与公平关切的关系

公平关切	客观效率 HSC_F^O				主观效率 HSC_F^S			
	HSC_{F1}^O	HSC_{F2}^O	HSC_{F3}^O	HSC_{F4}^O	HSC_{F1}^S	HSC_{F2}^S	HSC_{F3}^S	HSC_{F4}^S
α_s	—	↑	↑	—	—	↓	↑	—
α_r	—	—	↑	↑	—	—	↑	↑

命题 6.3　农产品生产加工商公平关切信息动态演进中供应链公平度有以下关系。

①供应链客观公平度：$HSC^O_{F1} < HSC^O_{F2} < HSC^O_{F4} < HSC^O_{F3}$。

②供应链主观公平度：当 $\alpha < \dfrac{1}{2b}$ 时，$HSC^S_{F2} < HSC^S_{F1} < HSC^S_{F4} < HSC^S_{F3}$；

当 $\alpha > \dfrac{1}{2b}$ 时，$HSC^S_{F2} < HSC^S_{F1} < HSC^S_{F3} < HSC^S_{F4}$。

证明：令 $f(x) = -\dfrac{x\ln x + (1-x)\ln(1-x)}{\ln 2}$，于是 $\dfrac{\mathrm{d}f(x)}{\mathrm{d}x} = -\dfrac{\ln\dfrac{x}{1-x}}{\ln 2} -$

$\dfrac{1}{\ln 2}\ln\dfrac{x}{1-x}$，当 $x > \dfrac{1}{2}$，$\dfrac{\mathrm{d}f(x)}{\mathrm{d}x} < 0$；当 $x < \dfrac{1}{2}$，$\dfrac{\mathrm{d}f(x)}{\mathrm{d}x} > 0$。通过对表 6-6 中各个阶段农产品供应链客观公平度的比较，即

$$\gamma_{s1} - \gamma_{s2} = -\frac{\alpha(1+b)b}{(1+2b)(1+2b+\alpha+3\alpha b)} < 0 \text{ 且 } \gamma_{s2} - \frac{1}{2} = -\frac{1-(1-b)\alpha}{2+4b+\alpha(2+6b)} <$$

0，于是 $\gamma_{s1} < \gamma_{s2} < \dfrac{1}{2}$，因此 $HSC^O_{F1} < HSC^O_{F2}$；

$$\gamma_{s2} - \gamma_{s3} = -\frac{\alpha(1+\alpha)(1+b)^2}{(1+2\alpha)(1+2b)(1+2b+\alpha+3\alpha b)} < 0 \text{ 且 } \gamma_{s3} - \frac{1}{2} =$$

$-\dfrac{-2\alpha b}{2+4b+(4+8\alpha)b} < 0$，因此 $HSC^O_{F2} < HSC^O_{F3}$；

$$\gamma_{s3} - \gamma_{s4} = \frac{\alpha b(1+\alpha)(1+b)}{(1+2\alpha)(1+2b)(1+2b+2\alpha+3\alpha b)} > 0 \text{ 且 } \gamma_{s4} < \gamma_{s3} < \frac{1}{2}，因$$

此 $HSC^O_{F3} > HSC^O_{F4}$。同理 $\gamma_{s1} < \gamma_{s3} < \dfrac{1}{2}$，因此 $HSC^O_{F1} < HSC^O_{F3}$。

$$\gamma_{s4} - \gamma_{s2} = \frac{\alpha(1+\alpha)(1+b)}{(1+2\alpha+2b+3\alpha b)(1+2b+\alpha+3\alpha b)} > 0 \text{ 且 } \gamma_{s4} - \frac{1}{2} =$$

$-\dfrac{1-\alpha b}{2+4b+(4+6b)\alpha} < 0$，于是 $\gamma_{s2} < \gamma_{s4} < \dfrac{1}{2}$，因此 $HSC^O_{F2} < HSC^O_{F4}$。综上，命题 6.3①得证。

通过对表 6-7 中博弈各个阶段农产品供应链主观公平度的比较，即

$$\kappa_{s4} - \kappa_{s1} = \frac{\alpha(1+b)^2}{(1+2b+3\alpha b+2\alpha)(1+2b)} > 0 \text{ 且 } \kappa_{s4} - \frac{1}{2} = -\frac{1-\alpha b}{2+4\alpha+4b+6\alpha b} <$$

0，于是 $\kappa_{s1} < \kappa_{s4} < \dfrac{1}{2}$，因此 $HSC^S_{F1} < HSC^S_{F4}$；

$$\kappa_{s1} - \kappa_{s3} = -\frac{2\alpha b(1+b)}{(1+2b+2\alpha b)(1+2b)} < 0 \text{ 且 } \kappa_{s3} - \frac{1}{2} = -\frac{2\alpha b}{2+4(1+\alpha)b},$$

因此 $HSC_{F1}^S < HSC_{F3}^S$；

$$\kappa_{s1} - \kappa_{s2} = \frac{\alpha(1-b^2)}{(1+2b+\alpha b-\alpha)(1+2b)} > 0 \text{ 且 } \kappa_{s1} - \frac{1}{2} = -\frac{1}{2+4b} < 0, \text{ 于是}$$

$\kappa_{s2} < \kappa_{s1} < \dfrac{1}{2}$，因此 $HSC_{F2}^S < HSC_{F1}^S$，同理 $HSC_{F2}^S < HSC_{F3}^S$；

$$\kappa_{s3} - \kappa_{s4} = \frac{1-\alpha(1-b)}{2+4b-2(1-b)\alpha}, \text{ 当 } \alpha < \frac{1}{2b}, \kappa_{s4} < \kappa_{s3} < \frac{1}{2}, \text{ 于是 } HSC_{F4}^S <$$

HSC_{F3}^S；当 $\alpha > \dfrac{1}{2b}$ 时，$\kappa_{s3} < \kappa_{s4} < \dfrac{1}{2}$，因此 $HSC_{F3}^S < HSC_{F4}^S$。

综上，当 $\alpha < \dfrac{1}{2b}$ 时，$HSC_{F2}^S < HSC_{F1}^S < HSC_{F4}^S < HSC_{F3}^S$；当 $\alpha > \dfrac{1}{2b}$ 时，

$HSC_{F2}^S < HSC_{F1}^S < HSC_{F3}^S < HSC_{F4}^S$。于是，命题 6.3②得证。

命题 6.3 在农产品生产加工企业公平关切信息动态演进过程中，客观公平度在第 I 阶段最低、第 III 阶段最高，主观公平度在第 II 阶段最低、第 III、IV 阶段较高。

性质 6.3　①当农产品生产加工商公平关切且信息对称时，农产品供应链主观公平度和客观公平度都随农产品生产加工商的公平关切度递增；信息非对称下，农产品供应链客观公平度随农产品生产加工商的公平关切递增、主观公平度随农产品生产加工商的公平关切递减。②当农产品生产加工商公平中性时，信息对称下，农产品供应链主观公平度和客观公平度都与农产品生产加工商公平关切度无关；而在信息非对称下，农产品供应链主观公平度和客观公平度都随农产品生产加工商的公平关切递增。

由命题 6.3 的证明过程可知供应链主客观系数 κ_{si}，$\gamma_{si} < \dfrac{1}{2}$，$i = 1, 2,$

3，4，结合 $\dfrac{\mathrm{d}f(x)}{\mathrm{d}x} = -\dfrac{1}{\ln 2} \ln \dfrac{x}{1-x}$，当 $x < \dfrac{1}{2}$，$\dfrac{\mathrm{d}f(x)}{\mathrm{d}x} > 0$。因此，可以得到

表 6-9。如 $\dfrac{\partial \gamma_{s2}}{\partial \alpha} = \dfrac{(1+b)b}{(1+\alpha+2b+3\alpha b)^2} > 0$，因此 $\dfrac{\partial HSC_{F2}^O}{\partial \alpha} = \dfrac{\partial HSC_{F2}^O}{\partial \gamma_{s2}} \cdot \dfrac{\partial \gamma_{s2}}{\partial \alpha} > 0$；

$\dfrac{\partial \gamma_{s3}}{\partial \alpha} = \dfrac{1+b}{(1+2b)(1+2\alpha)^2} > 0$，因此 $\dfrac{\partial HSC_{F3}^O}{\partial \alpha} = \dfrac{\partial HSC_{F3}^O}{\partial \gamma_{s3}} \cdot \dfrac{\partial \gamma_{s3}}{\partial \alpha} > 0$；$\dfrac{\partial \gamma_{s4}}{\partial \alpha} =$

$\dfrac{(1+b)^2}{(1+\alpha+2b+3\alpha b)^2} > 0$；因此 $\dfrac{\partial HSC_{F4}^O}{\partial \alpha} = \dfrac{\partial HSC_{F4}^O}{\partial \gamma_{s4}} \cdot \dfrac{\partial \gamma_{s4}}{\partial \alpha} > 0$。

$\dfrac{\partial \kappa_{s2}}{\partial \alpha} = -\dfrac{(1+b)(1-b)}{(1-\alpha+(1+\alpha)b)^2} < 0$，因此 $\dfrac{\partial HSC_{F2}^S}{\partial \alpha} = \dfrac{\partial HSC_{F2}^S}{\partial \kappa_{s2}} \cdot \dfrac{\partial \kappa_{s2}}{\partial \alpha} < 0$；

$\dfrac{\partial \kappa_{s3}}{\partial \alpha} = \dfrac{2b(1+b)}{(1+2b+2\alpha b)^2} > 0$，因此 $\dfrac{\partial HSC_{F3}^S}{\partial \alpha} = \dfrac{\partial HSC_{F3}^S}{\partial \kappa_{s3}} \cdot \dfrac{\partial \kappa_{s3}}{\partial \alpha} > 0$；同理 $\dfrac{\partial \kappa_{s4}}{\partial \alpha} =$

$$\frac{(1+b)^2}{(1+\alpha+2b+3\alpha b)^2}>0, \quad \frac{\partial HSC_{F4}^S}{\partial \alpha}=\frac{\partial HSC_{F4}^S}{\partial \kappa_{s4}}\cdot\frac{\partial \kappa_{s4}}{\partial \alpha}>0。$$

推论 6.3 ①当超市不考虑农产品生产加工商公平关切进行定价时，农产品生产加工商公平关切会同时降低供应链客观公平度和主观公平度。

②供应链客观公平度总是不低于主观公平度。

由命题 6.3 即可得证①，由表 6 – 8，$RHSC_{F1}=RHSC_{F4}=1$、$RHSC_{F2}\geqslant 1$、$RHSC_{F3}\geqslant 1$，可证明②。由推论 6.3①可知农产品生产加工商期望利润在第 Ⅰ 阶段最大限度地低于超市利润。当博弈进入第 Ⅱ 阶段，农产品生产加工商关注公平而降低了农产品质量投入努力、市场销售缩减，自身利润减少，但是更多地减少了超市利润，从而缩小了农产品生产加工商和超市之间的利润差，使农产品生产加工商公平负效用降低，此时虽然从农产品生产加工商角度看供应链利润分配公平度不变，但是第三方看农产品生产加工商利润比例相对提高，因而供应链客观公平度提高。

推论 6.3②说明从供应链角度或者第三方角度看供应链中收益分配公平不低于从农产品生产加工商角度的收益分配公平度。本章中仅考虑超市的成本且超市在供应链中处于主动、具有先动优势，从整个供应链看超市应该得到大部分利润。但是从农产品生产加工商角度看，农产品生产加工商仅仅以超市利润为直接参考，没有考虑双方对供应链的投入或者贡献，于是供应链主观公平度低于客观公平度。由 $RHSC_{F1}=RHSC_{F4}=1$、$RHSC_{F2}\geqslant 1$、$RHSC_{F3}\geqslant 1$，当农产品生产加工商公平中性且信息对称、农产品生产加工商中性且信息非对称时，供应链客观公平度等于主观公平度，此时，无论是从供应链角度客观评价还是从公平关切农产品生产加工商角度评价，供应链收益分配公平度都是相同的。

命题 6.3 和推论 6.3 说明，只要供应链中公平关切信息对称，农产品生产加工商的公平关切行为是一种积极因素，能够同时改进供应链主观公平度和客观公平度，促进农产品供应链渠道关系和谐、健康发展。

结论 6.1 当农产品生产加工商有效传递公平关切信号给超市能有效提高农产品质量和主客观效率，同时获得较高的农产品供应链收益分配公平度。

由命题 6.1、命题 6.2 和命题 6.3 可得表 6 – 10。

由表 6 – 10 和命题 6.1 ~ 命题 6.3 可知，超市努力水平一直保持最优、不变，农产品加工商在第 Ⅳ 阶段努力水平最高。农产品供应链主客观效率在第 Ⅳ 阶段最高、第 Ⅱ 阶段最低，供应链主客观公平度在第 Ⅲ 或者 Ⅳ 阶段最高。第 Ⅱ 阶段为农产品生产加工商公平关切但信息非对称情形，此时农产品生产加工商质量努力水平最低、供应链主客观效率最低、主观公平度最低。第Ⅲ阶段为农产品生产加工商公平关切且信息对称的情形、第Ⅳ阶段为农产品生产加工商公平中性但超市认为他公平关切的情形，于是可以认为第Ⅲ和Ⅳ阶段为农产品生产加工商有效传递公平关切信号的情形。结合表 6 – 10，当农产品生产加工商有效传递公平关切信号给超市能有效提高农产品质量和主客观效率，同时获得较高的农产品供应链收益分配公平度。

表 6 – 10　　　　　　　　各个阶段农产品供应链效率和公平度

阶段	θ_s^F	θ_r^F	ESC_F^O	ESC_F^S	HSC_F^O	HSC_F^S
Ⅰ					最低	
Ⅱ	最低		最低	最低		最低
Ⅲ		相同			最高	$\alpha < \dfrac{1}{2b}$，最高
Ⅳ	最高		最高	最高		$\alpha > \dfrac{1}{2b}$，最高

6.4　数　值　分　析

为了更直观地比较农产品生产加工商公平关切及其认知动态演进过程中的供应链双边质量努力决策，及公平关切信息动态演进对供应链利润、供应链效率和公平度的动态变化影响，本节采用数值仿真法进行研究。同前，相关参数设置为 $a = 0.5$、$b = 0.6$、$c = 0.4$、$p = 10$、$k_s = 2$、$k_r = 2$、$\eta = 1$。

6.4.1　农产品供应链双边决策分析

图 6.1 共同验证了命题 6.1。图 6.1（a）验证了只要信息对称，农产品生产加工商对农产品质量努力水平相等，且与农产品生产加工商公平关切无关。当超市不考虑农产品收购价格的公平关切时，农产品收购价格会降低自身对农产品质量投入努力且随自身公平关切递减；只要超市考虑农产品生产加工商的公平关切，农产品生产加工商就会增加质量投入，且随公平关切信息强度严格递增。图 6.1（b）验证了只要超市决策农产品收购价格时考虑农产品生产加工商的公平关切就会提高农产品收购价格且农

产品收购价格随公平关切度递增。

　　图 6.1（c）验证了超市对农产品的质量检验努力水平始终不变，且不受农产品生产加工商公平关切的影响。图 6.1（d）验证了当农产品生产加工商为完全理性者却享受了超市考虑公平关切而制定较高收购价格时农产品生产加工商利润最高，且随公平关切信息强度严格递增；但是如果农产品生产加工商关注公平却不被超市认同，那么农产品生产加工商会进入利润最低的第Ⅱ阶段且随公平关切严格递减。因此，如果农产品生产加工商关注公平，必须尽量将自身公平关切信息传达给供应商，否则不仅不能增加任何利润反而会遭受更多的公平负效用和更低的利润。图 6.1（e）验证了当农产品生产加工商完全理性且信息对称下的超市利润最高，当农产品生产加工商具有公平关切而超市不考虑公平关切时的利润最低；只要超市考虑农产品生产加工商的公平关切，有动力去缓减农产品生产加工商的公平负效用，超市利润都低于农产品生产加工商完全理性且信息对称的第Ⅰ阶段，且超市利润随农产品生产加工商公平关切度严格递减。

　　图 6.1（f）验证了供应链利润在第Ⅳ阶段最高且随公平关切度严格递增。而在农产品生产加工商公平关切且信息非对称的第Ⅱ阶段，因农产品生产加工商和超市双方利润都最低而处于最低。图 6.1（g）和（h）验证了：只要超市考虑农产品生产加工商公平关切而提高农产品收购价格，收购价格提高直接增加农产品加工商利润，从而提高农产品加工商效用。农产品供应链总效用由农产品加工商效用与超市效用决定，于是农产品供应链总效用也随之提高。

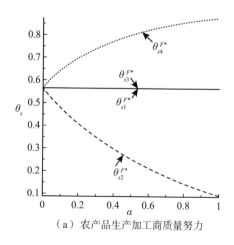

（a）农产品生产加工商质量努力

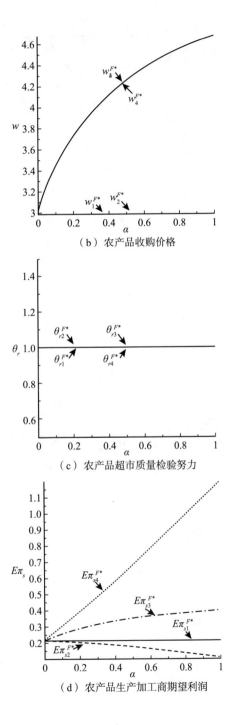

（b）农产品收购价格

（c）农产品超市质量检验努力

（d）农产品生产加工商期望利润

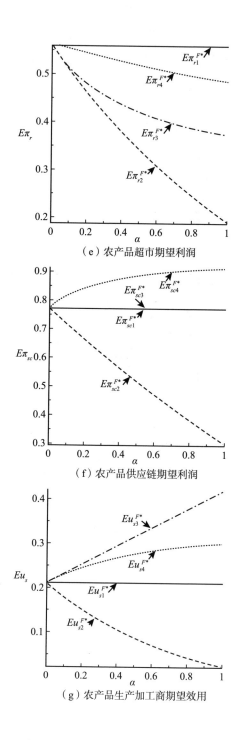

（e）农产品超市期望利润

（f）农产品供应链期望利润

（g）农产品生产加工商期望效用

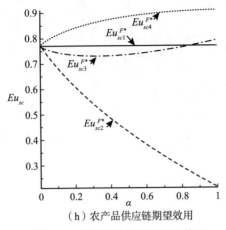

（h）农产品供应链期望效用

图 6.1　农产品供应链双边决策

6.4.2　农产品供应链效率分析

图 6.2（a）和图 6.2（b）共同验证了命题 6.2、推论 6.2。当农产品生产加工商具有公平关切且信息非对称时，无论是农产品供应链主观效率还是客观效率都最低，但只要超市考虑农产品生产加工商的公平关切，供应链客观效率和主观效率都会改进。由图 6.2（a），只要信息对称，无论农产品生产加工商是否关注公平，供应链的客观效率不变，即 $ESC_{F1}^{O} = ESC_{F3}^{O}$；农产品生产加工商较强的公平关切度有利于改进供应链主观效率。由图 6.2（c）可以验证推论 6.2，即当农产品生产加工商关注公平且信息非对称时，供应链客观效率最大限度地高于主观效率，且当农产品生产加工商公平关切较强，即 $\alpha > 0.83$，供应链的客观效率总是低于主观效率，其他情况下供应链客观效率都不低于主观效率。

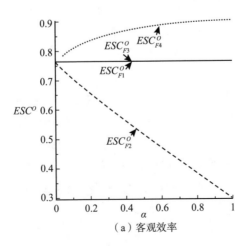

（a）客观效率

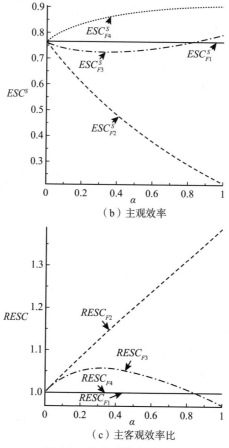

（b）主观效率

（c）主客观效率比

图6.2　农产品供应链效率

6.4.3　农产品供应链公平度分析

图6.3（a）和图6.3（b）共同验证了命题6.3、推论6.3和性质6.3。由图6.3（a）可知当农产品生产加工商完全理性且信息对称的第Ⅰ阶段供应链客观公平度最低。只要农产品生产加工商关注公平或者超市提高农产品收购价格让利，供应链客观公平度都会提高，且当超市考虑公平关切进行定价能极大提高供应链客观公平度，即改进供应链利润。由图6.3（b）验证只要超市不考虑农产品生产加工商的公平关切行为，那么供应链主观公平度就没有变化，但只要超市考虑公平关切而提高农产品收购就可以明显改进供应链主观公平度，也就是农产品生产加工商认为农产品供应链渠道利润分配更公平了。图6.3（c）验证了推论6.3，供应链客观公平度总是不低于主观公平度。

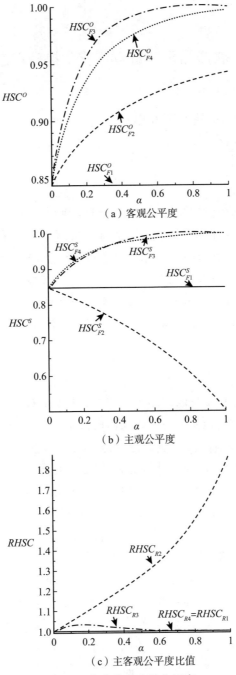

（a）客观公平度

（b）主观公平度

（c）主客观公平度比值

图 6.3　农产品供应链公平度

6.5　农产品供应链双边质量提升动态机制

6.5.1　对于农产品生产加工商

1. 积极传递自身公平关切信息

该模型中，处于后动的农产品生产加工商可以通过各种途径来传递自身对农产品供应链收益分配公平的信息。首先，农产品生产加工商可以通过广告来宣传自身的公平关切信息，从而间接要求超市关注自身的公平关切。其次，农产品生产加工商通过多样化销售途径来增加顾客关注和购买量，增强超市对农产品生产加工商的重要程度从而促使超市让利。最后，农产品生产加工商还可以通过与多个终端超市进行谈判，直接表达自身对收益分配比例的关注，选择能够满足自身利润分配比例的超市进行合作。

2. 努力让超市分担部分成本

该模型中，超市根据农产品生产加工商的反应和自身生产成本制定使自身利润最大的质量检验努力和收购价格，而处于后动的农产品生产加工商需要通过努力实现销售收益，特别是当农产品生产加工商面临天气变化、市场需求、生产周期长等随机因素时随机波动，还要独自承担市场经营风险及更高的经营成本、进一步加大经营风险和回款周期。由供应链公平度的计算可知，农产品生产加工商应得到渠道更多的销售收益才与自身的风险和质量努力投入匹配。一方面，农产品生产加工商可以要求超市承担部分销售成本或者共同投入销售成本的方式，从而共同努力提高市场销售量，增加超市在供应链中的努力投入、减弱农产品生产加工商的公平关切强度。另一方面，农产品生产加工商可以要求超市提供收益共享、风险共担的柔性契约，如收益共享契约、回购契约等，减少农产品生产加工商批量购入生产资料和设备的资金投入、需求波动所带来的市场收益风险，从而提高农产品生产加工商的农产品生产积极性，同时通过提升双方对供应链的贡献来提高供应链运作效率和公平度。

3. 增强自身对超市的重要性

农产品生产加工商加大种植规模、增加自身在超市中的供货批量从而使超市对其重视并长远合作。随着经济全球化、网络化、虚拟化，企业之间交易关系不稳定度提高，农产品供应链中的农产品生产加工商可以基于电子商务交易平台整合互联网技术和传统交易渠道寻求超市合作，超市之间的竞争程度加剧从而更期待具有大量采购和长期合作关系的农产品生产加工商。一旦农产品生产加工商成为供应商的重要合作伙伴，超市会为了长期利益而采用与农产品生产加工商风险共担的契约，与农产品生产加工商一起共同提高农产品质量、增加销售努力而提高市场销售量。

4. 努力揭示超市成本信息

基于互联网的电商环境下，农产品生产加工商应借助先进的大数据和云处理技术，通过外购、贴牌、外包等多种采购方式从众多超市中获得详细的有关产品保鲜成本、检测成本、利润等销售信息，尽量准确获得超市的成本信息，从而为自身争取恰当比例的供应链利润分配提供计算依据，同时提高供应链的主观公平度，最终提高供应链收益和效率。

6.5.2　对于超市

1. 积极披露供应链利益分配方案

农产品供应链核心企业（在该模型中表现为超市）在对供应链利益分配过程中及时披露供应链利益分配方案计算方法、各项成本信息，及时了解供应链中弱势企业（在该模型中表现为农产品生产加工商）对收益分配的看法、设法了解弱势企业的公平关切信息，努力提高供应链利益分配的主观公平度和客观公平度。

2. 采用收益分配更公平的供应链契约

处于主导地位的超市可采用恰当的、较低批发价格的柔性契约与农产品生产加工商合作。约定双方在供应链合作中的利润分配，使供应链成员双方各自明确自身的成本、贡献和收益。当超市不考虑农产品生产加工商公平关切进行定价时，农产品生产加工商的公平关切虽然不会影响供应链客观公平度但是却能提高主观公平度，从而提高农产品生产加工商的质量努力水平。于是，供应链主导地位的超市无论从提高自身角度还是提高供应链利润和效率角度都应该考虑农产品生产加工商的公平关切，采用其他具有较高收购价格的柔性契约如收益共享契约、两部定价契约、回购契约等，通过先提供较高农产品收购价格给农产品生产加工商、减弱农产品生产加工商的公平关切强度，从而提高农产品生产加工商的生产积极性、提高农产品质量、增加销售量，在销售期末分享销售收益，最终增加双方收益和供应链效率。

3. 加强农产品供应链中公平关切信息交流和沟通

减少供应链成员之间信息沟通造成的矛盾和误会，尽量兼顾供应链的效率和公平。这就要求供应链成员企业都应该意识到公平关切信息非对称的坏处，站在战略高度从长远出发考虑决策，加强与其他供应链成员之间的信息共享和合作，提高成员之间信息的及时性和准确度，从而提高供应链渠道中的信息透明度。

4. 设计甄别公平关切信息的激励机制

农产品生产加工商公平关切信息对超市和供应链效率的影响可视为一个逆向选择问题，超市在选择零售商进行合作时可以设计甄别农产品生产加工商公平关切信息的激励机制，即设计针对不同公平关切强度的供应链契约参数，保证农产品生产加工商选择与自身公平关切强度一致的契约。此时，超市就能准确识别农产品生产加工商的公平关切强度信息，从而避免农产品生产加工商公平关切带来的负向作用。

6.6　本章小结

本章根据农产品生产加工商公平关切信息非对称性和动态演进特征，将供应链中的公平关切信息结构分为农产品生产加工商公平中性且信息对称、农产品生产加工商公平关切且信息不对称、农产品生产加工商公平关切且信息对称、农产品生产加工商公平中性且信息不对称四个演进过程。然后，采用逆向归纳法求解各个过程中双边质量努力水平、供应链主观效率和客观效率、供应链主观公平度和客观公平度，从主观与客观两个维度研究供应链公平关切信息非对称对各方农产品质量努力决策、供应链系统效率和公平度动态变化的影响。通过数理模型和数值分析得到以下结论：（1）超市始终选择供应链系统最优的农产品质量检验努力水平，且不受农产品生产加工商公平关切的影响；只要超市提高农产品收购价格，农产品生产加工商就会增加农产品质量努力水平从而确保高质量农产品的稳定供给。（2）处于供应链主导地位的超市应该提高农产品收购价格让利给农产品生产加工商，从而改进自身、农产品生产加工商期望收益以及供应链整体效率和公平度。(3) 农产品生产加工商公平关切且信息非对称时供应链主观和客观效率都最低,农产品生产加工商公平中性且信息非对称时供应链主观和客观效率都最高;供应链的客观公平度总是不低于主观公平度。因此,当农产品生产加工商有效传递公平关切信号给超市,能有效提高农产品质量和主客观效率,同时获得较高的农产品供应链收益分配公平度。

第7章 基于利他互惠演进视角的农产品供应链双边质量提升动态机制

本章以农产品供应链利他互惠信息结构来刻画超市利他互惠及其认知动态演进过程。首先，将农产品供应链中的利他互惠信息结构分为超市完全理性且信息对称、超市利他互惠且信息非对称、超市利他互惠且信息对称、超市完全理性且信息非对称四个演进过程。其次，采用逆向归纳法求解各个过程中农产品供应链双边质量努力决策，计算各个过程中农产品供应链主观效率和客观效率、农产品供应链主观公平度和客观公平度。最后，通过数理模型和数值分析来研究超市利他互惠及其认知动态演进对双边质量努力决策、各方利润、供应链效率和公平度动态变化的影响，基于利他互惠演进视角研究农产品供应链双边质量提升动态机制。

7.1 问题描述与符号说明

7.1.1 问题描述

农产品供应链由一个农产品生产加工商和一个超市构成，且超市处于主导、农产品生产加工商为跟随者进行 Stackelberg 博弈，采用逆向归纳法求解。超市根据自身农产品检验成本 $C_r(\theta_r) = k_r\theta_r$ 和市场需求 $D = \eta p^{-a}\theta_s^b\theta_r^c\varepsilon$ 决策农产品检验努力水平 θ_r 和农产品收购价格 w 使自身利润实现最优化，然后农产品生产加工商依据自身质量努力成本 $C_s(\theta_s) = k_s\theta_s$ 和超市的策略 (θ_r, w) 决策农产品质量努力水平 θ_s 使自身利润实现最大化。

由于农产品生产加工商和超市双方完全理性时，农产品生产加工商的利润始终低于超市。同时，由于超市在博弈中具有先行行动优势，能够看到农产品生产加工商的反应函数而作出最有利于自身的决策。处于供应链主导地位的优势利润企业具有利他互惠，有动力去帮助弱势企业提高收益，从而优化自身和供应链整体运作（Ge & Hu et al.，2012）。本章仅考虑超市的利他互惠，即超市的目标函数是包括自身利润和利他互惠正效用在内的总效用最大化。在农产品生产加工商和超市博弈过程中，超市自身利他互惠强度真实值为 λ_r，而在与农产品生产加工商进行博弈和定价时，表现出的利他互惠强度为 λ_s，即农产品生产加工商认为超市利他互惠度为 λ_s。根据超市是否真实反映自身的利他互惠信息，分为信息对称和信息非对称。当信息对称时，即包括超市完全理性 $\lambda_s = \lambda_r = 0$ 和超市利他互惠 $\lambda_s = \lambda_r > 0$；当信息非对称时，也包括超市完全理性 $\lambda_s > 0$、$\lambda_r = 0$ 和超市利他互惠 $\lambda_s = 0$、$\lambda_r > 0$。λ_s 和 λ_r 都表示超市利他互惠强度，只不过从不同的对象来考虑，为了方便计算、比较，信息对称下 $\lambda_s = \lambda_r = \{0, \lambda\}$、信息非对称下 λ_s，$\lambda_r = \{0, \lambda\}$ 且 $\lambda_s \neq \lambda_r$。本章正是通过 λ_r、λ_s 的变化和不同来研究超市利他互惠信息及其认知动态演进对农产品供应链双边质量努力决策、供应链效率和公平度的影响，研究基于互惠利他演进视角的农产品供应链双边质量提升动态机制。

7.1.2　符号说明

本章模型所用其他符号说明如表 7 - 1 所示。

表 7 - 1　　　　　　　　　本章模型所用其他符号说明

符号	具体含义
i	利他互惠及其认知动态演进中第 i 个过程，也称为第 i 种情况
w_i^*	第 i 种情况下，超市对应的最优收购价格
θ_{ri}^*	第 i 种情况下，超市对应的最优质量检验努力水平
θ_{si}^*	第 i 种情况下，农产品生产加工商对应的最优质量努力水平
λ_r	超市真实利他互惠强度
λ_s	农产品生产加工商猜测超市的利他互惠度（利他互惠信息强度）
π_s，π_r，π_{sc}	农产品生产加工商、超市、农产品供应链的利润
π_{si}^*，π_{ri}^*，π_{sci}^*	第 i 种情况下，农产品生产加工商、超市、农产品供应链的最优利润
u_r，u_{sc}	超市、供应链效用

符号	具体含义
u_{ri}^{*}，u_{sci}^{*}	第 i 种情况下，超市、供应链的最优效用
HSC_A^S，HSC_A^O	农产品供应链中主观公平度和客观公平度
HSC_{Ai}^S，HSC_{Ai}^O	第 i 种情况下，农产品供应链中主观公平度和客观公平度
ESC_A^S，ESC_A^O	农产品供应链主观效率和客观效率
ESC_{Ai}^S，ESC_{Ai}^O	第 i 种情况下，农产品供应链中主观效率和客观效率

7.2　基于利他互惠演进视角的农产品供应链决策

7.2.1　模型建立

当不考虑农产品供应链成员的社会偏好，各成员都以自身利润最大化进行决策，各方和供应链期望利润分别为（本章会引用部分第 3 章的公式，但为了阅读的流畅性，重新进行编号）

$$E\pi_s = (w - k_s\theta_s)\int_0^1 \eta p^{-a}\theta_s^b\theta_r^c\varepsilon f(\varepsilon)\,\mathrm{d}\varepsilon = \frac{(w - k_s\theta_s)\eta p^{-a}\theta_s^b\theta_r^c}{2} \quad (7.1)$$

$$E\pi_r = (p - w - k_r\theta_r)\int_0^1 \eta p^{-a}\theta_s^b\theta_r^c\varepsilon f(\varepsilon)\,\mathrm{d}\varepsilon = \frac{(p - w - k_r\theta_r)\eta p^{-a}\theta_s^b\theta_r^c}{2}$$
$$(7.2)$$

$$E\pi_{sc} = (p - k_s\theta_s - k_r\theta_r)\int_0^1 \eta p^{-a}\theta_s^b\theta_r^c\varepsilon f(\varepsilon)\,\mathrm{d}\varepsilon = \frac{(p - k_s\theta_s - k_r\theta_r)\eta p^{-a}\theta_s^b\theta_r^c}{2}$$
$$(7.3)$$

具有利他互惠的超市效用函数为 $Eu_r = E\pi_r + \lambda_r(E\pi_s - E\pi_r)$，即 $\dfrac{1}{1-\lambda_r}$

$Eu_r = E\pi_r + \dfrac{\lambda_r}{1-\lambda_r}E\pi_s$，由此可知 Eu_r 与 $\lambda_r E\pi_s$ 为线性关系，系数为 $\dfrac{1}{1-\lambda_r}$。

本章为方便计算，得出更清晰的结论，这里用 λ_r 代替 $\dfrac{1}{1-\lambda_r}$，即当考虑超市的利他互惠时，超市包括自身利润和利他互惠正效用在内的期望效用函数为 $Eu_r = E\pi_r + \lambda_r E\pi_s$。其中，$\lambda_r$ 为超市的利他互惠系数，且 $0 \leqslant \lambda_r \leqslant \dfrac{1}{2}$。农产品生产加工商始终完全理性，于是农产品生产加工商期望效用总是等于期望利润，即 $Eu_s = E\pi_s$。

将式 (7.1) 和式 (7.2) 代入, 可得超市利他互惠时的期望效用函数为

$$Eu_r^A = \frac{(p-w-k_r\theta_r)\eta p^{-a}\theta_s^b\theta_r^c}{2} + \lambda_r\frac{(w-k_s\theta_s)\eta p^{-a}\theta_s^b\theta_r^c}{2} \qquad (7.4)$$

当农产品生产加工商和超市刚开始交易时, 农产品生产加工商没有考虑到超市的利他互惠, 或者因为刚开始农产品生产加工商对超市的利他互惠情况掌握不清楚, 农产品生产加工商不知道以下两条信息。

(1) 超市是否利他互惠 ($\lambda_s = 0$ 或者 $\lambda_s > 0$)?

(2) 如果超市具有利他互惠, 那么超市的利他互惠强度为多少 (即 λ_s 的具体取值)。

信息非对称博弈中, 农产品生产加工商通过自身所掌握的信息认为超市利他互惠强度为 λ_s ($\lambda_s \geq 0$) 前提下农产品生产加工商的目标函数为

$$\max_{\theta_s} E\pi_s^A = \frac{(w-k_s\theta_s)\eta p^{-a}\theta_s^b\theta_r^c}{2} \qquad (7.5)$$

结 合 $Eu_s = E\pi_s$ 与 式 (7.1) 计 算 得 $\dfrac{\mathrm{d}^2 u_s^A}{\mathrm{d}\theta_s^2} = -\dfrac{[k_s\theta_s(1+b)+w(1-b)]b\eta p^{-a}\theta_s^b\theta_r^c}{2\theta_s^2} < 0$, 因此农产品生产加工商效用函数 Eu_s^A 存在唯一最优质量努力水平。令 $\dfrac{\mathrm{d}Eu_s^A}{\mathrm{d}\theta_s} = \dfrac{[bw-k_s\theta_s(1+b)]\eta p^{-a}\theta_r^c\theta_s^b}{2\theta_s} = 0$, 解得农产品生产加工商关于农产品收购价格 ($\theta_r$, w) 的反应函数为

$$\theta_s^A(\theta_r, w) = \frac{bw}{k_s(1+b)} \qquad (7.6)$$

由式 (7.6) 发现农产品生产加工商的质量努力水平仅仅依赖于收购价格, 且与收购价格正相关。一方面, 说明超市对农产品的质量检测努力水平是超市自身私人信息, 农产品生产加工商作为农产品供应方并不能知道, 这在一定程度上可以防止农产品生产加工商以次充好的行为; 另一方面, 农产品生产加工商对农产品的质量努力水平直接取决于自身可以获得的利润, 即他所接受的农产品收购价格越高, 农产品生产加工商提高农产品质量努力的积极性就越高、努力水平就越高。

超市在博弈中先行动, 能够看到农产品生产加工商的最优反应 $\theta_s^A(\theta_r, w) = \dfrac{bw}{k_s(1+b)}$ 来选择使自身效用最大化的检验努力水平和农产品收购价格, 于是, 将式 (7.6) 代入式 (7.4) 后, 通过求导可得超市期望效用函数 Eu_r^A 的 Hessian 矩阵为

$$H^A(\theta_r, w) = \begin{bmatrix} \dfrac{\partial^2 Eu_r^A}{\partial \theta_r^2} & \dfrac{\partial^2 Eu_r^A}{\partial \theta_r \partial w} \\[3mm] \dfrac{\partial^2 Eu_r^A}{\partial w \partial \theta_r} & \dfrac{\partial^2 Eu_r^A}{\partial w^2} \end{bmatrix}$$

其中,

$$\frac{\partial^2 Eu_r^A}{\partial \theta_r^2} = -\frac{k_r\theta_r(1+b)(1+c) + [p(1+b) - w(1+b-\lambda_r)](1-c)}{2\theta_r^2(1+b)}$$
$$c\eta p^{-a}\theta_r^c \left(\frac{bw}{k_s(1+b)}\right)^b$$

$$\frac{\partial^2 Eu_r^A}{\partial \theta_r \partial w} = \frac{(p-w)bc - (1-\lambda_r)wc - k_r\theta_r b(1+c)}{2w\theta_r}\eta p^{-a}\theta_r^c \left(\frac{bw}{k_s(1+b)}\right)^b$$

$$\frac{\partial^2 Eu_r^A}{\partial w \partial \theta_r} = \frac{(p-w)bc - (1-\lambda_r)wc - k_r\theta_r b(1+c)}{2w\theta_r}\eta p^{-a}\theta_r^c \left(\frac{bw}{k_s(1+b)}\right)^b$$

$$\frac{\partial^2 Eu_r^A}{\partial w^2} = \frac{(k_r\theta_r - p)(1-b) - w(1+b-\lambda_r)}{2w^2}b\eta p^{-a}\theta_r^c \left(\frac{bw}{k_s(1+b)}\right)^b$$

由此得

$$|H_1^A(\theta_r, w)| = -\frac{k_r\theta_r(1+b)(1+c) + [p(1+b) - w(1+b-\lambda_r)](1-c)}{2\theta_r^2(1+b)}$$

$c\eta p^{-a}\theta_r^c \left(\dfrac{bw}{k_s(1+b)}\right)^b < 0$, $|H_2^A(\theta_r, w)| = \dfrac{X_{71}}{4\theta_r^2 w^2(1+b)}\left[\eta p^{-a}\theta_r^c \left(\dfrac{bw}{k_s(1+b)}\right)^b\right]^2 >$

0, 其中 $(X_{71} = 2k_r\theta_r bc(b+c)[p(1+b) - w(1+b-\lambda_r)] + c[p^2 b(1+b)$
$(1-b-c) + 2pwb(b+c)(1+b-\lambda_r) - w^2(b+c)(1+b-\lambda_r)^2] - bk_r^2\theta_r^2(b+c)$
$(1+b)(1+c) > 0)$。故 Hessian 矩阵 $H^A(\theta_r, w)$ 负定,Eu_r^A 存在唯一最优
解 θ_r^{A*} 和 w^{A*}。

联立 $\dfrac{\partial Eu_r^A}{\partial \theta_r} = 0$ 和 $\dfrac{\partial Eu_r^A}{\partial w} = 0$,得

$$\begin{cases} \dfrac{\partial Eu_r^A}{\partial \theta_r} = \dfrac{-k_r\theta_r(1+b+c+bc) + [(p-w)b - w(1-\lambda_r) + p]c}{2\theta_r(1+b)} \\[3mm] \qquad\qquad \eta p^{-a}\theta_r^c \left(\dfrac{bw}{k_s(1+b)}\right)^b = 0 \\[3mm] \dfrac{\partial Eu_r^A}{\partial w} = \dfrac{-k_r\theta_r b + (p-w)b - w(1-\lambda_r)}{2w}\eta p^{-a}\theta_r^c \left(\dfrac{bw}{k_s(1+b)}\right)^b = 0 \end{cases}$$

解得

$$\theta_r^{A*} = \frac{cp}{k_r(1+b+c)} \tag{7.7}$$

$$w_r^{A*} = \frac{bp(1+b)}{(1+b-\lambda_r)(1+b+c)} \tag{7.8}$$

式（7.7）和式（7.8）为超市根据自身真实的利他互惠强度 λ_r、效用最大化而决策的最优质量检验努力水平和农产品收购价格。由于超市利他互惠信息非对称，假设农产品生产加工商认为超市利他互惠强度为 λ_s，那么农产品加工商认为超市的努力水平和收购价格分别为 $\theta_r^{A*} = \frac{cp}{k_r(1+b+c)}$、$w_s^{A*} = \frac{bp(1+b)}{(1+b-\lambda_s)(1+b+c)}$，其中超市检验努力水平与利他互惠强度系数 λ_s 无关，可以认为超市检验努力水平在农产品供应链中是一个共通的信息，即无论超市是否利他互惠，超市最优的选择总是农产品供应链系统所要求的最优检验努力。进一步说明，超市是供应链主导者连接消费者市场，为了防止质量问题农产品流入市场影响自身品牌形象，超市总是保持最优的质量检验努力水平。

将 $\theta_r^{A*} = \frac{cp}{k_r(1+b+c)}$ 和 $w_s^{A*} = \frac{bp(1+b)}{(1+b-\lambda_s)(1+b+c)}$ 代入式（7.6）得农产品生产加工商的最优质量努力水平为

$$\theta_s^{A*} = \frac{b^2 p}{k_s(1+b-\lambda_s)(1+b+c)} \tag{7.9}$$

（θ_r^{A*}，w_r^{A*}，θ_s^{A*}）即为农产品生产加工商和超市在利他互惠信息非对称下的不完全信息博弈子博弈精炼纳什均衡。

7.2.2　模型分析

超市利他互惠及其认知动态演进表现为 λ_s 和 λ_r 的不同，以超市利他互惠信息结构来刻画超市利他互惠及其认知动态演进过程，见表 7 - 2。根据 λ_s 和 λ_r 的不同将农产品生产加工商和超市之间博弈分为四种情况进行讨论、分析。

表 7 - 2　　　　　　　　　农产品供应链利他互惠信息结构

阶段	超市类型	信息状况	利他互惠强度	各方决策目标函数
I	完全理性	信息对称	$\lambda_s = \lambda_r = 0$	$\max \pi_s$，$\max \pi_r$
II	利他互惠	信息不完备	$\lambda_s = 0$，$\lambda_r > 0$	$\max \pi_s$，$\max u_r$
III	利他互惠	信息对称	$\lambda_s = \lambda_r = \lambda > 0$	$\max \pi_s$，$\max u_r$
IV	完全理性	信息不完备	$\lambda_s > 0$，$\lambda_r = 0$	$\max \pi_s$，$\max \pi_r$

第 Ⅰ 阶段：农产品生产加工商和超市刚刚开始进行交易，对双方的成本和市场竞争力等都不清楚，双方在决策时仅关注自身利润，即双方决策都以自身利润最大化为目标进行。此时超市完全理性且信息对称，模型中表示为：$\lambda_s = \lambda_r = 0$。将 $\lambda_s = \lambda_r = 0$ 代入式（7.7）～式（7.9）可以计算超市和农产品生产加工商的最优决策为

$$\theta_{r1}^{A*} = \frac{cp}{k_r(1+b+c)}, \quad w_{r1}^{A*} = \frac{bp}{1+b+c}, \quad \theta_{s1}^{A*} = \frac{b^2p}{k_s(1+b)(1+b+c)}$$

将 $(\theta_{r1}^{A*}, w_{r1}^{A*}, \theta_{s1}^{A*})$ 代入式（7.1）～式（7.3）得农产品生产加工商利润、超市利润、供应链期望利润和效用分别为

$$E\pi_{r1}^{A*} = \frac{\eta p^{1-a}}{2(1+b+c)}\left(\frac{b^2p}{k_s(1+b)(1+b+c)}\right)^b\left(\frac{cp}{k_r(1+b+c)}\right)^c$$

$$E\pi_{s1}^{A*} = \frac{\eta p^{1-a}b}{2(1+b)(1+b+c)}\left(\frac{b^2p}{k_s(1+b)(1+b+c)}\right)^b\left(\frac{cp}{k_r(1+b+c)}\right)^c$$

$$E\pi_{sc1}^{A*} = \frac{\eta p^{1-a}(1+2b)}{2(1+b)(1+b+c)}\left(\frac{b^2p}{k_s(1+b)(1+b+c)}\right)^b\left(\frac{cp}{k_r(1+b+c)}\right)^c$$

此时，$E\pi_{r1}^{A*} = Eu_{r1}^{A*}$ 和 $E\pi_{sc1}^{A*} = Eu_{sc1}^{A*}$。

第 Ⅱ 阶段：由第 Ⅰ 阶段得 $E\pi_{r1}^{A*} - E\pi_{s1}^{A*} = \frac{\eta p^{1-a}}{2(1+b)(1+b+c)}$ $\left(\frac{b^2p}{k_s(1+b)(1+b+c)}\right)^b\left(\frac{cp}{k_r(1+b+c)}\right)^c > 0$。超市处于农产品供应链终端，更接近市场，对市场调节能力更大，更希望通过自身的利他互惠给双方带来更多收益，即此时超市具有利他互惠。但由于利他互惠是决策者自身的信息，信息非对称下农产品生产加工商认为超市为完全理性，模型中表示为：$\lambda_r > 0$，$\lambda_s = 0$。将 $\lambda_r > 0$、$\lambda_s = 0$ 代入式（7.7）～式（7.9）可以计算超市和农产品生产加工商的最优决策为

$$\theta_{r2}^{A*} = \frac{cp}{k_r(1+b+c)}, \quad w_{r2}^{A*} = \frac{bp(1+b)}{(1+b-\lambda_r)(1+b+c)},$$

$$\theta_{s2}^{A*} = \frac{b^2p}{k_s(1+b)(1+b+c)}$$

将 $(\theta_{r2}^{A*}, w_{r2}^{A*}, \theta_{s2}^{A*})$ 代入式（7.1）～式（7.4）得

$$E\pi_{r2}^{A*} = \frac{\eta p^{1-a}(1-\lambda_r)(1+b)}{2(1+b-\lambda_r)(1+b+c)}\left(\frac{b^2p}{k_s(1+b)(1+b+c)}\right)^b\left(\frac{cp}{k_r(1+b+c)}\right)^c$$

$$E\pi_{s2}^{A*} = \frac{\eta p^{1-a}b(1+b+b\lambda_r)}{2(1+b-\lambda_r)(1+b)(1+b+c)}\left(\frac{b^2p}{k_s(1+b)(1+b+c)}\right)^b\left(\frac{cp}{k_r(1+b+c)}\right)^c$$

$$E\pi_{sc2}^{A*} = \frac{\eta p^{1-a}(1+2b)}{2(1+b)(1+b+c)}\left(\frac{b^2p}{k_s(1+b)(1+b+c)}\right)^b\left(\frac{cp}{k_r(1+b+c)}\right)^c$$

$$Eu_{r2}^{A*} = \frac{\eta p^{1-a}\left[b^2(1+\lambda_r^2)+b(2-\lambda_r)+1-\lambda_r\right]}{2(1+b-\lambda_r)(1+b)(1+b+c)}\left(\frac{b^2p}{k_s(1+b)(1+b+c)}\right)^b$$

$$\left(\frac{cp}{k_r(1+b+c)}\right)^c$$

$$Eu_{sc2}^{A*} = \frac{\eta p^{1-a}\left[b^2(\lambda_r^2+\lambda_r+2)+b(3-\lambda_r)+1-\lambda_r\right]}{2(1+b-\lambda_r)(1+b)(1+b+c)}\left(\frac{b^2p}{k_s(1+b)(1+b+c)}\right)^b$$

$$\left(\frac{cp}{k_r(1+b+c)}\right)^c$$

第Ⅲ阶段：由第Ⅰ阶段和第Ⅱ阶段得 $E\pi_{s2}^{A*}-E\pi_{s1}^{A*} =$

$$\frac{\eta p^{1-a}\lambda_r b(1+b)}{2(1+b-\lambda_r)(1+b)(1+b+c)}\left(\frac{b^2p}{k_s(1+b)(1+b+c)}\right)^b\left(\frac{cp}{k_r(1+b+c)}\right)^c > 0,$$

由此得 $E\pi_{s2}^{A*} > E\pi_{s1}^{A*}$。当农产品生产加工商发现自身利润在第Ⅱ阶段增大，随即推断超市具有利他互惠，同时通过不断地搜集各种信息如农产品收购价格变化、超市对农产品生产加工商的技术支持等，直到摸清楚超市的真实利他互惠强度，模型中表示为 $\lambda_r=\lambda_s=\lambda>0$。将 $\lambda_r=\lambda_s=\lambda>0$ 代入式（7.7）~式（7.9）可以计算超市和农产品生产加工商的最优决策为

$$\theta_{r3}^{A*} = \frac{cp}{k_r(1+b+c)}, \quad w_{r3}^{A*} = \frac{bp(1+b)}{(1+b-\lambda)(1+b+c)},$$

$$\theta_{s3}^{A*} = \frac{b^2p}{k_s(1+b-\lambda)(1+b+c)}$$

将 $(\theta_{r3}^{A*}, w_{r3}^{A*}, \theta_{s3}^{A*})$ 代入式（7.1）~式（7.4）得

$$E\pi_{r3}^{A*} = \frac{\eta p^{1-a}(1-\lambda)(1+b)}{2(1+b-\lambda)(1+b+c)}\left(\frac{b^2p}{k_s(1+b-\lambda)(1+b+c)}\right)^b\left(\frac{cp}{k_r(1+b+c)}\right)^c$$

$$E\pi_{s3}^{A*} = \frac{\eta p^{1-a}b}{2(1+b-\lambda)(1+b+c)}\left(\frac{b^2p}{k_s(1+b-\lambda)(1+b+c)}\right)^b\left(\frac{cp}{k_r(1+b+c)}\right)^c$$

$$E\pi_{sc3}^{A*} = \frac{\eta p^{1-a}\left[b(2-\lambda)+1-\lambda\right]}{2(1+b-\lambda)(1+b+c)}\left(\frac{b^2p}{k_s(1+b-\lambda)(1+b+c)}\right)^b\left(\frac{cp}{k_r(1+b+c)}\right)^c$$

$$Eu_{r3}^{A*} = \frac{\eta p^{1-a}}{2(1+b+c)}\left(\frac{b^2p}{k_s(1+b-\lambda)(1+b+c)}\right)^b\left(\frac{cp}{k_r(1+b+c)}\right)^c$$

$$Eu_{sc3}^{A*} = \frac{\eta p^{1-a}(1+2b-\lambda)}{2(1+b-\lambda)(1+b+c)}\left(\frac{b^2p}{k_s(1+b-\lambda)(1+b+c)}\right)^b\left(\frac{cp}{k_r(1+b+c)}\right)^c$$

第Ⅳ阶段：由 $E\pi_{r2}^{A*} < E\pi_{r3}^{A*} < E\pi_{r1}^{A*}$、$E\pi_{sc1}^{A*} = E\pi_{sc2}^{A*} < E\pi_{sc3}^{A*}$ 可知超市完全理性时的利润大于超市利他互惠时的利润，即超市的利他互惠更多地增

加了农产品生产加工商和供应链利润，并没有增加自身利润，反而减少了自身利润。为获取更多利润，超市选择在完全理性下进行决策。由于信息非对称，此时农产品生产加工商仍认为超市利他互惠，模型中表示为 $\lambda_r = 0$，$\lambda_s > 0$。将 $\lambda_r = 0$、$\lambda_s > 0$ 代入式（7.7）～式（7.9）可以计算超市和农产品生产加工商的最优决策为

$$\theta_{r4}^{A*} = \frac{cp}{k_r(1+b+c)}, \quad w_{r4}^{A*} = \frac{bp}{1+b+c}, \quad \theta_{s4}^{A*} = \frac{b^2 p}{k_s(1+b-\lambda_s)(1+b+c)}$$

将 $(\theta_{r4}^{A*}, w_{r4}^{A*}, \theta_{s4}^{A*})$ 代入式（7.1）～式（7.4）得

$$E\pi_{r4}^{A*} = \frac{\eta p^{1-a}}{2(1+b+c)}\left(\frac{b^2 p}{k_s(1+b-\lambda_s)(1+b+c)}\right)^b \left(\frac{cp}{k_r(1+b+c)}\right)^c$$

$$E\pi_{s4}^{A*} = \frac{\eta p^{1-a} b(1-\lambda_s)}{2(1+b-\lambda_s)(1+b+c)}\left(\frac{b^2 p}{k_s(1+b-\lambda_s)(1+b+c)}\right)^b \left(\frac{cp}{k_r(1+b+c)}\right)^c$$

$$E\pi_{sc4}^{A*} = \frac{\eta p^{1-a}[b(2-\lambda_s)+1-\lambda_s]}{2(1+b-\lambda_s)(1+b+c)}\left(\frac{b^2 p}{k_s(1+b-\lambda_s)(1+b+c)}\right)^b \left(\frac{cp}{k_r(1+b+c)}\right)^c$$

$$Eu_{r4}^{A*} = \frac{\eta p^{1-a}}{2(1+b+c)}\left(\frac{b^2 p}{k_s(1+b-\lambda_s)(1+b+c)}\right)^b \left(\frac{cp}{k_r(1+b+c)}\right)^c$$

$$Eu_{sc4}^{A*} = \frac{\eta p^{1-a}[b(2-\lambda_s)+1-\lambda_s]}{2(1+b-\lambda_s)(1+b+c)}\left(\frac{b^2 p}{k_s(1+b-\lambda_s)(1+b+c)}\right)^b \left(\frac{cp}{k_r(1+b+c)}\right)^c$$

由利他互惠及其认知动态演进各阶段的计算可得命题 7.1 和推论 7.1。

命题 7.1　超市利他互惠及其认知动态演进的四个过程中：

①各方决策为 $\theta_{r1}^{A*} = \theta_{r2}^{A*} = \theta_{r3}^{A*} = \theta_{r4}^{A*}$，$w_{r1}^{A*} = w_{r4}^{A*} < w_{r2}^{A*} = w_{r3}^{A*}$，$\theta_{s1}^{A*} = \theta_{s2}^{A*} < \theta_{s3}^{A*} = \theta_{s4}^{A*}$。

②各方利润为 $E\pi_{r2}^{A*} < E\pi_{r3}^{A*} < E\pi_{r1}^{A*} < E\pi_{r4}^{A*}$，$E\pi_{s4}^{A*} < E\pi_{s1}^{A*} < E\pi_{s2}^{A*} < E\pi_{s3}^{A*}$，$E\pi_{sc1}^{A*} = E\pi_{sc2}^{A*} < E\pi_{sc3}^{A*} = E\pi_{sc4}^{A*}$。

③各方效用为 $Eu_{r1}^{A*} < Eu_{r2}^{A*} < Eu_{r3}^{A*} = Eu_{r4}^{A*}$，$Eu_{sc1}^{A*} < Eu_{sc4}^{A*} < Eu_{sc2}^{A*} < Eu_{sc3}^{A*}$。

证明：① $w_{r2}^{A*} - w_{r1}^{A*} = \dfrac{bp\lambda_r}{(1+b-\lambda_r)(1+b+c)} > 0$，$\theta_{s3}^{A*} - \theta_{s1}^{A*} = $

$\dfrac{b^2 p\lambda}{k_s(1+b-\lambda)(1+b)(1+b+c)} > 0$。

②超市利润在博弈各个阶段的对比：令 $G_{71}(\lambda) = \dfrac{E\pi_{r3}^{A*}}{E\pi_{r1}^{A*}} = $

$\dfrac{(1-\lambda)(1+b)^{1+b}}{(1+b-\lambda)^{1+b}}$，则 $\dfrac{\partial G_{71}(\lambda)}{\partial \lambda} = \dfrac{-\lambda b(1+b)^{1+b}}{(1+b-\lambda)^{2+b}} < 0$，即 $G_{71}(\lambda)$ 关于 λ 为严格递减函数。经计算得 $G_{71}(\lambda)\big|_{\lambda=0} = 1$，则 $G_{71}(\lambda)\big|_{\lambda>0} < 1$，因此

$E\pi_{r3}^{A*} < E\pi_{r1}^{A*}$。由 $\dfrac{E\pi_{r3}^{A*}}{E\pi_{r2}^{A*}} = \left(\dfrac{1+b}{1+b-\lambda}\right)^{b} > 1$，于是 $E\pi_{r2}^{A*} < E\pi_{r3}^{A*}$，由此得

$E\pi_{r2}^{A*} < E\pi_{r3}^{A*} < E\pi_{r1}^{A*}$。由 $\dfrac{E\pi_{r4}^{A*}}{E\pi_{r1}^{A*}} = \left(\dfrac{1+b}{1+b-\lambda_s}\right)^{b} > 1$ 得 $E\pi_{r1}^{A*} < E\pi_{r4}^{A*}$。综上，可以得到超市利他互惠及其认知动态演进过程中超市利润有以下关系：$E\pi_{r2}^{A*} < E\pi_{r3}^{A*} < E\pi_{r1}^{A*} < E\pi_{r4}^{A*}$。

农产品生产加工商利润在博弈各个阶段的对比：令 $G_{72}(\lambda) = \dfrac{E\pi_{s3}^{A*}}{E\pi_{s2}^{A*}} = \dfrac{(1+b)^{1+b}}{(1+b+b\lambda)(1+b-\lambda)^{b}}$，则 $\dfrac{\partial G_{72}(\lambda)}{\partial \lambda} = \dfrac{\lambda b (1+b)^{2}}{(1+b+b\lambda)^{2}(1+b-\lambda)}\left(\dfrac{1+b}{1+b-\lambda}\right)^{b} > 0$，即 $G_{72}(\lambda)$ 关于 λ 为严格递增函数。经计算得 $G_{72}(\lambda)\big|_{\lambda=0} = 1$，则 $G_{72}(\lambda)\big|_{\lambda>0} > 1$，因此 $E\pi_{s2}^{A*} < E\pi_{s3}^{A*}$。令 $G_{73}(\lambda_s) = \dfrac{E\pi_{s4}^{A*}}{E\pi_{s1}^{A*}} = (1-\lambda_s)\left(\dfrac{1+b}{1+b-\lambda_s}\right)^{1+b}$，则 $\dfrac{\partial G_{73}(\lambda_s)}{\partial \lambda_s} = -\dfrac{\lambda_s b(1+b)}{(1+b-\lambda_s)^{2}}\left(\dfrac{1+b}{1+b-\lambda_s}\right)^{1+b} < 0$，即 $G_{73}(\lambda_s)$ 关于 λ_s 为严格递减函数。由 $G_{73}(\lambda_s)\big|_{\lambda_s=0} = 1$ 得 $G_{73}(\lambda_s)\big|_{\lambda_s>0} < 1$，因此 $E\pi_{s4}^{A*} < E\pi_{s1}^{A*}$。$E\pi_{s2}^{A*} - E\pi_{s1}^{A*} = \dfrac{\eta p^{1-a} b\lambda_r}{2(1+b-\lambda_r)(1+b+c)}\left(\dfrac{b^{2}p}{k_s(1+b)(1+b+c)}\right)^{b}\left(\dfrac{cp}{k_r(1+b+c)}\right)^{c} > 0$，则 $E\pi_{s1}^{A*} < E\pi_{s2}^{A*}$。综上，可以得到超市利他互惠及其认知动态演进过程中农产品生产加工商利润有以下关系：$E\pi_{s4}^{A*} < E\pi_{s1}^{A*} < E\pi_{s2}^{A*} < E\pi_{s3}^{A*}$。

供应链利润在博弈各个阶段的对比：由 $E\pi_{s2}^{A*} < E\pi_{s3}^{A*}$、$E\pi_{r2}^{A*} < E\pi_{r3}^{A*}$ 且 $E\pi_{sc}^{A*} = E\pi_{s}^{A*} + E\pi_{r}^{A*}$，得 $E\pi_{sc2}^{A*} < E\pi_{sc3}^{A*}$。结合 $E\pi_{sc1}^{A*} = E\pi_{sc2}^{A*}$、$E\pi_{sc3}^{A*} = E\pi_{sc4}^{A*}$，得 $E\pi_{sc1}^{A*} = E\pi_{sc2}^{A*} < E\pi_{sc3}^{A*} = E\pi_{sc4}^{A*}$。

③超市效用在博弈各个阶段的对比：令 $G_{74}(\lambda) = \dfrac{Eu_{r3}^{A*}}{Eu_{r2}^{A*}} = \dfrac{(1+b)^{1+b}(1+b-\lambda)^{1-b}}{b^{2}(1+\lambda^{2}) + b(2-\lambda) + 1 - \lambda}$，则 $\dfrac{\partial G_{74}(\lambda)}{\partial \lambda} = \dfrac{b(1+b)^{2+b}(1+b-\lambda)^{1-b}(1-\lambda)[1+b(1-\lambda)]}{[b^{2}(1+\lambda^{2}) + b(2-\lambda) + 1-\lambda]^{2}(1+b-\lambda)} > 0$，即 $G_{74}(\lambda)$ 关于 λ 为严格递增函数。经计算得 $G_{74}(\lambda)\big|_{\lambda=0} = 1$，则 $G_{74}(\lambda)\big|_{\lambda>0} > 1$，因此 $Eu_{r2}^{A*} < Eu_{r3}^{A*}$。令 $G_{75}(\lambda_r) = \dfrac{Eu_{r2}^{A*}}{Eu_{r1}^{A*}} = $

$\dfrac{b^2(1+\lambda_r^2)+b(2-\lambda_r)+1-\lambda_r}{(1+b)(1+b-\lambda_r)}$，则 $\dfrac{\partial G_{75}(\lambda_r)}{\partial \lambda_r}=\dfrac{b^2\lambda_r(2+2b-\lambda_r)}{(1+b)(1+b-\lambda_r)^2}>0$，

即 $G_{75}(\lambda_r)$ 关于 λ_r 为严格递增函数。经计算得 $G_{75}(\lambda_r)\big|_{\lambda_r=0}=1$，则 $G_{75}(\lambda_r)\big|_{\lambda_r>0}>1$，因此 $Eu_{r1}^{A*}<Eu_{r2}^{A*}$。综上，可以得到超市利他互惠及其认知动态演进过程中超市效用有以下关系：$Eu_{r1}^{A*}<Eu_{r2}^{A*}<Eu_{r3}^{A*}=Eu_{r4}^{A*}$。

供应链效用在博弈各个阶段的对比：因为 $Eu_{sc}^{A*}=Eu_r^{A*}+E\pi_s^{A*}$，经计算得 $Eu_{r2}^{A*}<Eu_{r3}^{A*}$、$E\pi_{s2}^{A*}<E\pi_{s3}^{A*}$，即 $Eu_{sc2}^{A*}<Eu_{sc3}^{A*}$。令 $G_{76}(\lambda)=$

$\dfrac{Eu_{sc4}^{A*}}{Eu_{sc2}^{A*}}=\dfrac{[1-\lambda+b(2-\lambda)](1+b)}{b^2(\lambda^2+\lambda+2)+b(3-\lambda)+1-\lambda}\left(\dfrac{1+b}{1+b-\lambda}\right)^b$，则 $\dfrac{\partial G_{76}(\lambda)}{\partial \lambda}=$

$-\dfrac{b\lambda[b^3(\lambda^2-2\lambda+4)+b^2(2\lambda^2-7\lambda+8)+b(\lambda^2-5\lambda+5)+1-\lambda](1+b)}{[b^2(\lambda^2+\lambda+2)+b(3-\lambda)+1-\lambda]^2(1+b-\lambda)}$

$\left(\dfrac{1+b}{1+b-\lambda}\right)^b<0$，即 $G_{76}(\lambda)$ 关于 λ 为严格递减函数。经计算得 $G_{76}(\lambda)\big|_{\lambda=0}=$

1，则 $\partial G_{76}(\lambda)\big|_{\lambda>0}<1$，因此 $Eu_{sc4}^{A*}<Eu_{sc2}^{A*}$。令 $G_{77}(\lambda_s)=\dfrac{Eu_{sc4}^{A*}}{Eu_{sc1}^{A*}}=$

$\dfrac{[1-\lambda_s+b(2-\lambda_s)](1+b)}{(1+b-\lambda_s)(1+2b)}\left(\dfrac{1+b}{1+b-\lambda_s}\right)^b$，则 $\dfrac{\partial G_{77}(\lambda_s)}{\partial \lambda_s}=\dfrac{b(1-\lambda_s)(1+b)^2}{(1+b-\lambda_s)^2(1+2b)}$

$\left(\dfrac{1+b}{1+b-\lambda_s}\right)^b>0$，即 $G_{77}(\lambda_s)$ 关于 λ_s 为严格递增函数。经计算得 $G_{77}(\lambda_s)\big|_{\lambda_s=0}=1$，则 $G_{77}(\lambda_s)\big|_{\lambda_s>0}>1$，因此 $Eu_{sc1}^{A*}<Eu_{sc4}^{A*}$。综上，可以得到超市利他互惠及其认知动态演进过程中供应链效用有以下关系：$Eu_{sc1}^{A*}<Eu_{sc4}^{A*}<Eu_{sc2}^{A*}<Eu_{sc3}^{A*}$。

命题 7.1①中 $\theta_{r1}^{A*}=\theta_{r2}^{A*}=\theta_{r3}^{A*}=\theta_{r4}^{A*}$，无论超市是否利他互惠、信息是否对称，超市农产品检验努力水平 θ_r 始终保持不变，即超市利他互惠不影响超市最优检验努力水平。结合第 3 章供应链集中决策下超市最优检验努力水平为 $\theta_r^{I*}=\dfrac{cp}{k_r(1+b+c)}$ 可知，超市总是保持自身最优检验努力水平。一方面，超市作为农产品供应链的主导者，会对农产品质量进行严格把关，提供高质量的农产品给市场，以扩大市场需求。另一方面，食品安全问题频发的社会环境下，农产品质量面临更多考验，农产品质量一旦出现问题，不但超市信誉下降、网络舆论爆发，还有可能导致超市倒闭。所以超市总会保持自身最优农产品检验努力水平。由 $w_{r1}^{A*}=w_{r4}^{A*}<w_{r2}^{A*}=w_{r3}^{A*}$ 可知，当超市利他互惠时，超市会提高自身收购价格，会让利给农产品生产加工商，当超市利他互惠且信息对称时，农产品生产加工商会提升自身

质量努力水平 $\theta_{s2}^{A*} < \theta_{s3}^{A*}$，提供更高质量的农产品给市场，以获取更多利润。

命题 7.1②中 $E\pi_{r2}^{A*} < E\pi_{r3}^{A*} < E\pi_{r1}^{A*} < E\pi_{r4}^{A*}$，无论信息是否对称，只要超市利他互惠，超市利润就会减小。这时因为，当超市利他互惠时超市不以利润作为自己的决策目标，而是以包括自身利润和利他互惠正效用在内的总效用为目标进行决策，此时会选择让利给农产品生产加工商，提升自身效用，所以此时超市利润小于超市完全理性情形。对于农产品生产加工商而言，超市利他互惠时会提高超市收购价格，导致农产品生产加工商利润增大，当超市利他互惠且信息对称时，农产品生产加工商利润最大，表现为 $E\pi_{s4}^{A*} < E\pi_{s1}^{A*} < E\pi_{s2}^{A*} < E\pi_{s3}^{A*}$。

命题 7.1③中，由 $Eu_{r1}^{A*} < Eu_{r2}^{A*} < Eu_{r3}^{A*} = Eu_{r4}^{A*}$ 可知，超市完全理性且信息对称时，超市效用最低，当超市利他互惠或农产品生产加工商认为超市利他互惠时，超市效用都会增加。这是因为超市利他互惠时，农产品生产加工商利润增大，此时利他互惠带给超市的正效用增加，所以超市总效用会增大。而在超市完全理性且信息非对称时，农产品生产加工商会提高自身质量努力水平，提供更高质量的农产品给市场，扩大市场需求，使得超市利润增加、效用增大。同时，由 $Eu_{sc1}^{A*} < Eu_{sc4}^{A*} < Eu_{sc2}^{A*} < Eu_{sc3}^{A*}$ 可知，超市利他互惠且信息对称时，供应链效用最大。一方面，超市利他互惠时，会让利给农产品生产加工商，农产品生产加工商会获得更多利润，增大供应链效用；另一方面，信息对称时，供应链双方能清楚掌握对方决策情况，更容易作出最利于自身的决策，给自身带来更多利润的同时增大供应链效用。

推论 7.1 当超市完全理性且信息非对称时，农产品生产加工商和超市之间的利润差达到最大。

证明：记 $\Delta E\pi_i^{A*} = E\pi_{si}^{A*} - E\pi_{ri}^{A*}$，通过前面四个阶段的计算和分析，可得超市利他互惠及其认知动态演进的各个阶段中农产品生产加工商与超市之间利润差分别为

$$\Delta E\pi_1^{A*} = -\frac{\eta p^{1-a}}{2(1+b)(1+b+c)}\left(\frac{b^2 p}{k_s(1+b)(1+b+c)}\right)^b \left(\frac{cp}{k_r(1+b+c)}\right)^c$$

$$\Delta E\pi_2^{A*} = -\frac{\eta p^{1-a}[1-\lambda+b-2b\lambda(1+b)]}{2(1+b-\lambda)(1+b)(1+b+c)}\left(\frac{b^2 p}{k_s(1+b)(1+b+c)}\right)^b \left(\frac{cp}{k_r(1+b+c)}\right)^c$$

$$\Delta E\pi_3^{A*} = -\frac{\eta p^{1-a}(1-b\lambda-\lambda)}{2(1+b-\lambda)(1+b+c)}\left(\frac{b^2 p}{k_s(1+b-\lambda)(1+b+c)}\right)^b \left(\frac{cp}{k_r(1+b+c)}\right)^c$$

$$\Delta E\pi_4^{A*} = -\frac{\eta p^{1-a}(1+b\lambda-\lambda)}{2(1+b-\lambda)(1+b+c)}\left(\frac{b^2 p}{k_s(1+b-\lambda)(1+b+c)}\right)^b \left(\frac{cp}{k_r(1+b+c)}\right)^c$$

可以计算 $|\Delta E\pi_1^{A*}| < |\Delta E\pi_4^{A*}|$、$|\Delta E\pi_2^{A*}| < |\Delta E\pi_4^{A*}|$、$|\Delta E\pi_3^{A*}| < |\Delta E\pi_4^{A*}|$。

证毕。

当超市完全理性且信息非对称（第Ⅳ阶段）时，农产品生产加工商和超市之间的利润差达到最大。一方面，当超市完全理性时，超市最优收购价格减小（表现为 $w_{r1}^{A*} = w_{r4}^{A*} < w_{r2}^{A*} = w_{r3}^{A*}$），降低超市成本，增加超市利润。同时，农产品生产加工商认为超市利他互惠，会加大自身农产品质量努力水平（表现为 $\theta_{s1}^{A*} = \theta_{s2}^{A*} < \theta_{s3}^{A*} = \theta_{s4}^{A*}$），这增大了农产品生产加工商成本，减小了农产品生产加工商利润，导致农产品生产加工商和超市之间的利润差增大。另一方面，作为农产品供应链中的跟随者，农产品生产加工商地位处于弱势，只能根据超市的决策决定自身农产品质量努力水平。利他互惠信息非对称时，农产品生产加工商无法准确掌握超市利他互惠信息，无法根据超市决策确定最利于自身的农产品质量努力水平，这会进一步导致农产品生产加工商利润减小（表现为 $E\pi_{s4}^{A*} < E\pi_{s1}^{A*} < E\pi_{s2}^{A*} < E\pi_{s3}^{A*}$），加大农产品生产加工商与超市之间的利润差。因此，在超市完全理性且信息非对称时，农产品生产加工商和超市之间利润差达到最大。

性质 7.1　①超市利润随自身真实利他互惠强度递减，农产品收购价格、农产品生产加工商利润、超市效用、供应链利润、供应链效用均随超市真实利他互惠强度递增。

②农产品生产加工商质量努力、超市利润、超市效用、供应链利润、供应链效用均随农产品生产加工商认为的超市利他互惠信息强度递增。

③超市利他互惠且信息对称时，农产品生产加工商利润随其认为的超市利他互惠强度递增；超市完全理性且信息非对称时，农产品生产加工商利润随其认为的超市利他互惠强度递减。

超市利他互惠对农产品供应链双方决策和绩效的影响见表 7 - 3。

表 7 - 3　　超市利他互惠对农产品供应链双方决策和绩效的影响

	θ_r^{A*}	w_r^{A*}	θ_s^{A*}	$E\pi_r^{A*}$	$E\pi_s^{A*}$	Eu_r^{A*}	$E\pi_{sc}^{A*}$	Eu_{sc}^{A*}
λ_r	—	↑	—	↓	↑	↑	↑	↑
λ_s	—	—	↑	↑	↓	↑	↑	↑

证　明：$\dfrac{\partial w_{r2}^{A*}}{\partial \lambda_r} = \dfrac{bp(1+b)}{(1+b-\lambda_r)^2(1+b+c)} > 0$，$\dfrac{\partial \theta_{s3}^{A*}}{\partial \lambda} = \dfrac{\partial \theta_{s3}^{A*}}{\partial \lambda_s} =$

$\dfrac{b^2 p}{k_s(1+b-\lambda)^2(1+b+c)} > 0$，$\dfrac{\partial \theta_{s4}^{A*}}{\partial \lambda_s} = \dfrac{b^2 p}{k_s(1+b-\lambda_s)^2(1+b+c)} > 0$，

$\dfrac{\partial E\pi_{r2}^{A*}}{\partial \lambda_r} = -\dfrac{\eta p^{1-a} b(1+b)}{2(1+b-\lambda_r)^2(1+b+c)}\left(\dfrac{b^2 p}{k_s(1+b)(1+b+c)}\right)^b$

$\qquad\qquad \left(\dfrac{cp}{k_r(1+b+c)}\right)^c < 0$

$\dfrac{\partial E\pi_{r3}^{A*}}{\partial \lambda} = \dfrac{\partial E\pi_{r3}^{A*}}{\partial \lambda_r} = -\dfrac{\eta p^{1-a} b\lambda(1+b)}{2(1+b-\lambda)^2(1+b+c)}\left(\dfrac{b^2 p}{k_s(1+b-\lambda)(1+b+c)}\right)^b$

$\qquad\qquad \left(\dfrac{cp}{k_r(1+b+c)}\right)^c < 0$

$\dfrac{\partial E\pi_{r4}^{A*}}{\partial \lambda_s} = \dfrac{\eta p^{1-a} b}{2(1+b-\lambda_s)(1+b+c)}\left(\dfrac{b^2 p}{k_s(1+b-\lambda_s)(1+b+c)}\right)^b$

$\qquad\qquad \left(\dfrac{cp}{k_r(1+b+c)}\right)^c > 0$

$\dfrac{\partial E\pi_{s2}^{A*}}{\partial \lambda_r} = \dfrac{\eta p^{1-a} b(1+b)}{2(1+b-\lambda_r)^2(1+b+c)}\left(\dfrac{b^2 p}{k_s(1+b)(1+b+c)}\right)^b$

$\qquad\qquad \left(\dfrac{cp}{k_r(1+b+c)}\right)^c > 0$

$\dfrac{\partial E\pi_{s3}^{A*}}{\partial \lambda} = \dfrac{\partial E\pi_{s3}^{A*}}{\partial \lambda_s} = \dfrac{\eta p^{1-a} b(1+b)}{2(1+b-\lambda)^2(1+b+c)}\left(\dfrac{b^2 p}{k_s(1+b-\lambda)(1+b+c)}\right)^b$

$\qquad\qquad \left(\dfrac{cp}{k_r(1+b+c)}\right)^c > 0$

$\dfrac{\partial E\pi_{s4}^{A*}}{\partial \lambda_s} = -\dfrac{\eta p^{1-a} b^2 \lambda_s}{2(1+b-\lambda_s)^2(1+b+c)}\left(\dfrac{b^2 p}{k_s(1+b-\lambda_s)(1+b+c)}\right)^b$

$\qquad\qquad \left(\dfrac{cp}{k_r(1+b+c)}\right)^c < 0$

$\dfrac{\partial Eu_{r2}^{A*}}{\partial \lambda_r} = \dfrac{\eta p^{1-a} b^2 \lambda_r [2(1+b)-\lambda_r]}{2(1+b-\lambda_r)^2(1+b)(1+b+c)}\left(\dfrac{b^2 p}{k_s(1+b)(1+b+c)}\right)^b$

$\qquad\qquad \left(\dfrac{cp}{k_r(1+b+c)}\right)^c > 0$

$\dfrac{\partial Eu_{r3}^{A*}}{\partial \lambda} = \dfrac{\partial Eu_{r3}^{A*}}{\partial \lambda_r} = \dfrac{\eta p^{1-a} b}{2(1+b-\lambda)(1+b+c)}\left(\dfrac{b^2 p}{k_s(1+b-\lambda)(1+b+c)}\right)^b$

$\qquad\qquad \left(\dfrac{cp}{k_r(1+b+c)}\right)^c > 0$

$$\frac{\partial Eu_{r4}^{A*}}{\partial \lambda_s} = \frac{\eta p^{1-a}b}{2(1+b-\lambda_s)(1+b+c)}\left(\frac{b^2 p}{k_s(1+b-\lambda_s)(1+b+c)}\right)^b$$

$$\left(\frac{cp}{k_r(1+b+c)}\right)^c > 0$$

$$\frac{\partial E\pi_{sc3}^{A*}}{\partial \lambda} = \frac{\partial E\pi_{sc3}^{A*}}{\partial \lambda_r} = \frac{\partial E\pi_{sc3}^{A*}}{\partial \lambda_s} = \frac{\eta p^{1-a}b(1+b)(1-\lambda)}{2(1+b-\lambda)^2(1+b+c)}$$

$$\left(\frac{b^2 p}{k_s(1+b-\lambda)(1+b+c)}\right)^b \left(\frac{cp}{k_r(1+b+c)}\right)^c > 0$$

$$\frac{\partial E\pi_{sc4}^{A*}}{\partial \lambda_s} = \frac{\eta p^{1-a}b(1-\lambda_s)(1+b)}{2(1+b-\lambda_s)^2(1+b+c)}\left(\frac{b^2 p}{k_s(1+b-\lambda_s)(1+b+c)}\right)^b$$

$$\left(\frac{cp}{k_r(1+b+c)}\right)^c > 0$$

$$\frac{\partial Eu_{sc2}^{A*}}{\partial \lambda_r} = \frac{\eta p^{1-a}b[b\lambda_r(2+2b-\lambda_r)+(1+b)^2]}{2(1+b-\lambda_r)^2(1+b)(1+b+c)}\left(\frac{b^2 p}{k_s(1+b)(1+b+c)}\right)^b$$

$$\left(\frac{cp}{k_r(1+b+c)}\right)^c > 0$$

$$\frac{\partial Eu_{sc3}^{A*}}{\partial \lambda} = \frac{\partial Eu_{sc3}^{A*}}{\partial \lambda_r} = \frac{\partial Eu_{sc3}^{A*}}{\partial \lambda_s} = \frac{\eta p^{1-a}b(2+2b-\lambda)}{2(1+b-\lambda)^2(1+b+c)}$$

$$\left(\frac{b^2 p}{k_s(1+b-\lambda)(1+b+c)}\right)^b \left(\frac{cp}{k_r(1+b+c)}\right)^c > 0$$

$$\frac{\partial Eu_{sc4}^{A*}}{\partial \lambda_s} = \frac{\eta p^{1-a}b(1+b)(1-\lambda_s)}{2(1+b-\lambda_s)^2(1+b+c)}\left(\frac{b^2 p}{k_s(1+b-\lambda_s)(1+b+c)}\right)^b$$

$$\left(\frac{cp}{k_r(1+b+c)}\right)^c > 0$$

证毕。

性质 7.1 说明当超市利他互惠时，会提高农产品收购价格让利给农产品生产加工商，农产品生产加工商由此获得更多利润，但此时超市收购价格提高会造成其成本增加，直接导致超市利润减小。同时，由于农产品生产加工商利润增大，所以利他互惠给超市带来的正效用增加，超市效用会随自身利他互惠程度递增。

超市利他互惠且信息对称时，农产品生产加工商利润会随超市利他互惠强度递增。一方面，超市利他互惠会让利给农产品生产加工商，让其获得更多利润。另一方面，信息对称时，农产品生产加工商可以准确掌握超市利他互惠信息，会根据超市的收购价格和检验努力水平决策出最利于自身的质量努力水平。所以当超市利他互惠且信息对称时，农产品生产加工商利润会随超市利他互惠强度增强而增大。而当超市完全理性且信息非对称时，农产品生产加工商利润会随超市利他互惠强度增强而减小。一方面，因为此时农产品生产加工商无法准确掌握超市利他互惠信息，超市完全理性但农产品生产加工商却认为超市利他互惠，所以农产品生产加工商作出的决策并非最利于自身。另一方面，超市完全理性并不能给农产品生产加工商带来更多利润，但此时农产品生产加工商却认为超市让利给自己，加大自身质量努力水平（表现为 $\theta_{s1}^{A*} = \theta_{s2}^{A*} < \theta_{s3}^{A*} = \theta_{s4}^{A*}$），这无疑会提高成本、降低自身利润。所以在超市完全理性且信息非对称时，农产品生产加工商利润会随超市利他互惠强度递减。

7.3　供应链效率和公平度评价

7.3.1　农产品供应链效率评价

农产品供应链效率 ESC_A 以"分散决策时的农产品供应链系统值与集中决策时的农产品供应链系统值之比"来刻画，分为主观效率 ESC_A^S 和客观效率 ESC_A^O。农产品供应链主观效率即供应链分散决策下的最优效用与集中决策下的最优效用比值，即 $ESC_{Ai}^S = \dfrac{Eu_{sci}^{A*}}{Eu_{sc}^{I*}}$；农产品供应链客观效率为农产品供应链分散决策下的最优利润与集中决策下的最优利润比值，即 $ESC_{Ai}^O = \dfrac{E\pi_{sci}^{A*}}{E\pi_{sc}^{I*}}$。农产品供应链效率越高，说明分散决策下农产品供应链运作越接近集中决策下的最优状态。特别地，当 $ESC_{Ai}^S = 1$ 时，具有利他互惠的超市认为农产品供应链实现协调；当 $ESC_{Ai}^O = 1$ 时，从外部看即不考虑供应链中任何成员的利他互惠时农产品供应链实现协调。由 3.2 节可知集中决策下农产品供应链最优利润和效用为 $Eu_{sc}^{I*} = E\pi_{sc}^{I*} = \dfrac{\eta p^{1-a}}{2\,(1+b+c)}$ $\left(\dfrac{bp}{k_s\,(1+b+c)}\right)^b \left(\dfrac{cp}{k_r\,(1+b+c)}\right)^c$，根据 7.2 节农产品生产加工商和超市在各个阶段中的决策，可以计算超市利他互惠信息动态演进过程中各个阶段的供应链客观效率和主观效率，如表 7-4 所示。

表7-4 供应链效率动态演进

阶段	客观效率 ESC_A^O	主观效率 ESC_A^S	效率比 $RESC_A = \dfrac{ESC_A^O}{ESC_A^S}$
I	$ESC_{A1}^O = \dfrac{1+2b}{1+b}\left(\dfrac{b}{1+b}\right)^b$	$ESC_{A1}^S = \dfrac{1+2b}{1+b}\left(\dfrac{b}{1+b}\right)^b$	$RESC_{A1} = 1$
II	$ESC_{A2}^O = \dfrac{1+2b}{1+b}\left(\dfrac{b}{1+b}\right)^b$	$ESC_{A2}^S = \dfrac{b^2(\lambda_r^2+\lambda_r+2)+b(3-\lambda_r)+1-\lambda_r}{(1+b)(1+b-\lambda_r)}\left(\dfrac{b}{1+b}\right)^b$	$RESC_{A2} = \dfrac{(1+b-\lambda_r)(1+2b)}{b^2(\lambda_r^2+\lambda_r+2)+b(3-\lambda_r)+1-\lambda_r}$
III	$ESC_{A3}^O = \dfrac{b(2-\lambda)+1-\lambda}{1+b-\lambda}\left(\dfrac{b}{1+b-\lambda}\right)^b$	$ESC_{A3}^S = \dfrac{1+2b-\lambda}{1+b-\lambda}\left(\dfrac{b}{1+b-\lambda}\right)^b$	$RESC_{A3} = \dfrac{b(2-\lambda)+1-\lambda}{1+2b-\lambda}$
IV	$ESC_{A4}^O = \dfrac{b(2-\lambda_s)+1-\lambda_s}{1+b-\lambda_s}\left(\dfrac{b}{1+b-\lambda_s}\right)^b$	$ESC_{A4}^S = \dfrac{b(2-\lambda_s)+1-\lambda_s}{1+b-\lambda_s}\left(\dfrac{b}{1+b-\lambda_s}\right)^b$	$RESC_{A4} = 1$

由表7-4，各个阶段中农产品供应链效率比较可得命题7.2和推论7.2。

命题7.2 超市利他互惠及其认知动态演进四个过程中农产品供应链效率有以下关系。

①农产品供应链客观效率：$ESC_{A1}^O = ESC_{A2}^O < ESC_{A3}^O = ESC_{A4}^O$；

②农产品供应链主观效率：$ESC_{A1}^S < ESC_{A4}^S < ESC_{A2}^S < ESC_{A3}^S$。

证明：①农产品供应链客观效率有以下关系：经计算得 $\dfrac{ESC_{A4}^O}{ESC_{A1}^O} = \dfrac{b(2-\lambda)+1-\lambda}{1+2b}\left(\dfrac{1+b}{1+b-\lambda}\right)^{1+b}$，令 $G_{78}(\lambda) = \dfrac{ESC_{A4}^O}{ESC_{A1}^O}$ 得 $\dfrac{\partial G_{78}(\lambda)}{\partial \lambda} = \dfrac{(1-\lambda)b(1+b)^{2+b}}{(1+b-\lambda)^{2+b}(1+2b)} > 0$，即 $G_{78}(\lambda)$ 关于 λ 为严格递增函数。由 $G_{78}(\lambda)|_{\lambda=0} = 1$ 可得 $G_{78}(\lambda)|_{\lambda>0} > 1$，即 $ESC_{A4}^O > ESC_{A1}^O$。

②农产品供应链主观效率有以下关系：因为 $ESC_{A4}^O = ESC_{A4}^S$、$ESC_{A1}^O = ESC_{A1}^S$，所以 $ESC_{A4}^S > ESC_{A1}^S$。令 $G_{79}(\lambda) = \dfrac{ESC_{A2}^S}{ESC_{A4}^S} = \dfrac{[b^2(\lambda^2+\lambda+2)+b(3-\lambda)+1-\lambda](1+b-\lambda)^b}{[b(2-\lambda)+1-\lambda](1+b)^{1+b}}$，

经计算得 $\dfrac{\partial G_{79}(\lambda)}{\partial \lambda} = \dfrac{b\lambda\left[b^3(\lambda^2 - 2\lambda + 4) + b^2(2\lambda^2 - 7\lambda + 8) + b(\lambda^2 - 5\lambda + 5) + 1 - \lambda\right](1 + b - \lambda)^b}{\left[b(2 - \lambda) + 1 - \lambda\right]^2 (1 + b)^{1 + b}(1 + b - \lambda)} > 0$，即 $G_{79}(\lambda)$ 关于 λ 为严格递增函数。由 $G_{79}(\lambda)\big|_{\lambda = 0} = 1$ 得 $G_{79}(\lambda)\big|_{\lambda > 0} > 1$，即 $ESC_{A2}^S > ESC_{A4}^S$。令 $G_{710}(\lambda) = \dfrac{ESC_{A3}^O}{ESC_{A2}^O} = \dfrac{(1 + 2b - \lambda)(1 + b)^{1 + b}}{\left[b^2(\lambda^2 + \lambda + 2) + b(3 - \lambda) + 1 - \lambda\right](1 + b - \lambda)^b}$，经

计算得 $\dfrac{\partial G_{710}(\lambda)}{\partial \lambda} = \dfrac{\left[2b^2(\lambda^2 - \lambda + 1) + b(\lambda^2 - 2\lambda + 3)(1 - \lambda) + (1 - \lambda)^2\right] b(1 + b)^{2 + b}}{\left[b^2(\lambda^2 + \lambda + 2) + b(3 - \lambda) + 1 - \lambda\right]^2 (1 + b - \lambda)^{1 + b}} > 0$，

即 $G_{710}(\lambda)$ 关于 λ 为严格递增函数。由 $G_{710}(\lambda)\big|_{\lambda = 0} = 1$ 得 $G_{710}(\lambda)\big|_{\lambda > 0} > 1$，即 $ESC_{A3}^S > ESC_{A2}^S$。综上，农产品供应链主观效率有以下关系：$ESC_{A1}^S < ESC_{A4}^S < ESC_{A2}^S < ESC_{A3}^S$。

结合命题 7.1 中 $E\pi_{r2}^{A*} < E\pi_{r3}^{A*} < E\pi_{r1}^{A*} < E\pi_{r4}^{A*}$、$E\pi_{sc1}^{A*} = E\pi_{sc2}^{A*} < E\pi_{sc3}^{A*} = E\pi_{sc4}^{A*}$ 发现，当超市利他互惠信息非对称（第Ⅱ阶段）时，超市利润、供应链利润、供应链客观效率都达到最低。一方面，因为此时超市具有利他互惠，会提高自己的收购价格（表现为 $w_{r1}^{A*} = w_{r4}^{A*} < w_{r2}^{A*} = w_{r3}^{A*}$）让利给农产品生产加工商，导致自身利润降低。另一方面，由于此时信息非对称，农产品生产加工商以为超市没有利他互惠，所以会降低自身的质量努力水平（表现为 $\theta_{s1}^{A*} = \theta_{s2}^{A*} < \theta_{s3}^{A*} = \theta_{s4}^{A*}$），农产品质量得不到提升、市场需求无法扩大，超市此时提高收购价格增大了自身成本，进一步导致自身利润降低。超市作为农产品供应链的主导者，其利润下降直接导致农产品供应链利润下降，从而导致供应链客观效率达到最低。但在超市完全理性且信息非对称（第Ⅳ阶段）情况下，超市利润达到最大，此时农产品供应链客观效率达到最高。

当超市完全理性且信息对称时（第Ⅰ阶段），超市效用达到最低，超市作为农产品供应链的主导者，超市效用的减少会直接导致农产品供应链效用大大减小（表现为 $Eu_{sc1}^{A*} < Eu_{sc4}^{A*} < Eu_{sc2}^{A*} < Eu_{sc3}^{A*}$），此时供应链主观效率达到最低。但当超市利他互惠且信息对称（第Ⅲ阶段）时，利他互惠给超市带来的正效用增大，此时超市和供应链效用均达到最大（表现为 $Eu_{r1}^{A*} < Eu_{r2}^{A*} < Eu_{r3}^{A*} = Eu_{r4}^{A*}$、$Eu_{sc1}^{A*} < Eu_{sc4}^{A*} < Eu_{sc2}^{A*} < Eu_{sc3}^{A*}$），这直接导致供应链主观效率达到最高。同时经过计算发现，当超市完全理性时，信息非对称下的农产品供应链主观效率和客观效率均高于信息对称下农产品供应链的主观效率和客观效率（表现为 $ESC_{A1}^S < ESC_{A4}^S$、$ESC_{A1}^O < ESC_{A4}^O$）；当超市

利他互惠时，信息对称下的农产品供应链主观效率和客观效率均高于信息非对称下的主观效率和客观效率（表现为 $ESC_{A2}^{S} < ESC_{A3}^{S}$、$ESC_{A2}^{O} < ESC_{A3}^{O}$）。

推论 7.2 超市利他互惠信息动态演进四个过程中农产品供应链效率有以下关系。

①当超市完全理性且信息对称（第 I 阶段）时，农产品供应链主观效率和客观效率都最低；

②当超市利他互惠且信息对称（第 III 阶段）时，农产品供应链主观效率和客观效率都达到最高；

③超市利他互惠时，农产品供应链客观效率总是小于主观效率；超市完全理性时，农产品供应链客观效率总是等于主观效率。

对于推论 7.2①和②，由命题 7.2 可证。

对于推论 7.2 中③，因为 $RESC_{A2} = \dfrac{(1+b-\lambda_r)(1+2b)}{b^2(\lambda_r^2 + \lambda_r + 2) + b(3-\lambda_r) + 1 - \lambda_r}$，且

$\dfrac{\partial RESC_{A2}}{\partial \lambda_r} = -\dfrac{b\left[b^2(1+2\lambda_r) + b(2+2\lambda_r - \lambda_r^2) + 1\right](1+2b)}{\left[b^2(\lambda_r^2 + \lambda_r + 2) + b(3-\lambda_r) + 1 - \lambda_r\right]^2} < 0$，所以 $RESC_{A2}$ 是关

于 λ_r 的递减函数。由 $RESC_{A2}\big|_{\lambda_r = 0} = 1$ 可以推断 $RESC_{A2}\big|_{\lambda_r > 0} < 1$，即 $ESC_{A2}^{O} <$

ESC_{A2}^{S}。因为 $RESC_{A3} = \dfrac{b(2-\lambda) + 1 - \lambda}{1 + 2b - \lambda}$，且 $b(2-\lambda) + 1 - \lambda - (1+2b-\lambda) =$

$-b\lambda < 0$，所以 $RESC_{A3} = \dfrac{b(2-\lambda) + 1 - \lambda}{1 + 2b - \lambda} < 1$，即 $ESC_{A3}^{O} < ESC_{A3}^{S}$。

证毕。

由推论 7.2①、②，超市完全理性且信息对称（第 I 阶段）时，供应链利润和供应链效用都达到最低。一方面，由于此时农产品生产加工商提供了最低的质量努力水平，无法提供高质量的农产品给市场，这会降低一部分市场需求，导致农产品供应链利润减少。另一方面，超市完全理性时超市利润就等于超市效用，这时候超市无法获得利他互惠给自己带来的正效用，导致供应链效用达到最低。所以在第 I 阶段，农产品供应链的主观效率和客观效率都达到最低。超市利他互惠且信息对称（第 III 阶段）时，供应链利润和供应链效用都达到最大。一方面，利他互惠给超市带来的正效用增加，农产品供应链效用增大。另一方面，农产品生产加工商会提高自身质量努力水平，高质量的农产品会扩大市场需求，给农产品供应链带来更多利润。所以此时农产品供应链主观效率和客观效率都达到最高。

由推论 7.2③，超市利他互惠（第 II 和 III 阶段）时，无论信息是否对称，超市都会出于利他互惠心理提高自己的收购价格，让利给农产品生产

加工商，随即超市利润降低。同时，超市由利他互惠带来的正效用增大，供应链效用增大。所以此时农产品供应链客观效率总是小于主观效率，即从超市角度而言，供应链是高效率运作的，但是从供应链角度或第三方角度看，供应链运作效率较低。同时，由于超市效用由自身利润和利他互惠带来的正效用两部分组成，当超市完全理性（第 I、IV 阶段）时，无论信息是否对称，利他互惠给超市带来的正效用为 0，此时超市效用等于超市利润、供应链效用等于供应链利润。因此对于农产品供应链而言，超市完全理性时供应链主观效率等于客观效率。

由表 7 - 4 中农产品供应链的客观效率和主观效率对超市利他互惠求导即可证明表 7 - 5。由表 7 - 5 可得性质 7.2。

表 7 - 5　　　　　　　　　供应链效率与利他互惠的关系

其他互惠	客观效率 ESC_A^O				主观效率 ESC_A^S			
	ESC_{A1}^O	ESC_{A2}^O	ESC_{A3}^O	ESC_{A4}^O	ESC_{A1}^S	ESC_{A2}^S	ESC_{A3}^S	ESC_{A4}^S
λ_r	—	—	↑		—	↑	↑	
λ_s	—	—	↑	↑	—	—	↑	↑

性质 7.2　①当超市具有利他互惠时，无论信息是否对称，供应链主客观效率都随超市利他互惠强度递增。

②当超市完全理性且信息非对称时，供应链主客观效率都随农产品生产加工商认为的超市利他互惠强度递增。

性质 7.2 说明超市利他互惠有利于改进供应链主客观效率。超市利他互惠时，超市会制定较高的收购价格让利给农产品生产加工商，这虽然会使超市利润降低但是会给农产品生产加工商带来更多利润。同时，由于超市利他互惠给自身带来更高的效用，这会直接引起供应链效用增加，供应链主观效率达到最大，即超市利他互惠有利于改进农产品生产加工商利润、供应链效用和供应链主观效率。当超市完全理性且信息非对称时，农产品生产加工商误以为超市利他互惠，会提高自身质量努力水平，给市场带来更高品质的农产品，扩大农产品市场客源，给供应链带来更多利润。这就导致了农产品生产加工商误认为超市利他互惠时，供应链利润和供应链客观效率均会随着农产品生产加工商认为的超市利他互惠强度递增。

7.3.2　农产品供应链公平度评价

农产品供应链公平度用"公平熵"来度量，分为客观公平度和主观公平度。供应链客观公平度以农产品生产加工商最大期望利润、超市最大期望利润和供应链最大期望利润为基础计算公平熵。由第3章和第4章，可以计算利他互惠动态演进第 i 种情况下农产品供应链客观公平度为 $HSC_{Ai}^O =$ $-\dfrac{\gamma_{si}\ln\gamma_{si} + \gamma_{ri}\ln\gamma_{ri}}{\ln 2}$，$\gamma_{si}$ 和 γ_{ri} 分别是利他互惠信息动态演进过程第 i 阶段农产品生产加工商最大期望利润和超市最大期望利润在供应链最大期望利润中的所占比例，且 $\gamma_{si} + \gamma_{ri} = 1$；供应链主观公平度以农产品生产加工商最大期望效用、超市最大期望效用和供应链最大期望效用为基础计算公平熵，即 $HSC_{Ai}^S = -\dfrac{\kappa_{si}\ln\kappa_{si} + \kappa_{ri}\ln\kappa_{ri}}{\ln 2}$，$\kappa_{si}$ 和 κ_{ri} 分别是利他互惠信息动态演进过程第 i 阶段农产品生产加工商最大期望效用和超市最大期望效用在供应链最大期望效用中的所占比例，且 $\kappa_{si} + \kappa_{ri} = 1$。具体而言，当 $HSC_{Ai}^S = 1$ 时，超市认为农产品供应链收益分配达到理想的公平状态；当 $HSC_{Ai}^O = 1$ 时，从第三方角度看，即不考虑农产品供应链中任何成员的利他互惠时供应链收益分配所实现的最大公平度。

通过各个阶段中农产品供应链公平度比较（见表7-6~表7-8）可以得到命题7.3和推论7.3，由表7-9可以计算超市利他互惠对农产品供应链公平度的影响，见性质7.3。

表7-6　　　　　农产品供应链客观公平度动态演进

阶段	客观公平度 HSC_A^O
I	$HSC_{A1}^O = \dfrac{b}{(1+2b)\ln 2}\ln\dfrac{1+2b}{b} + \dfrac{1+b}{(1+2b)\ln 2}\ln\dfrac{1+2b}{1+b}$
II	$HSC_{A2}^O = \dfrac{b(1+b+b\lambda_r)}{(1+b-\lambda_r)(1+2b)\ln 2}\ln\dfrac{(1+b-\lambda_r)(1+2b)}{b(1+b+b\lambda_r)} + \dfrac{(1-\lambda_r)(1+b)^2}{(1+b-\lambda_r)(1+2b)\ln 2}$ $\ln\dfrac{(1+b-\lambda_r)(1+2b)}{(1-\lambda_r)(1+b)^2}$
III	$HSC_{A3}^O = \dfrac{b}{[b(2-\lambda)+1-\lambda]\ln 2}\ln\dfrac{b(2-\lambda)+1-\lambda}{b} + \dfrac{(1-\lambda)(1+b)}{[b(2-\lambda)+1-\lambda]\ln 2}$ $\ln\dfrac{b(2-\lambda)+1-\lambda}{(1-\lambda)(1+b)}$
IV	$HSC_{A4}^O = \dfrac{b(1-\lambda_s)}{[b(2-\lambda_s)+1-\lambda_s]\ln 2}\ln\dfrac{b(2-\lambda_s)+1-\lambda_s}{b(1-\lambda_s)} + \dfrac{1+b-\lambda_s}{[b(2-\lambda_s)+1-\lambda_s]\ln 2}$ $\ln\dfrac{b(2-\lambda_s)+1-\lambda_s}{1+b-\lambda_s}$

表 7 - 7　　　　　　　　　　　农产品供应链主观公平度动态演进

阶段	主观公平度 HSC_A^S
I	$HSC_{A1}^S = \dfrac{b}{(1+2b)\ln 2}\ln\dfrac{1+2b}{b} + \dfrac{1+b}{(1+2b)\ln 2}\ln\dfrac{1+2b}{1+b}$
II	$HSC_{A2}^S = \dfrac{b[1+b(1+\lambda_r)]}{[b^2(\lambda_r^2+\lambda_r+2)+b(3-\lambda_r)+1-\lambda_r]\ln 2}\ln\dfrac{[b^2(\lambda_r^2+\lambda_r+2)+b(3-\lambda_r)+1-\lambda_r]}{b[1+b(1+\lambda_r)]} +$ $\dfrac{b^2(\lambda_r^2+1)+b(2-\lambda_r)+1-\lambda_r}{[b^2(\lambda_r^2+\lambda_r+2)+b(3-\lambda_r)+1-\lambda_r]\ln 2}\ln\dfrac{[b^2(\lambda_r^2+\lambda_r+2)+b(3-\lambda_r)+1-\lambda_r]}{b^2(\lambda_r^2+1)+b(2-\lambda_r)+1-\lambda_r}$
III	$HSC_{A3}^S = \dfrac{b}{(1+2b-\lambda)\ln 2}\ln\dfrac{1+2b-\lambda}{b} + \dfrac{1+b-\lambda}{(1+2b-\lambda)\ln 2}\ln\dfrac{1+2b-\lambda}{1+b-\lambda}$
IV	$HSC_{A4}^S = \dfrac{b(1-\lambda_s)}{[b(2-\lambda_s)+1-\lambda_s]\ln 2}\ln\dfrac{b(2-\lambda_s)+1-\lambda_s}{b(1-\lambda_s)} + \dfrac{1+b-\lambda_s}{[b(2-\lambda_s)+1-\lambda_s]\ln 2}$ $\ln\dfrac{b(2-\lambda_s)+1-\lambda_s}{1+b-\lambda_s}$

表 7 - 8　　　　　　　　　　　农产品供应链主客观公平度比值

阶段	主客观公平度比值 $RHSC_A = \dfrac{HSC_A^O}{HSC_A^S}$
I	$RHSC_{A1} = 1$
II	$RHSC_{A2} = \dfrac{[b^2(\lambda^2+\lambda+2)+b(3-\lambda)+1-\lambda]\left[b(1+b+b\lambda)\ln\dfrac{b(1+b+b\lambda)}{(1+b-\lambda)(1+2b)} + (1-\lambda)(1+b)^2\ln\dfrac{(1-\lambda)(1+b)^2}{(1+b-\lambda)(1+2b)}\right]}{(1+b-\lambda)(1+2b)\left\{b[1+b(1+\lambda)]\ln\dfrac{b[1+b(1+\lambda)]}{b^2(\lambda^2+\lambda+2)+b(3-\lambda)+1-\lambda} + [b^2(\lambda^2+1)+b(2-\lambda)+1-\lambda]\ln\dfrac{b^2(\lambda^2+1)+b(2-\lambda)+1-\lambda}{b^2(\lambda^2+\lambda+2)+b(3-\lambda)+1-\lambda}\right\}}$
III	$RHSC_{A3} = \dfrac{(1+2b-\lambda)\left[b\ln\dfrac{b}{b(2-\lambda)+1-\lambda} + (1-\lambda)(1+b)\ln\dfrac{(1-\lambda)(1+b)}{b(2-\lambda)+1-\lambda}\right]}{[b(2-\lambda)+1-\lambda]\left[b\ln\dfrac{b}{1+2b-\lambda} + (1+b-\lambda)\ln\dfrac{1+b-\lambda}{1+2b-\lambda}\right]}$
IV	$RHSC_{A4} = 1$

表7-9　　　　　　　　　　　　供应链公平度与利他互惠的关系

其他互惠	客观公平度 HSC_A^O				主观公平度 HSC_A^S			
	HSC_{A1}^O	HSC_{A2}^O	HSC_{A3}^O	HSC_{A4}^O	HSC_{A1}^S	HSC_{A2}^S	HSC_{A3}^S	HSC_{A4}^S
λ_r	—	↑	↑	—	—	↑	↑	—
λ_s	—	—	↑	↓	—	—	↑	↓

命题7.3 超市利他互惠及其认知动态演进四个过程中供应链公平度有以下关系。

①供应链客观公平度：$HSC_{A4}^O < HSC_{A1}^O < HSC_{A3}^O < HSC_{A2}^O$。

②供应链主观公平度：$HSC_{A4}^S < HSC_{A1}^S < HSC_{A3}^S < HSC_{A2}^S$。

证明：①令 $f(x) = -\dfrac{1}{\ln 2}[x\ln x + (1-x)\ln(1-x)]$，于是 $\dfrac{df(x)}{dx} = -\dfrac{1}{\ln 2}\ln\dfrac{x}{1-x}$，当 $x > \dfrac{1}{2}$，$\dfrac{df(x)}{dx} < 0$；当 $x < \dfrac{1}{2}$，$\dfrac{df(x)}{dx} > 0$。对表7-6中各个阶段农产品供应链客观公平度进行比较，如下：

$$\gamma_{s4} - \gamma_{s1} = -\frac{b^2\lambda}{[b(2-\lambda)+1-\lambda](1+2b)} < 0，且 \gamma_{s1} - \frac{1}{2} = -\frac{1}{2(1+2b)} <$$

0，所以 $\gamma_{s4} < \gamma_{s1} < \dfrac{1}{2}$。因此，$HSC_{A4}^O < HSC_{A1}^O$。

$$\gamma_{s3} - \gamma_{s1} = \frac{b\lambda(1+b)}{[b(2-\lambda)+1-\lambda](1+2b)} > 0，且 \gamma_{s3} - \frac{1}{2} = \frac{\lambda(1+b)-1}{b(2-\lambda)+1-\lambda}，$$

因为 $0 < \lambda < \dfrac{1}{2}$，所以 $\gamma_{s3} - \dfrac{1}{2} < 0$，即 $\gamma_{s1} < \gamma_{s3} < \dfrac{1}{2}$。因此，$HSC_{A1}^O < HSC_{A3}^O$。

$$\gamma_{s3} - \gamma_{s2} = -\frac{b^2\lambda(1-\lambda)(1+b)}{[b(2-\lambda)+1-\lambda](1+b-\lambda)(1+2b)} < 0，且 \gamma_{s2} - \frac{1}{2} =$$

$-\dfrac{b[1-2\lambda-2b\lambda]+1-\lambda}{2(1+b-\lambda)(1+2b)} < 0$，所以 $\gamma_{s3} < \gamma_{s2} < \dfrac{1}{2}$。因此，$HSC_{A3}^O < HSC_{A2}^O$。

综上，各个阶段中农产品供应链客观公平度有以下关系：$HSC_{A4}^O < HSC_{A1}^O < HSC_{A3}^O < HSC_{A2}^O$。于是，命题7.3①得证。

②对表7-7中各个阶段农产品供应链主观公平度进行比较，如下：

$$\kappa_{s2} - \kappa_{s1} = \frac{b\lambda[b^2(1-\lambda)+1+2b]}{[b^2(\lambda^2+\lambda+2)+b(3-\lambda)+1-\lambda](1+2b)} > 0，且 \kappa_{s2} - \frac{1}{2} =$$

$-\dfrac{(1-\lambda)[1+b(1-b\lambda)]}{2b^2(\lambda^2+\lambda+2)+2b(3-\lambda)+2(1-\lambda)} < 0$，所以 $\kappa_{s1} < \kappa_{s2} < \dfrac{1}{2}$。因此，$HSC_{A1}^S < HSC_{A2}^S$。

$$\kappa_{s3} - \kappa_{s1} = \frac{b\lambda}{(1+2b-\lambda)(1+2b)} > 0, \ \text{且} \ \kappa_{s3} - \frac{1}{2} = -\frac{1-\lambda}{2(1+2b-\lambda)} < 0,$$

所以 $\kappa_{s1} < \kappa_{s3} < \dfrac{1}{2}$。因此，$HSC_{A1}^S < HSC_{A3}^S$。

$$\kappa_{s2} - \kappa_{s3} = \frac{b^2\lambda(1-\lambda)(1+b)}{[b^2(\lambda^2+\lambda+2)+b(3-\lambda)+1-\lambda](1+2b-\lambda)} > 0, \ \text{所以}$$

$\kappa_{s3} < \kappa_{s2} < \dfrac{1}{2}$。因此，$HSC_{A3}^S < HSC_{A2}^S$。

$$\kappa_{s1} - \kappa_{s4} = \frac{b^2\lambda}{[b(2-\lambda)+1-\lambda](1+2b)} > 0, \ \text{所以} \ \kappa_{s4} < \kappa_{s1} < \frac{1}{2}. \ \text{因此，}$$

$HSC_{A4}^S < HSC_{A1}^S$。

综上，各个阶段中农产品供应链主观公平度有以下关系：$HSC_{A4}^S <$ $HSC_{A1}^S < HSC_{A3}^S < HSC_{A2}^S$。于是，命题 7.3②得证。

由命题 7.3 可知，在超市利他互惠信息动态演进过程中，供应链主客观公平度都在超市利他互惠且信息非对称（第 Ⅱ 阶段）时达到最高，在超市完全理性且信息非对称（第 Ⅳ 阶段）时达到最低。

性质 7.3　①超市利他互惠时，无论信息是否对称，供应链主客观公平度都会随着超市利他互惠强度递增。

②超市完全理性但农产品生产加工商认为超市利他互惠时，农产品供应链主客观公平度会随农产品生产加工商认为的超市利他互惠强度递减。

由命题 7.3 的证明过程可知供应链客观公平度系数 $\gamma_{si} < \dfrac{1}{2}$，$i = 1, 2,$

3，4。结合 $\dfrac{\mathrm{d}f(x)}{\mathrm{d}x} = -\dfrac{1}{\ln 2}\ln\dfrac{x}{1-x}$，当 $x < \dfrac{1}{2}$，$\dfrac{\mathrm{d}f(x)}{\mathrm{d}x} > 0$。可以得到供应链

客观公平度随超市利他互惠的变化情况：$\dfrac{\partial\gamma_{s2}}{\partial\lambda_r} = \dfrac{b(1+b)^2}{(1+b-\lambda)^2(1+2b)} > 0,$

于是 $\dfrac{\partial HSC_{A2}^O}{\partial\lambda_r} = \dfrac{\partial HSC_{A2}^O}{\partial\gamma_{s2}} \cdot \dfrac{\partial\gamma_{s2}}{\partial\lambda_r} > 0$；$\dfrac{\partial\gamma_{s3}}{\partial\lambda} = \dfrac{\partial\gamma_{s3}}{\partial\lambda_r} = \dfrac{\partial\gamma_{s3}}{\partial\lambda_s} = \dfrac{b(1+b)}{[b(2-\lambda)+1-\lambda]^2} > 0,$

于是 $\dfrac{\partial HSC_{A3}^O}{\partial\lambda} = \dfrac{\partial HSC_{A3}^O}{\partial\gamma_{s3}} \cdot \dfrac{\partial\gamma_{s3}}{\partial\lambda} > 0$；$\dfrac{\partial\gamma_{s4}}{\partial\lambda_s} = -\dfrac{b^2}{[b(2-\lambda_s)+1-\lambda_s]^2} < 0$，于是

$$\dfrac{\partial HSC_{A4}^O}{\partial\lambda_s} = \dfrac{\partial HSC_{A4}^O}{\partial\gamma_{s4}} \cdot \dfrac{\partial\gamma_{s4}}{\partial\lambda_s} < 0.$$

由命题 7.3 的证明过程可知供应链主观公平度系数 $\kappa_{si} < \dfrac{1}{2}$，$i = 1,$

2，3，4。结合 $\dfrac{\mathrm{d}f(x)}{\mathrm{d}x} = -\dfrac{1}{\ln 2}\ln\dfrac{x}{1-x}$，当 $x < \dfrac{1}{2}$，$\dfrac{\mathrm{d}f(x)}{\mathrm{d}x} > 0$。可以得到

供应链主观公平度随超市利他互惠的变化情况：$\dfrac{\partial \kappa_{s2}}{\partial \lambda_r} =$

$\dfrac{b[b^3(1-2\lambda_r-\lambda_r^2)+b^2(3-2\lambda_r)+3b+1]}{[b^2(\lambda_r^2+\lambda_r+2)+b(3-\lambda_r)+1-\lambda_r]^2} > 0$，于是 $\dfrac{\partial HSC_{A2}^S}{\partial \lambda_r} = \dfrac{\partial HSC_{A2}^S}{\partial \kappa_{s2}}$

$\dfrac{\partial \kappa_{s2}}{\partial \lambda_r} > 0$；$\dfrac{\partial \kappa_{s3}}{\partial \lambda} = \dfrac{\partial \kappa_{s3}}{\partial \lambda_r} = \dfrac{\partial \kappa_{s3}}{\partial \lambda_s} = \dfrac{b}{(1+2b-\lambda)^2} > 0$，于是 $\dfrac{\partial HSC_{A3}^S}{\partial \lambda} = \dfrac{\partial HSC_{A3}^S}{\partial \kappa_{s3}}\dfrac{\partial \kappa_{s3}}{\partial \lambda} > 0$；

$\dfrac{\partial \kappa_{s4}}{\partial \lambda_s} = -\dfrac{b^2}{[b(2-\lambda_s)+1-\lambda_s]^2} < 0$，于是 $\dfrac{\partial HSC_{A4}^S}{\partial \lambda_s} = \dfrac{\partial HSC_{A4}^S}{\partial \kappa_{s4}}\dfrac{\partial \kappa_{s4}}{\partial \lambda_s} < 0$。

推论 7.3　①无论信息是否对称，超市利他互惠均有利于改进供应链主客观公平度。

②供应链客观公平度总是不低于供应链主观公平度。

由命题 7.3 即可得证推论 7.3①。由表 7 – 8，$RHSC_{A1} = RHSC_{A4} = 1$、$RHSC_{A2} \geqslant 1$、$RHSC_{A3} \geqslant 1$，即可得证推论 7.3②。

结合 $w_{r1}^{A*} = w_{r4}^{A*} < w_{r2}^{A*} = w_{r3}^{A*}$、$E\pi_{s4}^{A*} < E\pi_{s1}^{A*} < E\pi_{s2}^{A*} < E\pi_{s3}^{A*}$，可知当超市利他互惠时，超市提高农产品收购价格让利给农产品生产加工商，此时农产品生产加工商利润增加，农产品生产加工商和超市之间的利润差减小，从超市角度来看农产品供应链的收益分配得到改善。推论 7.3②说明从供应链角度或者从第三方角度看供应链收益分配公平度不低于从超市角度来看的收益分配公平度。虽然超市在供应链中占据主导地位，具有先动优势，容易获得更多利润，但超市具有利他互惠心理，不仅会从双方所得利润上进行对比参考，还会从双方对供应链的贡献程度等方面进行衡量。于是，供应链主观公平度总是不大于客观公平度。

由命题 7.1、命题 7.2 和命题 7.3 可得结论 7.1。

结论 7.1　超市有效传递利他互惠信号有利于提高农产品供应链双边质量努力水平，但是利他互惠信息非对称造成农产品供应链不能兼顾效率和公平的同时优化。

由命题 7.1、命题 7.2 和命题 7.3 可得表 7 – 10。

由表 7 – 10，由命题 7.1 ~ 命题 7.3，超市努力水平一直保持最优、不变，农产品加工商在第Ⅲ或者Ⅳ阶段努力水平最高，可以认为第Ⅲ和Ⅳ阶段为超市有效传递利他互惠信号的情形。供应链主客观公平度在第Ⅱ阶段最高、第Ⅳ阶段最低。供应链主观效率在第Ⅰ阶段最低、第Ⅲ阶段最高，供应链客观公平度在第Ⅰ或Ⅱ阶段最低、第Ⅲ或者Ⅳ阶段最高。于是，只要超市传递自身利他互惠信息，即在博弈的第Ⅲ或者Ⅳ阶段，此时农产品生产加工商努力水平最高、供应链主客观效率达到最大，而与此同时，供应链主客观效率在第Ⅳ阶段最低。虽然供应链主客观公平度在第Ⅱ阶段最高，但是供应链主客观效率却可能达到最低。因此，虽然超市有效传递利他互惠信号有利于提高农产品供应链双边质量努力水平，但是超市利他互惠的信息非对称导致供应链不能兼顾效率和公平的同时优化。

表 7 - 10　　　　　　　各个阶段农产品供应链效率和公平度

阶段	θ_s^A	θ_r^A	ESC_A^O	ESC_A^S	HSC_A^O	HSC_A^S
Ⅰ	最低	相同	最低	最低	最高	最高
Ⅱ					最高	最高
Ⅲ	最高		最高	最高		
Ⅳ	最高		最高	最高	最低	最低

7.4　数值分析

为了更直观地比较超市利他互惠及其认知动态演进过程中的供应链质量双边质量努力决策，以及利他互惠信息动态演进对供应链利润、供应链效率和公平度的动态变化影响，本节采用数值仿真法进行研究。同前，相关参数设置为 $a = 0.5$、$b = 0.6$、$c = 0.4$、$p = 10$、$k_s = 2$、$k_r = 2$、$\eta = 1$。

7.4.1　农产品供应链双边决策分析

图 7.1 共同验证了命题 7.1。图 7.1（a）说明，无论超市是否利他互惠，超市的农产品检验努力水平保持不变，即超市的农产品检验努力水平与利他互惠无关。图 7.1（b）说明，只要超市完全理性，超市的农产品收购价格就保持不变；只要超市利他互惠，超市的农产品收购价格就会随超市利他互惠强度递增。这验证了表 7 - 3 中超市收购价格随超市利他互惠增强而提高，当超市利他互惠时，超市会让利给农产品生产加工商，所以提高自身收购价格，以便给农产品生产加工商带来更多利润，减小供应链双方利润差。结合图 7.1（c），当农产品生产加工商认为超市利他互惠时，会因为超市让利给自己而增大自身质量努力水平，提供高质量农产品给市场，扩大市场客源，增加供应链利润。这与命题 7.1 一致。而当农产品生产加工商认为超市完全理性时，农产品生产加工商的质量努力水平保持不变，即此时农产品生产加工商质量努力水平与超市利他互惠强度无关。

图 7.1（d）说明，无论是否信息对称，只要超市利他互惠，超市利润就会随利他互惠强度严格递减，且超市利他互惠信息非对称时超市利润小于超市利他互惠信息对称时的超市利润。图 7.1（e）说明，超市利他互惠时，农产品生产加工商利润随超市利他互惠信息强度严格递增，且在超市利他互惠且信息对称时达到最大。一方面，超市利他互惠时会提高自身收购价格，直接让利给农产品生产加工商；另一方面，信息对称时，农产品生产加工商会根据超市决策确定最利于自身的质量努力水平，间接增大自身的利润。因此图 7.1（e）说明，超市利他互惠且信息对称（第Ⅲ阶段）时，农产品生产加工商利润随超市利他互惠强度严格递增。图 7.1（f）说明，当农产品生产加工商认为超市利他互惠时，供应链利润会随农产品生产加工商认为的超市利他互惠信息强度严格递增；当农产品加工商认为超市完全理性时，供应链利润保持不变，即此时供应链利润与超市利他互惠强度无关。

图 7.1（g）说明，只要超市利他互惠或农产品生产加工商认为超市利他互惠，超市效用就会随利他互惠强度严格递增。一方面，超市利他互惠时，利他互惠给超市带来的正效用增大，此时超市效用增加。另一方面，农产品生产加工商认为超市利他互惠时，会加大自己质量努力水平，确保高品质的农产品供应给市场，扩大市场客源，提高超市利润，增大超市效用。图 7.1（h）说明，超市利他互惠信息对称时，供应链效用达到最大；超市完全理性且信息对称时，供应链效用达到最小。且只要超市利他互惠或农产品生产加工商认为超市利他互惠，供应链效用就会随利他互惠强度严格递增。

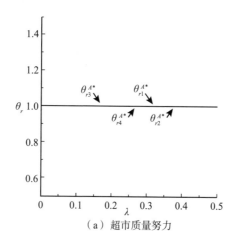

（a）超市质量努力

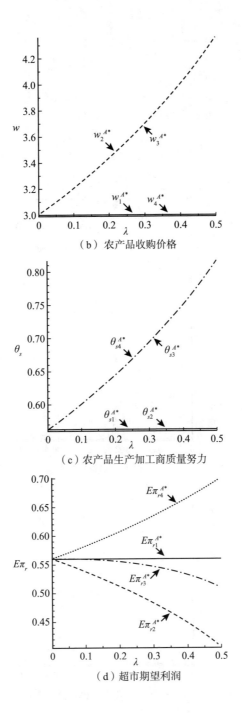

（b）农产品收购价格

（c）农产品生产加工商质量努力

（d）超市期望利润

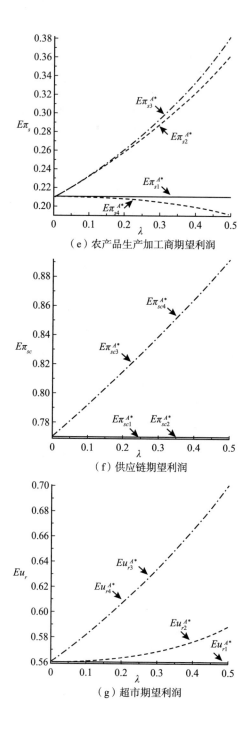

（e）农产品生产加工商期望利润

（f）供应链期望利润

（g）超市期望利润

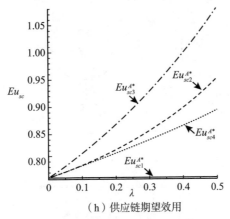

（h）供应链期望效用

图 7.1　农产品供应链双边决策

7.4.2　农产品供应链效率分析

图 7.2（a）和图 7.2（b）共同验证了命题 7.2、推论 7.2、性质 7.2。由图 7.2（a）可知，当农产品生产加工商认为超市利他互惠时，无论信息是否对称，农产品供应链客观效率都会随着利他互惠信息强度严格递增。当农产品加工商认为超市完全理性时，农产品供应链客观效率不变，即 $ESC_{A1}^O = ESC_{A2}^O$，此时农产品供应链效率达到最低。图 7.2（b）显示，当超市完全理性且信息对称时，供应链主观效率不变，即此时供应链主观效率与利他互惠强度无关。当超市利他互惠或农产品生产加工商认为超市利他互惠时，供应链主观效率会随着利他互惠信息强度严格递增，即利他互惠有利于改进供应链主观效率。同时，由图 7.2（b）可知 $ESC_{A3}^O \big|_{\lambda=0.413} = 1$，即在超市利他互惠且信息对称的情况下，当 $\lambda = 0.413$ 时，超市认为农产品供应链已经实现协调。由图 7.2（c）可知，超市完全理性时，农产品供应链主客观效率相等；超市利他互惠时，农产品供应链客观效率小于主观效率，且效率比随利他互惠信息强度严格递减。

7.4.3　农产品供应链公平度分析

图 7.3（a）和图 7.3（b）共同验证了命题 7.3、性质 7.3 和推论 7.3。由图 7.3（a）和图 7.3（b）可知，超市利他互惠时，无论信息是否对称，农产品供应链的主客观公平度都会随着超市利他互惠信息强度严格递增。同时，图 7.3（a）和图 7.3（b）显示，超市完全理性且信息非对称时，供应链主客观公平度会随超市利他互惠信息强度严格递减；当超市完全理性且信息对称时，供应链主客观公平度保持不变，即此时农产品供应链的主客观公平度均与利他互惠无关。当超市完全理性且信息对称

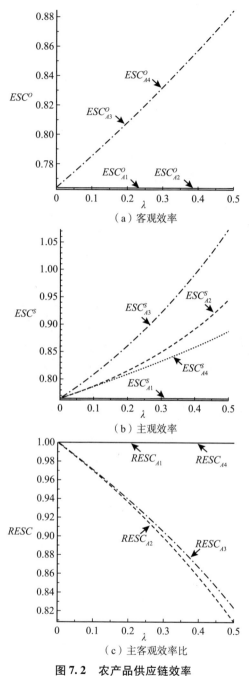

（a）客观效率

（b）主观效率

（c）主客观效率比

图 7.2　农产品供应链效率

时，供应链利润等于供应链效用，即供应链效用仅由超市利润和农产品生产
加工商利润组成，此时利他互惠给超市带来的正效用为 0，这导致了第 I 阶段
供应链的主客观公平度均与利他互惠无关。图 7.3（c）验证了推论 7.3，即

农产品供应链的客观公平度总是不小于农产品供应链的主观公平度，且当超市完全理性时，供应链主客观公平度相等。

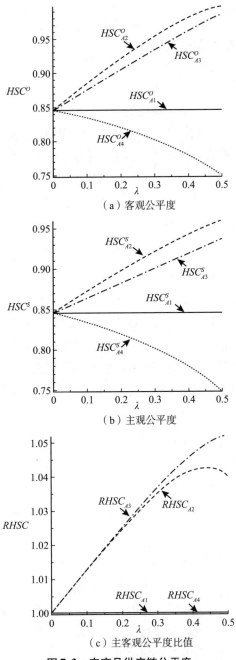

（a）客观公平度

（b）主观公平度

（c）主客观公平度比值

图 7.3　农产品供应链公平度

7.5 农产品供应链双边质量提升动态机制

7.5.1 对于农产品生产加工商

1. 选择社会责任感强的超市进行合作

农产品供应链中处于弱势地位的农产品生产加工商在选择合作伙伴时应尽量选择品牌形象好、诚信度高、长期稳定运作和社会责任感强的大型超市进行合作，因为具有这些特征的大型超市往往更加关注长期合作带来的共赢而非短期的利益最大化。社会责任感强的超市不仅为上游农产品生产加工商合作提供盈利机会，而且还会主动开展各种供应链合作，从而来更好地应对越来越激烈的市场化市场竞争。

2. 坦然接受主导利他型超市的利润分配方式

该章农产品生产加工商处于相对弱势地位，当与具有利他互惠的大型超市进行合作时，应该坦然接受利他型超市提出的合作协议和框架，因为已经证明处于农产品供应链主导地位的超市利他互惠能有效改进双方利润、农产品质量，优化农产品供应链效率和公平度。农产品生产加工商应该坦然接受大型超市的利润分配方式，并将自身的精力集中放在如何提高农产品质量努力、规模化生产加工、提高生产效率、降低自身运营成本。

3. 扩大生产规模并提高自身重要性

在农产品供应链运作实践中，农产品生产加工商可以减少合作超市的数量，加大对单个大型超市的农产品供应数量，一方面提高自身对超市的重要性、谈判能力并促进形成长期战略合作关系；另一方面通过批量供给形成更大的经济订货批量，从而有利于进一步降低超市的采购成本、提高农产品生产加工商自身的利润水平和市场竞争力。

4. 实施农产品供应链前向整合

农产品供应链中农产品生产加工商能够积极推广并实施农产品生产的标准化、订单化，通过规模加工生产提高效率、降低成本。农产品生产加工商通过与下游农产品超市进行合作对接，一方面能够丰富农产品种类、扩大经营规模、提高农产品质量安全程度；另一方面前向一体化能够组建鲜活农产品配送中心，从而更好地采取现代流通方式实行连锁经营和统一配送，以便及时满足市场对农产品尤其是生鲜农产品的需求。

7.5.2　对于超市

1. 供应链主导者多关注弱势地位企业的利益

大型超市作为农产品供应链的主导者应该更多地关注供应链中处于相对弱势地位的供应链成员（该章为后行动的农产品生产加工商）的利益，从而更好地维护农产品供应链合作关系，实现合作共赢。本章已经证明处于供应链的主导地位的大型超市具有利他互惠能极大地改进双方的收益，大型超市应该多表现、实施利他互惠行为，帕累托改进农产品供应链成员收益。

2. 可以通过多种合作提高成员收益

超市通过合作方式和契约方式多样化来提高双方收益也是利他互惠行为的一种变现形式。比如超市可采用恰当的、较低批发价格的柔性契约（如收益共享契约、两部定价契约、回购契约等）与农产品生产加工商合作。一方面降低了农产品生产加工商的经营风险、减少了农产品生产加工商生产经营风险，尤其是在市场需求不确定性急剧上升的电子商务环境下，超市和农产品生产加工商之间共担风险的合作方式很重要；另一方面较高的农产品价格有利于提高农产品生产加工商对农产品质量提升的努力水平、增加销售量，从而提高农产品供应链的市场占有率和竞争力。超市还可以通过让上游农产品生产加工商承担多种角色来形成更好双向利他互惠行为，促进农产品供应链成员收益的共同提高。比如，在电子商务环境下的生鲜新零售模式，超市可以通过让农产品生产加工商按需、及时加工农产品为顾客提供良好的消费购物体验，同时直接为超市供应批量初级加工农产品，加强与农产品生产加工商的合作宽度和广度，为农产品生产加工商增加收入渠道和来源，改进农产品生产加工商的收益。

3. 帮助农产品生产加工商培育合作自有品牌

农产品超市可以帮助农产品生产加工商培育合作自有品牌，从而积极向专业客户提供高质量、安全可靠的农产品及农产品加工制品，增强顾客对农产品超市和农产品生产加工企业的质量安全品牌意识和认可，提高农产品供应链的品牌附加价值，进一步促进农户生产、销售规模的扩大、先进生产加工技术的引进，进而稳定改善农产品生产加工企业和超市双方的收益，促进高质量农产品稳定供给和销售、促进农产品供应链良性运作。

4. 搭建农产品经营信息化水平

处于农产品供应链主导地位的超市树立品牌，通过各种信息平台在消费者中产生较强的口碑宣传效应，进一步推动安全农产品价值实现和优质高价销售，引导和鼓励、激励安全农产品的生产。在大数据时代，信息手段成本低，农产品超市可以积极与农产品生产加工商之间建立农产品信息系统，推广使用数字化终端设备、条形码技术、电子订货系统和补货系统等，建立农产品品类管理和农产品供应链管理技术，从而提高农产品生产加工商和超市对市场的响应速度能力。

7.6 本章小结

首先，根据超市利他互惠信息非对称性和动态演进特征，将农产品供应链中的利他互惠信息结构分为超市完全理性且信息对称、超市利他互惠且信息非对称、超市利他互惠且信息对称、超市完全理性且信息非对称四个演进过程。其次，采用逆向归纳法求解各个过程中农产品供应链主观效率和客观效率、以"公平熵"计算农产品供应链主观公平度和客观公平度，从主观和客观两个维度研究供应链利他互惠信息非对称对各方农产品质量努力决策、供应链系统效率和公平度动态变化的影响。通过数理模型和数值分析得到以下结论：（1）只要超市利他互惠，超市就会提高自身农产品收购价格让利给农产品生产加工商，农产品生产加工商利润增大。只要农产品生产加工商认为超市利他互惠，就会提高自身质量努力水平，提供高质量的农产品给市场，扩大市场需求，增加供应链利润。（2）处于供应链主导地位的超市应该提升自己利他互惠强度，从而改进自身效用、农产品生产加工商利润、供应链利润和供应链效用，提高供应链主客观效率和主客观公平度。（3）当超市利他互惠且信息对称时，供应链主客观效率达到最大；当超市利他互惠且信息非对称时，供应链主客观公平度达到最大，即超市利他互惠有利于供应链主客观效率和主客观公平度；供应链主观公平度总是不大于供应链客观公平度。虽然超市有效传递利他互惠信号有利于提高农产品供应链双边质量努力水平，但是超市利他互惠的信息非对称导致供应链不能兼顾效率和公平的同时优化。

第8章 基于公平关切演进视角的农产品 供应链双边质量提升长期机制

本章通过刻画农产品供应链和公平关切双重动态演化博弈模型，对农产品生产加工商、超市进行单方演化博弈分析和交互演化博弈分析，分析农产品供应链公平关切动态演进对农产品供应链双边质量努力均衡策略的影响，从而研究基于公平关切演进视角的农产品供应链双边质量提升长期机制。

8.1 问题描述与符号说明

8.1.1 问题描述

本章仍然考虑由农产品生产加工商和超市组成的二级农产品供应链为研究对象，农产品生产加工商和超市是两个相互影响的种群，每个种群成员随机配对进行合作，构成农产品供应链并进行博弈，假设两个种群的规模相同。农产品生产加工商具有有限理性并根据自身的支付不断学习、动态调整策略，直到达到均衡。超市的策略选择："激励"和"不激励"；农产品生产加工商的策略选择："关切公平"和"不关切公平"。超市采取"激励"策略，即制定农产品收购价格时考虑农产品生产加工商的公平关切，从而尽量避免农产品生产加工商的公平负效用且超市采取"激励"策略的概率为 x（$0 \leqslant x \leqslant 1$），而采取"不激励"策略的概率为 $1-x$，可以理解为农产品供应链中超市群体中有比例约为 x 的超市采取"激励"策略而 $1-x$ 比例的超市采取"不激励"策略。同样，农产品生产加工商选择"关切公平"的概率为 y（$0 \leqslant y \leqslant 1$），"不关切公平"（公平中性）的概率为 $1-y$，即农产品生产加工商群体中有 y 比例群体关注公平而 $1-y$ 不关注公平。由于公平关切属于决策者的主观心理偏好，是农产品生产加工商的私人信息，不会被超市知道，所以当超市在与农产品生产加工商合作时通过以往与其他农产品生产加工商的合作经验和市场一些信息，能够了解市场中农产品生产加工商公平关切的大致比例或者概率分布而不知道具体某一个农产品生产加工商自身的公平关切信息也是合理的。

农产品供应链由一个农产品生产加工商和一个超市构成，且超市处于主导、农产品生产加工商为跟随者进行 Stackelberg 博弈，采用逆向归纳法求解。超市根据自身农产品检验成本 $C_r(\theta_r) = k_r\theta_r$ 和市场需求 $D = \eta p^{-a}\theta_s^b\theta_r^c\varepsilon$ 决策农产品检验努力水平 θ_r 和农产品收购价格 w 使自身利润实现最优化，农产品生产加工商依据自身质量努力成本 $C_s(\theta_s) = k_s\theta_s$ 和超市的策略（θ_r，w）决策农产品质量努力水平 θ_s 使自身利润实现最大化。

在农产品生产加工商和超市博弈过程中，假设某些农产品生产加工商在意自身收益与超市收益的直接比较，且会因为自身利润低于超市而产生公平负效用，在假设确定需求下处于从属地位的农产品生产加工商利润总是低于超市，即该部分假设农产品生产加工商可能具有公平关切心理且公平关切度为 $\alpha_s > 0$。某些农产品生产加工商却不在意自身与超市利润比较，此部分农产品生产加工商的公平关切度为 $\alpha_s = 0$。与超市合作的农产品生产加工商有两种偏好类型：不关切公平（$\alpha_s = 0$）或关切公平（$\alpha_s > 0$）。α_s 的取值越大则农产品生产加工商越在意超市与自身之间的收益差。

8.1.2 符号说明

本章模型所用其他符号说明如表 8-1 所示。

表 8-1　　　　　　　　　本章模型所用其他符号说明

符号	具体含义
i	农产品生产加工商与超市博弈的第 i 种情况
w_i^*	第 i 种情况下，超市对应的最优收购价格
θ_{ri}^*	第 i 种情况下，超市对应的最优质量检验努力水平
θ_{si}^*	第 i 种情况下，农产品生产加工商对应的最优质量努力水平
α_s	农产品生产加工商公平关切强度，$\alpha_s \in \{0, \alpha\}$
α_r	超市猜测农产品生产加工商的公平关切强度，$\alpha_r \in \{0, \alpha\}$
π_s，π_r，π_{sc}	农产品生产加工商、超市、农产品供应链的利润
π_{si}^*，π_{ri}^*，π_{sci}^*	第 i 种情况下，农产品生产加工商、超市、农产品供应链的最优利润

符号	具体含义
u_s，u_{sc}	农产品生产加工商、农产品供应链效用
u_{si}^*，u_{sci}^*	第 i 种情况下，农产品生产加工商、农产品供应链的最优效用
x	超市采取"激励"策略的概率
$1-x$	超市采取"不激励"策略的概率
y	农产品生产加工商选择"关切公平"的概率
$1-y$	农产品生产加工商选择"不关切公平"的概率

8.2　基于演化博弈理论的农产品供应链双边质量努力决策

8.2.1　博弈支付矩阵

当不考虑农产品供应链成员的社会偏好，各个成员都以自身利润最大化进行决策，各方利润和供应链期望利润分别为

$$E\pi_s = (w - k_s\theta_s)\int_0^1 \eta p^{-a}\theta_s^b\theta_r^c \varepsilon f(\varepsilon)\mathrm{d}\varepsilon = \frac{(w - k_s\theta_s)\eta p^{-a}\theta_s^b\theta_r^c}{2} \quad (8.1)$$

$$E\pi_r = (p - w - k_r\theta_r)\int_0^1 \eta p^{-a}\theta_s^b\theta_r^c \varepsilon f(\varepsilon)\mathrm{d}\varepsilon = \frac{(p - w - k_r\theta_r)\eta p^{-a}\theta_s^b\theta_r^c}{2}$$

$$(8.2)$$

$$E\pi_{sc} = (p - k_s\theta_s - k_r\theta_r)\int_0^1 \eta p^{-a}\theta_s^b\theta_r^c \varepsilon f(\varepsilon)\mathrm{d}\varepsilon = \frac{(p - k_s\theta_s - k_r\theta_r)\eta p^{-a}\theta_s^b\theta_r^c}{2}$$

$$(8.3)$$

当考虑农产品生产加工商的公平关切时，农产品生产加工商包括自身期望利润和公平负效用在内的期望效用函数为：$Eu_s = E\pi_s - \alpha_s(E\pi_r - E\pi_s)$。其中，$\alpha_s$ 为农产品生产加工商的公平关切系数，且 $0 \le \alpha_s < 1$。超市始终完全理性，于是超市期望效用总是等于期望利润，即 $Eu_r = E\pi_r$。

将式（8.1）和式（8.2）代入，可以得到农产品生产加工商公平关切下的期望效用函数为

$$Eu_s^F = \frac{(w - k_s\theta_s)\eta p^{-a}\theta_s^b\theta_r^c}{2} - \alpha_s\left(\frac{(p - w - k_r\theta_r)\eta p^{-a}\theta_s^b\theta_r^c}{2} - \frac{(w - k_s\theta_s)\eta p^{-a}\theta_s^b\theta_r^c}{2}\right)$$

$$(8.4)$$

超市不知道以下两条信息。

（1）农产品生产加工商是否公平关切（$\alpha_r = 0$ 或者 $\alpha_r > 0$）？

（2）如果农产品生产加工商公平关切，那么农产品生产加工商的公平关切强度为多少（即 α_r 的具体取值）。

于是，信息非对称博弈中，超市通过自身所掌握的信息认为，农产品生产加工商公平关切 α_r（$\alpha_r \geq 0$）前提下农产品生产加工商的目标函数为

$$\max_{\theta_s} Eu_s^F = \frac{(w - k_s \theta_s)\eta p^{-a}\theta_s^b \theta_r^c}{2} - \alpha_r \left(\frac{(p - w - k_r \theta_r)\eta p^{-a}\theta_s^b \theta_r^c}{2} - \frac{(w - k_s \theta_s)\eta p^{-a}\theta_s^b \theta_r^c}{2} \right)$$

$$\left[\left((k_r \theta_r - k_s \theta_s - p + 2w)\alpha_s + w - k_s \theta_s \right) \right]$$

由于 $\dfrac{\mathrm{d}^2 u_s^F}{\mathrm{d}\theta_s^2} = -\dfrac{(1-b) + 2(\alpha_s + 1)k_s \theta_s \, b\eta p^{-a}\theta_s^b \theta_r^c}{2\theta_s^2} < 0$

由逆向归纳法，超市认为农产品生产加工商有唯一最优的质量努力水平，

且满足 $\dfrac{\mathrm{d}Eu_s^F}{\mathrm{d}\theta_s} = \dfrac{\left[(2\alpha_s + 1)bw - \alpha_s bp - (\alpha_s + 1)(b+1)k_s \theta_s + \alpha_s bk_r \theta_r \right]\eta p^{-a}\theta_s^b \theta_r^c}{2\theta_s} = 0$，

可得

$$\theta_s^F \left[(\theta_r, \, w) \mid \alpha_r \right] = \frac{\left[(k_r \theta_r - p + 2w)\alpha_r + w \right]b}{k_s(1 + \alpha_r)(1 + b)} \tag{8.5}$$

其中，$\theta_s^F \left[(\theta_r, \, w) \mid \alpha_r \right]$ 表示当超市认为农产品生产加工商公平关切强度为 α_r 时，农产品生产加工商唯一最优反应函数。由第 6 章，Hessian 矩阵 $\boldsymbol{H}^F(\theta_r, \, w)$ 负定，故 Eu_r^F 存在唯一最优解 θ_r^{F*} 和 w^{F*}。令 $\dfrac{\partial Eu_r^F}{\partial \theta_r} = 0$、$\dfrac{\partial Eu_r^F}{\partial w} = 0$ 并联立求解可以得到超市最优检验努力水平 θ_r^{F*} 和最优批发价格 w^{F*}，分别为

$$\theta_r^{F*} = \frac{cp}{k_r(1 + b + c)} \tag{8.6}$$

$$w^{F*} = \frac{p(2b\alpha_r + b + \alpha_r)}{(1 + b + c)(1 + 2\alpha_r)} \tag{8.7}$$

而农产品生产加工商公平关切强度实际为 α_s，可以通过将式（8.5）进行修正得到公平关切的农产品生产加工商关于（θ_r, w）的实际最优反应函数为

$$\theta_s^F \left[(\theta_r, \, w) \mid \alpha_s \right] = \frac{\left[(k_r \theta_r - p + 2w)\alpha_s + w \right]b}{k_s(1 + \alpha_s)(1 + b)} \tag{8.8}$$

将式（8.6）和式（8.7）代入式（8.8），可得当农产品生产加工商真实公平关切信息与超市所获得的关于农产品生产加工商公平关切信息不一致时（信息非对称）的实际质量努力决策为

$$\theta_s^{F*} = \frac{\left[(1+2\alpha_r)(1+\alpha_s)b+\alpha_r-\alpha_s\right]pb}{k_s(1+\alpha_s)(1+2\alpha_r)(1+b)(1+b+c)} \tag{8.9}$$

式（8.6）、式（8.7）和式（8.9）表示的（θ_r^{F*}，w^{F*}，θ_s^{F*}）即农产品生产加工商和超市在公平关切信息非对称下的不完全信息博弈子博弈精炼纳什均衡。

为了方便计算、比较，信息对称下 $\alpha_s = \alpha_r = \{0, \alpha\}$、信息非对称下 α_s，$\alpha_r = \{0, \alpha\}$ 且 $\alpha_s \neq \alpha_r$。根据农产品生产加工商和超市的策略选择，可将基本模型细分为以下四种情况。

（1）农产品生产加工商选择"不关切公平"策略、超市选择"不激励"策略，此时 $\alpha_r = \alpha_s = 0$，容易计算得到超市提供的农产品收购价格和质量检验努力水平分别为 $w_1^{F*} = \dfrac{bp}{1+b+c}$，$\theta_{r1}^{F*} = \dfrac{cp}{k_r(1+b+c)}$，农产品生产加工商决策的最优农产品质量努力水平为 $\theta_{s1}^{F*} = \dfrac{b^2p}{k_s(1+b)(1+b+c)}$。

农产品生产加工商、超市的利润和效用分别为

$$E\pi_{s1}^{F*} = Eu_{s1}^{R*} = \frac{b\eta p^{1-a}}{2(1+b)(1+b+c)}\left(\frac{b^2p}{k_s(1+b)(1+b+c)}\right)^b\left(\frac{cp}{k_r(1+b+c)}\right)^c$$

$$E\pi_{r1}^{F*} = \frac{\eta p^{1-a}}{2(1+b+c)}\left(\frac{b^2p}{k_s(1+b)(1+b+c)}\right)^b\left(\frac{cp}{k_r(1+b+c)}\right)^c$$

供应链的利润和效用为

$$E\pi_{sc1}^{F*} = Eu_{sc1}^{F*} = \frac{(1+2b)\eta p^{1-a}}{2(1+b)(1+b+c)}\left(\frac{b^2p}{k_s(1+b)(1+b+c)}\right)^b\left(\frac{cp}{k_r(1+b+c)}\right)^c$$

（2）农产品生产加工商选择"关切公平"策略、超市选择"不激励"策略，此时 $\alpha_s > 0$、$\alpha_r = 0$，相关指标为

$$\theta_{r2}^{F*} = \frac{cp}{k_r(1+b+c)}, \quad w_2^{R*} = \frac{bp}{1+b+c}, \quad \theta_{s2}^{R*} = \frac{\left[b(1+\alpha_s)-\alpha_s\right]bp}{k_s(1+\alpha_s)(1+b)(1+b+c)}$$

$$E\pi_{s2}^{F*} = \frac{(1+2\alpha_s)b\eta p^{1-a}}{2(1+\alpha_s)(1+b)(1+b+c)}\left(\frac{bp(\alpha_s b+b-\alpha_s)}{k_s(1+\alpha_s)(1+b)(1+b+c)}\right)^b$$
$$\left(\frac{cp}{k_r(1+b+c)}\right)^c$$

$$E\pi_{r2}^{F*} = \frac{\eta p^{1-a}}{2(1+b+c)}\left(\frac{bp(\alpha_s b+b-\alpha_s)}{k_s(1+\alpha_s)(1+b)(1+b+c)}\right)^b\left(\frac{cp}{k_r(1+b+c)}\right)^c$$

$$E\pi_{sc2}^{F*} = \frac{(1+\alpha_s+3\alpha_s b+2b)\eta p^{1-a}}{2(1+\alpha_s)(1+b)(1+b+c)}\left(\frac{bp(\alpha_s b+b-\alpha_s)}{k_s(1+\alpha_s)(1+b)(1+b+c)}\right)^b$$
$$\left(\frac{cp}{k_r(1+b+c)}\right)^c$$

$$Eu_{s2}^{F*} = \frac{\eta p^{1-a}(\alpha_s b + b - \alpha_s)}{2(1+b)(1+b+c)}\left(\frac{bp(\alpha_s b + b - \alpha_s)}{k_s(1+\alpha_s)(1+b)(1+b+c)}\right)^b$$

$$\left(\frac{cp}{k_r(1+b+c)}\right)^c$$

$$Eu_{sc2}^{F*} = \frac{\eta p^{1-a}(\alpha_s b + 2b - \alpha_s + 1)}{2(1+b)(1+b+c)}\left(\frac{bp(\alpha_s b + b - \alpha_s)}{k_s(1+\alpha_s)(1+b)(1+b+c)}\right)^b$$

$$\left(\frac{cp}{k_r(1+b+c)}\right)^c$$

（3）农产品生产加工商选择"关切公平"策略、超市选择"激励"策略，此时 $\alpha_s = \alpha_r = \alpha > 0$，相关指标为

$$\theta_{r3}^{F*} = \frac{cp}{k_r(1+b+c)}, \quad w_3^{F*} = \frac{p(\alpha + 2\alpha b + b)}{(1+2\alpha)(1+b+c)}, \quad \theta_{s3}^{F*} = \frac{b^2 p}{k_s(1+b)(1+b+c)}$$

$$E\pi_{s3}^{F*} = \frac{(3b\alpha + b + \alpha)\eta p^{1-a}}{2(1+2\alpha)(1+b)(1+b+c)}\left(\frac{b^2 p}{k_s(1+b)(1+b+c)}\right)^b\left(\frac{cp}{k_r(1+b+c)}\right)^c$$

$$E\pi_{r3}^{F*} = \frac{(1+\alpha)\eta p^{1-a}}{2(1+2\alpha)(1+b)(1+b+c)}\left(\frac{b^2 p}{k_s(1+b)(1+b+c)}\right)^b\left(\frac{cp}{k_r(1+b+c)}\right)^c$$

$$E\pi_{sc3}^{F*} = \frac{(1+2b)\eta p^{1-a}}{2(1+b)(1+b+c)}\left(\frac{b^2 p}{k_s(1+b)(1+b+c)}\right)^b\left(\frac{cp}{k_r(1+b+c)}\right)^c$$

$$Eu_{s3}^{F*} = \frac{(1+\alpha)\eta b p^{1-a}}{2(1+2\alpha)(1+b)(1+b+c)}\left(\frac{b^2 p}{k_s(1+b)(1+b+c)}\right)^b\left(\frac{cp}{k_r(1+b+c)}\right)^c$$

$$Eu_{sc3}^{F*} = \frac{[1+2(1+\alpha)b](1+\alpha)\eta p^{1-a}}{2(1+2\alpha)(1+b)(1+b+c)}\left(\frac{b^2 p}{k_s(1+b)(1+b+c)}\right)^b\left(\frac{cp}{k_r(1+b+c)}\right)^c$$

（4）农产品生产加工商选择"不关切公平"策略、供应商选择"激励"策略，此时 $\alpha_s = 0$、$\alpha_r > 0$，相关指标为

$$\theta_{r4}^{F*} = \frac{cp}{k_r(1+b+c)}, \quad w_4^{F*} = \frac{p(\alpha_r + 2\alpha_r b + b)}{(1+2\alpha_r)(1+b+c)},$$

$$\theta_{s4}^{F*} = \frac{[\alpha_r + (1+2\alpha_r)b]bp}{k_s(1+2\alpha_r)(1+b)(1+b+c)}$$

$$E\pi_{s4}^{R*} = \frac{(\alpha_r + 2\alpha_r b + b)\eta p^{1-a}}{2(1+2\alpha_r)(1+b)(1+b+c)}\left(\frac{bp(\alpha_r + 2\alpha_r b + b)}{k_s(1+2\alpha_r)(1+b)(1+b+c)}\right)^b$$

$$\left(\frac{cp}{k_r(1+b+c)}\right)^c$$

$$E\pi_{r4}^{R*} = \frac{(1+\alpha_r)\eta p^{1-a}}{2(1+2\alpha_r)(1+b)(1+b+c)}\left(\frac{bp(\alpha_r + 2\alpha_r b + b)}{k_s(1+2\alpha_r)(1+b)(1+b+c)}\right)^b$$

$$\left(\frac{cp}{k_r(1+b+c)}\right)^c$$

$$E\pi_{sc4}^{R*} = \frac{(1+2\alpha_r+3\alpha_r b+2b)\eta p^{1-a}}{2(1+2\alpha_r)(1+b)(1+b+c)}\left(\frac{bp(\alpha_r+2\alpha_r b+b)}{k_s(1+2\alpha_r)(1+b)(1+b+c)}\right)^b$$
$$\left(\frac{cp}{k_r(1+b+c)}\right)^c$$

$$Eu_{s4}^{R*} = \frac{(\alpha_r+2\alpha_r b+b)\eta p^{1-a}}{2(1+2\alpha_r)(1+b)(1+b+c)}\left(\frac{bp(\alpha_r+2\alpha_r b+b)}{k_s(1+2\alpha_r)(1+b)(1+b+c)}\right)^b$$
$$\left(\frac{cp}{k_r(1+b+c)}\right)^c$$

$$E\pi_{sc4}^{R*} = \frac{(1+2\alpha_r+3\alpha_r b+2b)\eta p^{1-a}}{2(1+2\alpha_r)(1+b)(1+b+c)}\left(\frac{bp(\alpha_r+2\alpha_r b+b)}{k_s(1+2\alpha_r)(1+b)(1+b+c)}\right)^b$$
$$\left(\frac{cp}{k_r(1+b+c)}\right)^c$$

于是，可以得到博弈双方的支付矩阵，见表 8-2。超市的支付即超市的利润；当农产品生产加工商关注公平时，农产品生产加工商的效用为包含公平负效用和利润在内的总效用，而当农产品生产加工商不关注公平时，农产品生产加工商的支付即仅仅为利润（公平负效用为 0）。为了表达的一致性，这里采用农产品生产加工商效用指标来表示博弈的支付。

表 8-2　　　　　　　　　　　　　博弈双方的支付矩阵

超市	农产品生产加工商	
	关切公平（y）	不关切公平（$1-y$）
激励（x）	$Eu_{s3}^{F*} = \dfrac{(1+\alpha)\eta bp^{1-a}G_{81}G_{82}}{2(1+2\alpha)(1+b)(1+b+c)}$	$Eu_{s4}^{F*} = \dfrac{(\alpha_r+2\alpha_r b+b)\eta p^{1-a}G_{84}G_{82}}{2(1+2\alpha_r)(1+b)(1+b+c)}$
	$E\pi_{r3}^{F*} = \dfrac{(1+\alpha)\eta p^{1-a}G_{81}G_{82}}{2(1+2\alpha)(1+b+c)}$	$E\pi_{r4}^{F*} = \dfrac{(1+\alpha_r)\eta p^{1-a}G_{84}G_{82}}{2(1+2\alpha_r)(1+b)(1+b+c)}$
不激励（$1-x$）	$Eu_{s2}^{F*} = \dfrac{\eta p^{1-a}(\alpha_s b+b-\alpha_s)G_{83}G_{82}}{2(1+b)(1+b+c)}$	$Eu_{s1}^{F*} = \dfrac{b\eta p^{1-a}G_{81}G_{82}}{2(1+b)(1+b+c)}$
	$E\pi_{r2}^{F*} = \dfrac{\eta p^{1-a}G_{83}G_{82}}{2(1+b+c)}$	$E\pi_{r1}^{F*} = \dfrac{\eta p^{1-a}G_{81}G_{82}}{2(1+b+c)}$

短期内，同传统研究覃燕红和魏光兴（2015）、曹二保和侯利梅（2016），农产品生产加工商和超市之间的博弈不需要考虑双方选择策略的概率分布，也不需要考虑农产品供应链组成群体随时间的变化。由表 8-2 可以得到引理 8.1 和引理 8.2。

表 8-2 中，$G_{81} = \left(\dfrac{b^2 p}{k_s(1+b)(1+b+c)}\right)^b$，$G_{82} = \left(\dfrac{cp}{k_r(1+b+c)}\right)^c$，

$G_{83} = \left(\dfrac{bp(\alpha_s b+b-\alpha_s)}{k_s(1+\alpha_s)(1+b)(1+b+c)}\right)^b$，$G_{84} = \left(\dfrac{bp(\alpha_r+2\alpha_r b+b)}{k_s(1+2\alpha_r)(1+b)(1+b+c)}\right)^b$

引理 8.1 农产品加工商和超市博弈支付矩阵中：

（1）对于各方决策为 $w_4^{F*} = w_3^{F*} > w_2^{F*} = w_1^{F*}$、$\theta_{r4}^{F*} = \theta_{r3}^{F*} = \theta_{r2}^{F*} = \theta_{r1}^{F*}$；$\theta_{s2}^{F*} < \theta_{s1}^{F*} = \theta_{s3}^{F*} < \theta_{s4}^{F*}$；

（2）各方利润和供应链利润为 $E\pi_{s2}^{F*} < E\pi_{s1}^{F*} < E\pi_{s3}^{F*} < E\pi_{s4}^{F*}$，$E\pi_{r2}^{F*} < E\pi_{r3}^{F*} < E\pi_{r4}^{F*} < E\pi_{r1}^{F*}$，$E\pi_{sc2}^{F*} < E\pi_{sc1}^{F*} = E\pi_{sc3}^{F*} < E\pi_{sc4}^{F*}$；

（3）农产品生产加工商效用和供应链效用为 $Eu_{s2}^{F*} < Eu_{s1}^{F*} < Eu_{s4}^{F*} < Eu_{s3}^{F*}$，$Eu_{sc2}^{F*} < Eu_{sc1}^{F*}$，$Eu_{sc3}^{F*} < Eu_{sc4}^{F*}$。（当 $0 < \alpha < \dfrac{1}{2b}$ 时，$Eu_{sc3}^{F*} < Eu_{sc1}^{F*}$；当 $\dfrac{1}{2b} < \alpha < 1$ 时，$Eu_{sc3}^{F*} > Eu_{sc1}^{F*}$）

每两个指标之间相加减即可得证。

引理 8.2 当农产品生产加工商采取"不关切公平"策略且超市采取"不激励"策略时，农产品生产加工商利润最大限度地低于超市；但当农产品生产加工商采取"关切公平"策略，无论超市采取哪种策略，农产品生产加工商与超市之间的利润差异都会减小。

证明：记 $\Delta E\pi_i^{F*} = E\pi_{si}^{F*} - E\pi_{ri}^{F*}$，通过表 8-2 博弈支付矩阵双方策略组合下的计算和分析，可得农产品生产加工商与超市之间利润差分别为

$$\Delta E\pi_1^{F*} = -\frac{\eta p^{1-a}}{2(1+b)(1+b+c)}\left(\frac{b^2 p}{k_s(1+b+c)(1+b)}\right)^b \left(\frac{cp}{k_r(1+b+c)}\right)^c < 0$$

$$\Delta E\pi_2^{F*} = -\frac{\eta p^{1-a}}{2(1+b)(1+b+c)}\left(\frac{bp[(1+\alpha)b-\alpha]}{k_s(1+\alpha)(1+b)(1+b+c)}\right)^b$$
$$\left(\frac{cp}{k_r(1+b+c)}\right)^c < 0$$

$$\Delta E\pi_3^{F*} = -\frac{\eta p^{1-a}(1-2\alpha b)}{2(1+\alpha)(1+b)(1+b+c)}\left(\frac{pb^2[(1+\alpha)b-\alpha]}{k_s(1+b)(1+b+c)}\right)^b$$
$$\left(\frac{cp}{k_r(1+b+c)}\right)^c < 0$$

$$\Delta E\pi_4^{F*} = -\frac{(1-\alpha b)\eta p^{1-a}}{2(1+\alpha)(1+b)(1+b+c)}\left(\frac{bp(\alpha+b+\alpha b)}{k_s(1+2\alpha)(1+b)(1+b+c)}\right)^b$$
$$\left(\frac{cp}{k_r(1+b+c)}\right)^c < 0$$

可以计算 $|\Delta E\pi_2^{F*}| < |\Delta E\pi_1^{F*}|$、$|\Delta E\pi_3^{F*}| < |\Delta E\pi_1^{F*}|$ 和 $|\Delta E\pi_4^{F*}| < |\Delta E\pi_1^{F*}|$。

证毕。

因此，当农产品生产加工商伪装公平关切信息（即第 $i=4$ 种情况：

超市采取"激励"、农产品生产加工商采取"不关切公平")从而获得较高的农产品收购价格,与此同时农产品生产加工商也投入最高的农产品质量努力水平($\theta_{s2}^{F*} < \theta_{s1}^{F*} = \theta_{s3}^{F*} < \theta_{s4}^{F*}$)。这是因为在超市主导的农产品供应链中,一方面农产品生产加工商在博弈中后行动、处于劣势;另一方面因远离消费市场,对市场的驾驭、可触碰性和影响力差,使得农产品生产加工商利润始终低于超市。因此,农产品生产加工商只有通过传递自身的真实公平关切信息(第 $i = 3$ 种情况)甚至伪装或夸大自身公平关切信息(第 $i = 4$ 种情况)来获取更多的利润和更大的供应链谈判能力。

由引理 8.1 和引理 8.2 可以得到结论 8.1。

结论 8.1　短期内,超市会采取"激励"策略、农产品生产加工商采取"关切公平"策略,农产品生产加工商公平关切可以为自身带来更多供应链利润。

由引理 8.1 和引理 8.2 可得证,只要超市采取"激励"策略,农产品生产加工商利润就会增加或者只要农产品生产加工商采取"关切公平"策略,农产品生产加工商和超市之间的利润差都会减小,从而增加农产品供应链中的利润分配比,即农产品生产加工商公平关切能够改变农产品生产加工商和超市在供应链中的收益分配比,且超市为了避免农产品生产加工商的报复行为,在制定农产品收购价格和质量检测努力水平时会考虑农产品生产加工商的公平关切从而制定较高的农产品收购价格。

短期内,博弈实现均衡时,超市利润为 $E\pi_{r2}^{F*} < E\pi_{r3}^{F*} < E\pi_{r4}^{F*} < E\pi_{r1}^{F*}$,即当农产品生产加工商公平中性且超市不考虑农产品生产加工商的公平关切时利润最高(第 $i = 1$ 种情况)。超市考虑农产品生产加工商的公平关切会降低自身利润。随着时间推移,超市是否会一直考虑农产品生产加工商公平关切而作出收购价格让步?农产品生产加工商的公平关切获得了较高农产品收购价格后是否会一直保持不变?随着农产品供应链组成的变化和调整,超市、农产品生产加工商的策略是否保持不变?因此,有必要考虑农产品供应链和农产品生产加工商公平关切的双重动态演进特征,对超市和农产品生产加工商的决策进行单独演化分析、交互演化分析,从而求出超市和农产品生产加工商的演化稳定策略。

8.2.2　超市单方演化博弈分析

演化博弈论是将博弈论和演化理论有机结合起来的一种理论,博弈方通常具有有限理性,从而博弈方之间的稳定博弈结果要通过不断模仿、学习和调整过程来实现，因此博弈方的决策行为是一个动态调整的过程。弗里德曼（Friedman，1991）证明演化稳定策略一定是纳什均衡解。谢识予（2008）建立了不完全信息条件下 3×3 非对称演化博弈模型并分析了博弈达到均衡时的稳定性；吴克晴和冯兴来（2015）则分析了有限理性下对称演化博弈模型的稳定均衡解。公平关切的农产品生产加工商与超市决策过程是一个动态演化博弈过程，其互动策略调整可以描述为："选择策略—演化—选择新策略—再演化"的演化博弈过程。

由表 8-2，可以计算超市采取"激励"策略的期望收益为

$$E^C(E\pi_r^{F*}) = yE\pi_{r3}^{F*} + (1-y)E\pi_{r4}^{F*} = \frac{(1+\alpha)\eta p^{1-a}\left[(1-y)G_{84} + yG_{81}\right]G_{82}}{2(1+2\alpha)(1+b+c)}$$

(8.10)

超市采取"不激励"策略的期望收益为

$$E^{NC}(E\pi_r^{F*}) = yE\pi_{r2}^{F*} + (1-y)E\pi_{r1}^{F*} = \frac{\eta p^{1-a}\left[yG_{83} + (1-y)G_{81}\right]G_{82}}{2(1+b+c)}$$

(8.11)

由式（8.10）和式（8.11）可得超市的平均收益为

$$\overline{E}(\pi_s) = xE^C(E\pi_r^{F*}) + (1-x)E^{NC}(E\pi_r^{F*})$$

(8.12)

超市的复制动态方程 $S(x)$ 为

$$S(x) = \frac{dx}{dt} = x\left[E^C(E\pi_r^{F*}) - \overline{E}(\pi_s)\right] = x(1-x)\left[E^C(E\pi_r^{F*}) - E^{NC}(E\pi_r^{F*})\right]$$

(8.13)

将各项代入，即

$$S(x) = \frac{dx}{dt} = \frac{\eta p^{1-a}G_{82}\{x[y(\alpha G_{84} - 3\alpha G_{81} + 2\alpha G_{83} - G_{84} + 2G_{81} + G_{83}) + \alpha(2G_{81} - G_{84}) + G_{81} - G_{84}] + (1+2\alpha)[y(G_{81} - G_{83}) - G_{81}]\}}{2(1+2\alpha)(1+b+c)}$$

化简得到

$$S(x) = \frac{dx}{dt} = x(1-x)\eta p^{1-a}\left\{\frac{y(1+\alpha)G_{81}G_{82}}{2(1+2\alpha)} + \frac{(1+\alpha)(1-y)G_{84}G_{82}}{2(1+2\alpha)(1+b+c)} + \frac{yG_{83}G_{82}}{2(1+b+c)} + \frac{(1-y)G_{81}G_{82}}{2(1+b+c)}\right\}$$

即

$$S(x) = \frac{dx}{dt} = x(1-x)\eta p^{1-a}\frac{\{y[\alpha((b+c-1)G_{81} + 2G_{83} - G_{84}) + (b+c)G_{81} + G_{83} - G_{84}] + \alpha(2G_{81} + G_{84}) + G_{81} + G_{84}\}G_{82}}{2(1+2\alpha)(1+b+c)}$$

令 $A = \dfrac{[\alpha((b+c-1)G_{81}+2G_{83}-G_{84})+(b+c)G_{81}+G_{83}-G_{84}]G_{82}}{2(1+2\alpha)(1+b+c)}$, $B =$

$\dfrac{[\alpha(2G_{81}+G_{84})+G_{81}+G_{84}]G_{82}}{2(1+2\alpha)(1+b+c)}$

则

$$S(x) = \frac{\mathrm{d}x}{\mathrm{d}t} = x(1-x)\eta p^{1-a}(yA+B) \tag{8.14}$$

式（8.14）有 A，$B \geqslant 0$。令 $S(x)=0$，可得稳定状态 $x_1^* = 0$，$x_2^* = 1$，演化博弈的稳定策略要求 $S(x)=0$ 且 $S'(x)<0$。对 $S(x)$ 进行求导可得

$$S'(x) = \eta p^{1-a}(1-2x)(Ay+B) \tag{8.15}$$

对超市的复制动态方程进行演化分析，可以得到命题 8.1。

命题 8.1　超市单方演化稳定策略为：采取"激励"策略。

证明：在超市复制动态方程（8.15）中，由 $Ay+B>0$，于是 $S'(1) = -\eta p^{1-a}(Ay+B)<0$，$S'(0) = S'(1) = \eta p^{1-a}(Ay+B)>0$。于是，$x_1^* = 1$ 为演化博弈稳定解。对于超市而言，无论农产品生产加工企业是否选择"关切公平"策略以及选择"关切公平"策略的概率 y 多大，$x_1^* = 1$ 总是超市的稳定策略，超市都会选择"激励"。于是，可以画出农产品供应链动态演进中超市群体的动态趋势和稳定演化过程，如图 8.1 所示。即使刚开始部分超市采取"不激励"策略，即 $x=0$，但由于大多数其他超市都提高收购价格从而有效保证高质量农产品供给质量时，这部分选择"不激励"的超市最终也会放弃"不激励"策略。

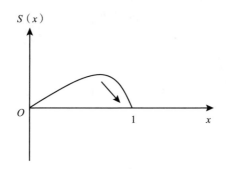

图 8.1　超市演化过程

从市场的角度看，命题 8.1 中超市总是选择"激励"策略，也是竞争的结果。超市在供应链中处于先行行动优势，农产品供给质量是赢得市场的关键。同时，随着大数据、互联网、销售渠道和手段的多样化，超市不

再是农产品最佳、唯一销售渠道选择。超市会主动提高农产品收购价格，从而增加农产品生产加工商的单位利润、缓减农产品生产加工商公平关切负效用，避免农产品生产加工商因觉得利润分配不公平而作出降低农产品质量的行为，最终尽力保障高质量农产品的源头供给质量。同时，随着农产品生产加工商规模增加，超市希望农产品货源稳定，于是超市会直接提供较高的农产品收购价格，稳定农产品供给货源。当采取"不激励"策略的超市看到其他超市和零售终端都采取"激励"策略从而保证高质量农产品稳定供给、站稳市场，本来采取"不激励"的超市也都纷纷提高农产品收购价格，避免失去上游农产品供给、低劣质量的农产品进入市场。

8.2.3 农产品生产加工商单方演化博弈分析

由表 8-2 可以计算超市农产品生产加工商"关切公平"策略的期望收益为

$$E^C(Eu_s^{F*}) = xEu_{s3}^{F*} + (1-x)Eu_{s2}^{F*} = \frac{x(1+\alpha)\eta b p^{1-a}G_{81}G_{82}}{2(1+2\alpha)(1+b)(1+b+c)}$$

$$+ \frac{(1-x)\eta p^{1-a}(\alpha_s b + b - \alpha_s)G_{83}G_{82}}{2(1+b)(1+b+c)} \qquad (8.16)$$

农产品加工商采取"不关切公平"策略的期望收益为

$$E^{NC}(Eu_s^{F*}) = xEu_{s4}^{F*} + (1-x)Eu_{s1}^{F*} = \frac{x(\alpha_r + 2\alpha_r b + b)\eta p^{1-a}G_{84}G_{82}}{2(1+2\alpha_r)(1+b)(1+b+c)}$$

$$+ \frac{(1-x)b\eta p^{1-a}G_{81}G_{82}}{2(1+b)(1+b+c)} \qquad (8.17)$$

由式（8.16）和式（8.17）可得超市的平均收益为

$$\overline{E}(u_s) = xE^C(Eu_s^{F*}) + (1-x)E^{NC}(Eu_s^{F*}) \qquad (8.18)$$

超市的复制动态方程 $S(x)$ 为

$$S(y) = \frac{dy}{dt} = y[E^C(Eu_s^{F*}) - \overline{E}(u_s)] = y(1-y)[E^C(Eu_s^{F*}) - E^{NC}(Eu_s^{F*})]$$

$$(8.19)$$

将各项代入，即

$$S(y) = \frac{dy}{dt} = y(1-y)\eta p^{1-a}G_{82}\left\{\frac{[(3+4\alpha) - (1+2\alpha)]G_{81}}{2(1+2\alpha)(1+b)(1+b+c)}\right.$$

$$\left. + \frac{(1-x)(\alpha b + b - \alpha)G_{83}}{2(1+b)(1+b+c)} - \frac{x(2\alpha b + b + \alpha)G_{84}}{2(1+2\alpha)(1+b)(1+b+c)}\right\}$$

化简得到

$$S(y) = \frac{dy}{dt} = y(1-y)\eta p^{1-a} G_{82} \frac{\begin{array}{l} 2(1-x)\alpha^2 G_{83} + (3-3x)G_{83} + (3G_{81} - 2G_{84})\alpha + \\ (1-x)G_{83} + (2G_{81} - G_{84})x - G_{81} \end{array}}{2(1+2\alpha)(1+b)(1+b+c)}$$

即

$$S(y) = \frac{dy}{dt} = y(1-y)\eta p^{1-a} G_{82} \left[\frac{2\alpha^2 G_{83} + 4G_{84} + \alpha(3G_{81} - 2G_{84}) - G_{81}}{2(1+2\alpha)(1+b)(1+b+c)} \right.$$
$$\left. - \frac{x(G_{84} + 2\alpha^2 G_{83} + 4G_{83} - 2G_{81})}{2(1+2\alpha)(1+b)(1+b+c)} \right]$$

令 $C = \dfrac{G_{82}(G_{84} + 2\alpha^2 G_{83} - 4G_{83} - 2G_{81})}{2(1+2\alpha)(1+b)(1+b+c)}$, $D = \dfrac{\left[2\alpha^2 G_{83} + 4G_{84} + \alpha(3G_{81} - 2G_{84}) - G_{81} \right] G_{82}}{2(1+2\alpha)(1+b)(1+b+c)}$

则

$$S(y) = \frac{dy}{dt} = y(1-y)\eta p^{1-a}(D - xC) \tag{8.20}$$

式 (8.20) 中 $C, D \geqslant 0$。由于 $C - D = \dfrac{-G_{81} + (1+2\alpha-4)G_{84} - 4G_{83}}{2(1+2\alpha)(1+b)(1+b+c)} < 0$，即 $C < D$，因此 $Cx < D$。令 $S(y) = 0$，可得稳定状态 $y_1^* = 0$，$y_2^* = 1$ 演化博弈的稳定策略要求 $S(y) = 0$ 且 $S'(y) < 0$。对 $S(y)$ 进行求导可得

$$S'(y) = \eta p^{1-a}(1-2y)(D - xC) \tag{8.21}$$

对农产品生产加工商的复制动态方程进行演化分析，可以得到命题 8.2。

命题 8.2 农产品生产加工商单方演化稳定策略为：采取"关切公平"策略。

证明：式 (8.21) 中，由于 $S'(0) = \eta p^{1-a}(D - xC) > 0$，$S'(1) = -\eta p^{1-a}(D - xC) < 0$，于是 $y_2^* = 1$ 为演化博弈稳定解。对于农产品生产加工商而言，无论超市是否选择"激励"策略以及选择"激励"策略的概率 x 多大，$y_2^* = 1$ 总是农产品生产加工商的稳定策略，农产品生产加工商都会选择"关切公平"策略。于是，可以画出农产品供应链动态演进中农产品生产加工商群体的动态趋势和稳定演化过程，如图 8.2 所示。即使刚开始部分农产品生产加工商采取"不关切公平"策略，即 $y = 0$，但由于大多数农产品生产加工商都会通过关切公平而获得较高的农产品收购价格从而提高对农产品质量投入、增加自身利润，进一步稳定销售渠道，这部分"不关切公平"的农产品生产加工商最终都转为"关切公平"策略。

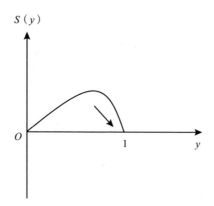

图8.2   农产品生产加工商演化过程

8.2.4   农产品生产加工商和超市交互演化博弈分析

结合农产品生产加工商和超市的复制动态方程，可以得到农产品生产加工商、超市博弈过程中交互演化的动力学方程，即

$$\begin{cases} S = \dfrac{\mathrm{d}x}{\mathrm{d}t} = x(1-x)\eta p^{1-a}(yA+B) \\ R = \dfrac{\mathrm{d}y}{\mathrm{d}t} = y(1-y)\eta p^{1-a}(D-xC) \end{cases} \tag{8.22}$$

稳定均衡点可由雅可比矩阵的局部稳定性分析得到。式（8.22）的雅可比矩阵为 $J = \begin{bmatrix} J_1 & J_2 \\ J_3 & J_4 \end{bmatrix}$，其中各个符号表达式分别为

$$J_1 = \frac{\partial S}{\partial x} = (1-2x)\eta p^{1-a}(yA+B), \quad J_2 = \frac{\partial S}{\partial y} = x(1-x)\eta p^{1-a}A$$

$$J_3 = \frac{\partial R}{\partial x} = -y(1-y)\eta p^{1-a}C, \quad J_4 = \frac{\partial R}{\partial y} = (1-2y)\eta p^{1-a}(D-xC)$$

雅可比矩阵 J 对应行列式值为 $Det(J) = J_1 J_4 - J_2 J_3$，迹为 $Tr(J) = J_1 + J_4$。根据雅可比矩阵的局部稳定性理论，当动态演化系统中某个稳定点满足 $Det(J) > 0$ 且 $Tr(J) < 0$，此时为动态系统的演化稳定策略（Evolutionary Stability Strategy，ESS）；当 $Det(J) < 0$，该点则为鞍点；其余均为不稳定点。因此由动力学方程组（8.22）可得，供应链系统的均衡点为（0，0）、（0，1）、（1，0）、（1，1）。通过对农产品生产加工商和超市之间的博弈交互演化分析可得命题8.3。

命题8.3   供应链系统中，（1，1）为 *ESS*，（0，0）为不稳定点，（0，1）和（1，0）为鞍点。

证明：

（1）当 $x=0$，$y=0$ 时，$J_1=\eta p^{1-a}B$、$J_2=0$、$J_3=0$、$J_4=\eta p^{1-a}D$，$Det(J)=\eta^2 p^{2(1-a)}BD$，$Tr(J)=\eta p^{1-a}(B+D)$。显然，$Det(J)>0$，$Tr(J)>0$。

（2）当 $x=1$，$y=0$ 时，$J_1=-x\eta p^{1-a}B$、$J_2=0$、$J_3=0$、$J_4=\eta p^{1-a}(D-C)$，$Det(J)=-x\eta^2 p^{2(1-a)}B(D-C)$，$Tr(J)=\eta p^{1-a}(D-C)-x\eta p^{1-a}B$。显然，$Det(J)<0$，$Tr(J)$ 正负不确定。

（3）当 $x=0$，$y=1$ 时，$J_1=\eta p^{1-a}(A+B)$，$J_2=0$，$J_3=0$，$J_4=-\eta p^{1-a}D$，$Det(J)=-\eta^2 p^{2(1-a)}(A+B)D$，$Tr(J)=\eta p^{1-a}(A+B)-\eta p^{1-a}D$。显然，$Det(J)<0$，$Tr(J)$ 正负不确定。

（4）当 $x=1$，$y=1$ 时，$J_1=-\eta p^{1-a}(A+B)$，$J_2=0$，$J_3=0$，$J_4=-\eta p^{1-a}(D-C)$，$Det(J)=\eta^2 p^{2(1-a)}(A+B)(D-C)$，$Tr(J)=-\eta p^{1-a}(A+B)-\eta p^{1-a}(D-C)$。显然，$Det(J)>0$，$Tr(J)<0$。

可以得到均衡点的稳定性分析结果见表 8-3 和图 8.3。

表 8-3　　　　　　　　　　　均衡点的局部均衡稳定性分析

均衡点	$Det(J)$		$Tr(J)$		稳定性
$x=0$，$y=0$	$\eta^2 p^{2(1-a)}BD$	+	$\eta p^{1-a}(B+D)$	+	不稳定点
$x=1$，$y=0$	$-x\eta^2 p^{2(1-a)}B(D-C)$	-	$\eta p^{1-a}(D-C-xB)$	不确定	鞍点
$x=0$，$y=1$	$-\eta^2 p^{2(1-a)}(A+B)D$	-	$\eta p^{1-a}(A+B-D)$	不确定	鞍点
$x=1$，$y=1$	$\eta^2 p^{2(1-a)}(A+B)(D-C)$	+	$-\eta p^{1-a}(A+B+D-C)$	-	ESS

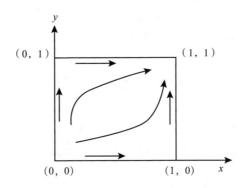

图8.3　农产品生产加工商和超市的动态相位

表 8-3 中，农产品供应链系统有 3 个局部均衡点，其中（1，1）为演化博弈的稳定策略，即超市采取"激励"、农产品生产加工商采取"关

切公平"两种策略。其他点（0，0）、（1，0）和（0，1）都为不稳定的均衡点。于是，可以得到结论8.2。

结论8.2　农产品供应链长期均衡结果是：超市选择"激励"策略、农产品生产加工商选择"关切公平"策略。

由结论8.1和结论8.2，考虑农产品供应链的长期动态演变特征，超市和农产品生产加工商会短期和长期策略一致，都为：超市选择"激励"策略、农产品生产加工商选择"关切公平"。

由 $\theta_{r4}^{F^*} = \theta_{r3}^{F^*} = \theta_{r2}^{F^*} = \theta_{r1}^{F^*}$，无论农产品生产加工商公平关切策略如何演变，超市在博弈各个演进过程中对农产品的质量检验努力水平始终保持不变，也就是农产品生产加工商公平关切不影响超市质量检验努力水平。超市始终保持最优的农产品质量检验努力，对农产品质量检验不放松。一方面，大数据、互联网环境下消费者对农产品的消费要求由可得性、品种多样性转向安全性和质量性，且消费者关于农产品质量的识别能力提高，一旦发现超市销售低质量农产品，网络舆论效应、各种社交平台信息和数据瞬间传播，超市信誉会急剧下降，销售利润下降甚至倒闭；另一方面，超市处于农产品供应链主导者地位，为了自身和农产品供应链的稳定发展，超市极力保障提供给高质量农产品给市场，从而维护自身长期销售品牌和形象。综合这两个方面，超市始终不降低对农产品质量检验水平，超市决策的质量检验努力水平不受农产品生产加工商质量努力和公平关切的影响。

由结论8.1和结论8.2，说明处于农产品供应链主导地位的超市重视供应链渠道关系、考虑农产品生产加工商公平关切，超市会主动采取"激励"策略、提高农产品收购价格，从而增加农产品生产加工商的单位利润、缓减农产品生产加工商公平关切负效用，避免农产品生产加工商因觉得利润分配不公平而作出降低农产品质量的行为，最终尽力保障高质量农产品的源头供给质量。此时，当居于跟随者地位的农产品生产加工商知道主导者超市已经采取了提高收购价格的决定，故农产品生产加工商为了供应链的长远发展和自身稳定的销路，不会采取降低质量努力水平的短期投机行为。

另外，农产品生产加工商总是选择"关切公平"策略，这是因为在超市主导的农产品供应链中，一方面，农产品生产加工商在博弈中后行动、处于劣势；另一方面，因远离消费市场，对市场的驾驭、可触碰性和影响力差，使得农产品生产加工商利润始终低于超市。因此，农产品生产加工商只有通过传递自身的真实公平关切信息甚至伪装或夸大自身公平关切信息来获取更多的利润和更大的供应链谈判能力。但是农产品生产加工商的"关切公平"策略对自身和农产品供应链都是有利的，表现为：由命题8.1和结论8.1、结论8.2，一方面，农产品生产加工商通过"关切公平"确实能获得较高农产品收购价格，农产品单位收益增加，使得农产品生产加工商有动力、积极性增加农产品质量努力水平以进一步稳定收益、稳定下游销售渠道；另一方面，随着高质量农产品的稳定供给，农产品供应链不断赢得消费者信任、增加市场规模、市场声誉也提高，促进超市形成良好的品牌和口碑。综合这两个方面，农产品供应链进入可持续、良好的运作。

8.3　数值分析

为了更直观地反映公平关切对农产品供应链双边质量提升的长期影响机制，更直观地说明上述结论并进一步验证长期内农产品生产加工商和超市博弈的均衡策略，依据本章构建的 Stackelberg 演化博弈模型和算法，运用 Matlab 演化仿真对计算的演化稳定性进行数值分析，验证上述结论的准确性和有效性。同第3、5、7章有关参数取值范围，取 $a = 0.5$、$b = 0.6$、$c = 0.4$、$p = 10$、$k_s = 2$、$k_r = 2$、$\eta = 1$、$\alpha = 0.5$。

8.3.1　超市单方演化博弈分析

超市单方演化的复制动态方程为

$$S(x) = 0.3953x(1-x)(0.8344y + 2.7251) \tag{8.23}$$

经过 Matlab 数值仿真分析，得到农产品生产加工商公平关切时超市策略选择的演化路径如图8.4所示。

对于超市而言，无论农产品生产加工商是否选择"关切公平"策略以及选择"关切公平"策略的概率多大，超市都会采取"激励"策略，即最终所有的点都收敛于 $\dfrac{\mathrm{d}x}{\mathrm{d}t} = 1$。即使一开始有少部分超市采取"不激励"策略，随着时间的推移，当发现采取"激励"策略的超市能获取稳定高质量农产品、客户需求增加和更多利润，转向采取"激励"策略的超市会越来越多，所有超市最终都会采取"激励"策略。超市在供应链中具有先行行动优势，更想利用自身优势获取更多利润，而始终输出高质量的农产品给市场、稳定客源并进一步扩大市场是获取更多利润的前提条件。当超市采取"激励"策略时，超市会主动提高农产品收购价格，从而给农产品生产加工商带来更多利润，缓减农产品生产加工商公平关切负效用，确保农产品源头的供给质量。因此，即使刚开始部分超市采取"不激励"策略，随着时间的推移，当大多数其他超市都提高收购价格从而有效保证高质量农产品供给质量时，这部分选择"不激励"的超市最终也会采取"激励"策略。

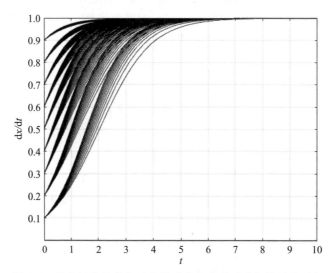

图8.4 供应链公平关切动态演进中超市策略选择的演化路径

8.3.2 农产品生产加工商单方演化博弈分析

农产品生产加工商单方演化的复制动态方程为

$$R(y) = 3.1623y(1-y)(0.2492 - 0.2472x) \tag{8.24}$$

经过 Matlab 数值仿真分析，得到农产品生产加工商公平关切时农产品生产加工商策略选择的演化路径如图 8.5 所示。

对于农产品生产加工商而言，无论超市是否选择"激励"策略以及选择"激励"策略的概率多大，农产品生产加工商都会选择"关切公平"，即最终所有的点都收敛于 $\frac{dy}{dt} = 1$。即使一开始有少部分农产品生产加工商采取"不关切公平"策略，随着时间的推移，当发现采取"关切公平"的农产品生产加工商收益增加，随即采取"关切公平"策略的农产品生产加工商会越来越多，最终所有农产品生产加工商都会采取"关切公平"策略。一方面，农产品生产加工商能通过公平关切提高超市的收购价格，扩大自身利润；另一方面，农产品生产加工商的公平关切可以保证高质量农产品的稳定供给，增大市场规模、扩大销售渠道，为自己赢得较好的口碑。

同时，从图 8.5 可以看出，农产品生产加工商采取"关切公平"策略的收敛速度小于超市采取"激励"策略的速度。一方面，超市在供应链中处于先行行动优势，更容易根据自身需求作出最利于自身的决策，而农产品生产加工商在博弈中后行动、地位处于劣势，只能根据超市决策确定自身最优质量努力水平。另一方面，因远离消费市场、对市场的驾驭性和可触碰性较差，使得农产品生产加工商无法迅速对市场需求作出反应。但随着时间的推移，农产品生产加工商意识到关切公平能给自身带来更多利润，能维持农产品供应链良好的运作，最终所有农产品生产加工商都会采取"关切公平"策略。

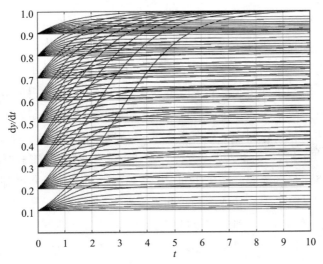

图 8.5　供应链公平关切动态演进中农产品生产加工商策略选择的演化路径

8.3.3　超市和农产品生产加工商交互演化博弈分析

超市、农产品生产加工商博弈过程中交互演化的动力学方程为

$$\begin{cases} S = 0.3953x(1-x)(0.8344y+2.7251) \\ R = 3.1623y(1-y)(0.2492-0.2472x) \end{cases} \tag{8.25}$$

经过 Matlab 数值仿真分析，得到农产品供应链公平关切动态演进中超市和农产品生产加工商策略选择的演化路径如图 8.6 所示。

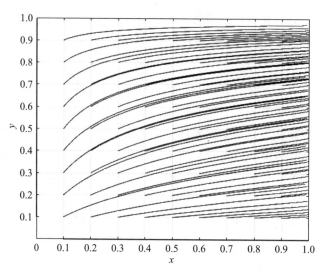

图 8.6　供应链公平关切动态演进中农超双方策略选择的演化路径

　　Matlab 数值仿真说明农产品供应链公平关切动态演进过程中，农产品生产加工商和超市双方策略选择的演化路径中所有的点都向（1，1）方向集中，即最终在长期的动态变化中会趋于（激励，关切公平）。

　　一方面，超市处于农产品供应链的主导地位，十分重视供应链的渠道关系，在制定决策时会考虑供应链成员以促进供应链的稳定发展，所以随着合作的深入，会在制定决策时考虑农产品生产加工商的公平关切行为，主动采取"激励"策略。另一方面，超市采取"激励"策略时会提高自身收购价格，让利给农产品生产加工商，有效缓减农产品生产加工商公平关切负效用，确保农产品加工商提供高品质产品给市场，扩大市场需求，获取更多利润。因此，即使有少量超市最开始采取"不激励"策略，随着时间的推移，最终都会采取"激励"策略。对于农产品生产加工商而言，一方面，农产品生产加工商作为农产品供应链中的跟随者、地位处于劣势，对农产品供应链的可操控性较差，在制定决策时会表现出关切公平的意愿，保障自身的农产品收益和农产品质量提高，以促进供应链长期稳定发展。另一方面，当农产品生产加工商发现公平关切不仅会提高自身利润，还会给自身带来更高的供应链谈判能力时，农产品生产加工商在制定决策时都会采取"关切公平"策略。

　　所以农产品供应链长期均衡的策略为超市采取"激励"策略，农产品生产加工商采取"关切公平"策略。

8.4 本章小结

本章考虑农产品供应链和公平关切的动态演化特征，建立了超市主导、农产品生产加工商跟随的 Stackelberg 模型。首先，通过分析短期内农产品生产加工商的公平关切对农产品生产加工商质量努力、超市检验努力和农产品收购价格决策，从而对双方利润的影响，得出超市会采取"激励"策略从而提高农产品收购价格、农产品生产加工企业会采取"关切公平"策略从而获得更多的利润。其次，考虑农产品供应链和公平关切的动态变化性，采用演化博弈模型分别对农产品生产加工商群体和超市群体进行单独演化博弈分析和交互演化博弈分析。无论是单独演化博弈分析和交互演化博弈分析，农产品生产加工商的演化稳定策略都为"关切公平"、超市的演化稳定策略都为"激励"，从而提高农产品收购价格。因此，即使考虑农产品供应链和公平关切的动态演化特征，农产品供应链短期和长期的双边质量和农产品收购价格决策都一致，即超市选择"激励"策略而考虑上游农产品生产加工商的公平关切提高农产品收购价格、农产品生产加工企业会提高农产品供应链利润分配公平从而为自己争取较高的农产品收购价格、较多利润。

本章的贡献在于率先考虑农产品供应链和公平关切的动态演化特征，采用演化博弈理论分析了公平关切对农产品生产加工商和超市之间博弈、决策的影响，并得出：无论是从短期分析还是从长期分析考虑，农产品供应链的演化稳定策略都一致，农产品供应链或者公平关切的动态演进并没有改变农产品供应链双边质量努力决策，补充和完善了公平关切下的农产品供应链理论研究，同时为考虑社会偏好的农产品供应链双边质量提升策略提供可靠的理论依据。

第9章　基于利他互惠演进视角的农产品供应链双边质量提升长期机制

本章通过刻画农产品供应链和利他互惠双重动态演化博弈模型，对农产品生产加工商、超市进行单方演化博弈分析和交互演化博弈分析，从而研究农产品供应链利他互惠动态演进对农产品供应链双边质量努力均衡策略的影响。

9.1　问题描述与符号说明

9.1.1　问题描述

本章仍然考虑由农产品生产加工商和超市组成的二级农产品供应链为研究对象，农产品生产加工商和超市是两个相互影响的种群，每个种群成员随机配对进行合作构成农产品供应链并进行博弈，假设两个种群规模相同。超市具有有限理性并根据自身支付不断学习、动态调整策略，直到达到均衡。超市的策略选择"偏好利他"和"不偏好利他"，农产品生产加工商的策略选择"激励"和"不激励"。农产品生产加工商采取"激励"策略的概率为 x（$0 \leqslant x \leqslant 1$），采取"不激励"策略的概率为 $1-x$，可以理解为农产品供应链中农产品生产加工商群体有比例约为 x 的农产品生产加工商采取"激励"策略，即认为超市具有利他偏好、自身作出提高农产品质量努力的决策，而 $1-x$ 比例的农产品生产加工商采取"不激励"策略从而不提高农产品质量努力。同样，超市采取"偏好利他"策略的概率为 y（$0 \leqslant y \leqslant 1$），采取"不偏好利他"（完全理性）的概率为 $1-y$。超市群体中有 y 比例群体具有利他互惠且会考虑提高农产品收购价格，从而帮助上游农产品生产加工商增加利润，而 $1-y$ 比例群体不具有利他互惠。

农产品供应链由一个农产品生产加工商和一个超市构成，且超市处于主导、农产品生产加工商为跟随者进行 Stackelberg 博弈，采用逆向归纳法求解。超市根据自身农产品检验成本 $C_r(\theta_r)=k_r\theta_r$ 和市场需求 $D=\eta p^{-a}\theta_s^b\theta_r\varepsilon$ 决策农产品检验努力水平 θ_r 和农产品收购价格 w 使自身效用实现最优化，农产品生产加工商依据自身质量努力成本 $C_s(\theta_s)=k_s\theta_s$ 和超市策略 (θ_r, w) 决策农产品质量努力水平 θ_s 使自身利润实现最大化。

在农产品供应链中，由于超市在博弈中具有先行行动优势，能够看到农产品生产加工商的反应函数而作出最有利于自身的决策，所以处于供应链主导地位优势的超市通常具有利他互惠心理，有动力去帮助弱势企业提高收益从而确保农产品供给质量、优化自身和农产品供应链整体运作。确定需求下处于主导地位的超市利润总是高于农产品生产加工商，于是部分超市具有利他互惠心理、通过提高农产品收购价格增加农产品生产加工商单位利润，虽然超市自身利润减少，却因帮助农产品生产加工商提高利润和高质量农产品稳定供给而获得利他正效用。因此，不是所有超市都会实施利他互惠行为。假设部分超市具有利他互惠且利他互惠强度为 $\lambda_r>0$，而部分超市却只关注自身利润，此部分超市的利他互惠强度 $\lambda_r=0$。农产品生产加工商也知道与其合作的超市有两种策略类型，即"偏好利他"（$\lambda_r>0$）和"不偏好利他"（$\lambda_r=0$），λ_r 取值越大则超市的利他互惠强度越高。

9.1.2　符号说明

本章模型所用其他符号说明如表 9-1 所示。

表 9-1　　　　　　　　　　　本章模型所用其他符号说明

符号	具体含义
i	农产品生产加工商与超市博弈的第 i 种情况
w_i^*	第 i 种情况下，超市对应的最优收购价格
θ_{ri}^*	第 i 种情况下，超市对应的最优检验努力水平
θ_{si}^*	第 i 种情况下，农产品生产加工商对应的最优质量努力水平
λ_r	超市真实利他互惠强度，$\lambda_r \in \{0, \lambda\}$
λ_s	农产品生产加工商猜测超市的利他互惠强度，$\lambda_s \in \{0, \lambda\}$
π_s，π_r，π_{sc}	农产品生产加工商、超市、农产品供应链的利润
π_{si}^*，π_{ri}^*，π_{sci}^*	第 i 种情况下，农产品生产加工商、超市、农产品供应链的最优利润

符号	具体含义
u_r, u_{sc}	超市、农产品供应链效用
u_{ri}^*, u_{sci}^*	第 i 种情况下，超市、农产品供应链的最优效用
x	农产品生产加工商采取"激励"策略的概率
$1-x$	农产品生产加工商采取"不激励"策略的概率
y	超市采取"偏好利他"策略的概率
$1-y$	超市采取"不偏好利他"策略的概率

9.2 基于演化博弈理论的农产品供应链双边质量努力决策

9.2.1 博弈支付矩阵

当不考虑农产品供应链成员的社会偏好，各个成员都以自身利润最大化进行决策，各方利润和供应链期望利润分别为

$$E\pi_s = (w - k_s\theta_s)\int_0^1 \eta p^{-a}\theta_s^b\theta_r^c\varepsilon f(\varepsilon)\,\mathrm{d}\varepsilon = \frac{(w - k_s\theta_s)\eta p^{-a}\theta_s^b\theta_r^c}{2} \quad (9.1)$$

$$E\pi_r = (p - w - k_r\theta_r)\int_0^1 \eta p^{-a}\theta_s^b\theta_r^c\varepsilon f(\varepsilon)\,\mathrm{d}\varepsilon = \frac{(p - w - k_r\theta_r)\eta p^{-a}\theta_s^b\theta_r^c}{2}$$

$$(9.2)$$

$$E\pi_{sc} = (p - k_s\theta_s - k_r\theta_r)\int_0^1 \eta p^{-a}\theta_s^b\theta_r^c\varepsilon f(\varepsilon)\,\mathrm{d}\varepsilon = \frac{(p - k_s\theta_s - k_r\theta_r)\eta p^{-a}\theta_s^b\theta_r^c}{2}$$

$$(9.3)$$

当考虑超市的利他互惠时，超市包括自身利润和利他互惠正效用在内的期望效用函数为 $Eu_r = E\pi_r + \lambda_r E\pi_s$。其中，$\lambda_r$ 为超市的利他互惠系数，且 $0 \leqslant \lambda_r \leqslant \frac{1}{2}$。农产品生产加工商始终完全理性，于是农产品生产加工商期望效用总是等于期望利润，即 $Eu_s = E\pi_s$。

将式（9.1）、式（9.2）代入，可得超市利他互惠下的期望效用函数为

$$Eu_r^A = \frac{(p - w - k_r\theta_r)\eta p^{-a}\theta_s^b\theta_r^c}{2} + \lambda_r\frac{(w - k_s\theta_s)\eta p^{-a}\theta_s^b\theta_r^c}{2} \quad (9.4)$$

　　农产品生产加工商和超市刚开始交易时，农产品生产加工商没有考虑到超市的利他互惠，此时 $\lambda_r = 0$。或者因为刚开始农产品生产加工商对超市的利他互惠情况掌握不清楚，那么在农产品生产加工商认为超市利他互惠 $\lambda_r > 0$ 的前提下，农产品生产加工商的目标函数为

$$\max_{\theta_s} E\pi_s^A = \frac{(w - k_s\theta_s)\eta p^{-a}\theta_s^b\theta_r^c}{2} \tag{9.5}$$

$$[k_s\theta_s(1+b) + w(1-b)]$$

　　结合 $Eu_s = E\pi_s$ 与式（7.1）计算得 $\dfrac{\mathrm{d}^2u_s^A}{\mathrm{d}\theta_s^2} = -\dfrac{b\eta p^{-a}\theta_s^b\theta_r^c}{2\theta_s^2} < 0$，

因此农产品生产加工商效用函数 Eu_s^A 存在唯一质量努力水平。令 $\dfrac{\mathrm{d}Eu_s^A}{\mathrm{d}\theta_s} =$

$\dfrac{[bw - k_s\theta_s(1+b)]\eta p^{-a}\theta_r^c\theta_s^b}{2\theta_s} = 0$，解得农产品生产加工商关于农产品收购价

格 $(\theta_r,\ w)$ 的反应函数为

$$\theta_s^A(\theta_r,\ w) = \frac{bw}{k_s(1+b)} \tag{9.6}$$

　　式（9.6）说明农产品生产加工商的质量努力水平仅仅依赖于收购价格，且与收购价格正相关。于是，将式（9.6）代入式（9.4）后，通过求导可得超市期望效用函数 Eu_r^A 的 Hessian 矩阵为 $\boldsymbol{H}^A(\theta_r,\ w)$。由第 7 章，Hessian 矩阵 $\boldsymbol{H}^A(\theta_r,\ w)$ 负定，故 Eu_r^A 存在唯一最优解 θ_r^{A*} 和 w^{A*}。联立 $\dfrac{\partial Eu_r^A}{\partial\theta_r} = 0$、$\dfrac{\partial Eu_r^A}{\partial w} = 0$ 并求解可以得到超市最优检验努力水平 θ_r^{A*} 和最优收购

价格 w^{A*}，分别为

$$\theta_r^{A*} = \frac{cp}{k_r(1+b+c)} \tag{9.7}$$

$$w_r^{A*} = \frac{bp(1+b)}{(1+b-\lambda_r)(1+b+c)} \tag{9.8}$$

　　式（9.7）和式（9.8）为超市根据自身真实的利他互惠强度 λ_r 及自身效用最大化而决策的最优质量检验努力水平和农产品收购价格。由于超市利他互惠信息非对称，农产品生产加工商认为超市利他互惠强度为 λ_s，故此时农产品加工商认为超市的收购价格为 $w_s^{A*} = \dfrac{bp(1+b)}{(1+b-\lambda_s)(1+b+c)}$，

将 w_s^{A*} 代入式（9.6）得，农产品生产加工商的最优质量努力水平为

$$\theta_s^{A*} = \frac{b^2p}{k_s(1+b-\lambda_s)(1+b+c)} \tag{9.9}$$

于是，式（9.7）、式（9.8）和式（9.9）表示的（θ_r^{A*}，w_r^{A*}，θ_s^{A*}）即农产品生产加工商和超市在利他互惠信息非对称下的不完全信息博弈子博弈精炼纳什均衡。

为了方便计算、比较，信息对称下 $\lambda_r = \lambda_s \in \{0, \lambda\}$、信息非对称下 λ_r，$\lambda_s \in \{0, \lambda\}$ 且 $\lambda_r \neq \lambda_s$。根据农产品生产加工商和超市的策略选择，可将基本模型细分为以下四种情况。

（1）超市选择"不偏好利他"策略、农产品生产加工商选择"不激励"策略，此时 $\lambda_r = \lambda_s = 0$，于是容易计算得到超市提供的质量检验努力水平和农产品收购价格分别为 $\theta_{r1}^{A*} = \dfrac{cp}{k_r(1+b+c)}$，$w_{r1}^{A*} = \dfrac{bp}{1+b+c}$，农产品生产加工商决策的最优农产品质量努力水平为 $\theta_{s1}^{A*} = \dfrac{b^2 p}{k_s(1+b)(1+b+c)}$。

超市的利润和效用、农产品生产加工商的利润分别为

$$E\pi_{r1}^{A*} = Eu_{r1}^{A*} = \frac{\eta p^{1-a}}{2(1+b+c)}\left(\frac{b^2 p}{k_s(1+b)(1+b+c)}\right)^b\left(\frac{cp}{k_r(1+b+c)}\right)^c$$

$$E\pi_{s1}^{A*} = \frac{\eta p^{1-a} b}{2(1+b)(1+b+c)}\left(\frac{b^2 p}{k_s(1+b)(1+b+c)}\right)^b\left(\frac{cp}{k_r(1+b+c)}\right)^c$$

供应链的利润和效用为

$$E\pi_{sc1}^{A*} = Eu_{sc1}^{A*} = \frac{\eta p^{1-a}(1+2b)}{2(1+b)(1+b+c)}\left(\frac{b^2 p}{k_s(1+b)(1+b+c)}\right)^b$$
$$\left(\frac{cp}{k_r(1+b+c)}\right)^c$$

（2）超市选择"偏好利他"策略，农产品生产加工商选择"不激励"策略，此时 $\lambda_r > 0$，$\lambda_s = 0$，相关指标为

$$\theta_{r2}^{A*} = \frac{cp}{k_r(1+b+c)}, \quad w_{r2}^{A*} = \frac{bp(1+b)}{(1+b-\lambda_r)(1+b+c)},$$

$$\theta_{s2}^{A*} = \frac{b^2 p}{k_s(1+b)(1+b+c)}$$

$$E\pi_{r2}^{A*} = \frac{\eta p^{1-a}(1-\lambda_r)(1+b)}{2(1+b-\lambda_r)(1+b+c)}\left(\frac{b^2 p}{k_s(1+b)(1+b+c)}\right)^b$$
$$\left(\frac{cp}{k_r(1+b+c)}\right)^c$$

$$E\pi_{s2}^{A*} = \frac{\eta p^{1-a} b(1+b+b\lambda_r)}{2(1+b-\lambda_r)(1+b)(1+b+c)}\left(\frac{b^2 p}{k_s(1+b)(1+b+c)}\right)^b$$
$$\left(\frac{cp}{k_r(1+b+c)}\right)^c$$

$$E\pi_{sc2}^{A*} = \frac{\eta p^{1-a}(1+2b)}{2(1+b)(1+b+c)}\left(\frac{b^2 p}{k_s(1+b)(1+b+c)}\right)^b$$

$$\left(\frac{cp}{k_r(1+b+c)}\right)^c$$

$$Eu_{r2}^{A*} = \frac{\eta p^{1-a}\left[b^2(1+\lambda_r^2)+b(2-\lambda_r)+1-\lambda_r\right]}{2(1+b-\lambda_r)(1+b)(1+b+c)}\left(\frac{b^2 p}{k_s(1+b)(1+b+c)}\right)^b$$

$$\left(\frac{cp}{k_r(1+b+c)}\right)^c$$

$$Eu_{sc2}^{A*} = \frac{\eta p^{1-a}\left[b^2(\lambda_r^2+\lambda_r+2)+b(3-\lambda_r)+1-\lambda_r\right]}{2(1+b-\lambda_r)(1+b)(1+b+c)}\left(\frac{b^2 p}{k_s(1+b)(1+b+c)}\right)^b$$

$$\left(\frac{cp}{k_r(1+b+c)}\right)^c$$

（3）超市选择"偏好利他"策略、农产品生产加工商选择"激励"策略，此时 $\lambda_r = \lambda_s = \lambda > 0$，相关指标为

$$\theta_{r3}^{A*} = \frac{cp}{k_r(1+b+c)}, \quad w_{r3}^{A*} = \frac{bp(1+b)}{(1+b-\lambda)(1+b+c)}, \quad \theta_{s3}^{A*} = \frac{b^2 p}{k_s(1+b-\lambda)(1+b+c)}$$

$$E\pi_{r3}^{A*} = \frac{\eta p^{1-a}(1-\lambda)(1+b)}{2(1+b-\lambda)(1+b+c)}\left(\frac{b^2 p}{k_s(1+b-\lambda)(1+b+c)}\right)^b\left(\frac{cp}{k_r(1+b+c)}\right)^c$$

$$E\pi_{s3}^{A*} = \frac{\eta p^{1-a}b}{2(1+b-\lambda)(1+b+c)}\left(\frac{b^2 p}{k_s(1+b-\lambda)(1+b+c)}\right)^b\left(\frac{cp}{k_r(1+b+c)}\right)^c$$

$$E\pi_{sc3}^{A*} = \frac{\eta p^{1-a}\left[b(2-\lambda)+1-\lambda\right]}{2(1+b-\lambda)(1+b+c)}\left(\frac{b^2 p}{k_s(1+b-\lambda)(1+b+c)}\right)^b\left(\frac{cp}{k_r(1+b+c)}\right)^c$$

$$Eu_{r3}^{A*} = \frac{\eta p^{1-a}}{2(1+b+c)}\left(\frac{b^2 p}{k_s(1+b-\lambda)(1+b+c)}\right)^b\left(\frac{cp}{k_r(1+b+c)}\right)^c$$

$$Eu_{sc3}^{A*} = \frac{\eta p^{1-a}(1+2b-\lambda)}{2(1+b-\lambda)(1+b+c)}\left(\frac{b^2 p}{k_s(1+b-\lambda)(1+b+c)}\right)^b\left(\frac{cp}{k_r(1+b+c)}\right)^c$$

（4）超市选择"不偏好利他"策略、农产品生产加工商选择"激励"策略，此时 $\lambda_r = 0$，$\lambda_s > 0$，相关指标为

$$\theta_{r4}^{A*} = \frac{cp}{k_r(1+b+c)}, \quad w_{r4}^{A*} = \frac{bp}{1+b+c}, \quad \theta_{s4}^{A*} = \frac{b^2 p}{k_s(1+b-\lambda_s)(1+b+c)}$$

$$E\pi_{r4}^{A*} = \frac{\eta p^{1-a}}{2(1+b+c)}\left(\frac{b^2 p}{k_s(1+b-\lambda_s)(1+b+c)}\right)^b\left(\frac{cp}{k_r(1+b+c)}\right)^c$$

$$E\pi_{s4}^{A*} = \frac{\eta p^{1-a}b(1-\lambda_s)}{2(1+b-\lambda_s)(1+b+c)}\left(\frac{b^2 p}{k_s(1+b-\lambda_s)(1+b+c)}\right)^b\left(\frac{cp}{k_r(1+b+c)}\right)^c$$

$$E\pi_{sc4}^{A*} = \frac{\eta p^{1-a}\left[b(2-\lambda_s)+1-\lambda_s\right]}{2(1+b-\lambda_s)(1+b+c)}\left(\frac{b^2 p}{k_s(1+b-\lambda_s)(1+b+c)}\right)^b\left(\frac{cp}{k_r(1+b+c)}\right)^c$$

$$Eu_{r4}^{A*} = \frac{\eta p^{1-a}}{2(1+b+c)} \left(\frac{b^2 p}{k_s(1+b-\lambda_s)(1+b+c)} \right)^b \left(\frac{cp}{k_r(1+b+c)} \right)^c$$

$$Eu_{sc4}^{A*} = \frac{\eta p^{1-a}[b(2-\lambda_s)+1-\lambda_s]}{2(1+b-\lambda_s)(1+b+c)} \left(\frac{b^2 p}{k_s(1+b-\lambda_s)(1+b+c)} \right)^b \left(\frac{cp}{k_r(1+b+c)} \right)^c$$

于是，可以得到博弈双方的支付矩阵，见表 9 – 2。农产品生产加工商的支付即农产品生产加工商的利润；当超市利他互惠时，超市效用包含自身利润和利他互惠正效用在内的总效用，而当超市完全理性时，超市支付仅仅为超市利润（利他正效用为 0）。为了表达的一致性，以超市效用表示支付。

表 9 – 2　　　　　　　　　　　博弈双方的支付矩阵

农产品生产加工商	超市	
	偏好利他（y）	不偏好利他（$1-y$）
激励（x）	$Eu_{r3}^{A*} = \dfrac{\eta p^{1-a} G_{91} G_{92}}{2(1+b+c)}$ $E\pi_{s3}^{A*} = \dfrac{\eta p^{1-a} b G_{91} G_{92}}{2(1+b-\lambda)(1+b+c)}$	$Eu_{r4}^{A*} = \dfrac{\eta p^{1-a} G_{91} G_{92}}{2(1+b+c)}$ $E\pi_{s4}^{A*} = \dfrac{\eta p^{1-a} b(1-\lambda_s) G_{91} G_{92}}{2(1+b-\lambda_s)(1+b+c)}$
不激励（$1-x$）	$Eu_{r2}^{A*} = \dfrac{\eta p^{1-a}[b^2(1+\lambda_r^2)+b(2-\lambda_r)+1-\lambda_r] G_{92} G_{93}}{2(1+b-\lambda_r)(1+b)(1+b+c)}$ $E\pi_{s2}^{A*} = \dfrac{\eta p^{1-a} b(1+b+b\lambda_r) G_{92} G_{93}}{2(1+b-\lambda_r)(1+b)(1+b+c)}$	$Eu_{r1}^{A*} = \dfrac{\eta p^{1-a} G_{92} G_{93}}{2(1+b+c)}$ $E\pi_{s1}^{A*} = \dfrac{\eta p^{1-a} b G_{92} G_{93}}{2(1+b)(1+b+c)}$

短期内，农产品生产加工商和超市之间的博弈不需要考虑双方选择策略的概率分布，也不需要考虑农产品供应链组成群体随时间的变化。由表 9 – 2 可以得到引理 9.1 和引理 9.2。

表 9 – 2 中，$G_{91} = \left(\dfrac{b^2 p}{k_s(1+b-\lambda)(1+b+c)} \right)^b$，$G_{92} = \left(\dfrac{cp}{k_r(1+b+c)} \right)^c$，$G_{93} = \left(\dfrac{b^2 p}{k_s(1+b)(1+b+c)} \right)^b$。

引理 9.1　农产品加工商和超市博弈支付矩阵中：

（1）各方决策：$\theta_{r1}^{A*} = \theta_{r2}^{A*} = \theta_{r3}^{A*} = \theta_{r4}^{A*}$，$w_{r1}^{A*} = w_{r4}^{A*} < w_{r2}^{A*} = w_{r3}^{A*}$，$\theta_{s1}^{A*} = \theta_{s2}^{A*} < \theta_{s3}^{A*} = \theta_{s4}^{A*}$；

（2）各方利润和供应链利润：$E\pi_{r2}^{A*} < E\pi_{r3}^{A*} < E\pi_{r1}^{A*} < E\pi_{r4}^{A*}$，$E\pi_{s1}^{A*} < E\pi_{s2}^{A*} < E\pi_{s3}^{A*}$，$E\pi_{sc1}^{A*} = E\pi_{sc2}^{A*} < E\pi_{sc3}^{A*} = E\pi_{sc4}^{A*}$；

（3）超市效用和供应链效用：$Eu_{r1}^{A*} < Eu_{r2}^{A*} < Eu_{r3}^{A*} = Eu_{r4}^{A*}$，$Eu_{sc1}^{A*} < Eu_{sc4}^{A*} < Eu_{sc2}^{A*} < Eu_{sc3}^{A*}$。

每两个指标之间相加减即可得证。

引理 9.2　当超市采取"不偏好利他"策略、农产品生产加工商采取"激励"策略时，双方利润差达到最大。

证明：记 $\Delta E\pi_i^{A*} = E\pi_{si}^{A*} - E\pi_{ri}^{A*}$，于是，通过表 9-2 博弈支付矩阵双方策略组合下的计算和分析，可以得到农产品生产加工商与超市之间利润差分别为

$$\Delta E\pi_1^{A*} = -\frac{\eta p^{1-a}}{2(1+b)(1+b+c)}\left(\frac{b^2 p}{k_s(1+b)(1+b+c)}\right)^b\left(\frac{cp}{k_r(1+b+c)}\right)^c$$

$$\Delta E\pi_2^{A*} = -\frac{\eta p^{1-a}[1-\lambda+b-2b\lambda(1+b)]}{2(1+b-\lambda)(1+b)(1+b+c)}\left(\frac{b^2 p}{k_s(1+b)(1+b+c)}\right)^b\left(\frac{cp}{k_r(1+b+c)}\right)^c$$

$$\Delta E\pi_3^{A*} = -\frac{\eta p^{1-a}(1-b\lambda-\lambda)}{2(1+b-\lambda)(1+b+c)}\left(\frac{b^2 p}{k_s(1+b-\lambda)(1+b+c)}\right)^b\left(\frac{cp}{k_r(1+b+c)}\right)^c$$

$$\Delta E\pi_4^{A*} = -\frac{\eta p^{1-a}(1+b\lambda-\lambda)}{2(1+b-\lambda)(1+b+c)}\left(\frac{b^2 p}{k_s(1+b-\lambda)(1+b+c)}\right)^b\left(\frac{cp}{k_r(1+b+c)}\right)^c$$

可以计算 $|\Delta E\pi_1^{A*}| < |\Delta E\pi_4^{A*}|$、$|\Delta E\pi_2^{A*}| < |\Delta E\pi_4^{A*}|$、$|\Delta E\pi_3^{A*}| < |\Delta E\pi_4^{A*}|$。

证毕。

当不考虑农产品供应链社会偏好行为时，超市利用自身在农产品供应链中的先动优势获得了大部分利润，而上游农产品生产加工商决策和利润处于弱势。一方面，当农产品生产加工商认为处于主导地位的超市具有利他互惠而主动增加农产品生产质量投入，从而提高农产品质量作为报答。当超市并没有利他互惠心理，也没有提高收购价格时，农产品质量提高只单方面增加了超市的利润，农产品生产加工商却因提高质量、成本增加而导致自身利润降低，从而超市利润更加显著地高于农产品生产加工商。另一方面，农产品生产加工商作为供应链中的跟随者、地位处于弱势，当信息非对称时，无法准确掌握超市的利他信息，无法作出最利于自身的决策，这会导致农超双方的利润差进一步增大。所以当超市采取"不偏好利他"策略，农产品生产加工商采取"激励"策略时，双方利润差达到最大。

由引理 9.1 和引理 9.2 可以得到结论 9.1。

结论 9.1　短期内，超市会采取"不偏好利他"策略，农产品生产加工商会采取"激励"策略。

由引理 9.1 和引理 9.2 可得证。由引理 9.1 中 $w_{r1}^{A*} = w_{r4}^{A*} < w_{r2}^{A*} = w_{r3}^{A*}$ 可知，当超市采取"不偏好利他"策略时，超市不会提高农产品收购价格、增加自身成本，从而获取更多利润。由 $E\pi_{r2}^{A*} < E\pi_{r3}^{A*} < E\pi_{r1}^{A*} < E\pi_{r4}^{A*}$ 和 $Eu_{r1}^{A*} < Eu_{r2}^{A*} <$

$Eu_{r3}^{A*} = Eu_{r4}^{A*}$ 可以发现，当超市采取"不偏好利他"策略时，超市利润和超市效用都会达到最大。短期来看，超市的利他互惠会导致超市利润减小，为获取足够利润，维持企业生存，超市会采取"不偏好利他"策略。

由引理 9.1 中 $E\pi_{s4}^{A*} < E\pi_{s1}^{A*} < E\pi_{s2}^{A*} < E\pi_{s3}^{A*}$ 可知，当农产品生产加工商采取"激励"策略时，农产品生产加工商利润达到最大。一方面，农产品生产加工商在供应链中处于跟随者，地位处于弱势，需要根据超市策略来决定最利于自身的质量努力水平；另一方面，由于农产品生产加工商距离消费者相对较远、对市场可控力较差，随时担心超市因查出农产品质量问题而终止合作，于是农产品生产加工商总是尽力提高农产品质量努力水平，争取和超市的长期合作。所以短期内，农产品生产加工商会采取"激励"策略、超市会采取"不偏好利他"策略。

9.2.2　超市单方演化博弈分析

超市利他互惠下的农产品生产加工商与超市决策过程是一个动态演化博弈过程，其互动策略调整可以描述为："选择策略—演化—选择新策略—再演化"的演化博弈过程。

由表 9-2，可以计算超市采取"偏好利他"策略的期望收益为

$$E^C(Eu_r^{A*}) = xEu_{r3}^{A*} + (1-x)Eu_{r2}^{A*} = \frac{x\eta p^{1-a}G_{91}G_{92}}{2(1+b+c)}$$
$$+ \frac{(1-x)\eta p^{1-a}[b^2(1+\lambda_r^2) + b(2-\lambda_r) + 1 - \lambda_r]G_{92}G_{93}}{2(1+b-\lambda_r)(1+b)(1+b+c)}$$

$$(9.10)$$

超市"不偏好利他"策略的期望收益为

$$E^{NC}(Eu_r^{A*}) = xEu_{r4}^{A*} + (1-x)Eu_{r1}^{A*} = \frac{\eta p^{1-a}[xG_{91} + (1-x)G_{93}]G_{92}}{2(1+b+c)}$$

$$(9.11)$$

由式（9.10）和式（9.11）可得超市的平均收益为

$$\overline{E}(u_r) = yE^C(Eu_r^{A*}) + (1-y)E^{NC}(Eu_r^{A*}) \tag{9.12}$$

超市的复制动态方程为

$$R(y) = \frac{dy}{dt} = y[E^C(Eu_r^{A*}) - \overline{E}(u_r)] = y(1-y)[E^C(Eu_r^{A*}) - E^{NC}(Eu_r^{A*})]$$

$$(9.13)$$

将式（9.10）和式（9.11）代入，即

$$R(y) = \frac{dy}{dt} = \frac{(1+x)y(1-y)\eta p^{1-a}b^2\lambda^2 G_{92}G_{93}}{2(1+b-\lambda)(1+b)(1+b+c)} \tag{9.14}$$

其中，$G_{92} = \left(\dfrac{cp}{k_r(1+b+c)}\right)^c > 0$、$G_{93} = \left(\dfrac{b^2 p}{k_s(1+b)(1+b+c)}\right)^b > 0$。令 $R(y) = 0$，得到可能存在的稳定状态 $y_1^* = 0$，$y_2^* = 1$。演化博弈的稳定策略要求 $R(y) = 0$ 且 $R'(y) < 0$。对 $R(y)$ 求导可得

$$R'(y) = \frac{dy}{dt} = \frac{(1+x)(1-2y)\eta p^{1-a} b^2 \lambda^2 G_{92} G_{93}}{2(1+b-\lambda)(1+b)(1+b+c)} \tag{9.15}$$

命题 9.1 超市单方演化博弈稳定策略为：采取"偏好利他"策略。

证明：式（9.15）中，$\dfrac{\eta p^{1-a} b^2 \lambda^2 G_{92} G_{93}}{2(1+b-\lambda)(1+b)(1+b+c)} > 0$，

于是 $R'(0) = \dfrac{dy}{dt} = \dfrac{(1-x)\eta p^{1-a} b^2 \lambda^2 G_{92} G_{93}}{2(1+b-\lambda)(1+b)(1+b+c)} > 0$、$R'(1) =$

$\dfrac{dy}{dt} = -\dfrac{(1-x)\eta p^{1-a} b^2 \lambda^2 G_{92} G_{93}}{2(1+b-\lambda)(1+b)(1+b+c)} < 0$。所以，对于超市而言，$y_2^* = 1$ 为演化博弈稳定解。

当 $y_2^* = 1$ 时，$R'(1) < 0$，此时 $y_2^* = 1$ 为演化博弈稳定解。超市在与农产品生产加工商长期合作时，超市为了维持双方良好的合作伙伴关系，会表现出利他互惠行为，即超市总是会采取"偏好利他"策略。即便一开始有少量超市采取"不偏好利他"策略，随着时间的推移，当采取"不偏好利他"的超市发现采取"偏好利他"的超市获得了更多效用，越来越多的超市会将其策略从"不偏好利他"向"偏好利他"转移，最终所有超市都会采取"偏好利他"策略。

可以画出农产品供应链动态演进中超市群体的动态趋势和演化稳定策略，如图 9.1 所示。

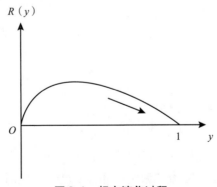

图 9.1 超市演化过程

9.2.3　农产品生产加工商单方演化博弈分析

由表9-2，可以计算农产品生产加工商"激励"策略的期望收益为

$$E^C(E\pi_s^{A*}) = yE\pi_{s3}^{A*} + (1-y)E\pi_{s4}^{A*} = \frac{\eta p^{1-a}b(1+y\lambda-\lambda)G_{91}G_{92}}{2(1+b-\lambda)(1+b+c)}$$

$$(9.16)$$

农产品加工商采取"不激励"策略的期望收益为

$$E^{NC}(E\pi_s^{A*}) = yE\pi_{s2}^{A*} + (1-y)E\pi_{s1}^{A*} = \frac{\eta p^{1-a}b[(1+y\lambda)(1+b)-\lambda]G_{92}G_{93}}{2(1+b-\lambda)(1+b)(1+b+c)}$$

$$(9.17)$$

由式（9.14）和式（9.15）可得农产品生产加工商的平均收益为

$$\overline{E}(\pi_s) = xE^C(E\pi_s^{A*}) + (1-x)E^{NC}(E\pi_s^{A*}) \qquad (9.18)$$

农产品生产加工商的复制动态方程 $S(x)$ 为

$$S(x) = \frac{dx}{dt} = x[E^C(E\pi_s^{A*}) - \overline{E}(\pi_s)] = x(1-x)[E^C(E\pi_s^{A*}) - E^{NC}(E\pi_s^{A*})]$$

$$(9.19)$$

将式（9.14）和式（9.15）代入式（9.19），得

$$S(x) = x(1-x)\frac{\eta p^{1-a}b[(1+y\lambda)(1+b)(G_{91}-G_{93}) - \lambda(1+b)G_{91} + \lambda G_{93}]G_{92}}{2(1+b-\lambda)(1+b)(1+b+c)}$$

$$(9.20)$$

令 $S(x) = 0$，得到可能存在的稳定状态 $x_1^* = 0$、$x_2^* = 1$、$y^* = \frac{(1+b)(\lambda-1)G_{91} + (1+b-\lambda)G_{93}}{\lambda(1+b)(G_{91}-G_{93})}$。演化博弈的稳定策略要求 $S(x) = 0$ 且 $S'(x) < 0$。对 $S(x)$ 求导可得

$$S'(x) = \frac{dx}{dt} = (1-2x)\frac{\eta p^{1-a}b[(1+y\lambda)(1+b)(G_{91}-G_{93}) - \lambda(1+b)G_{91} + \lambda G_{93}]G_{92}}{2(1+b-\lambda)(1+b)(1+b+c)}$$

$$(9.21)$$

令 $M = \frac{(1+b)(\lambda-1)G_{91} + (1+b-\lambda)G_{93}}{\lambda(1+b)(G_{91}-G_{93})}$，对农产品生产加工商的复制动态方程进行分析，可以得到命题9.2。

命题9.2　农产品生产加工商单方演化博弈稳定策略为：当 $y < M$ 时，农产品生产加工商演化稳定策略为"不激励"策略；当 $y > M$ 时，农产品生产加工商演化稳定策略为"激励"策略；当 $y = M$ 时，农产品供应链中采取"激励"和"不激励"的农产品生产加工商比例保持不变。

证明：式（9.21）中，当 $y < M$ 时，$(1+y\lambda)(1+b)(G_{91}-G_{93}) -$

$\lambda(1+b)G_{91} + \lambda G_{93} < 0$；当 $y > M$ 时，$(1+y\lambda)(1+b)(G_{91}-G_{93}) - \lambda(1+b)G_{91} + \lambda G_{93} > 0$。所以，当 $y < M$ 时，$S'(0) < 0$；当 $y > M$ 时，$S'(1) < 0$；当 $y = M$ 时，$S'(x) \equiv 0$。故以 M 为临界点进行讨论。

（1）当 $y < M$，$S'(0) < 0$，此时 $x_1^* = 0$ 为演化博弈稳定解。当 $y < M$ 时，超市群体里采取"偏好利他"策略的群体比例较小，利他互惠行为给农产品生产商带来的利润较少，所以农产品生产加工商对超市的利他互惠不予重视。随着时间的推移，越来越多的农产品生产加工商都会采取"不激励"策略。

（2）当 $y > M$，$S'(1) < 0$，此时 $x_2^* = 1$ 为演化博弈稳定解。当 $y > M$ 时，此时超市群体里采取"偏好利他"策略的群体比例较大，利他互惠行为给农产品生产加工商带来的利润更多。当刚开始采取"不激励"策略的农产品生产加工商意识到采取"激励"策略能给自身带来更多利润时，为保持这种高利润水平、稳定和利他互惠型超市的合作关系，农产品生产加工商不断提高农产品质量努力水平。随着时间的推移，越来越多的农产品生产加工商因提高了农产品质量努力水平而获得了更高的农产品收购价格，最终所有农产品生产加工商都会采取"激励"策略。

（3）当 $y = M$ 时，$S'(x) \equiv 0$。此时所有 x 都是稳定状态。当零售商采取"偏好利他"策略的比例为固定值 $y = M$ 时，农产品供应链中采取"激励"策略和"不激励"策略的农产品生产加工商比例不会再发生变化。此时农产品供应链中总有 x 比例农产品生产加工商采取"激励"策略，总有 $1-x$ 比例农产品生产加工商采取"不激励"策略。

于是，可以画出农产品供应链利他互惠动态演进中农产品生产加工商群体的动态趋势和演化稳定策略，如图9.2所示。

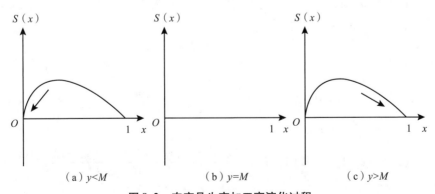

图9.2　农产品生产加工商演化过程

9.2.4 农产品生产加工商和超市交互演化博弈分析

结合农产品生产加工商和超市的复制动态方程，可以得到农产品生产加工商、超市博弈过程中交互演化的动力学方程为

$$\begin{cases} S = \dfrac{dx}{dt} = x(1-x)\dfrac{\eta p^{1-a}b\{[(1+y\lambda)(1+b)-\lambda](G_{91}-G_{93})-b\lambda G_{91}\}G_{92}}{2(1+b-\lambda)(1+b)(1+b+c)} \\[2mm] R = \dfrac{dy}{dt} = \dfrac{(1+x)y(1-y)\eta p^{1-a}b^2\lambda^2 G_{92}G_{93}}{2(1+b-\lambda)(1+b)(1+b+c)} \end{cases}$$

$$(9.22)$$

稳定均衡点可由雅可比矩阵的局部稳定性分析得到。式（9.22）的雅可比矩阵为 $\boldsymbol{J} = \begin{bmatrix} J_1 & J_2 \\ J_3 & J_4 \end{bmatrix}$，其中各个符号的表达式分别为

$$J_1 = \frac{\partial S}{\partial x} = (1-2x)\frac{\eta p^{1-a}b\{[(1+y\lambda)(1+b)-\lambda](G_{91}-G_{93})-b\lambda G_{91}\}G_{92}}{2(1+b-\lambda)(1+b)(1+b+c)}$$

$$J_2 = \frac{\partial S}{\partial y} = x(1-x)\frac{\eta p^{1-a}b\lambda G_{92}(G_{91}-G_{93})}{2(1+b-\lambda)(1+b)(1+b+c)}$$

$$J_3 = \frac{\partial R}{\partial x} = \frac{y(1-y)\eta p^{1-a}b^2\lambda^2 G_{92}G_{93}}{2(1+b-\lambda)(1+b)(1+b+c)}$$

$$J_4 = \frac{\partial R}{\partial y} = \frac{(1+x)(1-2y)\eta p^{1-a}b^2\lambda^2 G_{92}G_{93}}{2(1+b-\lambda)(1+b)(1+b+c)}$$

雅可比矩阵 J 对应行列式值为 $Det(J) = J_1 J_4 - J_2 J_3$，迹为 $Tr(J) = J_1 + J_4$。因此由动力学方程组（9.22）可得供应链系统的均衡点为（0，0）、（1，0）、（0，1）、（1，1）。通过对农产品生产加工商和超市之间的博弈交互演化分析可得命题9.3。

命题9.3 农产品供应链系统中，（1，1）为 ESS、（0，1）和（1，0）为鞍点、（0，0）为不稳定点。

证明：（1）当 $x=0$，$y=0$ 时，$J_1 = \dfrac{\eta p^{1-a}b[(1+b-\lambda)(G_{91}-G_{93})-b\lambda G_{91}]G_{92}}{2(1+b-\lambda)(1+b)(1+b+c)} > 0$、$J_2 = 0$、$J_3 = 0$、$J_4 = \dfrac{\eta p^{1-a}b^2\lambda^2 G_{92}G_{93}}{2(1+b-\lambda)(1+b)(1+b+c)} > 0$。显然，$Det(J) > 0$，$Tr(J) > 0$。

（2）当 $x=1$，$y=0$ 时，$J_1 = -\dfrac{\eta p^{1-a}b[(1+b-\lambda)(G_{91}-G_{93})-b\lambda G_{91}]G_{92}}{2(1+b-\lambda)(1+b)(1+b+c)} < 0$、$J_2 = 0$、$J_3 = 0$、$J_4 = \dfrac{\eta p^{1-a}b^2\lambda^2 G_{92}G_{93}}{(1+b-\lambda)(1+b)(1+b+c)} > 0$。显然，$Det(J) <$

0，$Tr(J)$ 不确定。

(3) 当 $x=0$，$y=1$ 时，$J_1 = \dfrac{\eta p^{1-a} b \{[(1+\lambda)(1+b)-\lambda](G_{91}-G_{93})-b\lambda G_{91}\} G_{92}}{2(1+b-\lambda)(1+b)(1+b+c)} > 0$、$J_2 = 0$、$J_3 = 0$、$J_4 = -\dfrac{\eta p^{1-a} b^2 \lambda^2 G_{92} G_{93}}{2(1+b-\lambda)(1+b)(1+b+c)} < 0$。显然，$Det(J) < 0$，$Tr(J)$ 不确定。

(4) 当 $x=1$，$y=1$ 时，$J_1 = -\dfrac{\eta p^{1-a} b \{[(1+\lambda)(1+b)-\lambda](G_{91}-G_{93})-b\lambda G_{91}\} G_{92}}{2(1+b-\lambda)(1+b)(1+b+c)} < 0$、$J_2 = 0$、$J_3 = 0$、$J_4 = -\dfrac{\eta p^{1-a} b^2 \lambda^2 G_{92} G_{93}}{(1+b-\lambda)(1+b)(1+b+c)} < 0$。显然，$Det(J) > 0$，$Tr(J) < 0$。

(5) 当 $x=0$，$y=M$ 时，$J_1 = 0$、$J_2 = 0$、$J_3 = \dfrac{M(1-M)\eta p^{1-a} b^2 \lambda^2 G_{92} G_{93}}{2(1+b-\lambda)(1+b)(1+b+c)} > 0$、$J_4 = \dfrac{(1-2M)\eta p^{1-a} b^2 \lambda^2 G_{92} G_{93}}{2(1+b-\lambda)(1+b)(1+b+c)} > 0$。显然，$Det(J) = 0$，$Tr(J) > 0$。

(6) 当 $x=1$，$y=M$ 时，$J_1 = 0$、$J_2 = 0$、$J_3 = \dfrac{M(1-M)\eta p^{1-a} b^2 \lambda^2 G_{92} G_{93}}{2(1+b-\lambda)(1+b)(1+b+c)} > 0$、$J_4 = \dfrac{(1-2M)\eta p^{1-a} b^2 \lambda^2 G_{92} G_{93}}{(1+b-\lambda)(1+b)(1+b+c)} > 0$。显然，$Det(J) = 0$，$Tr(J) > 0$。

令 $N = \dfrac{\eta p^{1-a} b G_{92}}{2(1+b-\lambda)(1+b)(1+b+c)}$、$H = G_{91} - G_{93}$、$I = 1+b$、$K = 1+\lambda$，于是，可以得到均衡点的稳定性分析结果见表 9-3。

表 9-3 均衡点的局部均衡稳定性分析

均衡点	$Det(J)$		$Tr(J)$		稳定性
$x=0$，$y=0$	$N^2 b\lambda^2[(I-\lambda)H - b\lambda G_{91}]G_{93}$	$+$	$N(1-\lambda)[b(G_{91}-KG_{93})+H]$	$+$	不稳定点
$x=1$，$y=0$	$-2N^2 b\lambda^2[(I-\lambda)H - b\lambda G_{91}]G_{93}$	$-$	$N[(1+2\lambda^2)G_{93} - (1-\lambda)(2G_{91}-G_{93})]$	不确定	鞍点
$x=0$，$y=1$	$-N^2 b\lambda^2[(KI-\lambda)H - b\lambda G_{91}]G_{93}$	$-$	$N\{b[G_{91} - (\lambda^2+K)G_{93}]+H\}$	不确定	鞍点
$x=1$，$y=1$	$2N^2 b\lambda^2[(KI-\lambda)H - b\lambda G_{91}]G_{93}$	$+$	$-N\{b[G_{91} + (2\lambda^2-K)G_{93}]+H\}$	$-$	ESS
$x=0$，$y=M$	0	0	$N(1-2M)b\lambda^2 G_{93}$	$+$	不稳定点
$x=1$，$y=M$	0	0	$2N(1-2M)b\lambda^2 G_{93}$	$+$	不稳定点

根据上述分析，可以得到演化稳定相位，如图 9.3 所示。

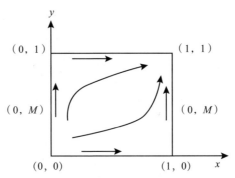

图9.3 农产品生产加工商和超市的动态相位

表9-3中农产品供应链系统有6个局部均衡点，其中（1，1）为演化博弈的稳定策略，即超市采取"偏好利他"策略，农产品生产加工商采取"激励"策略。（1，0）和（0，1）为鞍点，（0，0）、（0，M）和（1，M）都为不稳定点。于是，可以得到结论9.2。

结论9.2 农产品供应链长期均衡结果是：超市选择"偏好利他"策略、农产品生产加工商选择"激励"策略。

结合结论9.1和结论9.2发现，短期内超市会采取"不偏好利他"策略、长期内超市会采取"偏好利他"策略，而农产品生产加工商的长期和短期策略保持一致，都为"激励"策略。

对于超市而言，超市作为农产品供应链的主导者，具有先行行动的优势，更容易根据市场需求等外部因素作出最利于自身的策略选择。农产品生产加工商和超市刚开始博弈时，超市作为供应链的主导者，短期内超市以利润最大求生存，于是超市会采取"不偏好利他"策略，保持较低的农产品收购价格。而从长期来看，当超市选择"偏好利他"从而适当提高农产品收购价格时，虽然利润减少但是却因利他正效用增加而带来总效用增大。一方面，因农产品收购价格提高，农产品生产加工商生产积极性提高，更愿意投入努力提高农产品质量，高质量的农产品可以节省超市的检验努力成本、提高超市声誉和口碑，吸引更多的顾客购买超市农产品，这些关联效应能够为超市创造、保持长久的额外收益，从而提高农产品供应链运作效率，有利于农产品供应链持续、良性发展。另一方面，当农产品生产加工商认为超市采取"偏好利他"策略时，农产品生产加工商会提高自身质量努力水平，提供高质量的农产品给市场，给供应链带来更多利润。作为农产品供应链的主导者，超市会为了维持长期的良好的伙伴关系、促进供应链良好运作而采取"偏好利他"策略。所以，短期内超市会采取"不偏好利他"策略，长期内超市会采取"偏好利他"策略。

对于农产品生产加工商而言，一方面，由于农产品生产加工商在供应链中处于跟随者，地位处于劣势，只能通过超市策略决定最利于自身的质量努力水平。当发现超市采取"偏好利他"策略时会提高农产品收购价格从而让利给自己时，会关注超市的利他互惠，想由此获得更多利润，即农产品生产加工商会采取"激励"策略。另一方面，由于农产品生产加工商远离消费市场、对市场的驾驭性和可触碰性较差，会更想通过自身质量努力水平为自身获取更多利润。当农产品生产加工商采取"激励"策略时，会提高自身质量努力水平，提供高质量的农产品给市场、扩大市场需求，为企业赢得口碑，促进企业长期发展。所以，无论在短期内还是长期内，农产品生产加工商总是会采取"激励"策略。

9.3　数 值 分 析

为了更直观地反映利他互惠对农产品供应链双边质量提升的长期影响机制，更直观地说明上述结论并进一步验证长期内农产品生产加工商和超市博弈的均衡策略，依据本章构建的 Stackelberg 演化博弈模型和算法，运用 Matlab 演化仿真对计算的演化稳定性进行仿真分析，验证上述结论的准确性和有效性。同前，取 $a = 0.5$、$b = 0.6$、$c = 0.4$、$p = 10$、$k_s = 2$、$k_r = 2$、$\eta = 1$、$\lambda = 0.5$。

9.3.1　超市单方演化博弈分析

超市单方演化的复制动态方程为

$$R(y) = 0.0274(1 + x)y(1 - y) \tag{9.23}$$

经过 Matlab 数值仿真，得到超市利他互惠下超市策略选择的演化路径如图 9.4 所示。

对于超市而言，无论农产品生产加工商是否选择"激励"策略以及选择"激励"策略的概率多大，超市都会采取"偏好利他"策略，即最终所有的点都收敛于 $\dfrac{dy}{dt} = 1$。即使一开始有少部分超市采取"不偏好利他"策略，随着时间的推移，当发现自身的利他互惠能够提升自身效用，改进供应链主客观效率和主客观公平度，随即采取"偏好利他"策略的超市越来越多，最终所有超市都会采取"偏好利他"策略。一方面，超市是农产品供应链中的主导者，具有先行动的优势，能够根据自身需求作出最利于自身的决策。当超市具有利他互惠行为时，农产品生产加工商会提高自身质量努力水平，这有利于从源头上保证高质量农产品的供给、扩大市场需求，促进供应链稳定发展。另一方面，超市的利他互惠行为会给自身带来更多的正效用，而超市总是以自身效用最大作为决策目标。当超市发现自身利他互惠行为有利于提升自身效用、提高农产品供应链利润时，为了维持良好的伙伴关系、促进农产品供应链稳定发展，超市会采取"偏好利他"策略。因此，长期内，超市总会采取"偏好利他"策略。

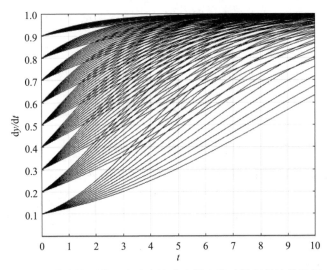

图9.4　供应链利他互惠动态演进中超市策略选择的演化路径

9.3.2　农产品生产加工商单方演化博弈分析

农产品生产加工商单方演化的复制动态方程为

$$S(x) = 0.2584x(1-x)(0.1428y - 0.0696) \tag{9.24}$$

经过 Matlab 数值仿真分析，得到超市利他互惠下农产品生产加工商策略选择的演化路径如图9.5所示。

对于农产品生产加工商而言，无论超市是否选择"偏好利他"策略以及选择"偏好利他"策略的概率多大，农产品生产加工商都会选择"激励"策略，即最终所有的点都收敛于 $\dfrac{dx}{dt}=1$。即使一开始有少量农产品生产加工商采取"不激励"策略，随着时间的推移，当发现"激励"策略会给自身带来更多利润时，越来越多的农产品生产加工商会将其策略从

"不激励"向"激励"偏移，最终所有农产品生产加工商都会采取"激励"策略。一方面，农产品生产加工商在农产品供应链中地位处于弱势，只能根据超市的策略决策自身质量努力水平，当发现超市的利他互惠行为会给自己带来更多利润时，会更加注重超市的利他互惠，即采取"激励"策略。另一方面，农产品生产加工商决策相对被动，更希望与超市保持良好的合作伙伴关系，互利共赢，所以与超市的长期合作中采取"激励"策略，不断提高农产品质量。

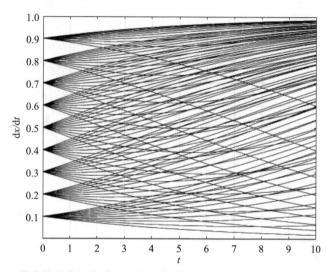

图 9.5　供应链利他互惠动态演进中农产品生产加工商策略选择的演化路径

9.3.3　超市和农产品生产加工商交互演化博弈分析

农产品生产加工商、超市博弈过程中交互演化的动力学方程为

$$\begin{cases} S = 0.2584x(1-x)(0.1428y - 0.0696) \\ R = 0.0274(1+x)y(1-y) \end{cases} \tag{9.25}$$

经过 Matlab 数值仿真，得到超市利他互惠下超市和农产品生产加工商策略选择的演化路径如图 9.6 所示。

Matlab 数值仿真说明农产品供应链利他互惠动态演进过程中，农产品生产加工商和超市策略选择的演化路径图中所有的点都向（1，1）方向集中，即最终在长期的动态变化中会趋于（激励，利他互惠）。

超市处于农产品供应链的主导地位，会十分重视供应链的渠道关系，在制定决策时会考虑供应链成员以促进供应链的稳定发展，所以随着合作的深入，发现自身利他互惠会使得供应链成员互利共赢时，会主动采取

"偏好利他"策略。同时，超市采取"偏好利他"策略时会提高自身收购价格，让利给农产品生产加工商，但是通过高质量农产品长期稳定供给、不断扩大市场从而带来一系列长期稳定的收益。农产品生产加工商会提高自身质量努力水平，确保输出高质量农产品给市场，扩大市场需求，为超市创造更好的质量口碑、为农产品供应链成员获取更多的收益。当农产品生产加工商发现"激励"策略能有效改善供应链成员利润，减缓自身地位劣势带来的影响时，会主动采取"激励"策略。所以农产品供应链利他互惠动态演进过程中，农产品供应链长期均衡的策略为超市采取"偏好利他"策略，农产品生产加工商采取"激励"策略。

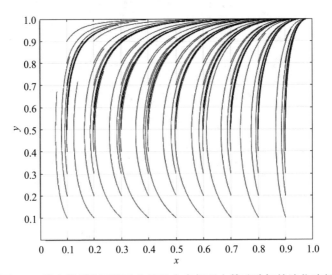

图9.6　供应链利他互惠动态演进中农超双方策略选择的演化路径

9.4　本章小结

本章考虑农产品供应链成员的利他互惠和供应链动态演进特征，建立农产品生产加工商和超市演化博弈模型，分别分析短期内农产品生产加工商和超市双方的均衡策略、长期内超市的单独演化博弈分析、农产品生产加工商单独演化博弈分析以及双方的交互演化博弈分析，从而研究超市利他互惠对农产品生产加工商和超市双方均衡策略的影响。研究发现：（1）短期内，超市会采取"不偏好利他"策略，农产品生产加工商会采取"激励"策略；（2）超市单方演化博弈稳定策略为"偏好利他"策略，而农产品生产加工商单方演化博弈稳定策略依赖于超市策略；（3）长期内，超市会采取"偏好利他"策略，农产品生产加工商会采取"激励"策略。农产品生产加工商"激励"策略和超市"偏好利他"策略对农产品供应链是有益的。

　　本章的贡献在于率先考虑供应链的动态演进特征，将超市利他互惠与信息非对称同时引入农产品供应链，采用演化博弈理论分析农产品供应链利他互惠动态演进对农超决策的影响，对短期内和长期内农产品生产加工商和超市博弈的均衡策略进行对比分析。运用 Matlab 仿真分析农产品供应链的演化稳定策略，补充和完善了利他互惠下的农产品供应链研究。

第10章 实证研究与提升策略

本章采用问卷调查和 SPSS 22.0 统计软件对社会偏好和农产品质量努力之间的相关性进行检验，并结合农产品供应链质量管理实例进行分析。有机结合理论研究和实证分析，分别从农产品生产加工商、超市和政府角度提出有效提升农产品质量的管理策略。

10.1 实证研究

第4章～第9章理论模型部分研究了农产品生产加工商公平关切、超市利他互惠对农产品供应链双边质量努力、各方利润和效用，农产品供应链效率和公平度的影响机制。由于利润、效用、供应链效率和公平度都是基于双边质量努力决策按照相关公式进行计算和推导的，研究社会偏好对农产品双边质量努力决策成为研究社会偏好对其他指标影响的基础和关键。因此，本章设计问卷主要涉及公平关切对双边质量努力的影响和利他互惠对双边质量努力的影响。

由于被调查企业有可能同时处于农产品加工环节和销售环节，如随着电子商务发展，有些农产品生产加工商所加工的农产品既批发给下游终端大型超市，也通过网店直接卖给消费者，如稻花香集团有限公司、五得利面粉集团、九三粮油工业集团等，它们将农产品加工成不同的最终产品，既开了网上直营店直接面向消费者销售农产品，同时批发产品给各大连锁超市进行销售。于是，在设计和发放问卷时并没有严格对农产品加工商和超市进行分开调查，仅仅是设计问项调查该企业所处的农产品供应链环节。因此，本章实证同时调查了农产品加工商公平关切、超市公平关切、农产品加工商利他互惠、超市利他互惠对双边质量努力的影响，从而验证理论模型的研究结论并尝试发现新的研究结论。

为了避免调查对象对公平关切和利他互惠的误解与歧义，对公平关切与农产品质量努力水平的相关关系调查问卷、利他互惠与农产品质量努力水平的相关关系调查问卷分开设计、发放和回收。

10.1.1　公平关切与质量努力水平的关系

公平关切包含付出与收获对比、自身利润与其他成员利润差距、成本信息控制等方面，供应链成员决策时往往会表现出公平关切，关注自身利润与其他成员利润的差距。公平关切会影响农产品供应链成员的质量努力决策，而农产品供应链成员的质量努力水平是决定农产品质量的直接因素，农产品供应链成员通过提高质量努力水平，能够实现高质量农产品的稳定供给，满足消费者日益增长的需求。在采用实证研究分析公平关切与质量努力水平之间的关系，促进农产品质量提升机制良好运转。

1. 理论与假设

唐松祥等（2018）研究二级供应链中产品质量控制，指出零售商公平关切会明显地影响成员的均衡决策，即公平关切会影响供应链的均衡结果。在农产品供应链中，洪美娜等（2014）和喻冬冬等（2020）发现公平关切会降低农产品供应链成员的利润，这可能导致成员的质量投入减少，使得农产品质量级别下降，无法满足消费者需求。刘佩佩和代建生（2019）建立三级农产品供应链模型，证明了超市公平关切对收益共享契约协调性有显著影响，这导致农产品供应链面临无法协调的情形，成员的质量决策进一步也受到影响。晏等（2020）证明农产品加工商和零售商双方公平关切导致新鲜农产品供应链整体有效性降低，提出收益共享契约改善双方利润并激励农产品加工商实施更好的保鲜工作。也就是说，公平关切会影响农产品供应链质量投入、均衡决策以及整体协调性。基于此，提出以下假设。

假设 10.1a　农产品加工商公平关切对质量努力水平具有显著负向影响。

假设 10.1b　农产品超市公平关切对质量努力水平具有显著负向影响。

2. 数据收集

通过同时发放电子调查问卷和纸质问卷进行数据收集，其中电子问卷通过"问卷星"平台发放来调查农产品企业；纸质问卷通过对重庆市从事生鲜农产品流通的主要企业，如重庆市新合储贸有限责任公司、重庆市供销合作总社、重庆市观音桥农贸市场管理处、重庆观音桥农副产品批发市场有限公司、重庆果品总销售公司、永辉超市进行实际发放。电子问卷和纸质问卷的问项相同，电子问卷共发放 250 份，收回 200 份；纸质问卷发放 50 份，收回 38 份。即总共发放 300 份，收回 238 份。剔除答案有缺失的问卷后，得到 201 份有效问卷。另外，本书主要对农产品供应链加工环节和零售环节进行研究，因为这两个环节与高质量农产品的供需息息相关。基本信息统计见表 10 - 1。

表 10 - 1 基本信息统计分析

指标	公司规模			职位			
	大型公司	中型公司	小型公司	管理人员	专业技术人员	科研人员	其他
频数	66	63	72	98	37	14	52
频率/（%）	32.8	32.4	35.8	48.8	18.4	7.0	25.9
指标	重要性			成立年限			
	行业领先	行业中游	行业追随	<3 年	3~5 年	6~10 年	>10 年
频数	52	95	54	45	87	34	35
频率/（%）	25.9	47.3	26.9	22.4	43.3	16.9	17.4
指标	所处环节			公司性质			
	加工环节	销售环节	其他	国有公司	民营公司	外商独资公司	中外合资/合作公司
频数	73	88	40	68	121	4	8
频率/（%）	36.3	43.8	19.9	33.8	60.2	2.0	4.0

3. 信度和效度分析

采用李克特 5 点计分量表，要求问卷受访者根据自身在农产品供应链企业中的工作经验作答，"1"表示"完全不同意"，"3"表示"不确定"，"5"表示"完全同意"，程度逐渐加深。为了确保量表的信度和效度，首先参考国内外关于公平关切、质量努力及农产品供应链等领域的研究设计问卷；其次检查问卷中是否有表达模糊、有歧义的题项，对问卷中的题项进行修改和调整，生成最终问卷。

变量相关性分析见表 10 - 2，测量题项见表 10 - 3，其中大部分测量题项来自现有研究，少量测量题项根据调查的实际需要进行修改："公平关切"反映了农产品供应链成员对于利润差距的敏感性，测量题项来自马方园（2012）和盛钰凌（2019）的研究。"质量努力水平"指农产品供应链成员对农产品质量的把控，通过投入质量努力保证高质量农产品的稳定供给，测量题项来自马晨（2019）的研究。

表 10 - 2　　　　　　　　　变量相关性分析分析

类别	公平关切	质量努力水平
公平关切	0.749	
质量努力水平	- 0.501 **	0.778

注：** 表示在置信度（双测）为 0.01 时，相关性是显著的。对角线数值是 AVE 的平方根，非对角线数值是变量之间的 Pearson 相关系数。

利用 Amos 22.0 和 SPSS 22.0 对所有变量的测量题项进行信度和效度检验，从表 10 - 3 可知，所有变量的 Cronbach's α 均大于 0.8，达到了大于 0.7 的标准，说明此量表具有良好的信度。整体测量模型拟合指标：TLI = 0.810，CFI = 0.829，RMSEA = 0.074，这些指标满足胡和本特勒（Hu & Bentler，1999）建议的范围，表明量表是可接受的，且所有标准载荷均大于 0.6，AVE 大于 0.5，因此此量表的收敛效度检验通过。通过观察表 10 - 2 可以发现各相关系数均低于 AVE 的平方根，因此本量表区分效度检验通过。

表 10 - 3　　　　　　　　　信度和效度检验

变量	题项	标准因素载荷	t 值（p 值）	AVE	Cronbach's α
公平关切	A1 获得的收益与付出成正比	0.648		0.561	0.806
	A2 获得的收益分配严格符合合同规定	0.695	8.290 ***		
	A3 获得的收益与同类企业相当	0.612	7.404 ***		
	A4 付出的努力与同类企业相当	0.735	6.398 ***		
	A5 会定期询问农产品供应链合作伙伴对收益分配的看法	0.789	6.711 ***		
	A6 合作伙伴会定期询问我们对收益分配的看法	0.652	7.346 ***		
	A7 会主动披露成本信息	0.765	4.493 ***		
	A8 农产品供应链合作伙伴会主动披露成本信息	0.899	4.866 ***		
	A9 如果我们认为收益不公平，会传递此信息	0.875	5.638 ***		
	A10 如果我们认为收益不公平，会采取措施	0.762	5.586 ***		

变量	题项	标准因素载荷	t 值（p 值）	AVE	Cronbach's α
质量努力	B1 定期对员工进行农产品质量安全培训	0.773		0.606	0.915
	B2 不断进行加工、检验技术开发与科技创新	0.815	12.466***		
	B3 建立了农产品质量安全的标准化规章制度	0.790	11.886***		
	B4 保留了化学保鲜剂使用记录	0.778	11.731***		
	B5 会控制运输环境温湿度	0.766	11.517***		
	B6 会对农产品使用清洁的包装材料	0.800	12.116***		
	B7 相关负责人参加过农产品质量提升的培训、学习班或对外参观观摩等活动	0.726	10.836***		

注：*** 表示在置信度（双测）为 0.001 时，相关性是显著的。

4. 假设检验

通过对变量进行相关性检验可以对变量的相关性进行判断，得到表 10 - 4 和表 10 - 5。

表 10 - 4　　　　农产品加工商公平关切与自身质量努力的相关性

类别	Pearson	质量努力水平
公平关切	相关性	− 0.408*
	显著性（双尾）	0.020

注：*、** 分别表示在置信度（双测）为 0.05、0.01 时，相关性是显著的。

表 10 - 5　　　　农产品超市公平关切与自身质量努力的相关性

类别	Pearson	质量努力水平
公平关切	相关性	− 0.437**
	显著性（双尾）	0.004

注：** 表示在置信度（双测）为 0.01 时，相关性是显著的。

从表 10 - 4 可知，农产品加工商公平关切与自身质量努力水平呈显著负相关关系，因此假设 10.1a 成立（$\beta = -0.408$，$p < 0.01$）。即农产品加工商公平关切增强将导致自身质量努力水平下降，不利于农产品质

量提升。

通过观察表 10 - 5 发现，农产品超市公平关切与自身质量努力水平呈显著负相关关系，因此假设 10.1b 成立（$\beta = -0.437$，$p < 0.01$）。即农产品超市公平关切增强将导致质量努力水平下降，这使得在零售环节的农产品质量下降。

结合表 10 - 4 和表 10 - 5，可以得到结论 10.1。

结论 10.1　公平关切对农产品供应链双边质量努力具有显著负向影响。

10.1.2　利他互惠与质量努力的关系

利他互惠指成员超出正式合同约定，主动积极帮助渠道合作伙伴解决问题，利他互惠包含合同约定和实际投入比较、成本分担及共建物流系统等方面，这不仅影响成员自身的质量决策，还影响合作伙伴的质量决策，进一步影响市场中农产品的质量（宋锋森和陈洁，2020）。由第 5 章、第 7 章和第 9 章理论模型分析，利他互惠会影响农产品供应链成员的质量努力决策。本节旨在采用实证研究分析利他互惠与质量努力水平之间的关系，促进农产品质量提升机制良好运转。

1. 理论与假设

在农产品供应链中，孙玉玲和袁晓杰等（2017）指出利他互惠行为会影响农产品供应链的最优决策，使得成员利润提升，这能够缓解成员的经营压力，通过增加质量投入提高农产品质量等级而提高市场占有率。李保勇等（2020）基于农产品质量可识别考虑农产品供应链中的利他互惠，证明利他互惠具有正向的社会属性，能够激励生产商提升农产品质量。曹武（2021）研究电商平台（如淘宝、京东、拼多多）具有利他互惠将有助于提高农产品供应链整体运行效率，如开展公益性的电商培训，通过缩短中间环节拉近农户与消费者的距离，让消费者能够购买到更高质量农产品。也就是说，利他互惠能够提高农产品供应链质量投入。基于此，提出以下假设。

假设 10.2a　农产品加工商利他互惠对自身质量努力水平具有显著正向影响。

假设 10.2b　农产品超市利他互惠对自身质量努力水平具有显著正向影响。

2. 数据收集

通过同时发放电子调查问卷和纸质问卷进行数据收集，其中电子问卷通过"问卷星"平台发放来调查农产品企业；纸质问卷通过对重庆市从事生鲜农产品流通的主要企业，如重庆市新合储贸有限责任公司、重庆市供销合作总社、重庆市观音桥农贸市场管理处、重庆观音桥农副产品批发市场有限公司、重庆果品总销售公司、永辉超市进行实际发放。电子问卷和纸质问卷的问项相同，电子问卷发放 250 份，收回 190 份；纸质问卷发放 50 份，收回 27 份。即总共发放 300 份问卷，收回 217 份。剔除答案有缺失的问卷后，得到 205 份有效问卷。同公平关切情形，本书主要对农产品供应链加工环节和零售环节进行研究。基本信息统计分析见表 10 - 6。

表 10 - 6   基本信息统计分析

指标	公司规模			职位			
	大型公司	中型公司	小型公司	管理人员	专业技术人员	科研人员	其他
频数	60	83	62	69	54	33	49
频率/（%）	29.3	40.5	30.2	33.7	26.3	16.1	23.9
指标	重要性			成立年限			
	行业领先	行业中游	行业追随	<3 年	3~5 年	6~10 年	>10 年
频数	53	115	37	41	51	41	72
频率/（%）	25.9	56.1	18	20	24.9	20	35.1
指标	所处环节			公司性质			
	加工环节	销售环节	其他	国有公司	民营公司	外商独资公司	中外合资/合作公司
频数	59	53	93	82	104	9	10
频率/（%）	28.8	25.9	45.3	40	50.7	4.4	4.9

3. 信度和效度分析

采用李克特 5 点计分量表，要求问卷受访者根据自身在农产品供应链企业中的工作经验作答，"1"表示"完全不同意"，"3"表示"不确定"，"5"表示"完全同意"，程度逐渐加深。为了确保量表的信度和效度，首先参考国内外关于利他互惠、质量努力及农产品供应链等领域的研究设计问卷；其次检查问卷中是否有表达模糊、有歧义的题项，对问卷中的题项进行修改和调整，生成最终问卷。

变量相关性分析见表 10 - 7、测量题项见表 10 - 8，其中大部分测量题项来自现有研究，少量测量题项根据调查的实际需要进行修改："利他互惠"反映了农产品供应链成员对于合作伙伴利润提升的重视，测量题项来源于伍尔西（Wuyts，2007）和涂如男（2019）的研究。"质量努力水平"指农产品供应链成员对农产品质量的把控，通过投入质量努力保证高质量农产品的稳定供给，测量题项来源于马晨（2019）的研究，且与公平关切情形的质量努力水平题项相同。

表 10 - 7　　　　　　　　　　**变量相关性分析**

类别	利他互惠	质量努力水平
利他互惠	0.845	
质量努力水平	0.523 **	0.819

注：** 表示在置信度（双测）为 0.01 时，相关性是显著的。对角线数值是 AVE 的平方根，非对角线数值是变量之间的 Pearson 相关系数。

利用 SPSS 22.0 和 Amos 22.0 对量表数据进行信度和效度检验，从表 10 - 8 可知，所有变量的 Cronbach's α 均大于 0.9，达到了大于 0.7 的标准，说明此量表具有良好的信度。整体测量模型拟合指标：TLI = 0.913，CFI = 0.922，RMSEA = 0.061，这些指标满足胡和本特勒（1999）建议的范围，表明量表是可接受的，且所有标准载荷均大于 0.6，AVE 大于 0.5，因此量表的收敛效度通过。通过观察表 10 - 7 可以发现各相关系数均低于 AVE 的平方根，因此本量表区分效度检验通过。

表 10 - 8　　　　　　　　　　**信度和效度检验**

变量	题项	标准因素载荷	t 值（p 值）	AVE	Cronbach's α
利他互惠	A1 虽然对方没有要求，但是在交易过程中本公司会主动做些对供应链合作伙伴有益的工作	0.822			
	A2 所承担的责任和投入水平超出供应链合作伙伴的最低要求	0.907	14.426 ***		
	A3 即使供应链合作伙伴没有正式要求，我们会主动投入更多努力以提高其业绩	0.803	12.666 ***	0.714	0.939
	A4 当能为供应链合作伙伴提供帮助时，我们所做的往往超出其预期	0.878	13.853 ***		
	A5 主动与供应链合作伙伴分担成本，解决资金周转、融资难题	0.756	10.552 ***		

变量	题项	标准因素载荷	t 值（p 值）	AVE	Cronbach's α
利他互惠	A6 定期与供应链合作伙伴进行面对面交流分享管理经验，及时解决有关问题	0.842	13.652 ***	0.714	0.939
	A7 主动与供应链合作伙伴研发团队交流，分享自身特有知识	0.905	14.383 ***		
	A8 愿意与供应链合作伙伴共建信息化平台，促进信息及时传递	0.845	13.679 ***		
	A9 主动与供应链合作伙伴共建仓储物流系统，统一进行调配	0.814	13.020 ***		
	A10 主动与供应链合作伙伴分享市场调研数据，进一步了解市场需求	0.866	13.769 ***		
质量努力水平	B1 定期对员工进行农产品质量安全培训	0.829		0.671	0.934
	B2 不断进行加工、检验技术开发与科技创新	0.778	13.306 ***		
	B3 建立了农产品质量安全的标准化规章制度	0.827	14.601 ***		
	B4 保留了化学保鲜剂使用记录	0.841	15.005 ***		
	B5 会控制运输环境温湿度	0.826	14.576 ***		
	B6 会对农产品使用清洁的包装材料	0.817	14.341 ***		
	B7 相关负责人参加过农产品质量提升的培训、学习班或对外参观观摩等活动	0.813	14.226 ***		

注：*** 表示在置信度（双测）为 0.001 时，相关性是显著的。

4. 假设检验

通过对变量进行相关性检验可以对变量的相关性进行判断，得到表 10 - 9 和表 10 - 10。

表 10 - 9　　农产品加工商利他互惠与自身质量努力的相关性

类别	Pearson	质量努力水平
利他互惠	相关性	0.694 **
	显著性（双尾）	0.000

注：*、** 分别表示在置信度（双测）为 0.05、0.01 时，相关性是显著的。

表 10 – 10　　　　　　农产品超市利他互惠与自身质量努力的相关性

类别	Pearson	质量努力水平
利他互惠	相关性	0.519**
	显著性（双尾）	0.000

注：** 表示在置信度（双测）为 0.01 时，相关性是显著的。

从表 10 – 9 可知，农产品加工商利他互惠对自身质量努力水平具有显著正向影响，因此假设 10.2a 成立（$\beta = 0.694$，$p < 0.01$）。

通过观察表 10 – 10 发现，农产品超市利他互惠对自身质量努力水平具有显著正向影响，因此假设 10.2b 成立（$\beta = 0.519$，$p < 0.01$）。即农产品超市利他互惠增强能够提高自身质量努力水平，这使得处于零售环节的农产品质量进一步得到保障。

结合表 10 – 9 和表 10 – 10，可以得到结论 10.2。

结论 10.2　利他互惠对农产品供应链双边质量努力具有显著正向影响。

10.1.3　问卷

1. 公平关切情形

公平关切视角下农产品供应链双边质量提升策略研究调查问卷

尊敬的先生/女士：

您好！感谢您参与本项研究。本问卷旨在公平关切视角下调查农产品供应链双边质量提升策略。本问卷纯属学术研究，内容不涉及贵公司的商业机密，亦不用于任何商业目的，请您放心并尽可能客观回答。感谢您的合作和支持，如有疑问，请联系向女士：177×××××××××，谢谢！

公平关切：公平关切包含付出与收获对比、自身利润与其他成员利润差距对比，如果他人的收益显著高于你，那么你会由于嫉妒他人而不满意，你可能会采取不利于他人收益的行动。

第一部分：基本信息

1. 您现在工作的这家公司的规模为（　　　）。

A. 大型公司　　　B. 中型公司　　　C. 小型公司

2. 您在贵公司的职位是（　　　）。

A. 管理人员　　　　　　　　B. 专业技术人员

C. 科研人员　　　　　　　　D. 其他

3. 贵公司成立年限为（　　　）。

A. <3 年　　　　B. 3~5 年　　　C. 6~10 年　　　D. >10 年

4. 您现在工作的这家公司的性质是（　　　）。

A. 国有公司　　　　　　　　B. 民营公司

C. 外商独资公司　　　　　　D. 中外合资/合作公司

5. 您现在工作的这家公司在同行业中的重要性处于（　　　）。

A. 行业领先　　　B. 行业中游　　　C. 行业追随

6. 您现在工作的这家公司在农产品供应链中处于（　　　）。

A. 农产品加工环节　　　　　B. 农产品销售环节

C. 其他

第二部分：农产品供应链双边质量提升策略研究调查

以下各项是农产品供应链双边质量提升策略研究调查的详细描述，均是单选题，请根据实际情况逐一进行对比评价。"1"表示完全不同意，"3"表示不确定，"5"表示完全同意。"1"~"5"表示您对本问项认同程度由低到高的变化。

序号	题项	完全不同意	基本不同意	不确定	基本同意	完全同意
1	获得的收益与付出成正比					
2	获得的收益分配严格符合合同规定					
3	获得的收益与同类企业相当					
4	付出的努力与同类企业相当					
5	会定期询问农产品供应链合作伙伴对于收益分配的看法					
6	合作伙伴会定期询问我们对于收益分配的看法					
7	会主动披露成本信息					
8	农产品供应链合作伙伴会主动披露成本信息					
9	如果我们认为收益不公平，会传递此信息					
10	如果我们认为收益不公平，会采取措施					
11	定期对员工进行农产品质量安全培训					
12	不断进行加工、检验技术开发与科技创新					
13	建立了农产品质量安全的标准化规章制度					

续表

序号	题项	完全不同意	基本不同意	不确定	基本同意	完全同意
14	保留了化学保鲜剂使用记录					
15	会控制运输环境温湿度					
16	会对农产品使用清洁的包装材料					
17	相关负责人参加过农产品质量提升的培训、学习班或对外参观观摩等活动					

2. 利他互惠情形

利他互惠视角下农产品供应链双边质量提升策略研究调查问卷

尊敬的先生/女士：

您好！感谢您参与本项研究。本问卷旨在利他互惠视角下调查农产品供应链双边质量提升策略。本问卷纯属学术研究，内容不涉及贵公司的商业机密，亦不用于任何商业目的，请您放心并尽可能客观回答。感谢您的合作和支持，如有疑问，请联系向女士：177×××××××××，谢谢！

利他互惠：利他互惠是指决策者在行动选择时不仅仅考虑行动对自己利益的影响，也会考虑行动对其他人所产生的后果，具有利他互惠的决策者更愿意帮助他人来促进社会福利的优化，如成员超出正式合同约定，主动积极帮助渠道合作伙伴解决问题。

第一部分：基本信息

1. 您现在工作的这家公司的规模为（ ）。

A. 大型公司　　B. 中型公司　　C. 小型公司

2. 您在贵公司的职位是（ ）。

A. 管理人员　　　　　　　　B. 专业技术人员

C. 科研人员　　　　　　　　D. 其他

3. 贵公司成立年限为（ ）。

A. <3 年　　　B. 3~5 年　　C. 6~10 年　　D. >10 年

4. 您现在工作的这家公司的性质是（ ）。

A. 国有公司　　　　　　　　B. 民营公司

C. 外商独资公司　　　　　　D. 中外合资/合作公司

5. 您现在工作的这家公司在同行业中的重要性处于（ ）。

A. 行业领先　　　B. 行业中游　　　C. 行业追随

6. 您现在工作的这家公司在农产品供应链中处于（　　　）。

A. 农产品加工环节　　　　　　　　B. 农产品销售环节

C. 其他

第二部分：农产品供应链双边质量提升策略研究调查

以下各项是农产品供应链双边质量提升策略研究调查的详细描述，均是单选题，请根据实际情况逐一进行对比评价。"1"表示完全不同意，"3"表示不确定，"5"表示完全同意。"1"~"5"表示您对本问项认同程度由低到高的变化。

序号	题项	完全不同意	基本不同意	不确定	基本同意	完全同意
1	虽然对方没有要求，但是在交易过程中本公司会主动做些对供应链合作伙伴有益的工作					
2	所承担的责任和投入水平超出供应链合作伙伴的最低要求					
3	即使供应链合作伙伴没有正式要求，我们会主动投入更多努力以提高其业绩					
4	当能为供应链合作伙伴提供帮助时，我们所做的往往超出其预期					
5	主动与供应链合作伙伴分担成本，解决资金周转、融资难题					
6	定期与供应链合作伙伴进行面对面交流分享管理经验，及时解决有关问题					
7	主动与供应链合作伙伴研发团队交流，分享自身特有知识					
8	愿意与供应链合作伙伴共建信息化平台，促进信息及时传递					
9	主动与供应链合作伙伴共建仓储物流系统，统一进行调配					
10	主动与供应链合作伙伴分享市场调研数据，进一步了解市场需求					

续表

序号	题项	完全不同意	基本不同意	不确定	基本同意	完全同意
11	定期对员工进行农产品质量安全培训					
12	不断进行加工、检验技术开发与科技创新					
13	建立了农产品质量安全的标准化规章制度					
14	保留了化学保鲜剂使用记录					
15	会控制运输环境温湿度					
16	会对农产品使用清洁的包装材料					
17	相关负责人参加过农产品质量提升的培训、学习班或对外参观观摩等活动					

10.2　分析讨论

本节将对第 4 章 ~ 第 9 章的理论模型分析结论与 10.1 节实证研究部分研究结论进行对比分析。

10.2.1　公平关切情形

1. 基于公平关切视角的农产品供应链双边质量提升短期机制

由第 4 章性质 4.1 和命题 4.3 可知，农产品生产加工商质量努力水平和超市检验努力水平不受农产品生产加工商公平关切影响。由性质 4.2 和性质 4.3 可知，当农产品生产加工商公平关切增强时，农产品生产加工商最大期望利润和最大期望效用都增大；而超市最大期望利润和最大期望效用降低。

2. 基于公平关切视角的农产品供应链双边质量提升动态机制

由第 6 章性质 6.1 可知，农产品生产加工商质量努力随真实公平关切强度递减；超市质量检验努力水平不受公平关切信息影响。同时，由于本章的假设条件，农产品质量由农产品生产加工商和超市共同决定，于是，农产品质量随着农产品加工商公平关切递减，即农产品加工商公平关切对农产品质量具有负向影响。

3. 基于公平关切视角的农产品供应链双边质量提升长期机制

由第 8 章结论 8.2　农产品供应链长期均衡结果是：超市选择"激

励"策略、农产品生产加工商选择"关切公平"策略。

因此，理论研究说明，农产品加工商的公平关切对农产品质量提升没有正向促进作用，短期不会影响农产品加工商和超市质量努力，但是随着农产品供应链发展，公平关切信息在农产品供应链中的揭示，公平关切会降低农产品质量。而本章实证研究得出：公平关切对双边质量努力水平具有显著负向影响。这说明，我们构建的数理模型研究结论基本符合实践情况。另外，由于实证研究中，问卷同时调查了农产品加工环节的生产商和处于销售环节的零售商（超市）公平关切对农产品质量的相关性，我们得出双方的公平关切对农产品质量提升都是不利的，进一步印证、充实了理论研究结论。

10.2.2　利他互惠情形

1. 基于利他互惠视角的农产品供应链双边质量提升短期机制

由第 5 章性质 5.1 和命题 5.3 可知，农产品生产加工商质量努力水平随超市利他互惠增强而提高；超市检验努力水平不受超市利他互惠影响。由于本章的假设条件，农产品质量由农产品生产加工商和超市共同决定，于是，农产品质量随着超市利他互惠递增，即超市利他互惠对农产品质量具有正向影响。

2. 基于利他互惠视角的农产品供应链双边质量提升动态机制

由第 7 章性质 7.1 可知，农产品生产加工商质量努力随超市利他互惠强度递增、超市利他互惠不影响自身质量检验努力水平。于是，超市利他互惠对农产品质量提升具有促进作用。

3. 基于利他互惠视角的农产品供应链双边质量提升长期机制

由第 9 章结论 9.2　农产品供应链长期均衡结果是：超市选择"偏好利他"策略、农产品生产加工商选择"激励"策略。

因此，理论研究说明，超市的利他互惠对农产品质量提升具有正向促进作用，同时本章实证研究得出：利他互惠对双边质量努力水平具有显著正向影响。这说明，我们构建的数理模型研究结论符合实践情况。同公平关切下的实证研究，问卷同时调查了农产品加工环节的生产商和处于销售环节的零售商（超市）利他互惠对农产品质量的相关性，我们得出双方的利他互惠对农产品质量提升都是有利的，充实了理论研究结论。

10.3　实例分析

10.3.1　五常大米"供应链利润分配失衡

该实例的数据和资料来源于以下网站和文献。

[1] 曾维炯，徐立成. 高端农产品价格的"最后一公里"与产业链的失衡发展——基于黑龙江五常市"五常大米"的实证分析 [J]. 中国农村观察，2014（2）：84 – 91，95.

[2] 五常大米熙禾水稻合作社：http：//www. siheshuidao. top/？renqun_youhua = 386826&bd_vid = 6404519918190573136.

[3] 2019 年中国稻谷（大米）产业报告 [J]. 农产品市场，2019（21）：54 – 57.

[4] 王晓辉. 国内稻谷市场之我见 [J]. 中国粮食经济，2019（12）：51 – 53.

1. 背景介绍

五常大米，以"稻花香 2 号"为主，颗粒饱满、质地坚硬、色泽清白透明，由于水稻成熟期产区昼夜温差大，大米中可速溶的双链糖积累较多，对人体健康非常有益，是黑龙江省哈尔滨市五常市特产，中国国家地理标志产品。五常地区共有水田面积 175 万亩，按照每亩平均产量 600 斤，可产出稻谷量达到 100 多万吨，但受产区独特的地理、气候等因素影响，稻花香米平均出米率为 50%，每年的产米量为 50 多万吨。

五常大米包含三种产品：非有机大米、非礼品有机米和有机礼品米。据统计，在非有机大米、非礼品有机米供应链中，加工商成本分摊比例远高于下游经销商，但利润分配比例却低于经销商。尤其是有机礼品米供应链，加工商利润分配比例仅占 5. 32%，而经销商利润分配比例高达 87. 97%。

2. 相关数据分析

（1）非有机大米。农户种植水稻，需要承包土地、雇用劳动力、施肥、购买农用专业机械、灌溉水利、搭建大棚培育秧苗等，通过对各类成本的整理合并，得出了农户生产非有机水稻生产成本，如图 10.1 所示。

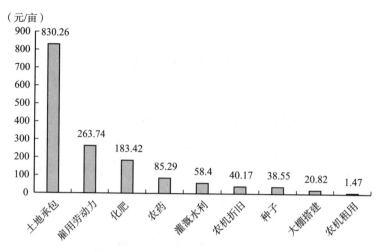

图 10.1　非有机水稻的各项生产成本

在非有机大米供应链中，通过图 10.1 的各项成本数据分析，并结合官网数据报道每亩稻田的非有机大米产量约 683.08 公斤，可以得到生产环节中农户的生产成本为 2.22 元/公斤、销售收益为 4 元/公斤、政府补贴为 0.12 元/公斤，所以农户总收益为 4.12 元/公斤。

加工商的成本包括水稻收购成本和附加成本两个部分，其中水稻收购成本占总成本的 94.62%，附加成本包括厂房设备折旧、雇工费用、包装费用等，大约平均为 0.23 元/公斤。因此，加工商加工非有机水稻成本为 4.23 元/公斤，按 55% 的出米率计算，可得加工商销售非有机大米的总成本为 7.68 元/公斤。加工商的收益主要包括主产品五常大米和副产品，如糠糟和碎米的销售收益，水稻的糠糟率、碎米率分别为 11% 和 11%，其主产品销售收益为 8 元/公斤、副产品销售收益为 1.28 元/公斤，所以加工商加工非有机大米的总收益为 9.28 元/公斤。

与加工商直接交易的下游经销商通常在当地超市和门店销售非有机大米，一般不会发生任何额外费用，于是经销商产生的成本仅仅是支付给加工商的收购货款：8 元/公斤。经销商卖给消费市场单价为 8 元/公斤。综合以上信息可以得到非有机大米供应链各节点即农户、加工商和经销商的成本及收益，如表 10 – 11 所示。

种植有机水稻与非有机水稻不同，农户种植有机水稻不使用农药，在化肥上选择的是有机肥，有机肥料的成本显著高于普通化肥，因此有机水稻的种植成本明显高于非有机水稻，大约 290 元/亩。图 10.2 显示了农户种植有机水稻的各项生产成本明细。

表 10–11	非有机大米供应链各节点成本及收益		单位：元/公斤
供应链各节点	成本	收益	利润
农户	2.22	4.12	1.90
加工商	7.68	9.28	1.60
经销商	8.00	8.00	0.00

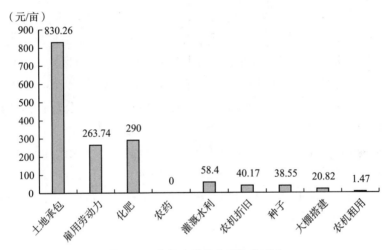

图 10.2　有机水稻的各项生产成本

农户种植有机水稻，其亩产量低于非有机水稻，约为 350 公斤/亩，通过图 10.2 可以计算得出有机水稻的种植成本为 4.4 元/公斤。但有机水稻的收购价格是非有机水稻的 2 倍，为 8 元/公斤。政府对有机水稻的补贴高于非有机水稻，有机水稻高于非有机水稻的增量为 0.24 元/公斤。可以计算农户生产有机水稻的总收益为 8.24 元/公斤。

（2）非礼品有机大米。加工商加工有机水稻的加工成本为 8.23 元/公斤，按照 55% 的出米率，则非礼品有机米的成本为 14.96 元/公斤、非礼品有机米销售价格为 16 元/公斤，加工商的副产品销售收益也为 1.28 元/公斤，可得加工商总收益为 17.28 元/公斤。

有机大米在经销商处产生的附加费用总计为 0.46 元/公斤，则经销商的成本为 16.46 元/公斤。有机大米由于运往外地销售，其在终端市场的销售价格高于出厂价格，大约为 20 元/公斤。综合以上信息可以得到非礼品有机米供应链各节点的成本及收益，如表 10–12 所示。

表 10 – 12　　　　　非礼品有机米供应链各节点成本及收益　　　单位：元/公斤

供应链各节点	成本	收益	利润
农户	4.40	8.24	3.84
加工商	14.96	17.28	2.32
经销商	16.46	20.00	3.54

（3）有机礼品大米。在有机礼品米供应链中，处于生产环节的农户生产成本、收益与非有机礼品米相同，成本为 4.4 元/公斤、收益为 8.24 元/公斤。加工商将有机水稻加工成非礼品有机米和有机礼品米，其区别仅是包装的不同，有机礼品米包装费用高出非礼品有机米 0.78 元/公斤。按 55% 出米率，可得加工商生产有机礼品米的成本为 15.74 元/公斤；而有机礼品米的销售价格为 20 元/公斤，加上副产品销售收益，得到加工商生产有机礼品米的总收益为 21.28 元/公斤。有机礼品米在经销商处发生的附加费用也是 0.46 元/公斤、其成本为 20.46 元/公斤、但销售价格为 112 元/公斤。综合以上信息可以得到有机礼品米供应链各节点成本及收益，如表 10 – 13 所示。

表 10 – 13　　　　　有机礼品米供应链各节点成本及收益　　　单位：元/公斤

供应链各节点	成本	收益	利润
农户	4.40	8.24	3.84
加工商	15.74	21.28	5.54
经销商	20.46	112.00	91.54

从表 10 – 11 ~ 表 10 – 13 可以计算出三种类型的五常大米在供应链各节点的成本分摊情况如表 10 – 14 所示。可以发现五常大米在生产环节成本占比最高、加工环节次之、销售环节最低。在五常大米三种产品供应链中，生产环节成本分摊比例均高于 80%。其中，非有机大米和有机礼品米供应链在加工环节分摊的成本比例明显高于销售环节，但利润却明显低于销售环节。

由表 10 – 11 ~ 表 10 – 14 可以得到五常大米供应链的利润及分配情况，见表 10 – 15。在非有机大米供应链中，农户大约能得到供应链总利润的 80%、加工商大约得到 20%、经销商利润接近 0。在有机礼品米供应链中，经销商却能分到超过 80% 的总利润、农户和加工商只能分到很少的一部分，但农户的利润仍高于加工商。在非礼品有机米供应链中，农户分得的利润高于经销商，更高于加工商。产品的档次越高，经销商利润分配比例越高，而农户和加工商则越低。

表 10 – 14　　　　　　　　　供应链各节点成本及分摊

类型及其比例	农户种植成本	加工商成本	经销商成本	生产环节成本	加工环节附加成本	销售环节附加成本	农产品供应链总成本
非有机大米/（元/公斤）	4.04	7.68	8.00	4.04	0.42	0.00	4.46
比例/（%）	—	—	—	90.70	9.30	0.00	100.00
有机礼品米/（元/公斤）	8.00	15.74	20.46	8.00	0.42	0.46	8.88
比例/（%）	—	—	—	90.15	4.66	5.18	100.00
非礼品有机米/（元/公斤）	8.00	14.96	16.46	8.00	1.20	0.46	9.66
比例/（%）	—	—	—	82.87	12.37	4.76	100.00

表 10 – 15　　　　　　　　　供应链各节点收益和利润分配

类型及其比例	农户收益	加工商收益	经销商收益	农户利润	加工环节利润	经销商利润	总利润
非有机大米/（元/公斤）	7.50	9.28	8.00	3.46	0.88	0.00	4.34
比例/（%）	—	—	—	79.70	20.30	0.00	100.00
非礼品有机米/（元/公斤）	14.98	17.28	20.00	6.98	2.32	3.54	12.84
比例/（%）	—	—	—	54.28	18.04	27.68	100.00
有机礼品米/（元/公斤）	14.98	21.28	112.00	6.98	5.54	91.54	104.06
比例/（%）	—	—	—	6.71	5.32	87.97	100.00

3. 基于公平关切视角分析五常大米供应链

从五常大米供应链各节点的成本分摊和利润分配可以发现，加工商在整个供应链中分摊的成本高于经销商，而且随着产品层次的提高，其利润分配比例降低。在有机礼品米供应链中，加工商利润分配比例仅 5.32%，而经销商高达 87.97%，这会导致加工商关心利润分配是否公平，产生公平关切负效用。这种公平关切将影响加工商质量努力决策，甚至出现加工商丧失理性、采取牺牲自我利益的措施来达到惩罚经销商的目的，如选择其他经销渠道、自己建立零售渠道直接面向消费者，使得经销商丧失大量销售机会和利益，尤其是有机礼品米这种附加价值超高的高端农产品，会使得经销商因货源不足而导致利润大打折扣。

在非礼品有机米和有机礼品米两条供应链中，加工商分得的利润比例明显低于经销商，加工商可能提高有机大米的批发价格，来增加利润分配比例。公平关切可能使得加工商降低对各层次产品的质量努力，例如加工商会将发暗发黄的米打磨后和新米进行混合重新包装、以次充好；可能通过其他来源收购非五常大米的普通大米进行加工、假冒五常大米进行销售；或与五常大米进行掺兑后出售，谎报大米的真实来源、真实质量水平，通过这些方式牟取更多利润。加工商通过这些有损五常大米质量、降低自身生产加工成本、从而增加利润的方式却会对经销商处的产品数量或质量造成严重影响，如造成经销商检验难度和程度大幅度上升、超市因受到低质量的五常大米而终止与经销商的合作、进一步加剧供应链双重边际效用、降低供应链运作效率，甚至使得五常大米供应链合作中断。

4. 解决方案和成效

大米属于人们生活的必需品，为稳定顾客渠道关系，经销商必须保证其产品的质量。尤其是"五常大米"作为大米的营销品牌，非常重视品牌在消费者群体中的口碑。经销商作为供应链条的末端，直接接触消费者，为了获得稳定、优质的五常大米货源，经销商可以通过以下方式提高五常大米供应质量。

（1）建立柔性契约。经销商和加工商建立一种与订购量挂钩柔性契约，例如经销商与加工商建立收益分享契约从而实现双方的收益分享，共同致力于提高五常大米生产和销售情况。经销商也可以选择与加工商建立转移支付契约，通过提前支付一定费用给加工商，一方面减轻加工商的生产收益风险，另一方面实现成本分担，激励加工商积极提高生产和检验努力水平从而保证优质米源的供应。

（2）批量采购。经销商通过广告宣传扩大"五常大米"品牌影响力，增加消费者的购买意愿，从而增加向加工商的订购量，使加工商利润增加，激励加工商保证产品质量，降低加工商公平关切对整个供应链的影响，实现农产品供应链的最优决策，提高供应链效率和公平度。

（3）实行必要的检验惩罚制度。经销商在下订单前要求加工商提供各层次大米货源的样品，并对其进行检测后与加工商签订协议，约定在收到货后立即进行抽检验货，一旦发现质量问题（减量、发霉、生虫、包装破损等），立即通知加工商并申请换货处理，且因此所产生的费用由加工商承担，以此迫使加工商加强质量管理强度。

10.3.2　"海南香蕉"流通过程利润分配失衡

该实例的数据和资料来源于以下网站和文献。

［1］刘丽红，张丹丹，杜惠英. 海南香蕉流通过程价格形成及利润分配研究［J］. 农业展望，2015，11（3）：31 - 34，44.

［2］海南香蕉专题介绍：http：//shop. bytravel. cn/produce/6D775357 99998549/.

［3］海南香蕉滞销新闻报道：https：//baijiahao. baidu. com/s？id = 1667381844488898599&wfr = spider&for = pc.

［4］王晓辉. 蕉农对农业生产性服务的可得性及影响因素分析——以海南省为例［J］. 中国粮食经济，2019（12）：51 - 53.

［5］北京市价格监测网：https：//www. bidcenter. com. cn/newssear-chyz - 11300111. html.

1. 背景介绍

海南省地处热带北缘，属热带季风岛屿型气候，昼夜温差大有利于蕉果的养分积累，所产香蕉品质高。2014 年，全国超九成省区市香蕉价格上涨明显，其中北京、河北、山西、山东、河南价格涨幅居前处于 30% ~ 50%，海南省作为香蕉的主产区，香蕉价格同比上涨五成，主要原因是 2013 年南方遭遇的气象灾害天气，导致香蕉产量下降。以国产一级香蕉为例，从北京新发地市场公布的 1 ~ 9 月数据看，国产一级香蕉批发价格指数在 1 ~ 4 月先是持续下降、4 ~ 6 月有一个轻微的起伏、从 6 月开始猛增至 9 月，如图 10.3 所示。虽供应链各环节的成交价格均有上升，但各节点的加价水平并不相同，导致各个节点利润不同，如经销商利润为 1.24 元/公斤，而超市利润高达 2.56 元/公斤。经销商利润不到超市利润的一半，导致供应链中利润分配失衡。

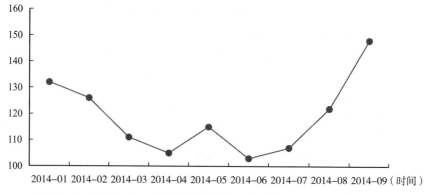

图 10.3   2014 年 1～9 月北京新发地市场国产一级香蕉批发价格指数

2. 相关数据分析

香蕉收购商将蕉农生产的香蕉收购后卖给经销商，出售价格 6 元/箱，即香蕉收购商的收益来自经销商支付的 6 元/箱，按每天收购 3500 箱、每箱 9 公斤，则香蕉收购商的收益为 0.67 元/公斤。而香蕉收购商每天需要支出费用包括运输 2800 元、装箱 1750 元、切片 980 元、洗花 700 元、保鲜 700 元、打箱 700 元，香蕉收购商总成本折合大约为 0.25 元/公斤、利润为 0.42 元/公斤，如表 10－16 所示。

表 10－16   收购商的成本和收益   单位：元/公斤

单位成本	单位收益	单位利润
0.25	0.67	0.42

经销商是海南省香蕉省外市场的重要推动者，通过在销地租用冷库进行保鲜，租用销地批发商的档口进行代销，需要支付给档口 3 元/箱，即 0.33 元/公斤。

运输商将经销商批量采购的香蕉运至销地批发商处，由于海南地理位置的特殊性需要承担燃油费、轮渡费、工资、维修保险费、信息费及其他费用。以一辆车载重 31.5 吨为例，从海南到北京需要燃油费 8495 元、轮渡费为 2500 元、司机工资为 5000 元/月、维修保险费为 4000 元。同时，运输商向货运信息部支付的相关市场信息费用，大约为 500 元/每次，运输商还发生其他费用如运输人员的住宿、餐饮等，折合 800 元/月。于是，可以计算得出运输商因运输香蕉的总成本为 0.68 元/公斤。运输商收益主要来自零售商支付的运费，有淡季、旺季之分，在旺季时车辆安排相对紧张，运费为 24000 元/车，即 0.76 元/公斤；而在淡季运输量较少，供过于求，其运费为 9000 元/车，即 0.29 元/公斤。因此运输商在旺季的利润为 0.08 元/公斤，在淡季的利润为 −0.39 元/公斤，如表 10−17 所示。

香蕉到达北京新发地批发市场后，由批发商进行代销，但市场风险由经销商负责，其收益为经销商支付的档口代销费 0.33 元/公斤。根据北京市价格监测中心采集的数据显示，国产一级香蕉的地头收购价格为 3 元/公斤、北京新发地市场的批发价格为 5.54 元/公斤、北京农贸市场的零售价格为 7 元/公斤、北京超市的零售价格为 8.1 元/公斤。于是，从以上信息可以得到香蕉在农产品供应链中每个节点的利润和加价水平，具体如表 10−18 所示。

表 10−17　　　　　　　　运输商的成本和收益　　　　　单位：元/公斤

销售季	单位成本	单位收益	单位利润
旺季	0.68	0.76	0.08
淡季	0.68	0.29	−0.39

表 10−18　　　　　　　供应链各环节的利润和加价　　　　单位：元/公斤

环节	蕉农	收购商	经销商	运输商	批发商	农贸市场	超市
费用	—	0.25	0.67	0.68	—	—	—
利润	—	0.42	0.52	−0.39	—	—	—
加价	3	0.67	1.29	0.29	0.33	1.46	2.56

3. 基于公平关切视角分析海南香蕉供应链

从海南香蕉供应链各环节的加价水平来看，超市加价水平约是经销商加价水平的 2 倍，这导致经销商在供应链中处于被动地位，面临着收益风险，迫使经销商关注供应链利润的分配公平，产生公平关切心理。这种公平关切心理影响经销商的决策，具体情况如下。

（1）采用低质仓储和运输方式。首先，经销商为了获取更多利润可能在储存时使用温控等技术不达标的储藏冷库，从而节约成本，但这种储存条件会大大影响香蕉到达超市的新鲜度。其次，由于经销商承担运输费用和包装费用，为了节约成本，经销商可能会选择与低温储藏运输设备不完善的运输商进行合作，造成运输过程中损坏程度严重，加大了超市端的质量损耗，或使用简陋包装降低香蕉的档次，致使消费者的购买欲望降低，导致超市蒙受销售损失。最后，由于旺季运输费用很高，经销商为削减运输成本选择时间较长、运费较低的运输方案，但香蕉是新鲜度随时间加速递减的生鲜农产品，时间越长新鲜度降低越快，超市面临着销售机会丧失和低质量产品的双重风险。

（2）降低质量管理水平。由于香蕉在采摘后需要尽快进行保鲜处理，具有公平关切的经销商会降低质量管理水平，如使用甲醛等不符合规定的保鲜剂进行保鲜、催熟，使得超市承担质量隐患。

（3）通过其他渠道销售。由于经销商具有公平关切心理，为了获得更多利润和更公平合理的供应链利润分配，经销商会将香蕉出售给加价水平较低的农贸市场或通过代理商平台进行直销，从而减少对超市的供应量，导致超市竞争对手增加、销售机会损失和消费者群体缩减，从而减少其销售收益。

4. 解决方案和成效

超市经营范围大多为生活必需品，需要与顾客之间建立长期稳定的渠道关系，产品的价格弹性较低，其价格难以发生很大的波动，在关注交易数量的同时更加注重产品质量，特别是农产品这类具有易腐性、保鲜条件严苛、流通难度大等性质的特殊商品。

由于经销商是租用销地批发商所在市场上的冷库，其保冷藏设施水平较低，首先，超市通过出资与经销商共同建立冷链或者以低于批发商的报价直接向经销商出租冷链，来降低经销商的存储风险，提高产品的新鲜度。其次，超市采取向经销商提供自家专用保鲜剂、催熟剂或按一定比例提供保鲜费用，避免农产品的质量安全隐患。最后，超市与经销商签订协议，约定质量标准和订购数量、批发价格，保持与经销商的稳定联系，一方面减轻经销商的经营压力，另一方面超市也能进一步保证稳定提供新鲜度高的产品。

由于超市处于供应链末端，更加了解消费者的喜好，容易进行市场调查，承接经销商的包装设计工作，缩减经销商的业务范围。这样，不仅减轻了经销商的成本压力，让经销商可以更好地专注于提高香蕉的品质。超市通过差异化包装香蕉，能够很好地根据市场需求进行差异化定价，以增加较低的包装、整理成本大幅度提高香蕉的销售价格和利润空间。高品质的香蕉、精美差异化的包装能够有效增加消费者的购买欲望、多样化购买用途，从而有效扩大香蕉销售量，从而增加自身和香蕉供应链利润，轻松实现经销商、超市双方利润的帕累托改进，有利于提高供应链效率和公平度、实现超市和经销商的良性、稳定合作。

10.3.3　永宁"粮食银行"

该实例的数据和资料来源于以下网站和文献。

［1］永宁县 2018 年龙头企业带动大米、蔬菜产业融合发展项目公示表：http：//www. nxyn. gov. cn/jryn/tzgg/201812/t20181219_1217408. html.

［2］秦杰. 小农户对接大市场的困境——宁夏永宁县水稻产业的社会学分析［D］. 北京：中国社会科学院研究生院，2020.

［3］马若冰. 农户土地利用行为特征及其对地区贫困的影响研究——以苍溪县为例［D］. 成都：四川师范大学，2018.

［4］银川市人民政府门户网站：www. yinchuan. gov. cn.

1. 背景介绍

2014 年，宁夏供销集团和宁夏昊王米业共同出资成立昊鑫现代农业开发有限公司。永宁"粮食银行"项目是公司的重点项目，总占地 26 万平方米、建筑面积 17.6 万平方米，建设有"粮食银行"储备库、培训教育基地等，具有 10 万吨原粮仓储能力和 30 万吨粮食烘干能力。依托仓储和经营优势，公司将永宁"粮食银行"项目打造成为业务核心，实现了龙头企业与农户的双赢。

"粮食银行"来自金融业的经营理念，公司将粮食购销和加工企业的粮食仓库用来给农户免费存放暂时闲置的粮食，农户仍然拥有粮食的所有权，以契约的方式将粮食使用权交给公司。通过这种方式，农户就得到了一个"粮食存折"，每年按照 6% 的"利率"进行分红，与银行存折一样，农户可以根据自己的实际需要，凭"粮食存折"在约定时间取出粮食，或直接向市场出售，如售给与"粮食银行"合作的相关公司，也可以按一定价格进行现金兑换。"粮食银行"项目一方面解决了农户的储存难题，另一方面农户也能在粮食的流动和周转中获得收益。

2. 相关数据分析

根据规定，"粮食银行"储存粮食有三个类别，分别为口粮存储、商品粮存储和现价结算。具有"粮食银行"存折的农户可以到公司开设的便民店，按所储粮食的市场价格等值兑换需要的生活用品，如食物、农用物资、日用品或者现金。同时，存入的粮食按照市场价格和储存时间进行

"利息"的计算，小麦、玉米的年利率为4%，水稻为6%。截至2018年，永宁"粮食银行"已累计吸收储存原粮9万吨，农民实现分红增收达1620万元，实现节粮减损近7000吨，直接托管水稻面积达12万亩，仅水稻一项亩节本增效达到106元、服务农户超5600户、农机使用率超过85%、年均为农户节约成本超过300多万元。

在统筹种植计划阶段，昊鑫公司一方面与粮食加工龙头企业，如昊王米业，签订优质水稻供货协议；另一方面与农户、合作社签订优质原料订单。仅2017年，昊鑫公司在永宁、贺兰、吴忠、青铜峡等地与20多家合作社超过2000户农户签订协议，协议服务面积总计达12万亩。在种植阶段，昊鑫公司与专业合作社、种粮大户签订土地托管合同，实行品种、育秧、耕种、灌溉、施肥、植保、收货"七统一"的全托管服务模式，收取300元/亩的托管服务费。据统计，直接托管面积达12万亩、带动服务面积达5万亩、直接带动就业人数300人、间接带动就业人数超过1000人。表10-19显示2018年龙头企业昊王米业带动永宁县各合作社通过统防统治、适期收获等技术建设"五优"水稻基地，帮助农户实现粮食增收。

表10-19　　　　　　　　2018年昊王米业带动各合作社种植情况

实施单位	实施地点	种植面积/亩	兑付资金/万元
永宁县惠丰现代农业种植专业合作社	李俊镇宁化村	800	16
永宁县双益有机水稻专业合作社	望洪县增岗村	400	8
永宁县国荣农业专业合作社	胜利乡八渠村	200	4
永宁县学忠农业专业合作社	李俊镇李庄村	600	12
永宁县曹东现代农业种植专业合作社	望洪县望洪村	300	6
灵武市圣虎农牧专业合作社	李俊镇西邵村	200	4
合计		2500	50

3. 基于利他互惠视角分析永宁粮食供应链

从昊鑫公司将企业存粮仓库用来免费给农户储存闲置粮食，愿意帮助农户进行规范化托管服务来看，昊鑫公司具有利他互惠。这种利他互惠行为影响着公司的决策，如农户免费使用粮食储存库可以降低农户的储存成本，相应地，公司可以得到较低的批发价格。公司在统筹种植计划阶段与粮食加工企业签订协议为农户提供优质水稻，在种植阶段的"七统一"全托管服务，这不仅会保证农户种植水稻的质量，降低质量检测成本，还会提高水稻的产量，扩大公司粮食的可使用规模。

昊鑫公司的利他互惠一方面提升了农户的存粮条件、保证农户拥有足够的口粮，另一方面为农户的闲置粮食取得了经济效益，尤其是种粮大户不再担心粮食失去市场机会，降低农户的收益风险。昊鑫公司的利他互惠不仅提高了供应链中农产品的源头质量，还通过托管服务使得农产品产量提升，以增加农户或合作社的出售价格。昊鑫公司选择与相关粮食加工企业合作，形成了一条种植、收购、加工完整的产业链，且优质良种由粮食加工企业提供，增大了粮食加工企业的加工规模，并且进一步保证了收购的粮食质量，可以提高加工企业在供应链中的加价水平。

4. 利他互惠的具体实施

昊鑫公司通过与农户签订协议，将农户所有土地进行全托管服务管理，解决了农户在种植、收购等环节中的技术难题和资金难题，公司还设有"一村一点"的便民店，实现了农户以货换币、以货换物，提高了农户的效益，进一步拓宽农户以粮食为载体的增收渠道。另外又与粮食加工企业进行合作，推进服务链条同时向前、后进行延伸，构建起了"龙头企业＋粮食银行＋产业联合体＋基地＋农户"的粮食生产、加工、销售完整的服务模式，构建了一个解决农户储粮卖粮问题、运输问题、加工企业筹资等问题的金融平台，不仅为农户和加工企业提供多功能、综合性的链条服务，解决了农户的技术难题、场地难题，还为粮食加工企业提供高质量的原材料，减轻了加工企业的经营压力和技术压力，实现了相关资源的整合与优化。昊鑫公司提供免费仓库、农用物资、优质良种等，分派专业技术人员进村指导，进一步提高农产品的质量水平，在供应链中产生一种良性影响，与供应链的各成员形成长期、稳定的契约关系，实现了相关企业、农户的利益共享、共同发展，使得整个供应链实现协调，促进供应链效率及公平度的改善。

10.3.4　永辉超市的生鲜建设

该实例的数据和资料来源于以下网站和文献。

［1］永辉超市年度报告：https：//xueqiu.com/6125537702/112404992.

［2］翁文静，黄梦岚，孙丽丽，郑秋锦，许安心 . 阿米巴经营模式下生鲜超市转型升级研究［J］. 对外经贸，2020（4）：98 – 100.

［3］陈会茹 . 永辉超市股份有限公司现金流管理调查分析［J］. 中外

企业家，2020（12）：73.

[4] 王芳宇. 新零售模式下永辉超市的财务战略及其实施效果分析[D]. 南昌：江西财经大学，2021.

1. 背景介绍

在超市的经营范围中，生鲜农产品是经营难度最高的品类，它既属于消费者的生活必需品，会吸引数量极大的消费群体，又由于生鲜产品对新鲜度的要求非常高，会使超市面临高损耗风险。据统计，国内超市生鲜经营的平均毛利率仅为7%。

2001年，永辉超市在福建省福州市成立，是首批将生鲜农产品引进现代超市的企业之一，是国家级"流通"和"农业产业化"双龙头企业，一般超市的生鲜产品类型约1000多种，而永辉超市的生鲜品类达到4000~6000种，成为公司主营业务最大的组成部分。永辉超市选择"迎难而上"，以生鲜产品作为进入市场的切入点，将其打造成为经营特色，从中小型区域商超品牌成长为零售龙头企业。截至2022年3月15日，永辉超市在福建、重庆等29个省份已建立1065家连锁超市，另外有144家新店铺筹建中，经营面积超过830万平方米，在全国建立了约20多个农业种植合作基地，倡导"田间定制、订单农业"，按照"一村一品"或"多村一品"的指导原则，结合当地具有特色的农产品，帮助农民种好地，并且实现"包销到户"。

2. 相关数据分析

永辉超市的每家门店中生鲜面积达到40%~50%。从图10.4可以看出，永辉超市生鲜及加工在主营业务中所占比重逐年提升，几乎接近50%，说明永辉超市对生鲜产品的重视。通过观察图10.5可以看出，2015~2018年生鲜产品及加工的毛利率呈逐年上升的大致趋势，这都说明了永辉超市对生鲜产品的正确经营。

为了严格把关生鲜产品的质量，永辉超市通过投资的方式建立起与农户合作的农业基地，通过供应链上游的规模化生产，从源头上保证生鲜农产品的品质。目前，永辉超市在全国建立了约20个农业种植合作基地，倡导"企业+农户"的对接模式和"一村一品"的指导原则，大力扶持农户种好地，如以下三个永辉超市成功合作项目。

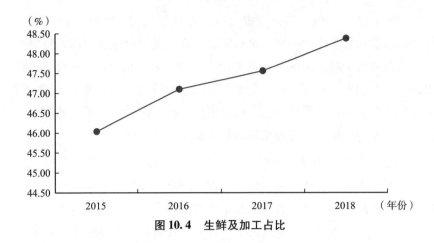

图 10.4　生鲜及加工占比

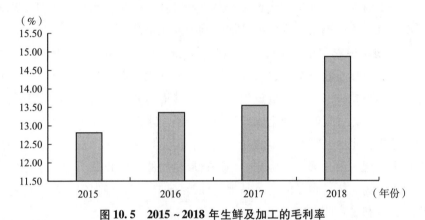

图 10.5　2015～2018 年生鲜及加工的毛利率

（1）陕西柿子。陕西省富平县有"中国柿乡"的美名，柿子的种植与当地环境息息相关，2018 年永辉超市控股子公司富平永辉现代农业发展有限公司在富平县淡村镇设立了柿产品加工企业，全力培育推广富平柿产品生产、科研、品牌打造、观光旅游等项目，截至 2019 年，永辉超市累计投资超过 1 亿元，在富平县建成了全国最大的现代化柿饼加工厂。

（2）甘肃中蜂药蜜。甘肃省定西市岷县是中国当归之乡、中国黄芪蜜之乡，境内盛产当归、黄芪、红芪、党参、丹参等名贵中药材 238 种。2018 年 8 月，永辉超市正式启动岷县永辉千吨中蜂药蜜产业项目，总投资 5000 万元、占地 6213 平方米，项目投产后预计年销售收入 1872 万元，利税约 800 万元。培育产业链，设立蜂蜜产品深加工车间，进一步挖掘岷县天然药蜜优势，提高中蜂药蜜生产精深加工水平，帮助当地特色农产品走出岷县，带动中蜂药蜜向产业化、规模化、品牌化发展。

（3）福州山仔橙。福州晋安区日溪乡地处偏远，种植"山仔橙"的农户基本靠积累福州的一些零星顾客进行自行销售，顾客群体不稳定，农户面临着销售难题。2018 年，永辉超市与合作社签订协议，直接进村以高于往年同期价格 20% 的标准进行收购，在卖场为"山仔橙"设立专柜，并在产品采摘上市前委托第三方权威机构中检集团检测把关，确保农产品的质量，也为种植农户省去了高额物流费用。

3. 基于利他互惠视角分析永辉农产品供应链

永辉超市属于大型连锁零售店、在农产品供应链中处于末端和主动地位，上游农产品加工商或者农产品生产基地处于从属地位并与永辉超市一起合作满足市场需求。永辉超市通过建立合作基地、输出农资等经济行为来帮扶上游农产品加工商或者农产品生产基地，这说明永辉超市具有利他互惠行为。永辉超市采取以下具体的利他互惠措施。

（1）实现农产品基地直采、降低渠道成本。永辉超市采购团队去种植地采摘、直接与农户交易，减少生鲜农产品在供应链中的流通环节、缩短运输时间、减少农产品运输过程的减损，从而有效提高生鲜农产品到达卖场的新鲜度，保证超市稳定供应高质量产品。永辉超市作为农产品供应链的主导零售企业，核心竞争力在于销售，但是始终保持严格的质量检验努力水平，通过委托第三方检测机构进行质量检测、防止有质量安全的农产品流入市场、树立自己的经营品牌、保持好的口碑，确保农产品供应链的稳定运作和稳定收益。

（2）帮扶上游农产品生产商或者农产品基地。永辉超市通过为上游农产品基地提供优质的农用物资、优质种子等从源头上保证农产品品质，通过这种方式一方面减少了农产品基地的农用物资采购成本，另一方面降低了农户的种植风险，类似"按订单生产"的方式，生产的产品也就是永辉超市所需要的，农产品无销售风险。

（3）直采模式提高了收购价格。永辉超市直接与农产品生产基地合作、采购农产品进行直接销售。一方面因为农产品生产基地"按单生产"；另一方面永辉超市希望维持稳定的货源并减少与农产品生产基地的谈判、协商、选择等成本。于是，永辉超市制定较高的农产品收购价格并大批量采购农产品。通过这种方式，农产品生产基地的收益大大增加且稳定，永辉超市虽然通过较高收购价格将自身一部分收益让渡给农产品生产基地，但是却极大提高了农产品供给质量、树立了良好的市场品质口碑、扩大了农产品市场需求和销售，稳定、增加了自身与农产品生产基地的利润。

4. 利他互惠的具体实施

首先，永辉超市采取提前支付一定费用给农产品种植户或者农产品生产基地，用于土地承包、农业设施投资、农产品培育改进，并且建立产品加工企业，引进专业的农产品保鲜技术和加工工艺等设备，使得农产品到达零售卖场时具有更高的品质，超市由于拓展业务范围实现了利润增加。

其次，永辉超市在全国范围内建立合作基地，对当地农户的特色农产品种植进行技术指导、规模管理，并采取"源头直采"的方式，不仅提高了物流配送的效率，还保证了生鲜农产品在生产、流通、销售各环节的新鲜度，更提高了供应链效率。

最后，永辉超市与农户签订协议，采取高于市场价格的收购价，提高农户在种植生产环节的安全感，为农户解决了有货无市、有市价廉的担忧，提升了供应链的公平度。永辉超市使用现金采购的方式，如与上门采摘的农户之间现金现货、与合作社之间发货后第二天付款，以及提前订货的预付款，较短的到账期缓解了农户的生产压力和合作社的经营压力，进一步激励农户和合作社在生产环节提高质量管理，而真正从"源头"上做到了"鲜"。通过这些利他互惠措施，永辉超市很快在消费者群体中建立良好的品质口碑，使得永辉超市总能通过供应"优质低价"生鲜农产品稳定市场地位、增加竞争力。

10.4　提升策略

有机结合第 4 章～第 9 章的理论模型分析和本章实证分析，本节基于社会偏好视角提出农产品供应链双边质量提升策略，以期提高农产品供给质量、农产品供应链持续、稳定运作。

10.4.1　农产品生产加工商

1. 积极披露自身生产加工成本并通过扩大规模降低成本

农产品生产加工商通过主动表露自身的困难与成本，如资金困难、经营成本上升、人才引进困难等，可以强化超市对农产品供应链收益分配公平的关注，从而超市减少对农产品生产加工商不合格产品的罚款额。这样可以实现农产品的收益、风险和安全问题的损失在供应链上下游之间合理分配。同时，由本书分析可知，由于农产品生产加工商公平关切增强会导致农产品质量下降，而农产品质量是农产品供应链运营的最关键因素。故当农产品生产加工商主动传递自身公平关切强度，必将会引起居于该供应链主导地位超市的重视，从而超市会努力提高供应链利益分配的公平性。

虽然农产品供应链有很多优点，但是可以从本书研究中看到，农产品生产加工商或者农产品超市因为供应链收益分配而产生的公平关切都会影响农产品供应链运作。农产品生产加工商应扩大生产、加工规模增加产量从而加强渠道权利，提高自身在农产品供应链中的议价能力。农产品生产加工商积极发展成为农产品供给侧核心主体，通过各种利益联结机制实现农产品生产加工商与下游销售渠道或者终端超市的有机结合，从而有效发挥规模经济效益。从农产品生产加工商角度出发，一方面通过规模化加工提高自身收益水平，另一方面规模化生产加工有利于引入高效率机械设备进行生产、规范化建设和自动化包装从而进一步降低单位成本、提高产品质量水平和收益。但目前国内的农产品生产加工商还处于规模较小、管理水平较低、人工作业量很大、资金和农业生产加工技术较低的阶段。要想较好地实施"农产品供应链"、有效与大型农产品零售商进行合作，在农产品供应链中获得较好的利润分配，农产品生产加工商需要进一步扩大生产经营规模，积极发展先进、现代化生产工艺，实现与农产品零售商的"有效对接"。

2. 提高产品质量认知并努力提升农产品合格率

农产品生产加工商通过投入更多技术和人力等手段来提高农产品质量，增强自身对农产品超市的重要性，从而使农产品超市加大对农产品生产加工商的重视，进而达成稳定合作并实现自身持续收益。

有必要提高农产品生产加工商的产品质量认知。农产品生产加工商对提高农产品质量的认知对于改进农产品质量非常重要。众所周知，各种防腐剂、膨化剂、保鲜剂和色素等在农产品生产加工质量安全中起着很重要的作用，农产品生产加工商对这些化学药品合理使用重要性和后果的认识越清楚、评价越高，他们在生产加工过程中实施农产品质量安全控制措施的可能性就越大。对于理性的农产品生产加工商，在形成农产品合作供应链中，一般农产品超市都会对将收购的农产品质量提出具体要求。如果农产品生产加工商想要参与供应链、长久与农产品超市合作从而稳定农产品销售渠道，出于对农产品生产加工商自身利润考虑，农产品生产加工商在生产过程中会注意影响农产品质量的药物使用，实现从生产加工环节进行农产品质量控制。农产品货源对于农产品超市经营非常重要。一方面，农产品生产加工商对农产品实施安全控制措施保证超市向市场提供安全可靠的供应，超市留住、扩大顾客范围，超市对农产品生产加工商的依赖性增强，即农产品生产加工商在农产品供应链中的地位增强从而有助于农产品生产加工商谈判能力提高、公平负效用减小。另一方面，安全优质的农产品有助于农产品生产加工商要求超市提高收购价格，而顾客也愿意以稍微高的价格买到安全放心的农产品，最终农产品生产加工商、农产品超市、消费者都从农产品供应链中受益。

3. 充分利用现代信息技术并努力实现前向一体化

随着电子商务的普及、云计算和大数据技术的应用，一方面，农产品生产加工商采用电子手段通过农产品超市或者绕过超市直接了解市场对农产品的具体需求从而按需生产，减少农产品加工过剩和农产品不足的双重风险；另一方面，农产品生产加工商通过与电商深度合作，能够找到更多的销售机会，努力创收。农产品生产加工商所面临的销售机会越大，农产品生产加工商自发实施安全控制的力度越大，促使该供应链往良性方向发展，实现长期稳定的合作。

农产品供应链是通过农产品生产加工商向供应链中的销售环节延伸，即供应链中的前向一体化，农产品供应链中农产品生产加工商能够积极推广、实施农产品生产的标准化、订单化，通过规模加工生产提高效率、降低成本。农产品生产加工商通过与下游农产品超市进行合作对接能够丰富农产品种类、扩大经营规模、农产品质量安全程度高。同时，供应链前向一体化能够组建鲜活农产品配送中心，从而更好地采取现代流通方式实行连锁经营和统一配送，以便及时满足市场对农产品尤其是生鲜农产品的需求。

4. 积极传递自身公平关切信息

本节模型中，处于后动的农产品生产加工商可以通过各种途径来传递自身对农产品供应链收益分配公平的信息。首先，农产品生产加工商可以通过广告来宣传自身的公平关切信息，从而间接要求下游农产品超市关注自身的公平关切行为。其次，农产品生产加工商通过多样化农产品销售、各种电子途径和广告来增加顾客关注度和购买量，增强自身对超市的重要程度，从而促进超市提高农产品收购价格和收购量。最后，农产品生产加工商还可以通过与多家农产品超市进行谈判，直接表达自身对农产品供应链中收益分配比例的关注，选择能够满足自身利润分配比例的超市进行合作。

随着经济全球化、网络化、虚拟化，企业之间交易关系不稳定度增强，农产品供应链中的农产品生产加工商不断扩大生产规模、引入先进保鲜冷藏设施不断提高农产品的加工品质和生鲜度，农产品超市为了获得高质量农产品的稳定供给，不断寻求、加深与优质农产品生产加工商的长远合作。农产品生产加工商与电子商务交易平台、互联网技术和传统交易渠道寻求能合作的超市。一旦农产品生产加工商成为超市的重要农产品供应商，超市会非常重视农产品生产加工商所得供应链利润分享比例，且为了长期利益会积极采取与农产品生产加工商收益分享、风险共担的柔性契约，如成本分担契约、收益共享契约、提前转移支付等，与农产品生产加工商企业共同增加销售努力而保证高质量农产品的稳定销售。

5. 努力揭示双方成本信息并让超市分担部分成本

农产品超市通过大规模采购和外包冷藏运输来压缩农产品流通环节的各项物流成本，同时在销售环节通过良好的购物体验、购物舒适度、产品的美观包装等来提升顾客满意度并获得超额溢价，从而赚取了农产品供应链中较大比例的利润，如五常大米供应链利润失衡现象、"速生鸡"事件等。农产品生产加工商应借助先进的大数据和云处理技术，一方面积极披露自身生产加工信息，如高新技术引入成本高、对市场需求预测难度大、生产受天气影响损失风险大等；另一方面通过对超市销售数据获得有关农产品销售价格、市场需求、管理成本、租金等准确的超市成本信息，从而为自身争取恰当比例的农产品供应链利润分配提供计算依据，同时提高供应链的主观公平度，最终提高供应链收益和效率。

本书模型中，超市处于农产品供应链主导地位，能根据农产品生产加工商的反应和自身经营成本、质量检验成本制定使自身利润最大的农产品收购价格，而处于后动的农产品生产加工商需要经过超市完成销售才能实现自身的收益，特别是当农产品生产加工商要独自承担农产品生产、从农户手里采购农产品后的保鲜风险和成本更高的生产经营风险，进一步加大经营风险和回款周期。由农产品供应链公平度的计算可知，农产品生产加工商应得到渠道更多的销售收益才与自身的风险和努力投入匹配。

一方面，农产品生产加工商可以要求超市承担部分农产品生产加工成本或者共同投入生产加工设施，从而共同努力提高农产品生产加工效率、品质和市场销售量，增加超市在农产品供应链中的努力投入、减弱农产品生产加工商的公平关切强度。另一方面，农产品生产加工商可以要求超市提供收益共享、风险共担的柔性契约，如收益共享契约、回购契约等，减少农产品生产加工商生产加工的资金投入、需求波动所带来的市场收益风险，从而提高农产品生产加工商的生产加工积极性、提高农产品源头供给质量，通过提升双方对农产品供应链的贡献来提高供应链运作效率和公平度。

6. 搭建农产品经营信息化水平

在大数据时代，信息手段成本低，农产品超市可以积极与农产品生产加工商之间建立农产品信息系统，推广使用数字化终端设备、条形码技术、电子订货系统和补货系统等，建立农产品品类管理和农产品供应链管理技术，从而提高农产品生产加工商和超市联合对市场的响应速度能力。通过信息平台，农产品超市能够给予农产品生产加工商及时的市场需求信息、有利于销售并受市场欢迎的加工包装技术，同时给予生产加工商运储、价格等方面的优惠和支持。在遇到特殊问题或者困难的情形下，农产品超市通过信息平台主动承担合约风险，并适当照顾农产品生产加工商利益。通过信息平台，农产品超市可以方便了解农产品生产加工商的心理偏好，完善农产品供应链收益分配制度。由于农产品超市居于主导地位，更要关注农产品生产加工商的公平关切心理，合理分配农产品供应链收益，做到公平公正，并定期在农产品生产加工商间宣传合作精神、互惠精神，提高农产品生产加工商合作意识，提高积极性。

10.4.2　农产品超市

1. 合理制定农产品收购契约

农产品供应链中，超市作为农产品的主要收购方和向广大消费者的主要销售节点，应该做到信誉有保障、收购农产品价格合理，收购农产品做到实效性、批量化、按时结算。一方面，保障农产品生产加工企业的产品按时、及时收购向市场流通，从而减少农产品生产加工企业的生产、经营风险；另一方面，制定合理的收购价格，从而保障农产品生产加工企业对农产品的加工收益，提高农产品生产加工企业的生产积极性，从而在农产品生产加工企业和农产品超市之间建立起稳定的长期合作关系。

农产品超市为了获得高质量农产品品种和数量的稳定供给，可以选择合适的农产品生产加工商签订协议，将收购价格、收购数量与合作期限等写入合同，保持稳定、长期的可靠供应源。同时，超市通过协议加大农产品采购批量获得批量采购折扣来降低农产品进货成本，由于采购批量大，超市可以在合同中明确农产品的质量标准，只要农产品收购价格合适、合理，农产品生产加工企业为了稳定销售渠道必定严格按照超市要求投入设备进行生产。此外，农产品超市可以通过定期对合同农产品生产加工企业的有效管理，控制有关生产资料、生产技术的安全生产，确保高质量农产品稳定供给。

2. 积极分担农产品加工企业风险并提供技术支持

农产品超市应主动签订收购合同，包括确定收购保护价和数量，从而分担农产品加工企业风险与成本。同时，农产品超市可以向农户提供一些农产品加工、生产先进技术服务，和农产品生产加工企业一起协商生产规模、农产品品种、生产标准，并和农产品生产加工商签订协议明确规定农产品收购价格、农产品质量标准，从而分担农产品生产加工商风险与成本。这样农产品生产加工商更有安全感，进而弱化农产品生产加工商公平关切，主动提升农产品合格率，从而避免恶性竞争直至合作破裂。由于农产品超市在农产品供应链中往往处于优势地位，而农产品生产加工商处于从属地位、抗风险能力也较弱，通过事先确定固定收购价格（保护性收购价格）的方式减少农产品生产加工商对未来农产品产出和市场价格风险的担心，缓减双方由于信息掌握程度、谈判能力、渠道掌控能力等因素的影响，促进农产品生产加工商和超市的合作。

3. 努力提高农产品质量检查投入

超市鼓励农产品加工企业生产合格产品，促使该农产品供应链往良性方向发展，实现长期稳定的合作。这样可以更好地发挥产品价值、品牌效益，从而大大提高农产品供应链整体收益。超市应尽可能做到在内部发现并解决不合格农产品，避免不合格农产品流入市场，造成更大的补救成本，尤其声誉的损失。超市通过与农产品生产加工商的合作可以大幅度减少中间流通环节、降低各类流通成本和交易成本，同时减少各种流通过程中被混杂、污染、损毁的可能性，见表10-20。

表 10-20　　　　　　　　　超市与农产品生产加工商的合作

合作内容	大型超市	农产品生产加工企业
农产品销售	主导农产品供应链，直触终端消费市场，能够差异化包装、差异化对农产品定价，利润空间大	通过大型超市销售农产品，不能接触终端零售市场和超市的差异化定价、销售行为，按照超市合同进行生产

续表

合作内容	大型超市	农产品生产加工企业
农产品流通	通过与农产品生产加工企业直接合作，获得农产品供应源，大幅度减少中间流通环节、降低各类流通成本和交易成本，可以根据消费者需求制订具体品类农产品采购计划	农产品生产周期长，与消费市场存在时滞，生产具有盲目性，难以按照终端分散的消费需求来明确生产计划以及相关原料、技术投入
收购数量	通过大批量、长时间采购获得价格优势，大幅度降低进货成本	需要大型超市大批量购买，减少下游渠道超市，从而减少同下游超市谈判增加的交易成本和管理成本
收购价格	稳定货源，可以提高采购价格，同时根据农产品销售的多样化、品质差异化，超市可以根据质量和安全性等级进行优质高价收购，鼓励农产品生产加工企业不断创新，提高农产品质量	优质农产品的利润空间大大高于普通农产品，农产品生产加工企业不断推出高端、优质农产品，从而提高下游超市的采购价格，提高自身与超市的利润空间
安全性	需要获得来源可靠、质量可靠、可追溯的农产品供给源	由于具有一定的资格认证和规模性，有能力、能够积极控制农产品质量安全，必要时积极为超市和消费者提供农产品生产的相关信息，如种子来源、土壤情况、生产加工详细信息、各类添加剂具体信息等
计划性	确保超市货架上各类农产品品种和数量的稳定供给	生产、加工规模经济性，农产品生产加工企业有能力满足合同规定品种和数量农产品稳定供给

4. 积极发展高效率物流配送

农产品供应链中的农产品超市可以自建物流配送体系、租赁专业的农产品物流配送中心或者引入第三方物流对农产品的收购、配送、流通实施全面的无缝对接，从而减少农产品损耗程度、提高农产品新鲜度，发挥现代化物流配送体系的高效率流通作用。通过高效率物流配送，农产品可以降低农产品的流通成本、提高农产品质量，从而在市场销售中提高产品销售价格增加自身利润。农产品超市在物流配送环节可以通过第三方对农产品进行自动检测，进一步提高农产品质量保障并减少农产品流通时间。另外，农产品超市可以帮助农产品生产加工商培育合作自有品牌，从而积极向专业客户提供高质量、安全可靠的农产品及农产品加工制品，增强顾客对农产品超市和农产品生产加工企业的质量安全信息，促进农户生产、销售规模的扩大，进而改善农产品生产加工企业和超市双方的收益。

5. 搭建农产品经营信息化水平

2015 年中央一号文件《关于加大改革创新力度加快农业现代化建设的若干意见》提出要建立全程可追溯、互联共享的农产品质量安全信息平台，提高群众安全感和满意度。超市作为农产品供应链的主导者，有责任控制安全农产品的供给，将优质的农产品传递给消费者，通过信息平台向消费者传递安全农产品各方面的信息，减少农产品供应到销售环节的信息不对称和扭曲现象。同时，超市树立品牌、通过各种信息平台在消费者中产生较强的口碑宣传效应，进一步推动安全农产品价值实现和优质高价销售，引导和鼓励、激励安全农产品的生产。在大数据时代，信息手段成本低，农产品超市可以积极与农产品生产加工商之间建立农产品信息系统，推广使用数字化终端设备、条形码技术、电子订货系统和补货系统等，建立农产品品类管理和农产品供应链管理技术，从而提高农产品生产加工商和超市对市场的相应速度能力。通过信息平台，农产品超市能够了解农产品生产加工商的社会偏好，完善农产品供应链收益分配制度。由于超市居于农产品供应链主导地位，超市要关注农产品生产加工商的公平关切心理，合理分配农产品生产加工商收益，做到公平公正，并定期在农产品生产加工商间宣传合作精神、互惠精神，提高农产品生产加工商合作意识，提高积极性。

超市同农产品生产加工商优势互补，超市通过电脑的单品管理信息系统，能够直接为农产品生产加工商提供市场准确的需求信息，如品种、数量的细分计划，避免农产品生产加工商由于市场需求的波动而遭受经济损失。同时，农产品生产加工企业的规模经营也为超市的农产品质量安全创造了可靠的客观条件。

10.4.3 政府部门

随着电子商务的发展、大数据技术的广泛应用，网络经济改变着农产品流通方式、流通渠道，使传统农业全面转型、升级、现代化。现代农业已经不再是单一的农业产业，而是融合第一、第二、第三产业的综合范畴，涉及范围广、参与主体多、管理问题复杂等，形成了从上游到下游完整的产业链。农业发展应该将农产品供应链上所有环节作为一个有机整体，形成产供销协调发展的供应链模式，有利于规范农产品价格、有效配置农业资源、促进农民增收，充分满足消费者对优质农产品的需求。为此，应该在网络经济环境下加大对农产品供应链创新的政策支持力度。

1. 完善农产品供应链监管的法律法规体系

法律和政策等外部环境直接影响我国农产品供应链体系的建设、规范和发展，农产品供应链有关政策会直接作用于农产品生产、流通、销售等各个环节和渠道，深刻影响着农产品供应链成员的渠道地位、农产品定价体系和供应链利益分配。为此，应该站在整个农业产业链的高度，综合考虑农产品供应链在现代农业发展中的重要作用，建立和完善农产品供应链监管的相关法律法规体系。一方面，从建立和完善统一开放、竞争有序的农产品流通体系的角度出发，对各大农产品加工生产企业、各大型超市在市场准入、经营条件、交易品种、违规处罚、市场定价体系、税收制定等方面加强立法；另一方面，从完善农业产业链的角度出发，制定有关农产品供应链的行业规划、行业标准、农产品质量标准等，其中特别加强农产品质量安全标准体系相关法律法规的建设。由于我国传统农业生产的小规模、分散性特点，致使整合农产品上游的农产品加工企业规模偏小，往往在农产品供应链中处于弱势地位，难以获取准确的市场需求信息或者获取市场需求信息的成本较高，造成农产品生产与市场需求不匹配，从而造成农产品价格波动，不利于提高农产品质量投入水平。为此，应该进一步完善政策引导和风险预防性法律法规，在农业信息、农业保险等方面不断进行优化。

2. 发挥大型农产品生产加工企业在农产品供应链质量管理中的引领作用

随着专业分工进一步细化、规模经济效应进一步凸显，农产品生产加工企业成为农产品供应链质量管理的核心，很大程度上决定着农产品质量安全。首先，政府应该加强培育大型农产品生产加工商的财政支持力度。如通过政府直接补助、贴息贷款、税收优惠等方式加大对农产品生产加工企业的支持力度，形成规模效应，提高财政资金的使用效率、提高农产品生产加工企业的收益，进一步促进农产品生产加工企业的转型升级。其次，引导和支持农产品生产加工企业研发农业绿色技术，并与农产品种养、农产品物流、农产品销售等农产品供应链不同环节的经营主体进行合作和链接，进一步推进规模经济、小生产与大市场的有效衔接。最后，完善农产品生产加工企业与大型超市之间的利益联结、分配机制，通过订立契约、股份制、合作制等方式促进农产品生产加工企业与超市的优势互补、风险共担、利益共享，充分保障双方长远、稳定收益，在带动农产品生产、开拓农产品销售市场、促进农产品新技术引进和农产品生产标准化等方面发挥积极作用。

3. 推动大数据技术在农产品供应链中的应用

首先，充分利用大数据技术精准预测市场需求。农产品市场需求预测是农产品供应链的源头，精准的需求预测直接关系农产品生产计划安排、库存水平及订单交付情况，尽可能缓减农产品供应链中的信息不对称问题，减少农产品价格波动造成的"菜贱伤农"和"菜贵伤民"现象。大数据技术使得农产品生产加工过程更科学、更有效规避市场风险。其次，搭建农产品价格监测平台，丰富农产品价格监测系统的基础数据资源，促进监测平台与政府部门数据、农产品批发市场交易数据的无缝对接，提升农产品价格波动的预警能力。由此，农产品生产加工商可以随时获取农产品实时价格和需求量信息，科学安排生产计划和销售。最后，大数据应用的前提是规范农产品供应链的信息采集制度、采集方法、管理机制，进一步完善农产品报价指数体系，通过统一权威渠道发布农产品价格指数并做好农产品产业链发展评估，使农产品市场供求信息更加准确、农产品产销渠道更加稳定，同时支持服务组织为农产品生产加工企业提供个性化、定制化的信息服务，提升信息服务的有效性和精准性，进一步完善农产品流通信息的标准化建设，实现整个农产品供应链、产业链信息的无障碍传递。

4. 加快农产品供应链可追溯体系建设

首先，加快构建农产品供应链可追溯信息平台。以物联网、云计算、大数据、对象标识与标识解析技术为支撑构建覆盖农产品供应链全过程的可追溯平台，包括农产品质量安全监管系统、农产品生产加工企业信息管理系统、农产品质量安全信息公开系统等具有数据联通和信息交换的功能。由于农产品生产加工企业的加工过程、材料采用直接决定农产品质量。因此，要落实农产品生产加工企业为主题和流向管理为中心，落实农产品生产加工企业的质量追溯责任，推动农产品供应链上下游主体主动实施扫码交易，既能界定农产品生产加工企业的责任，确保农产品供应链全程可追溯，又能保障消费者的知情权。其次，推进国家平台、省级平台、市级平台的互联互通及信息共享，实现各级各类追溯平台与检验检测信息系统、信用管理系统、执法系统、企业内部质量管理体系的信息对接。再次，加快完善农产品供应链可追溯的标准体系。明确不同类型的农产品供应链追溯信息内容，制定农产品分类、编码标识、平台运行、数据格式、接口规范的关键标准，加快制定农产品质量追溯信息的记录、保存和衔接规则。最后，加强对农产品供应链追溯数据的管理和应用。将农产品供应链追溯管理与无公害或有机农产品质量认证、良好农业规范认证（Good Agricultural Practices，GAP）、危害分析和关键点控制（Hazard Analysis Critical Control Point，HACCP）等制度有机结合，建立基于追溯管理的认证和标识制度。

10.5　本　章　小　结

为了更好地提升农产品供应链双边质量努力水平，保证高质量农产品的稳定供给和农产品供应链稳定运作，本章采用问卷调查和 SPSS 22.0 统计软件对社会偏好和农产品质量努力之间的相关性进行检验，并结合农产品供应链质量管理实例进行分析。一方面，通过相关性实证检验得到：公平关切对农产品供应链双边质量努力具有显著负向影响，利他互惠对农产品供应链双边质量努力具有显著正向影响，进一步印证、充实了数理模型的理论研究结论。另一方面，结合农产品质量、农产品供应链典型实例，例如："五常大米"供应链利润分配失衡、"海南香蕉"供应链利润分配失衡、永宁"粮食银行"、永辉超市的生鲜建设，分析了社会偏好（公平关切和利他互惠）对农产品供应链双边质量提升和农产品供应链运作的影响。

有机结合理论研究和实证分析，分别从农产品生产加工商、超市、政府角度提出有效提升农产品质量的管理策略。

（1）农产品生产加工商角度：积极披露自身生产加工成本并通过扩大规模降低成本、提高产品质量认知并努力提升农产品合格率、充分利用现代信息技术并努力实现前向一体化、积极传递自身公平关切信息、努力揭示双方成本信息并让超市分担部分成本、搭建农产品经营信息化水平。

（2）农产品超市角度：合理制定农产品收购契约、积极分担农产品加工企业风险并提供技术支持、努力提高农产品质量检查投入、积极发展高效率物流配送、搭建农产品经营信息化水平。

（3）政府角度：完善农产品供应链监管的法律法规体系、发挥大型农产品生产加工企业在农产品供应链质量管理中的引领作用、推动大数据技术在农产品供应链中的应用、加快农产品供应链可追溯体系建设。

本章的贡献在于率先设计问卷、采用实证研究方法分析了公平关切和利他互惠对农产品供应链双边质量努力水平的影响，不仅检验了数理模型的理论研究结论，还发现了新的结论，例如理论模型中仅考虑了农产品加工商公平关切、超市利他互惠对农产品供应链双边质量努力的影响，而实证研究同时考虑了双方的公平关切、利他互惠对农产品供应链质量努力的影响，研究范围更大，研究结论更具有一般性。

第 11 章　结论与展望

11.1　研　究　结　论

本书的研究结论具体分为以下三大部分。

1. 基于社会偏好视角的农产品供应链双边质量提升短期机制

分别建立不考虑社会偏好和考虑社会偏好的农产品供应链双边质量努力决策博弈模型，通过对两种情况下的均衡策略进行对比分析，研究农产品加工商公平关切和超市利他互惠对农产品供应链双边质量努力提升、供应链效率和公平度的影响。

（1）农产品生产加工商公平关切：①农产品生产加工商质量努力水平、超市检验努力水平和供应链最大期望利润与农产品生产加工商公平关切不相关；超市收购价格、农产品生产加工商最大期望利润和最大期望效用与农产品生产加工商公平关切强度正相关，而超市利润随农产品生产加工商公平关切强度负相关。农产品生产加工商的公平关切仅仅起到"供应链利润分配机制"的作用。②供应链客观效率不受农产品生产加工商公平关切影响；供应链主观效率随农产品生产加工商公平关切先递减后递增，于是，从主观评价，农产品生产加工商较强的公平关切有利于优化供应链效率。③供应链客观公平度不低于主观公平度；供应链主观、客观公平度都随农产品生产加工商公平关切强度递增，且总高于完全理性下的主观、客观公平度。无论从客观还是主观评价，农产品生产加工商的公平关切都能优化供应链公平度。

因此，农产品生产加工商较强的公平关切强度能保证供应链客观公平度不变的基础上同时优化供应链主观效率、供应链主客观公平度，较好地兼顾优化供应链效率和公平度。

（2）超市利他互惠：①农产品生产加工商质量努力水平、超市收购价格、农产品生产加工商最大期望利润、效用和供应链最大期望利润与超市利他互惠正相关；超市检验努力水平与超市利他互惠不相关；超市最大期望利润与超市利他互惠负相关；超市最大期望效用和供应链最大期望效用与超市利他互惠先负相关后正相关。②供应链客观效率总是随超市利他互惠严格递增；供应链主观效率随超市利他互惠先递减再递增。较强的超市利他互惠有利于优化供应链主观和客观效率。③超市利他互惠较弱时，可以改进供应链客观公平度和主观公平度，供应链主观公平度高于供应链客观公平度，且不论从客观评价还是从主观评价，超市利他互惠都能优化供应链公平度。因此，超市较弱的利他互惠强度能较好地兼顾优化供应链效率和公平度。

2. 基于社会偏好演进视角的农产品供应链双边质量提升动态机制

以农产品供应链社会偏好信息结构来刻画供应链成员社会偏好及其认知动态演进过程。首先，将农产品供应链中的社会偏好信息结构分为无社会偏好且信息对称、社会偏好且信息不对称、社会偏好且信息对称、无社会偏好且信息不对称这四个演进过程。其次，采用逆向归纳法求解各个过程中农产品供应链双边质量努力决策、计算各个过程中农产品供应链主观效率和客观效率、农产品供应链主观公平度和客观公平度。最后，通过数理模型和数值分析来研究社会偏好及其认知动态演进对双边质量努力决策、各方利润、供应链效率和公平度动态变化的影响。

（1）农产品生产加工商公平关切：①超市始终选择供应链系统最优的农产品质量检验努力水平，且不受农产品生产加工商公平关切的影响；只要超市提高农产品收购价格，农产品生产加工商就会增加农产品质量努力水平，从而确保高质量农产品的稳定供给。②处于供应链主导地位的超市应该提高农产品收购价格让利给农产品生产加工商，从而改进自身、农产品生产加工商期望收益、供应链整体效率和公平度。③农产品生产加工商公平关切且信息非对称时供应链主观和客观效率都最低，农产品生产加工商公平中性且信息非对称时供应链主观和客观效率都最高；供应链的客观公平度总是不低于主观公平度。

（2）超市利他互惠：①只要超市利他互惠，超市就会提高自身农产品收购价格让利给农产品生产加工商、增加农产品生产加工商利润。只要农产品生产加工商认为超市利他互惠，就会提高自身质量努力水平，提供高质量的农产品给市场，扩大市场需求，增加供应链利润。②处于供应链主导地位的超市应该增强自身利他互惠强度，从而改进自身效用、农产品生产加工商利润、供应链利润和供应链效用，提高供应链主客观效率和主客观公平度。③超市利他互惠且信息对称时，供应链主客观效率达到最大；超市利他互惠且信息非对称时，供应链主客观公平度达到最大，且供应链主观公平度总是不大于客观公平度。

因此，当农产品生产加工商有效传递公平关切信号给超市能有效提高农产品质量和主客观效率，同时获得较高的农产品供应链收益分配公平度。虽然超市有效传递利他互惠信号有利于提高农产品供应链双边质量努力水平，但是超市利他互惠的信息非对称导致供应链不能兼顾效率和公平的同时优化。

3. 基于社会偏好演进视角的农产品供应链双边质量提升长期机制

考虑农产品供应链和社会偏好的动态演变特征，采用演化博弈模型分别对农产品生产加工商群体和超市群体进行单独演化博弈分析和交互演化博弈分析，从而研究社会偏好及其认知动态演进对农产品供应链双边质量提升的长期影响机制。

（1）农产品生产加工商公平关切：①短期内，超市会采取"激励"策略、农产品加工商会采取"关切公平"策略。②无论是单独演化博弈分析和交互演化博弈分析，超市的演化稳定策略都为"激励"，农产品生产加工商的演化稳定策略都为"关切公平"。因此，无论是短期决策，还是考虑农产品供应链和公平关切的动态演化特征进行长期分析，农产品供应链的双边质量努力决策和农产品收购定价决策都一致。超市总是考虑农产品加工商的公平关切而主动提高农产品收购价格并保持最优的质量检验努力水平；农产品加工商总会关切公平，为自己争取较高的农产品收购价格、较多利润，也因此提高质量努力水平。

（2）超市利他互惠：①短期内，超市会采取"不偏好利他"策略，农产品生产加工商会采取"激励"策略。②超市单方演化博弈稳定策略为"偏好利他"，而农产品生产加工商单方演化博弈稳定策略依赖于超市的选择。③长期内，超市会采取"偏好利他"策略，农产品生产加工商会采取"激励"策略。农产品生产加工商选择"激励"策略和选择超市"偏好利他"策略对提升农产品质量和改进农产品供应链运作是有益的。

11.2　未来展望

虽然本书在理论上拓展了农产品供应链的研究范围、丰富了农产品供应链管理的基本理论，在实践上为提高农产品质量和农产品供应链利润合理分配提供微观动因的理论基础，但是，还存在以下不足。

1. 考虑农产品生产加工商主导型农产品供应链

本书仅考虑超市主导型供应链中农产品生产加工商的公平关切、超市利他互惠对农产品供应链双边质量提升的影响。随着农产品种植的规模化、技术现代化和营销渠道电子化、网络化、扁平化，农产品生产加工商有越来越多的机会、途径和能力直接面向终端市场进行销售农产品，如通过电子渠道、网络社交平台、网络直播带货销售给消费者。农产品生产加工商通过缩短流通渠道长度来降低自身成本、减少农产品变质等，绕过农产品批发和零售环节，提高自身利润，从而农产品供应链结构日趋偏向农产品生产加工商主导型供应链。随着实体超市在农产品供应链中的地位减弱，有必要研究超市公平关切或者农产品生产加工商利他互惠对各方质量努力决策、供应链效率和供应链公平度的影响。

2. 考虑农产品生产加工商竞争环境下的供应链协调策略

本书研究一个超市和一个农产品生产加工商的简单二级农产品供应链，农产品生产加工商公平收益比较的对象只有超市，而忽略了处于同样市场地位的同级农产品生产加工商之间的收益比较，他们处于同样的市场地位、具有直接的竞争性，更容易关注同级竞争对手的收益。

因此，有必要将社会偏好纳入同级竞争型农产品供应链决策主体进行研究，这也需要将现有研究扩展到农产品生产加工商竞争环境，虽然计算的复杂性、难度会大大增加，但是更贴近现实农产品供应链竞争环境。例如，建立一个超市面临两个或多个竞争农产品生产加工商时的农产品供应链模型，既要考虑农产品生产加工商与合作超市的纵向利润分配比较，又要考虑同级农产品生产加工商之间的横向利润比较，研究农产品供应链决策主体社会偏好对供应链各个成员决策、质量努力水平和农产品供应链效率和公平度的影响，从而更好地为农产品生产加工商竞争环境下的农产品供应链双边质量提升提出更贴合实际的管理策略。

3. 考虑社会偏好系数动态调整下的农产品供应链双边质量提升

当某个农产品供应链成员退出或者新的成员加入，会引起农产品供应链结构变化和成员间收益份额变化。因此，农产品供应链结构变化下供应链成员会因为参考对象的变化而引起社会偏好强度的变化，并进一步对供应链成员决策主体绩效产生影响。例如，农产品生产加工商的多参考性，处于不同的渠道或者不同农产品供应链中时参考对象会不同，那么农产品生产加工商的公平关切系数会因不同的参考对象而表现出差异性。

当农产品供应链社会偏好结构变化时，有必要研究社会偏好系数动态调整下的农产品供应链双边质量提升。

4. 农产品生产加工商、超市双方社会偏好类型选择和偏好程度的控制策略

本书虽然研究公平关切和利他互惠及其认知动态演进、信息非对称对农产品供应链双边质量努力决策、供应链效率和公平度的影响，但是没有研究合作伙伴社会偏好类型选择和社会偏好类型的控制策略。农产品生产加工商、超市双方不同的公平关切、利他互惠类型及强度对农产品供应链各方的质量努力水平、农产品定价策略影响不同。于是，确定好农产品生产加工商、超市社会偏好类型及偏好强度能快速、及时有效地解决农产品供应链发展过程中出现的问题。可以从以下三点进行研究。

（1）农产品生产加工商社会偏好类型的选择。农产品生产加工商的社会偏好类型是农产品供应链决策研究的一大影响因素，在农产品生产加工商社会偏好类型选择上，可以采用成本效益分析的研究方法，即如果选择某类心理偏好的农产品生产加工商加入农产品供应链得到的收益大于付出的成本则选择，反之就不选择。

（2）农产品生产加工商的社会偏好强度控制。以农产品加工商公平关切为例，在农产品生产加工商公平关切程度的问题上可以有两种方法：一种是比较静态分析，在一般效用函数中引入公平关切系数 α，如农产品生产加工商效用可以表示为 $u_s = \pi_s + \alpha\min(\pi_s - \lambda\pi_r, 0)$，以效用最大化为原则（即使效用函数的二阶导数小于零，一阶导数等于零），求出最优解。然后，分析当农产品生产加工商公平关切—超市公平中性、农产品生产加工商公平中性—超市公平中性两种情况下公平关切系数 α 对最优解的影响。另一种是数值仿真，在没有显性解的情形采用 Matlab 进行数值仿真，观察比较得到最优解。

（3）超市社会偏好类型的选择。由本书研究得出，只要超市利他互惠，超市就会提高自身农产品收购价格让利给农产品生产加工商，农产品生产加工商利润增加。只要农产品生产加工商认为超市利他互惠，他就会提高自身质量努力水平，提供高质量的农产品给市场，扩大市场需求，增加农产品供应链利润。于是，处于供应链主导地位的超市利他互惠对农产品生产加工商和农产品供应链是有利的。但是，短期内，超市利他互惠是以让利给农产品生产加工商、降低超市自身利润为代价的。处于供应链弱势地位的企业都希望主导企业提供资金帮助、技术支持等互惠措施，但主导企业首要目标是实现自身利润最大化，站稳市场，主导企业会权衡自身利润和农产品供应链长期发展来决定是否选择利他互惠类型、是否具体实施利他互惠行为，以及利他互惠强度的大小。

因此，有必要对超市利他互惠类型进行判断和选择，同公平关切类型选择，采用成本效益分析的研究方法研究超市是否要实施利他互惠行为，如果利他互惠行为带来的收益高于成本，那么就实施利他互惠；如果利他互惠行为带来的收益不能弥补成本，那么就不实施利他互惠。

5. 甄别供应链社会偏好结构的激励机制

如何设计激励机制使农产品供应链中各个决策主体真实表述自己社会偏好类型，从而判断农产品供应链成员中哪些具有公平关切心理、哪些嫉妒心理强、哪些富有同情心理、哪些具有利他互惠心理等，以此为基础刻画农产品供应链中组成成员的社会偏好结构。比如一个完全自利的农产品供应链成员可能就会伪装为公平关切者。

因此，必须设计激励机制甄别农产品供应链决策主体的社会偏好类型，进而才能描述农产品供应链中的社会偏好结构。一方面，将委托代理理论引入农产品供应链双边质量努力决策，将收益公平作为约束条件加入激励模型，这样可以反映农产品供应链决策主体在追求自身利润或效用最大的同时，甄别合作伙伴的社会偏好类型和强度、兼顾农产品供应链中其他合作成员利润大小或公平度的基础上实现农产品供应链双边质量提升。另一方面，可以建立社会偏好信号传递模型，采用信号传递模型研究社会偏好信息非对称下的甄选与合作问题，通过计算社会偏好信息非对称对各方的价值，分别设计不同社会偏好类型信号传递成本相同和不同的模型，通过比较分析得出社会偏好信息有效传递的约束条件和范围，从而解决社会偏好信息非对称引起的逆向选择问题。

6. 有必要采用经济博弈实验或者问卷调查来检验、修正和完善理论研究结论

由于社会偏好属于私有信息、带有强烈主观性而不容易量化分析，本书研究主要采用数理模型推导、数值仿真和实证分析进行研究并得到一些管理策略。数理模型不能非常真实地刻画、反映决策者的主观心理偏好，未来研究可以尝试采用经济博弈实验来模拟契约参数和供应链中各主体的决策变量，从而进一步检验和验证理论分析结论。

虽然本书率先设计问卷，首先，分析了公平关切、利他互惠对农产品供应链双边质量努力的影响，但是实证研究样本数量较小，可通过扩大样本数量进行研究；其次，研究数据不能研究模型的纵向变化，可通过对调查企业的长期追踪进行纵向分析；最后，问卷涉及的影响因素单一，仅仅考虑了公平关切（利他互惠）对双边质量努力的相关性研究。实际上农产品质量努力还受到其他众多因素影响，如企业社会责任、消费者质量意识等。农产品供应链成员积极履行企业社会责任，除关注自身利益外，还必须最大限度地增进所有利益相关者的利益，如社会、消费者以及合作伙伴的影响，农产品供应链成员通过履行企业社会责任而增加质量投入、提升质量努力水平，不仅能保证高质量农产品的供给与流通，还能宣传和树立企业形象，提高市场占有率。于是，农产品供应链成员通过履行企业社会责任提高利益相关者福利，影响自身利他互惠强度，进一步对均衡决策造成影响从而影响质量努力水平。因此，未来研究可以对企业社会责任履行、公平关切（利他互惠）对农产品供应链双边质量努力影响进行实证研究。

参 考 文 献

［1］毕功兵，何仕华，罗艳，梁樑. 公平偏好下销售回扣契约供应链协调［J］. 系统工程理论与实践，2013，33（10）：2505－2512.

［2］曹二保，侯利梅. 非对称公平关切下供应链最优决策研究［J］. 管理学报，2016，13（7）：1070－1074.

［3］曹武军，李新艳. 供应商公平关切对鲜活农产品双渠道供应链协调研究［J］. 郑州大学学报（理学版），2014，46（3）：115－118.

［4］曹武. 农产品电商供给结构优化探析［J］. 合作经济与科技，2021（1）：60－62.

［5］陈会茹. 永辉超市股份有限公司现金流管理调查分析［J］. 中外企业家，2020（12）：73.

［6］陈军. 考虑消费者选择行为的农产品质量分级博弈分析［J］. 运筹与管理，2020，29（10）：68－75.

［7］陈叶烽. 社会偏好的检验：一个超越经济人的实验研究［D］. 杭州：浙江大学，2010.

［8］程茜，汪传旭，徐朗. 考虑利他偏好的供应链定价和减排决策［J］. 工业工程与管理，2018，23（2）：159－166.

［9］丁丽芳. 农产品供应链［M］. 北京：中国林业出版社，2013.

［10］丁宁. 流通创新提升农产品质量安全水平研究——以合肥市肉菜流通追溯体系和周谷堆农产品批发市场为例［J］. 农业经济问题，2015，36（11）：16－24.

［11］范冬雪，曾能民，张朝辉. 考虑零售商公平偏好的代销直供供应链决策研究［J］. 软科学，34（5）：88－93.

［12］洪美娜，石岿然，奚佳，高艳. 考虑利他互惠的鲜活农产品供应链研究［J］. 物流技术，2015，34（17）：205－207.

［13］洪美娜，孙玉玲，石岿然．考虑公平关切的鲜活农产品供应链订货决策［J］．工业工程，2014，17（2）：99－105．

［14］霍红，王作铁．基于"公司＋农户"供应链的农产品质量协调研究［J］．江苏农业科学，2019，47（4）：278－281．

［15］姜宝，祝亭浩，李剑，李秋实．考虑制造商利他偏好的绿色供应链决策研究［J］．物流科技，2018，41（9）：105－109．

［16］李保勇，马德青，戴更新．基于质量识别与成员利他的农产品供应链动态策略研究［J］．工业工程与管理，2020，25（4）：95－104．

［17］李绩才．考虑公平关切的供应链产品质量与零售定价博弈决策分析［J］．软科学，2017，31（3）：139－144．

［18］李绩才，周永务，李昌文．考虑公平关切的供应链产品质量与零售定价博弈决策分析［J］．中国软科学，2017，31（3）：139－144．

［19］林强，邓正华．利他偏好下基于批发价格契约的供应链协调［J］．数学的实践与认识，2018，48（14）：129－138．

［20］林远，姜刚，毛振华，等．奶农遭遇乳业转型阵痛［N/OL］．（2015－6－23）［2021－12－28］．http：//finance．people．com．cn/stock/n/2015/0623/c67815－27190405．html．

［21］刘华，建初中，游文达．"互联网＋"形式下农产品供应链质量安全要素分析及对策研究［J］．农产品加工，2018（8）：90－93．

［22］刘磊，李万明，刘晓琳，朱秋鹰．公平关切视角下农产品供应链双边决策行为研究［J］．统计与决策，2019，35（21）：35－39．

［23］刘丽红，张丹丹，杜惠英．海南香蕉流通过程价格形成及利润分配研究［J］．农业展望，2015，11（3）：31－34，44．

［24］刘佩佩，代建生．零售商公平关切下三级生鲜农产品供应链协调［J］．物流科技，2019，6（5）：12－15．

［25］刘志，李帮义，龚本刚．再制造商公平关切下闭环供应链生产设计决策与协调［J］．控制与决策，2016，31（9）：1615－1622．

［26］马晨．电子商务环境下农产品质量安全管控机制与模式研究［D］．北京：中国农业科学院，2019．

［27］ 马方园. 公平感知和效率感知对供应链合作关系稳定性的影响研究［D］. 长春：吉林大学，2012.

［28］ 马士华，林勇. 供应链管理［M］. 6 版. 北京：机械工业出版社，2020.

［29］ 牛志勇，高维和，江若尘. 公平关切下的渠道成员价格决策及其动态检验［J］. 管理科学，2013，26（1）：48 – 57.

［30］ 彭建仿. 供应链关系优化与农产品质量安全——龙头企业与农户共生视角［J］. 中央财经大学学报，2012，1（6）：50 – 58.

［31］ 浦徐进，范旺达，曹文彬. 不同交易模式下公司和农户双边投资行为以及合作社最优规模研究［J］. 管理评论，2014，26（6）：126 – 134.

［32］ 浦徐进，张兴，韩广华. 考虑利他偏好的企业努力行为和供应链运作［J］. 系统管理学报，2016，25（6）：1136 – 1145.

［33］ 浦徐进，朱秋鹰，曹文彬. 供应商公平偏好对零售商主导型供应链均衡策略的影响［J］. 系统管理学报. 2014，23（6）：876 – 883.

［34］ 盛钰凌. 组织公平与信任对企业供应链绩效的影响研究［D］. 重庆：重庆交通大学，2019.

［35］ 石岿然，周扬，朱琳. 供应链成员不同行为对合作的影响研究［J］. 南京工业大学学报（社会科学版），2013，12（2）：49 – 54.

［36］ 石平，颜波，石松. 考虑公平的绿色供应链定价与产品绿色度决策［J］. 系统工程理论与实践，2016，36（8）：1937 – 1950.

［37］ 史亮，张复宏，刘文军. 给予物联网情景的果蔬农产品质量安全问题研究［J］. 农村经济与科技，2019，30（7）：139 – 141.

［38］ 孙剑，李崇光，李艳军，黄宗煌. 我国农产品供应链形成机理与管理实践的影响因素［J］. 管理现代化，2008，5（6）：50 – 52.

［39］ 孙玉玲，袁晓杰，石岿然. 基于利他互惠的鲜活农产品供应链决策研究［J］. 系统工程理论与实践，2017，37（5）：1243 – 1253.

［40］ 覃燕红，艾兴政，宋寒. 利他偏好下基于批发价格契约的供应链协调［J］. 工业工程与管理，2015，20（2）：109 – 115.

［41］ 覃燕红，古玻，魏光兴. 公平关切下供应链效率和公平度动态

演进分析 [J]. 工业工程与管理, 2019, 24 (4)：40 - 46, 54.

[42] 覃燕红, 乐红, 潘亚运. 农超对接下考虑利他偏好的供应链协调研究 [J]. 重庆理工大学学报 (社会科学), 2017, 31 (9)：21 - 29.

[43] 覃燕红, 林金钗, 魏光兴, 艾兴政. 公平偏好和损失规避下的两种供应链契约协调研究 [J]. 重庆理工大学学报 (社会科学), 2016 (2)：39 - 56.

[44] 覃燕红, 潘亚运, 陈戈. 公平偏好下的供应链契约研究综述 [J]. 重庆理工大学学报 (社科版), 2018, 32 (1)：1 - 12.

[45] 覃燕红, 魏光兴, 潘亚运. 公平偏好信息非对称下的信号传递博弈模型 [J]. 数学的实践与认识, 2018, 48 (18)：21 - 31.

[46] 覃燕红, 魏光兴. 批发价格契约下供应链公平偏好动态演进分析 [J]. 预测, 2015, 34 (5)：49 - 54.

[47] 覃燕红, 魏光兴. 批发价格契约下基于公平偏好信息结构演进的行为博弈分析 [J]. 工业工程与管理, 2015, 20 (4)：100 - 107, 151.

[48] 覃燕红, 徐丹丹, 陈戈. 指数函数需求下供应链公平偏好信息动态演进研究 [J]. 经济数学, 2017, 34 (2)：1 - 9.

[49] 覃燕红, 徐丹丹. 需求依赖努力的批发价格契约协调——基于公平偏好信息非对称的分析 [J]. 商业研究, 2017, 59 (8)：1 - 11.

[50] 覃燕红, 尹亚仙, 魏光兴. 公平偏好下基于 Stackelberg 博弈的回购契约研究 [J]. 工业工程, 2014, 17 (4)：85 - 90.

[51] 谭雅蓉, 王一罡, 于金莹, 吴思齐. 农产品质量安全保障与供应链治理机制研究——基于市场参与主体行为的分析 [J]. 价格理论与实践, 2020, 8 (12)：14 - 18.

[52] 唐松祥, 梁工谦, 李洁, 等. 预付款策略下考虑公平偏好的供应链质量控制模型研究 [J]. 工业工程与管理, 2018, 23 (5)：126 - 134, 143.

[53] 涂如男. 两种偏好下企业研发团队内部隐性知识转移激励策略研究 [D]. 镇江：江苏科技大学, 2019.

[54] 王红旗, 彭建平, 伏开放. 随机需求下基于公平关切的供应链合作效率分析 [J]. 工业工程, 2019, 22 (5)：94 - 101.

［55］王建华，王斌，饶阳．基于利他行为下的闭环供应链决策研究
［J］．工业技术经济，2016，35（11）：3－11．

［56］王开弘，丁川．基于零售商具有公平关切的渠道网络委托—代
理模型［J］．控制与决策，2015，30（3）：565－571．

［57］王垒，曲晶，刘新民．考虑横向公平的双渠道销售闭环供应链
定价策略与协调研究［J］．工业工程，2018，21（3）：21－31．

［58］王晓辉．国内稻谷市场之我见［J］．中国粮食经济，2019，5
（12）：51－53．

［59］王晓辉．蕉农对农业生产性服务的可得性及影响因素分析——
以海南省为例［J］．广东农业科学．2019，46（11）：148－
155．

［60］王雅婷．农产品供应链公平协调研究［D］．成都：西南交通大
学，2015．

［61］王玉珍．运用经济人道德人假说对合作行为的分析［J］．经济
问题，2004，5（1）：15－17．

［62］魏光兴，艾莲，覃燕红．信息不完全下考虑零售商公平偏好的
管理策略［J］．物流工程与管理，2018，40（1）：83－86．

［63］魏光兴．公平偏好下的报酬契约设计及应用研究［D］．重庆：
重庆大学，2007．

［64］魏光兴，林强，吴庆．随机需求下双渠道供应链的改进回购契
约协调［J］．经济数学，2014，31（3）：54－58．

［65］魏光兴，徐桂霄．基于Nash讨价还价公平偏好的收益共享契约
分析［J］．商业研究，2016，2（23）：162－170．

［66］闻卉，陶建平，曹晓刚，黎继子．基于双边质量控制的生鲜农
产品供应链决策［J］．控制工程，2017，24（12）：2478－
2484．

［67］翁文静，黄梦岚，孙丽丽，郑秋锦，许安心．阿米巴经营模式
下生鲜超市转型升级研究［J］．对外经贸，2020，4（4）：98－
100．

［68］吴克晴，冯兴来．改进的复制动态方程及其稳定性分析［J］．
纯粹数学与应用数学，2015，31（3）：221－230．

［69］吴正祥，李宝库．利他偏好下需求依赖于价格和营销努力的两
级供应链决策与协调［J］．中央财经大学学报，2017，1（12）：

108 – 118.

［70］肖玉明. 考虑利润分配公平性的供应链激励模型［J］. 预测，2009，28（1）：42 – 47.

［71］谢识予. 经济博弈论［M］. 3 版. 上海：复旦大学出版社，2008.

［72］薛丽柯，姚雨辰，姜方桃. 我国农产品供应链存在的问题及对策［J］. 当代经济，2014，2（1）：76 – 77.

［73］颜爱民，孙益延，谢菊兰，等. 企业社会责任与组织公平感的关系研究述评［J］. 管理学报，2020，17（4）：623 – 632.

［74］杨春学. 利他主义经济学的追求［J］. 经济研究，2001，1（4）：82 – 90.

［75］杨怀珍，刘瑞环. 考虑损耗和努力水平的农超对接三级供应链协调［J］. 系统科学学报，2018，26（4）：47 – 52.

［76］杨松，庄晋财，王爱峰. 惩罚机制下农产品质量安全投入演化博弈分析［J］. 中国管理科学，2019，27（8）：181 – 190.

［77］叶航，汪丁丁，罗卫东. 作为内生偏好的利他行为及其经济学意义［J］. 经济研究，2005，5（8）：84 – 94.

［78］喻冬冬，吴战勇，卜森，等. 考虑横向和纵向公平关切的双渠道农产品供应链决策分析［J］. 数学的实践与认识，2020，50（15）：277 – 284.

［79］曾梦玲. 农产品供应链质量协同控制机制及优化路径［J］. 商业经济研究，2021（16）：145 – 149.

［80］曾维炯，徐立成. 高端农产品价格的“最后一公里”与产业链的失衡发展——基于黑龙江五常市“五常大米”的实证分析［J］. 中国农村观察，2014，2（2）：84 – 91，95.

［81］张庆，张旭. 不同公平关切行为下的生鲜农产品供应链定价策略［J］. 系统工程，2016，34（9）：89 – 96.

［82］张旭，张庆. 零售商公平关切下的生鲜品供应链协调机制［J］. 系统工程学报，2017，32（4）：461 – 471.

［83］郑燕峰，张文平. 白羽鸡乱吃药折射养殖模式弊端［N］. 中国青年报，2012 – 12 – 21.

［84］钟真，穆娜娜，齐介礼. 内部信任对农民合作社农产品质量安全控制效果的影响——基于三家奶农合作社的案例分析［J］.

中国农村经济, 2016, 1 (5): 40 – 52.

[85] Alexander J Field. Altruistically inclined? The behavioral science, evolutionary theory, and the origins of reciprocity [M]. AnnArbor: University of Michigan Press, 2001.

[86] Andreoni J, Miller J. Giving according to GARP: An experimental test of the consistency of preferences for altruism [J]. *Econometrica*, 2002, 70 (2): 737 – 753.

[87] Baert K, Huffel X V, Jacxsens L, et al. Measuring the perceived pressure and stakeholders' response that may impact the status of the safety of the food chain in Belgium [J]. *Food Research International*, 2015, 48 (1): 257 – 264.

[88] Bell G. Selection: The mechanism of evolution [J]. *Quarterly Review of Biology*, 2008, 3 (4): 55 – 77.

[89] Bolton G E, Ockenfels A. ERC: A theory of equity, reciprocity, and competition [J]. *The American Economic Review*, 2000, 90 (1): 166 – 193.

[90] Bowles S. Group competition, reproductive leveling, and the evolution of human altruism [J]. *Science*, 2006, 314 (58): 1569 – 1572.

[91] Cai X Q, Chen J, Xiao Y B. Coordination of manufacturer and distributor in a fresh product supply chain with uncertain transportation delays [D]. Hong Kong: The University of Hong Kong, 2015.

[92] Caliskan – Demirag O, Chen Y H, Li J B. Channel coordination under fairness concerns and nonlinear demand [J]. *European Journal of Operational research*, 2010, 207 (3): 1321 – 1326.

[93] Choi S, Paul R. The role of fairness in competitive supply chain relationships: an experimental study [J]. *European Journal of Operational Research*, 2016, 251 (3): 798 – 813.

[94] Cui T H, Raju J S, Zhang Z J, Fairness and channel coordination [J]. *Management Science*, 2007, 53 (8): 1303 – 1314.

[95] Demirkan H, Cheng H K. The risk and information sharing of application service supply [J]. *European J of Operation Research*, 2008, 187 (3): 756 – 784.

[96] Dong Q, Liang X, Dai G. Supply chain coordination of altruism in information sharing [C]//Second International Conference On Economic and Business Management (FEBM 2017). Atlantis Press, 2017.

[97] Dufwenberg M, Kirchsteiger G. A theory of sequential reciprocity [J]. *Games and Economic Behavior*, 2004, 47 (2): 268 – 298.

[98] Dur R, Sol J. Social interaction, co-worker altruism, and incentives [J]. Games and Economic Behavior, 2010, 69 (2): 293 – 301.

[99] Du S F, Nie T F, Chu C B, Yu Y G. Newsvendor model for a dyadic supply chain with nash bargaining fairness concerns [J]. *International Journal of Production Research*, 2014, 52 (17): 5070 – 5085.

[100] Du S F, Nie T F, Chu C B, Yu Y G. Reciprocal supply chain with intention [J]. *European Journal of Operational Research*, 2014, 239 (3): 389 – 402.

[101] Fahr R, Irlenbusch B. Fairness as a constraint on trust in reciprocity: earned property rights in a reciprocal change experiment [J]. *Economics Letters*, 2000, 6 (6): 275 – 282.

[102] Falk A, Fehr E, Fischbacher U. Testing theories of fairness-intentions matters [J]. Games and Economic Behavior, 2008, 62 (1): 287 – 303.

[103] Falk A, Fischbacher U. A theory of reciprocity [J]. *Games and Economic Behavior*, 2006, 54 (2): 293 – 315.

[104] Fehr E, Schmidt K M. A theory of fairness, competition, and cooperation [J]. *Quarterly Journal of Economics*, 1999, 114 (3): 817 – 868.

[105] Friedman D. Evolutionary game in economics [J]. *Econometrica*, 1991, 59 (3): 637 – 666.

[106] Ge Z H, Hu Q Y. Who benefits from altruism in supply chain management? [J]. *American Journal of Operational Research*, 2012, 2 (1): 59 – 72.

[107] Ge Z H, Meng Z Q, Hu Q Y. Competition and cooperation: mathe-

matical models and supply chain management [R]. Science Press, Beijing, China, 2011.

[108] Ge Z H, Zhang Z K, Lü L C, Zhou T, Xi N. How altruism works: an evolutionary model of supply networks [J]. *Physica A*. 2012, 391 (4): 647 – 655.

[109] Gu S, Guo H, Su Y. Research on supply chain coordination and profit allocation based on altruistic principal under bilateral asymmetric information [J]. *Discrete Dynamics in Nature and Society*, 2018, 3 (5): 1 – 15.

[110] Henson S, Masakure O, Boselie D. Private food safety and quality standards for fresh produce exporter [J]. *Food Policy*, 2005, 30 (4): 371 – 384.

[111] Ho T H, Su X M. Peer-induced fairness in games [J]. *American Economic Review*, 2009, 99 (5): 2022 – 2049.

[112] Ho T K, Su X M, Wu Y Z. Distributional and peer induced fairness in supply chain contract design [J]. *Production and Operations Management*, 2014, 23 (2): 161 – 175.

[113] Hsu P H, Wee H, Teng H M. Preservation technology investment for deteriorating inventory [J]. *International Journal of Production Economics*, 2010, 124 (2): 388 – 394.

[114] Hu J Y, Zhang J, Mei M, et al. Quality control of a four-echelon agri-food supply chain with multiple strategies [J]. *Information Processing in Agriculture*, 2019, 6 (4): 425 – 437.

[115] Hu L, Bentler P M. Cutoff criteria for fit indexes in covariance structure analysis: conventional criteria versus new alternatives [J]. *Structural Equation Modeling: A Multidisciplinary Journal*, 1999, 6 (1): 1 – 55.

[116] Katok E. Olsen, V. Pavlov. Wholesale pricing under mild and privately known concerns for fairness [J]. *Production and Operations Management*, 2014, 23 (2): 285 – 302.

[117] Kulakowski K, Gawronski P. To cooperate or to defect? Altruism and reputation [J]. *Physical A: Statistical Mechanics and its Applications*, 2009, 388 (17): 3581 – 3584.

[118] Lee Y P, Dye C Y. An inventory model for deteriorating items under stock-dependent demand and controllable deterioration rate [J]. *Computers & Industrial Engineering*, 2012, 63 (2): 474 –482.

[119] Lin Z. Price and location competition in supply chain with horizontal altruistic retailers [J]. *Flexible Services and Manufacturing Journal*, 2019, 31 (2): 255 –278.

[120] Li Q, Xiao T, Qiu Y. Price and carbon emission reduction decisions and revenue-sharing contract considering fairness concerns [J]. *Journal of Cleaner Production*, 2018, 190 (3): 303 –314.

[121] Liu W, Yan X, Wei W, et al. Altruistic preference for investment decisions in the logistics service supply chain [J]. *European Journal of Industrial Engineering*, 2018, 12 (4): 598 –635.

[122] Loch C H, Wu Y. Social preferences and supply chain performance: an experimental study [J]. *Management Science*, 2008, 54 (11): 1835 –1849.

[123] Niu B, Cui Q, Zhang J. Impact of channel power and fairness concern on supplier's market entry decision [J]. *Journal of the Operational Research Society*, 2017, 68 (12): 1570 –1581.

[124] Qin Y H, Pan Y Y, Gu B. 2017. Review on supply chain coordination by wholesale contracts under fairness concern [J]. *International Journal of Innovative Studies in Sciences and Engineering Technology*, 3 (7): 18 –30.

[125] Qin Y H, Shao Y F. Supply chain decision under asymmetric information with cost and fairness concern [J]. *Enterprise information systems*, 2019, 13 (10): 1347 –1366.

[126] Rabin M. Incorporating fairness into game theory and economics [J]. *The American Economic Review*, 1993, 83 (5): 1281 – 1302.

[127] Rapoport H. Coordination, altruism and under-development [J]. *Kyklos*, 1995, 48 (3): 389 –407.

[128] Seo S, Jang S, Miao L, et al. The impact of food safety events on the value of food-related firms: an event study approach [J]. *International Journal of Hospitality Management*, 2017, 33 (1):

153 – 164.

[129] Shi K, Ma H. Evolution of trust in a dual-channel supply chain considering reciprocal altruistic behavior [J]. *Advances in Complex Systems*, 2016, 19 (6): 1 – 30.

[130] Urda J, Loch C H. Social preferences and emotions as regulators of behavior in processes [J]. *Journal of Operations Management*, 2014, 31 (1): 6 – 23.

[131] Wuyts S. Extra-role behavior in buyer-supplier relationships [J]. International Journal of Research in Marketing, 2007, 24 (4): 301 – 311.

[132] Xu F, Wang H. Competitive-cooperative strategy based on altruistic behavior for dual-channel supply chains [J]. *Sustainability*, 2018, 10 (6): 21 – 33.

[133] Yan B, Chen Y R, He S Y. Decision making and coordination of fresh agriculture product supply chain considering fairness concerns [J]. *Rairo Operations Research*, 2020, 54 (4): 1231 – 1248.

[134] Yoo S H, Cheong T. Quality improvement incentive strategies in a supply chain [J]. *Transportation Research Part E: Logistics and Transportation Review*, 2018, 114 (5): 331 – 342.

[135] Yu X, Ren X. The impact of food quality information services on food supply chain pricing decisions and coordination mechanisms based on the O2O e-commerce mode [J]. *Journal of Food Quality*, 2018, 18 (3): 111 – 118.

[136] Zhang F, Ma J H. Research on the complex features about a dual-channel supply chain with a fair caring retailer [J]. *Communications in Nonlinear Science and Numerical Simulation*, 2016, 30 (1): 151 – 167.

[137] Zhang T, Wang X C. The impact of fairness concern on the three-party supply chain coordination [J]. *Industrial Marketing Management*, 2018, 73 (8): 99 – 115.